# CAUSERIES
# DU LUNDI

PARIS. — IMPRIMERIE E. CAPIOMONT ET C<sup>IE</sup>

6, RUE DES POITEVINS, 6

# CAUSERIES
# DU LUNDI

PAR

## C.-A. SAINTE-BEUVE

DE L'ACADÉMIE FRANÇAISE

TROISIÈME ÉDITION

—

TOME QUATORZIÈME

—

PARIS

GARNIER FRÈRES, LIBRAIRES-ÉDITEURS

6, RUE DES SAINTS-PÈRES, 6

# CAUSERIES DU LUNDI

Lundi, 24 août 1857.

ŒUVRES
## DE VAUVENARGUES
TANT ANCIENNES QU'INÉDITES

**AVEC NOTES ET COMMENTAIRES**

Par M. GILBERT (1).

I. — *Vauvenargues et Fauris de Saint-Vincens.*

Il semblait que tout fût dit sur Vauvenargues. Les critiques les plus distingués s'étaient épuisés à en parler. On avait tiré de ses courts et inachevés ouvrages la plus haute idée qu'on se pût faire de l'homme. Cet homme, ce caractère, on l'avait déduit avec netteté et certitude de quelques pensées simples et grandes exprimées avec un accent qui ne trompe pas. On était arrivé cependant, en examinant bien les divers écrits de Vauvenargues, à n'y pas voir seulement un jeune homme plein de nobles et généreux sentiments, de pensées honorables à l'humanité, doué

(1) 2 vol. in-8°, Furne.

d'un talent d'expression singulièrement pur, et d'une sorte d'ingénuité élevée de langage, — le meilleur des bons sujets et le modèle des fils de famille; ce premier Vauvenargues qui se dessine, en effet, dans quelques réflexions et maximes souvent citées de lui, ce premier Vauvenargues que chaque âme honnête porte en soi à l'origine avant le contact de l'expérience et la flétrissure des choses, était dépassé de beaucoup et se compliquait évidemment d'un autre en bien des points de ses ouvrages. On y sentait non-seulement l'observateur déjà éprouvé et mûr, mais une nature passionnée, avide d'action, par moments une manière d'ambitieux pour qui l'histoire s'offrait comme une suite de rôles qu'il eût aimé à transporter et à réaliser dans le présent. On en était là, et dans le dernier concours d'Éloquence à l'Académie française, l'Éloge proposé de Vauvenargues avait produit quatre ou cinq discours diversement remarquables, où tous les points de vue avaient été présentés et avaient trouvé de spirituels avocats et interprètes pour les faire valoir. De tous ces discours, le plus ingénieux et le plus neuf, le plus empreint d'un cachet de distinction, était celui de M. Gilbert, qui obtint le prix. L'auteur s'était particulièrement attaché à ressaisir et à démontrer sous la ligne idéale du premier Vauvenargues assez vaguement défini l'homme réel, ambitieux d'une carrière, soit militaire, soit politique, avide d'éloquence, d'action, d'une grande gloire supérieure encore dans sa pensée à celle des Lettres. Il avait rassemblé toutes les preuves à l'appui de cette heureuse définition qu'il avait donnée de Vauvenargues : *une âme grande dans un petit destin.* Il avait mis d'ailleurs dans tout son jour et en pleine lumière le côté tendre, affectueux, de Vauvenargues, ce côté le plus connu, la beauté de sa nature morale, et avait parfaitement marqué le trait dominant de son caractère, *la sérénité dans la douleur;* et il concluait en disant que l'espèce de gloire réservée à Vauvenargues était celle qui peut sembler le plus désirable aux natures d'élite, *l'amitié des bons esprits et des bons cœurs.*

M. Gilbert n'a pas voulu s'en tenir à ce succès et à cette appréciation littéraire une fois couronnée et publiquement applaudie. Son goût pour Vauvenargues était devenu, en effet, une véritable amitié et du dévouement à sa mémoire. Il s'est donc mis à la recherche de tout ce qui pouvait compléter les Œuvres et ajouter à l'idée de l'homme. Il en est résulté l'édition que nous annonçons en ce moment, et qui est un véritable enrichissement de la littérature française. Voilà un classique de plus, définitivement établi.

J'insisterai peu sur les mérites de détail de l'édition, le choix des meilleurs textes, des meilleures leçons (car, chez Vauvenargues, les mêmes pensées souvent sont reproduites plus d'une fois et dans des termes presque identiques); j'en viendrai d'abord à ce qui fait l'intérêt réel de la publication de M. Gilbert, à ce qui est un accroissement de notions sur Vauvenargues, à sa Correspondance inédite.

Elle se compose principalement de deux sources : la Correspondance avec Mirabeau, le père du grand tribun, et la Correspondance avec Saint-Vincens.

Cette dernière, provenant de la Bibliothèque du Louvre, où très-peu de personnes avaient eu l'idée de la consulter jusqu'ici, est la moins importante, ou pour parler plus exactement, la moins agréable, et si on l'avait donnée seule et sans l'autre, on courait risque de prendre Vauvenargues par un aspect qui aurait pu le diminuer, ou du moins qui ne le grandissait pas. Fauris de Saint-Vincens, ami de Vauvenargues et de trois ans plus jeune que lui, était fils d'un conseiller à la Cour des Comptes de Provence, et devint à son tour conseiller, puis président à mortier au Parlement de la même province; il ne mourut qu'en 1798 et était connu pour un érudit et un antiquaire des plus distingués, associé correspondant de l'ancienne Académie des Inscriptions et Belles-Lettres. Dans sa jeunesse, et à l'époque de sa liaison avec Vauvenargues, c'était un jeune homme studieux, aussi lettré que modeste, animé de sentiments délicats et tendres, religieux ou susceptible de revenir à la religion. Il fit une maladie grave et qui mit ses jours en danger en 1739; les lettres que lui adresse Vauvenargues à ce sujet sont les plus précieuses de cette Correspondance, en ce qu'elles jettent quelque lumière sur les vrais sentiments en matière de religion et les croyances de celui qui les écrivait. On a fort discuté sur le christianisme de Vauvenargues, et d'habiles gens en ont fait le sujet d'un examen particulier. On trouve, en effet, chez lui de belles pensées qui semblent n'avoir pu être conçues que par un chrétien, à côté d'autres pensées qui semblent ne pouvoir être que d'un philosophe. Dans une lettre à Saint-Vincens, après la maladie de ce dernier, et en réponse à un récit que le convalescent paraît lui avoir fait de ses dispositions et impressions en présence de la mort, on lit :

« Je ne suis point surpris de la sécurité avec laquelle tu as vu les approches de la mort; il est pourtant bien triste de mourir dans la fleur de la jeunesse! mais la Religion, comme tu dis, fournit de grandes ressources; il est heureux, dans ces moments, d'en être bien convaincu. La vie ne paraît qu'un instant auprès de l'Éternité, et la félicité humaine, un songe ; et, s'il faut parler franchement, ce n'est pas seulement contre la mort qu'on peut tirer des forces de la Foi ; elle nous est d'un grand secours dans toutes les misères humaines ; il n'y a point de disgrâces qu'elle n'adoucisse, point de larmes qu'elle n'essuie, point de pertes qu'elle ne répare ; elle console du mépris, de la pauvreté, de l'infortune, du défaut de santé, qui est la plus rude affliction que puissent éprouver les hommes, et il n'en est aucun de si humilié, de si abandonné, qui, dans son désespoir et son abattement, ne trouve en elle de l'appui, des espérances, du courage : mais cette même Foi, qui est la consolation des misérables, est le supplice des heureux ; c'est elle qui empoisonne leurs plaisirs, qui trouble leur félicité présente, qui leur donne des regrets sur le passé, et des craintes sur l'avenir ; c'est elle, enfin, qui tyrannise leurs passions, et qui veut leur interdire les deux sources d'où la nature fait couler nos biens et nos maux, l'amour-propre et la volupté, c'est-à-dire tous les plaisirs des sens, et toutes les joies du cœur... »

Vauvenargues avait vingt-quatre ans quand il écrivait ces lignes. Il s'y montre dans son impartialité. Il n'est pas ennemi, il n'est pas hostile, il balance les avantages, mais au fond il n'hésite pas et se prononce pour une philosophie naturelle. Dans ces lettres à Saint-Vincens où il s'abandonne tout à fait au courant de la pensée et au mouvement de la plume, il divague quelquefois et tombe même dans quelque confusion. Il s'en aperçoit et en convient. C'est une garantie de plus pour la parfaite sincérité. Il continue et prolonge cette conversation par lettres avec Saint-Vincens, sur les sentiments de différente sorte et les troubles qui agitent une âme à la vue des derniers moments :

« On ne saurait tracer d'image plus sensible que celle que tu fais d'un homme agonisant, qui a vécu dans les plaisirs, persuadé de leur innocence par la liberté, la durée, ou la douceur de leur usage, et qui est rappelé tout d'un coup aux préjugés de son éducation, et ramené à la Foi, par le sentiment de sa fin, par la terreur de l'avenir, par le danger de ne pas croire, par les pleurs qui coulent sur lui, et enfin par les impressions de tous ceux qui l'environnent. Comme c'est le cœur qui doute dans la plupart des gens du monde, quand le cœur est converti, tout est fait; il les entraîne; l'esprit suit les mouvements, par coutume et par raison. *Je n'ai jamais été contre;* mais il y a des incrédules dont l'erreur est plus profonde : c'est leur esprit trop curieux qui a gâté leurs sentiments... »

*Je n'ai jamais été contre* est, je crois, le mot le plus vrai pour Vauvenargues. C'est un *neutre* indulgent, et parfois sympathique; et quant à ces traités particuliers *sur le libre Arbitre* et sur d'autres sujets où il a paru imiter le style et suivre les sentiments de Pascal, il nous en donne la clef un peu plus loin dans cette lettre même (10 octobre 1739); car, après un assez long développement et qui vise à l'éloquence, sur les combats du remords et de la foi au lit d'un mourant, il ajoute :

« J'aurais pu dire tout cela dans quatre lignes, et peut-être plus clairement; mais j'aime quelquefois à joindre de grands mots, et à me perdre dans une période; cela me paraît plaisant. Je ne lis jamais de poëte, ni d'ouvrage d'éloquence, qui ne laisse quelques traces dans mon cerveau; elles se rouvrent dans les occasions, et je les couds à ma pensée sans le savoir ni le soupçonner; mais lorsqu'elles ont passé sur le papier, que ma tête est dégagée, et que tout est sous mes yeux, je ris de l'effet singulier que fait cette bigarrure, et malheur à qui ça tombe! Adieu, mon cher Saint-Vincens. »

Vauvenargues s'exerce évidemment au style, à l'amplification; il n'avait pas fait ses classes, il répare cela en les faisant dans ses lettres à ses amis. Il risque la tirade, il la pousse et la place où il le peut. — O Nil, que l'on a bien fait pour ta plus grande gloire d'ignorer longtemps tes sources! Il ne faudrait pas voir de trop près les premiers tâtonnements des hommes distingués.

L'explication que M. Suard donnait de quelques-uns des écrits de Vauvenargues se trouve donc plus justifiée qu'on ne le voudrait. M. Suard était un esprit discret, honnête, et bien que foncièrement adhérent au parti philosophique, incapable de rien inventer et supposer au profit de sa cause; son témoignage ne laissait pas d'être très-embarrassant, et on était réduit à y voir une singulière méprise. Il considérait, en effet, ces morceaux comme des jeux d'esprit, ou du moins des exercices de rhétorique dans lesquels le jeune auteur avait essayé de se former et de se rompre aux divers styles, et il en parlait ainsi d'un air de certitude et comme le tenant de bonne source. L'aveu de Vauvenargues vient ici lui donner raison. Il aimait, dit-il, à *joindre de grands mots, à se perdre dans une période;* il ne lisait jamais de poëte ni d'orateur *qui ne laissât quelques traces dans son cerveau,* et ces traces se reproduisaient dans ce qu'il écrivait ensuite. Assurément on aurait mieux aimé voir dans ces élans et ces *prières,* dans ces *méditations sur la Foi,* les traces directes et les témoignages d'une lutte intérieure et d'un de ces beaux orages mélancoliques et mystiques tels qu'on en a dans la jeunesse, une seconde forme du drame intérieur de Pascal. Cela n'est plus possible aujourd'hui. Vauvenargues a eu ses orages et ses enthousiasmes, mais il ne paraît pas qu'il les ait eus en ce sens; il y faut renoncer, et ne voir définitivement dans les morceaux tant discutés, et jusqu'ici restés énigmatiques, que les essais d'un écolier généreux, sincère en tant qu'apprenti, mais non les convictions vives de l'homme. Il ne les écrivait pas précisément pour s'amuser, il les écrivait pour se former.

La plus grande partie de la Correspondance de Vauvenargues avec Saint-Vincens roule sur des difficultés de situation et de fortune. Vauvenargues avait pour cet ami une extrême tendresse et lui accordait une confiance entière : il n'avait pas de secrets pour lui. Cette plaie d'argent qu'il dissimulait fièrement devant d'autres, il la lui découvrait et lui demandait de lui venir en aide. Le service du roi était coûteux; Vauvenargues, capitaine au régiment du roi, ne recevait que peu de secours de sa famille, et il était obligé à bien des dépenses par position, en même temps qu'il était libéral et généreux par nature. Saint-Vincens l'aida plus d'une fois à emprunter et se fit sa caution. Pour apprécier sainement ce coin pénible, ce ver rongeur de l'existence de Vauvenargues, il faut bien se représenter la pudeur de cette race à laquelle il appartient et dont il est l'un des plus nobles représentants. Autant pour tous ceux qui sont de l'espèce de Figaro, de Gil Blas et de Panurge, de ce Panurge « sujet de nature à une maladie qu'on appeloit en ce temps là *faute d'argent, c'est douleur sans pareille* (et toutefois, dit Rabelais, il avoit *soixante et trois manières* d'en trouver toujours à son besoin, dont la plus honorable et la plus commune étoit par façon de larcin furtivement fait); » — autant pour cette bande intrigante et peu scrupuleuse, la question d'argent est à la fois importante et légère, objet avoué de poursuite et de raillerie, un jeu et une occupation continuelle, et à toute heure sur le tapis, autant c'est un point sensible et douloureux pour ces natures pudiques et fières, timides et hautes, qui n'aiment ni à s'engager envers autrui ni à manquer à personne, qui ont souci de la dignité et de l'indépendance autant que les autres de l'intérêt. Vauvenargues était de ces âmes *royales* au sens de Platon de ces âmes ingénues et d'hommes libres. Une de ses amères douleurs renfermées fut toujours de ne pouvoir se relever et s'acquitter, avant de mourir, des obligations qu'il avait contractées. M. Gilbert a rassemblé à ce propos différents passages de ses *Maximes* et de ses *Caractères*, qui se rapportent évidemment à cette situation personnelle; on le soupçonnait auparavant, on en est sûr désormais : et par exemple dans ce portrait de *Clazomène* qui est tout lui : « Quand la fortune a paru se lasser de le poursuivre, quand l'espérance trop lente commençait à flatter sa peine, la mort s'est offerte à sa vue; elle l'a surpris dans le plus grand désordre de sa fortune; il a eu la douleur amère de ne pas laisser assez de bien pour payer ses dettes, et *n'a pu sauver sa vertu de cette tache.* »

L'amitié si tendre, si familière, que nous voyons établie entre Vauvenargues et Saint-Vincens nous permet de nous figurer en la personne de ce dernier un de ces amis dont La Fontaine avait vu des exemples autre part encore qu'au Monomotapa :

> Qu'un ami véritable est une douce chose !
> Il cherche vos besoins au fond de votre cœur :
> Il vous épargne la pudeur
> De les lui découvrir vous-même.

De près, Saint-Vincens avait dû, en plus d'un cas, lire dans les yeux de son ami ses besoins et ses désirs, et aller au-devant de ses paroles. Pourtant, une fois éloigné de la Provence et absent, Vauvenargues ne peut être deviné, et il est obligé de s'ouvrir lui-même. On souffre de voir cet homme distingué et qui promettait presque un grand homme, si à la gêne et si peu favorisé de la fortune qu'il ne peut faire un voyage en Angleterre, où l'appelleraient ses études et aussi des médecins à consulter pour ses yeux et pour ses autres infirmités ; on souffre de le voir ne venir d'abord à Paris qu'à la volée et n'y rester que peu de temps par les mêmes raisons misérables. Cette mauvaise fortune, et cette extrême délicatesse morale qu'il y conserve, le rendent un peu susceptible dans ses rapports avec Saint-Vincens ; et lorsque celui-ci, qui paraît encore plus aimé de Vauvenargues qu'il ne l'aime, et qui est assez irrégulier dans ses lettres, tarde un peu trop à lui répondre, Vauvenargues s'alarme, il suppose que le souvenir de l'argent prêté entre pour quelque chose dans ce ralentissement, que son ami en a besoin peut-être et n'ose le lui dire ; il se plaint, il offre de s'acquitter, et il a ensuite à se justifier envers son ami qui a cru voir de l'aigreur dans la chaleur de ses reproches :

« Je te supplie, du moins, de croire qu'en t'offrant, comme j'ai fait, de m'acquitter avec toi, je n'ai jamais été fâché un seul moment de te devoir. Dieu m'a donné, pour mon supplice, une vanité sans bornes et une hauteur ridicule par rapport à ma fortune ; mais je ne suis pas assez sot pour la placer aussi mal. J'ai toujours regardé comme un bien d'avoir des marques indubitables de ton amitié ; bien loin qu'elles m'aient été à charge pendant ces froideurs apparentes, elles m'en ont consolé, et je m'estimais heureux de trouver cette ressource contre mes tristes soupçons. Je te jure, mon cher Saint-Vincens, que je dis vrai ; ne me fais point l'injustice de douter de ce sentiment ; ce serait trop me punir, et tu dois tout oublier ; je te le demande à genoux, et t'embrasse de tout mon cœur. »

Le désir extrême qu'avait Vauvenargues de venir à Paris, et pour cela son besoin de trouver 2,000 livres à tout prix, nous le montrent dans une singulière veine d'inquiétude et dans une espèce de fièvre qui lui fait écrire à Saint-Vincens des choses assez étranges comme lorsqu'on en est aux expédients, des choses qui dérangent un peu l'idée du Vauvenargues-Grandisson auquel on était généralement accoutumé, et qui n'avait jamais été mieux développé que dans le discours d'un des derniers et des plus honorables concurrents, M. Poitou. Voici une page qui a déjà prêté au commentaire, et que M. Émile Chasles n'a pas manqué de relever dans son étude intitulée *les Confessions de Vauvenargues :*

« Ce qu'il y a de plus avisé pour l'emprunt qui me regarde, écrit Vauvenargues à Saint-Vincens, c'est de battre à plusieurs portes, de savoir qui a de l'argent, et de sonder tout le monde; pauvres, riches, domestiques, vieux prêtres, gens de métier, tout est bon, tout peut produire; et, si l'on ne trouvait pas dans une seule bourse tout l'argent dont j'ai besoin, on pourrait le prendre en plusieurs, et cela reviendrait au même. J'ai eu quelque pensée sur M. d'Oraison : il a un fils qu'il voulait mettre au régiment du Roi ; je le défie de l'y faire entrer, à qui que ce soit qu'il s'adresse ; mais il est riche, il a des amis ; cela ne le touchera guère; il trouvera bien à le placer : cependant, s'il persistait à le vouloir avec nous, je le prendrais bien sur moi, et je lui tiendrais parole ; mais comment lui dire cela, comment même l'en persuader? Il est encore venu dans mon esprit qu'il a des filles, et que je pourrais m'engager à en épouser une, dans deux ans, avec une dot raisonnable, s'il voulait me prêter l'argent dont j'ai besoin, et que je ne le rendisse point au bout du terme que je prends. Mais comme il est impossible à un fils de famille de prendre des engagements de cette force, c'est une proposition à se faire berner et très-digne de risée. Il faudra voir cependant s'il n'y a point de milieu ; et, si l'on ne peut rien tirer de tout cela, nous nous tournerons ailleurs. Adieu, mon cher Saint-Vincens. »

Ainsi il est d'avis de tenter M. d'Oraison de deux manières : ou du côté de son fils, s'il persiste à le vouloir faire entrer dans le régiment du roi : Vauvenargues, toute difficile qu'est la chose, s'en chargerait et en ferait son affaire; — ou du côté d'une de ses filles : il s'engagerait bien à en épouser une dans deux ans, s'il n'était en mesure alors de le rembourser; il payerait de sa personne, moyennant toutefois certaine condition de dot. Il n'a pas plutôt articulé cette dernière proposition qu'il la trouve ridicule, indigne d'un fils de famille; il l'a articulée pourtant, et Saint-Vincens est libre d'agir et de risquer l'ouverture, s'il le veut et s'il l'ose. M. Émile Chasles est-il allé trop loin, comme on l'a dit, en rapprochant ici Vauvenargues et Figaro dans ce fameux engagement où le barbier emprunteur avait donné à Marceline promesse de mariage et *hypothèque sur sa personne?* Malgré la disparate des noms, il faut avouer que le rapprochement est inévitable, et l'on se rappelle encore forcément ce merveilleux chapitre lyrique de Panurge à la louange *des debteurs et emprunteurs.* M. Gilbert, faisant à merveille son devoir d'avocat et d'ami de Vauvenargues, observe d'ailleurs avec justesse qu'on ne doit pas prendre trop au sérieux une idée *en l'air*, et dont Vauvenargues avait été le premier à faire bon marché et à rire. — La seule conclusion que je veuille tirer, c'est que nous avons désormais en Vauvenargues un sujet plus compliqué qu'on ne l'imaginait, un sujet plus mélangé et plus humain, et moins pareil (au moral) à une belle statue d'éphèbe. Cela ne saurait déplaire à ceux qui s'ennuyaient déjà de l'entendre toujours louer comme Aristide. Aristide lui-même, si on lit sa vie dans Plutarque, n'est pas si simple et si pur qu'on se le figure de loin. Cela revient à dire que les hommes sont des hommes, et que les meilleurs sont les moins imparfaits : chez ceux-ci les hautes parties se maintiennent supérieures et subsistent; mais les accidents de tous les jours les déconcertent plus d'une fois et les font ondoyer, comme dirait Montaigne.

La Correspondance avec Saint-Vincens finit pourtant sur des impressions plus satisfaisantes et plus conformes à l'idée première et dernière qu'on doit prendre de Vauvenargues. Cette Correspondance a le tort de languir un peu par la faute de Saint-Vincens qui était, ce semble, paresseux à écrire; mais les sentiments que Vauvenargues et lui s'étaient voués, subsistent des deux côtés sans altération. Lorsque Vauvenargues, après avoir quitté le service, se décide, faute de mieux, à se faire imprimer et à devenir auteur (tout en gardant encore l'anonyme), il écrit à Saint-Vincens (décembre 1745) :

« Je vous enverrai mon ouvrage dès que je trouverai une occasion. Je ne doute pas que beaucoup de gens ne me condamnent de l'avoir donné au public; on ne pardonne guère dans le monde cette espèce de présomption, mais j'espère de supporter avec patience le tort qu'elle pourra me faire, si on me devine. C'est à des hommes plus heureux que moi qu'il appartient de craindre le ridicule; pour moi, je suis accoutumé, depuis longtemps, à des maux beaucoup plus sensibles. »

Vauvenargues ne saurait mieux marquer par quelle extrémité de fortune et, pour ainsi dire, par quelle contrainte du sort il est arrivé comme malgré lui à livrer au public les productions de sa plume, à se faire homme de Lettres; et quand Saint-Vincens, qui n'a pas lu encore l'ouvrage et qui en a entendu dire du bien, lui en renvoie par avance de flatteuses louanges, voyez de quel air il les accueille; il en est presque humilié :

« Je suis bien touché de la part que vous voulez prendre aux suffrages que mon livre a obtenus; mais vous estimez trop ce petit succès. Il s'en faut de beaucoup, mon cher ami, que la gloire soit attachée à si peu de chose; vous vous moquez de moi quand vous me parlez là-dessus, comme vous faites. Un homme qui a un peu d'ambition, serait bien vain, s'il croyait avoir mérité de telles louanges pour avoir fait un petit livre; ce qui me touche, mon cher Saint-Vincens, c'est qu'elles viennent de votre amitié. C'est cette amitié qui m'honore, et qui me fait aimer moi-même la vertu, afin de vous plaire toujours, et de vous faire estimer, si je puis, les sentiments que je vous ai voués jusqu'au tombeau. »

On sent dans cette lettre qu'il aurait pu, ce jour-là même, tracer le caractère de *Sénèque ou l'Orateur chagrin, l'Orateur de la vertu*, qui commence en ces termes :

« Celui qui n'est connu que par les Lettres, n'est pas infatué de sa réputation, s'il est vraiment ambitieux ; bien loin de vouloir faire entrer les jeunes gens dans sa propre carrière, il leur montre lui-même une route plus noble, s'ils osent la suivre :
« O mes amis, leur dit-il, pendant que des hommes médiocres exécutent de grandes choses, ou par un instinct particulier, ou par la faveur des occasions, voulez-vous vous réduire à les écrire?... »

Vauvenargues, sous ce masque de *Sénèque*, ne regarde la littérature que comme un pis-aller : contemporain de Voltaire et déjà son ami, il estime pourtant qu'elle ne compte point assez parmi les hommes pour être le but enviable des efforts sérieux de toute une vie.

Aujourd'hui que l'homme de Lettres est tant célébré par la raison peut-être qu'il se célèbre lui-même, qu'on ne s'étonne pas trop de cette répugnance de Vauvenargues pour le métier d'homme de Lettres, et de ce qu'il n'y arrive que si fort à contre-cœur et à son corps défendant. Pour certaines natures sensibles et fières, la condition d'homme de Lettres a cela de triste qu'elle est la seule chance d'être exposé à de certaines railleries publiques, à de certaines insultes contre lesquelles tout citoyen, autrement, est garanti et se sait inviolable. L'homme de Lettres généreux est exposé à la calomnie du lâche. Qu'on ne vienne point parler de gloire ; l'attrait propre à la carrière littéraire en demeure flétri.

Vauvenargues le sentait et dut passer outre. Homme d'action et homme d'épée, même quand il était déjà condamné à garder la chambre, et que ses souffrances l'allaient clouer sur le lit d'où il ne se relèvera pas, il a des réveils, et comme des remords. Ce Vauvenargues plus intime et plus essentiel que l'autre éclate dans une de ses dernières lettres à Saint-Vincens, lorsque, apprenant l'invasion de la Provence par les Autrichiens et les Piémontais dans l'automne de 1746, il s'écrie :

« J'ai besoin de votre amitié, mon cher Saint-Vincens : toute la Provence est armée, et je suis ici bien tranquillement au coin de mon feu ; le mauvais état de mes yeux et de ma santé ne me justifie point assez, et je devrais être où sont tous les gentilshommes de la province. Mandez-moi donc, je vous prie, incessamment, s'il reste encore de l'emploi dans nos troupes nouvellement levées, et si je serais sûr d'être employé, en me rendant en Provence. Si je m'étais trouvé à Aix, lorsque le Parlement a fait son régiment, j'aurais peut-être eu la témérité de le demander. Je sais combien il y a de gentilshommes en Provence, qui, par leur naissance et par leur mérite, sont beaucoup plus dignes que moi d'obtenir cet honneur; mais vous, mon cher Saint-Vincens, Monclar, le marquis de Vence, m'auriez peut-être aidé de votre recommandation, et cela m'aurait tenu lieu de toutes les qualités qui me manquent. Je ne vous dis pas à quel point j'aurais été flatté d'être compté parmi ceux qui serviront la province dans ces circonstances ; je crois que vous ne doutez pas de mes sentiments. Je vous remets, mon cher ami, la disposition de tout ce qui me regarde : offrez mes services, pour quelque emploi que ce soit, si vous le jugez convenable, et n'attendez point ma réponse pour agir ; je me tiendrai heureux et honoré de tout ce que vous ferez pour moi et en mon nom. Je n'ai pas besoin de vous en dire davantage ; vous connaissez ma tendre amitié pour vous, et je crois pouvoir toujours compter sur la vôtre. »

M. Gilbert a remarqué toutes ces choses dans sa complète et curieuse édition ; je ne fais que les répéter après lui et les étaler. Toutefois s'il s'était borné à publier cette Correspondance avec Saint-Vincens, il n'eût peut-être pas en définitive rendu service à son auteur favori, que dis-je ? à un auteur chéri de nous tous. Cette Correspondance, malgré les parties affectueuses et tendres, malgré la sincérité touchante en bien des endroits, a besoin d'être lue par des amis pour être intréprétée sans défaveur et tout à l'avantage de l'homme. Elle est trop fragmentaire pour être vraie; elle montre à nu une faiblesse, une plaie, et se ferme là-dessus; elle ment en partie par cela même qu'elle ne dit pas tout, et qu'en même temps elle dit à tous et qu'elle livre une confidence qui n'était destinée qu'à un seul. Avec l'esprit de commentaire qui règne aujourd'hui dans la critique et qui tire de *l'inédit* souvent bien plus qu'il ne contient, prise isolément, elle mènerait à faire trop insister sur un accident malheureux qui n'était pas un vice, et à faire exagérer un *Vauvenargues endetté* et sans ressemblance. Le Vauvenargues ferme et digne, tel qu'il se présentait à ses autres amis, même au milieu de ses plus affreuses gênes et de ses souffrances de tout genre, le Vauvenargues héros et stoïcien comme l'appelle Voltaire, celui que nous avaient légué la tradition et l'amitié enthousiaste, ne paraît point ici. On ne le devinerait pas non plus tel qu'il était dans sa familiarité avec d'autres mâles esprits de son âge, ouvert, étendu, persuasif, Mentor indulgent et intelligent, raisonneur aimable, « cherchant moins à dire des choses nouvelles qu'à concilier celles qui ont été dites. » Il fallait pour nous le produire, dès vingt-deux ans, sous ces aspects non moins vrais et plus généralement respectables, sa Correspondance avec le marquis de Mirabeau, fort belle des deux parts, et tout à fait digne de leurs noms. J'en parlerai prochainement.

Lundi 31 août 1857.

# ŒUVRES
# DE VAUVENARGUES
#### PUBLIÉES PAR M. GILBERT.
##### (SUITE.)

**II. —** *Vauvenargues et le marquis de Mirabeau.*

Vauvenargues et le marquis de Mirabeau avaient le même âge; ils étaient Provençaux; ils étaient parents, capitaines tous deux, Mirabeau dans le régiment de Duras, et Vauvenargues dans le régiment du roi. Ils se lièrent, et leur Correspondance témoigne assez de l'estime qu'ils faisaient l'un de l'autre. Cette Correspondance, telle que nous l'avons, comprend trois années; ils ont vingt-deux ans quand elle commence, et vingt-cinq quand elle finit (juillet 1737 — août 1740). Elle dura plus longtemps, mais la suite des lettres manque. On en a cinquante-neuf. Elles ont été données à M. Gilbert par M. Gabriel Lucas-Montigny, fils de l'homme honorable qui a si bien mérité de l'illustre souche des Mirabeau. Lui-même il se propose, dit-on, de continuer le payement de cette dette de famille par la publication de quelques-uns des précieux manuscrits qu'il a entre les mains; on ne saurait trop l'y exhorter, et dès à présent, pour avoir mis M. Gilbert à même de publier cet épisode de la Correspondance du marquis de Mirabeau, il a droit aux remercîments de tous.

Dès la première lettre écrite du château de Mirabeau (juillet 1737), le caractère du marquis se dessine. Mais ce qui frappe d'abord, c'est la haute idée qu'il a prise de Vauvenargues, et l'espèce de déclaration qu'il lui en fait :

> « Des qualités ordinairement séparées, et toujours recherchées, se joignent en vous, lui dit-il ; jugez des sentiments qu'elles y attirent. A la beauté près, je ne saurais rien dire de plus d'une maîtresse qui m'aurait fait perdre le bon sens. J'y trouve une autre différence : c'est que là je mentirais, et qu'ici je dis vrai. Mais vous me flattez, cela suffit pour m'arrêter sur vos louanges ; et puis, je ne fais point une épître dédicatoire. »

Ces louanges données à son correspondant et son égal reviendront trop souvent, et sous trop de formes, pour qu'on y voie un propos d'emphase ou de cérémonie. A la seconde lettre, il l'appelle *mon maître.* Il est évident que Vauvenargues inspirait à tous ceux qui le voyaient d'un peu près un grand respect de sa personne, une admiration de ses talents (préalablement à toute application), et encore plus de son caractère. Quoique à l'âge où l'on se livre aisément, Vauvenargues ne disait pas tout sur lui-même ; il se réservait. « Je n'ai jamais osé ouvrir mon cœur à personne tant que j'ai vécu ; vous êtes le premier à qui j'aie avoué mon ambition, et qui m'ayez pardonné ma mauvaise fortune. » C'est dans un Dialogue des morts qu'il fait dire cela à Brutus par un jeune homme qui lui-même s'est tué, et ce jeune homme, à bien des égards, c'est lui. Il n'en dit pas tant à Mirabeau, surtout dans les commencements : il renferme plus de choses qu'il n'en laisse voir. Il paraissait au dehors bien plus calme qu'il ne l'était. Mirabeau est dès l'abord plus ouvert, disant tout, contant ses idées comme ses amours, cœur chaud et brusque, tête ardente, féconde, incohérente, — un *brûlot*, comme il dit, un vrai volcan : il jette feu et flammes, parfois de beaux jets, souvent de la fumée, des scories, de la cendre et des cailloux.

Pour ne pas faire tort à ce caractère original et ne pas se prendre exclusivement à quelques contradictions et quelques ridicules, il importe de bien se rappeler ce que fut le marquis de Mirabeau dans l'ensemble de sa carrière. Il appartient, dès le principe, à la réaction aristocratique et à la fois patriotique contre le règne et le régime de Louis XIV. Il était bien le fils de l'homme qui, revenant à la tête de sa compagnie le jour de l'inauguration de la statue érigée à Louis XIV par le duc de La Feuillade sur la place des Victoires, s'arrêta au Pont-Neuf devant la statue de Henri IV, et dit en se retournant vers sa troupe : « Mes amis, saluons celui-ci ; il en vaut bien un autre ! » — Dès la fin du régime devenu trop asiatique de Louis XIV, un certain nombre de bons citoyens pensaient très-sérieusement aux moyens de rétablir dans l'État une règle, une Constitution reconnue trop absente, et dont les abus d'un long règne et les calamités survenantes faisaient sentir l'utilité. Fénelon et Beauvilliers auprès du duc de Bourgogne, Boulainvilliers, Vauban, Boisguilbert, Saint-Simon lui-même, étaient au premier rang de ceux qui agitaient ces pensées de bien public et qui méditaient des plans de réforme. Sous la régence et depuis, l'abbé de Saint-Pierre, le marquis d'Argenson continuèrent à leur manière cette lignée de réformateurs : le marquis de Mirabeau s'y rattache dès sa jeunesse. Il se voue aux questions d'intérêt public : c'est un honneur pour lui, même quand il y aurait mêlé bien des rudesses, des obscurités et quelques chimères. Il y a un côté par où M. de Mirabeau tomba dans la secte et fut un dévot au docteur Quesnay; mais, en laissant ce côté particulier et ce coin de paradoxe économique, que d'idées fines et justes dans ses écrits, que de vues justifiées par l'expérience et que ne désavouerait pas le bon sens politique, soit qu'on le prenne dans son Mémoire de début sur l'*Utilité des États provinciaux* (1750), soit dans maint chapitre de *l'Ami des Hommes* (1756), soit dans la *Théorie de l'Impôt* (1760) qui le fit mettre cinq jours au donjon de Vincennes, par un simulacre de châtiment et une concession faite aux puissances financières du temps! Le fond de ces écrits est le plus souvent raisonnable; c'est la forme seule qui est étrange, sauvage, rocailleuse, et (sauf de rares et heureux endroits) des plus rebutantes. Le marquis de Mirabeau a une théorie du *mal écrire* et de l'incorrect qu'il pratique assidûment. Ne lui demandez pas de se soigner, de se relire : « Mes affaires et mes amis, dit-il, ont besoin de moi, et le peu de temps qu'on me laisse est mieux employé à composer qu'à m'appesantir sur des révisions de style... Si je me contraignais pour me rendre méthodique, je suis certain que je serais moins lu encore que je ne le serai *dans toute la pompe de la négligence et des écarts* (1). » Dans la *Théorie de l'Impôt*, qui est censée une suite d'*Entretiens* ou discours tenus et prêchés à Louis XIV par Fénelon, cet éloquent prélat parle le plus rébarbatif des langages; il dira que « l'honneur, ce gage précieux dont le monarque est le principal et presque le seul promoteur, a comme toute autre chose,

(1) Les curieux peuvent aller chercher dans *l'Ami des Hommes* (3ᵉ partie, chap. 8), une certaine comparaison qu'il fait de lui et de Montesquieu; il ne s'y flatte pas.

son *acabit* ou son aloi nécessaire. » Il en dira bien d'autres. Mais, si l'on regarde au fond, ce Fénelon-Mirabeau tranche en plein abus et fait de grands abattis de broussailles; il assainit le pays et ouvre de larges et salubres perspectives. En général, et à ne les considérer que d'après les points qui leur sont communs, ces doctrines de Mirabeau et des autres réformateurs aristocratiques ou monarchiques d'alors tendaient à opérer la réforme par en haut, pour éviter une révolution par en bas, à refaire, à relever après Louis XIV ce qu'il avait en grande partie détruit et nivelé sans parvenir à le simplifier définitivement : elles tendaient à remettre quelque peu les choses sur le pied et comme *à partir* de Louis XIII et de Henri IV, et à introduire dans l'État une Constitution moyenne en accord à la fois avec les besoins nouveaux et avec les mœurs et les restes d'institutions de l'ancienne France. Car notez que Louis XIV avait opéré une centralisation qui n'était complète que de son vivant et grâce à son prestige personnel; mais, sous des souverains apathiques ou faibles, on retombait après lui dans la confusion d'un régime mal défini, à demi centralisé, trop ou trop peu : il fallait aller plus loin et poursuivre, ou revenir en deçà. Revenir en deçà sur quelques points, c'était le rêve de l'agronome et aristocratique Mirabeau. Faire après Louis XIV quelque chose de ce que Henri IV aurait aimé à voir s'accomplir s'il avait vécu, affranchir la noblesse des servitudes de cour et des usurpations de la roture, la rendre plus sédentaire et attachée à son ménage des champs, rendre le peuple content de son sort et assuré de son bien-être, supprimer les sangsues publiques et l'appareil intermédiaire de finances entre le roi et son peuple, asseoir l'impôt moyennant des Assemblées provinciales, de grands Conseils généraux répartiteurs des charges, c'est ce que Mirabeau aurait voulu et ce qui aurait renouvelé en effet l'ancienne monarchie ainsi reprise en sous-œuvre. Si Louis XV ou Louis XVI avait pu réaliser une partie de ces réformes indiquées par des citoyens amis du trône, ce trône aurait eu chance de durer. Tous les écrits de Mirabeau père, à les considérer par cet aspect, n'allaient à rien moins qu'à rendre son fils inutile. C'est parce que Mirabeau père (en ce qu'il avait de commun dans ses vœux patriotiques avec les Vauban, les d'Argenson, les Turgot) n'a pas réussi, que Mirabeau fils parut un jour, avec sa crinière de lion et sa voix de tonnerre, et monta le premier à l'assaut.

Quoi qu'il en soit de ces aperçus toujours sujets à conjectures et qui demanderaient bien des développements, tel était, dans le plus beau de son rôle et dans l'ensemble de sa physionomie, l'homme qui, à vingt-deux ans, se mit à causer de toutes choses par lettres avec Vauvenargues ; et ici nous n'avons plus qu'à les laisser parler l'un et l'autre. Ce sont deux jeunes militaires, ne l'oublions pas ; ils parlent de tout, même de femmes. Mirabeau en est très-préoccupé, il en fait bravade, et c'est encore là un des traits de sa nature. Dès sa première lettre à Vauvenargues, il en insère une qu'il vient de recevoir d'une ancienne maîtresse avec laquelle il a rompu et qui, en apprenant la mort de son père, le marquis Jean-Antoine, lui a écrit cette charmante et spirituelle épître de condoléance :

« Je n'ose vous appeler, Monsieur, de ces noms tendres qui nous servaient autrefois ; ils ne sont plus faits pour moi ; j'ai fait pour les perdre tout ce que je voudrais faire à présent pour les ravoir.

j'aurais tort de ne pas connaître votre caractère et qu'il n'y a plus de retour avec vous. Vous me l'avez dit assez souvent ; je n'y ai pas pensé quand il le fallait ; j'ai laissé prendre à mes étourderies la couleur des crimes ; n'en parlons plus. Vous n'étiez plus pour moi qu'un songe agréable, lorsque le bruit du malheur qui vous est arrivé m'a attendrie ; les larmes auxquelles je n'ai voulu faire nulle attention, quand vous m'avez voulu persuader que je les causais, m'ont frappée, sans savoir même si vous en avez versé, dans une occasion dont on se console quelquefois plus aisément que de la perte d'une maîtresse. Que vous dirai-je ? j'ai cru qu'un compliment de ma part, sur un sujet pour lequel tout le monde vous en fait, ne pourrait vous choquer. Je l'ai fait, et le voilà. Adieu, Monsieur. Oserai-je vous demander un peu d'amitié ? »

Mirabeau croit faire merveilles que d'écrire au bas de cette lettre, pour que Vauvenargues la montre aux amis, la réponse qu'il y a faite et qui consiste en ces seuls mots :

« Mademoiselle,

« J'ai l'honneur d'être avec un très-profond respect,
  « Mademoiselle,
« Votre très-humble et très-obéissant serviteur. »

Si la réponse était non pas de Mirabeau, mais de tout autre, on dirait qu'elle était bien du genre alors à la mode, genre-Maurepas, genre-*Cléon*, genre-*méchant*, auquel Gresset bientôt attachera l'étiquette ; mais avec le marquis de Mirabeau, l'humeur du personnage suffit pour expliquer le trait, sans invoquer le bon air.

Cette réponse montrée par Vauvenargues au duc de Durfort et à d'autres officiers, à un dîner d'auberge à Besançon, paraît bonne et dans le caractère de celui qui l'écrit : « Mais nous plaignîmes, ajoute Vauvenargues, une pauvre fille, qui a de l'esprit et qui vous aime. »

Sur ce chapitre essentiel et délicat, la différence

des deux natures se prononce. Du sein même de ses études, de ses méditations économiques, dans un séjour au château de ses pères, où il s'est retiré pour une saison, Mirabeau confesse le vice qui est celui de tout son temps et qui lui gâtera sa vie, d'ailleurs intègre : « La volupté, mon cher ami, est devenue le bourreau de mon imagination, et je payerai bien cher mes folies et le dérangement de mœurs qui m'est devenu une seconde nature; hors de là, je suis maintenant comme un poisson dans l'eau. » A côté de cet aveu que justifieront trop les futurs scandales et les éclats de sa vie domestique, mettez la sagesse et la sobriété de Vauvenargues, à qui son peu de santé interdirait sans doute les plaisirs, mais qui en est éloigné encore plus par la haute et pure idée qu'il se fait de l'amour, par le peu de goût qu'il a pour les femmes, « celles du moins qu'il connaît. » — « Je hais le jeu comme la fièvre, et le commerce des femmes comme je n'ose pas dire; celles qui pourraient me toucher, ne voudraient seulement pas jeter un regard sur moi. » Vauvenargues avait toujours pris l'amour au sérieux : « Pour moi, je n'ai jamais été amoureux, que je ne crusse l'être pour toute ma vie; et, si je le redevenais, j'aurais encore la même persuasion. » C'est pour cela qu'il recommençait rarement.

Mirabeau, à l'origine, admire plus Vauvenargues qu'il ne le connaît, et il se le figure plus philosophe ou moins ambitieux qu'il ne l'est en réalité : il lui fait part de ses sentiments tumultueux en ces années où il hésite encore entre plusieurs carrières, et il paraît envier de loin sa tranquillité d'âme, les jours où il ne la stimule pas :

« L'ambition, lui dit-il, me dévore, mais d'une façon singulière : ce n'est pas les honneurs que j'ambitionne, ni l'argent, ou les bienfaits, mais un nom, et enfin d'être quelqu'un ; pour cela, il faut être dans un poste. Cette espèce d'ambition m'a fait retourner de bien des côtés, et au point que, si dans la conjoncture présente, j'avais voulu un régiment dans un service étranger, je savais où le trouver. Mes amis et ma famille s'y sont opposés : on m'a représenté que j'avais trop de bien dans ce pays-ci pour prendre un pareil parti ; j'ai cédé : il a donc fallu tâcher de se mettre ici à même d'aller son chemin ; je l'ai fait, et dans peu vous verrez si je vous trompe ; je ne saurais vous en dire davantage à présent. Quant à la flexibilité, elle n'est nulle part moins que chez moi..... Adieu, mon cher Vauvenargues. Que l'on est heureux lorsqu'on est aussi philosophe que vous l'êtes ! »

Ce projet mystérieux qu'il annonce et qui se déclare bientôt, c'est son mariage avec une des demoiselles de Nesle, l'une (je ne sais laquelle) de ce groupe riant de sœurs qui furent toutes à la dévotion de Louis XV. Ce mariage manqua. On ne se figure guère le vif et cassant Mirabeau encadré dans ce coin voluptueux de Versailles, si près du boudoir et de l'alcôve royale. Vauvenargues l'avait félicité de son mariage tant qu'il le crut fait ; il le félicita plus franchement lorsqu'il le vit rompu :

« J'aime, lui disait-il, votre amour pour la liberté : elle est mon idole, et j'ai peine à concevoir que l'on soit heureux sans elle. Nous sommes jeunes, mon cher Mirabeau ; et, quoique la vie soit courte, elle peut sembler bien longue, dans de certains engagements ; aussi, je crois qu'on n'en doit prendre que par raison, et le plus tard qu'on peut. Vous serez peut-être à la portée, dans dix ans d'ici, de faire un meilleur mariage. Celui dont il est question avait des faces riantes ; j'entrais dans vos espérances, je m'en faisais un sujet de joie ; mais je les perds sans regret, et j'en conçois de plus grandes. »

Vauvenargues et Mirabeau se donnent des conseils. Mirabeau toujours préoccupé de l'idée que Vauvenargues n'est pas ambitieux, qu'il est philosophe par tempérament et par choix (il le juge trop sur la mine, et par le dehors), qu'il est porté à l'inaction et au rêve, le presse souvent et dans les termes d'une cordiale amitié de se proposer un plan de vie, un but, de ne plus vivre au jour la journée : « Nous avons besoin de nous joindre, mon cher ami ; vous appuieriez sur la raison, et je vous fournirais des idées. » Vauvenargues décline ce titre de *philosophe* auquel, dit-il, il n'a pas droit :

« Vous me faites trop d'honneur en cherchant à me soutenir par le nom de *philosophe* dont vous couvrez mes singularités ; c'est un nom que je n'ai pas pris ; on me l'a jeté à la tête, je ne le mérite point ; je l'ai reçu sans en prendre les charges ; le poids en est trop fort pour moi. Ce sont mes inclinations qui m'ont rendu *philosophe* ou qui m'en ont acquis le titre : si ce titre les gênait, il leur deviendrait odieux ; je ne m'en suis jamais caché, toute ma philosophie a sa source dans mon cœur... »

Mirabeau insiste et le secoue : il prétend lui montrer qu'avec ses talents, il serait impardonnable de se laisser aller à l'accablement, à la nonchalance. Vaugenargues fait bonne défense et, sans d'abord se découvrir, il accepte en partie le rôle qu'on lui fait, il l'explique et s'en excuse :

« Je ne veux pas vous faire entendre que je me suffise à moi-même, et que toujours le présent remplisse le vide de mon cœur ; j'éprouve aussi, souvent et vivement, cette inquiétude qui est la source des passions. J'aimerais la santé, la force, un enjouement naturel, les richesses, l'indépendance, et une société douce ; mais comme tous ces biens sont loin de moi, et que les autres me touchent fort peu, tous mes désirs se concentrent, et forment une humeur sombre que j'essaye d'adoucir par toute sorte de moyens. Voilà où se bornent mes soucis... »

Mirabeau toujours expansif, abondant dans son propre sens, et d'ailleurs aussi cordial en ceci que clairvoyant, pousse sa thèse et, imbu des idées du jour, il prononce le grand mot, celui des *Lettres* dont l'avénement et le règne étaient prochains dans la société et qui allaient faire l'Opinion publique, cette autre reine :

« Je sais, dit-il à Vauvenargues, que votre peu de disposition (1) et de santé ne vous permet pas de courir ce que quelqu'un comme vous doit appeler fortune ; mais quelle carrière d'agréments ne vous ouvrent pas vos talents dans ce qu'on appelle *la République des Lettres!* Si vous pouviez connaître combien de plaisirs différents nous procure une réputation établie dans ce genre! Ce n'est plus le temps où un homme de qualité rougit des talents que lui peut disputer un homme de rien... Peut-être ne fais-je qu'affermir ici chez vous une résolution prise ; *il m'en est même transpiré quelque chose;* mais j'en demande l'aveu à votre amitié. N'allez point me dire qu'il est des choses que l'on ne peut confier au papier : il n'en est point que l'on ne puisse commettre au papier qui va à son ami. »

Mirabeau faisait alors des vers, des tragédies ou des comédies; il cultivait, comme il dit, *Melpomène;* il commençait à s'occuper d'économie politique et rurale; il avait des maîtresses, des passions de rechange, toutes les sortes d'ambition; enfin il était (ce qu'il sera souvent) dans un état volcanique. Mais ce qui est bien de sa part et ce qui dénote le galant homme, c'est de convier si vivement son ami à ce qu'il croit un des éléments du bonheur, et de vouloir absolument lui faire partager les jouissances qu'il anticipe pour lui-même.

Serré de près dans ses retranchements, Vauvenargues répond et ne peut dissimuler quelques-unes des idées que nous lui savons sur et *contre* la littéture :

« Je n'ignore pas les avantages que donnent les bons commerces ; je les ai toujours fort souhaités, et je ne m'en cache point;

(1) *Disposition* est pris là comme le substantif de *dispos*, le contraire de l'*indisposition*.

mais j'accorde moins que vous aux gens de Lettres : je ne juge que sur leurs ouvrages, car j'avoue que je n'en connais point ; mais je vous dirai franchement, qu'ôtez quelques grands génies et quelques hommes originaux dont je respecte les noms, le reste ne m'impose pas. Je commence à m'apercevoir que la plupart ne savent que ce que les autres ont pensé ; qu'ils ne sentent point, qu'ils n'ont point d'âme ; qu'ils ne jugent qu'en reflétant le goût du siècle, ou les autorités, car ils ne percent point la profondeur des choses ; ils n'ont point de principes à eux, ou s'ils en ont, c'est encore pis ; ils opposent à des préjugés commodes des connaissances fausses, des connaissances ennuyeuses ou des connaissances inutiles, et un esprit éteint par le travail ; et, sur cela, je me figure que ce n'est pas leur génie qui les a tournés vers les sciences, mais leur incapacité pour les affaires, les dégoûts qu'ils ont eus dans le monde, la jalousie, l'ambition, l'éducation, le hasard. Il faut cependant, pour vivre avec tous ces gens-là, un grand fonds de connaissances qui ne satisfont ni le cœur ni l'esprit, et qui prennent tout le temps de la jeunesse. Il est vrai qu'on se fait une réputation et qu'elle impose au grand nombre, mais c'est l'acheter chèrement, et il est encore plus pénible de la soutenir ; et, quand il n'y aurait d'autre désagrément que de lire tous les mauvais livres qui s'impriment, afin d'en pouvoir raisonner, et d'entendre tous les jours de sottes discussions, ce serait encore trop pour moi... Il me serait fort agréable d'avoir de la réputation, si elle venait me chercher ; mais il est trop fatigant de courir après elle, et trop peu flatteur de l'atteindre, lorsqu'elle coûte tant de soins. Si j'avais plus de santé, et si j'aimais assez la gloire pour lui donner ma paresse, *je la voudrais plus générale et plus avantageuse que celle qu'on attache aux sciences.* »

Un Mirabeau n'y va pas de main morte ; les demi-aveux, les faux-fuyants de Vauvenargues, ses airs de paresse, ne satisfont pas le marquis ; il continue son obsession obligeante ; il y emploie le reproche, il y emploie la louange ; il se sert de toutes les clefs pour ouvrir ce cœur qu'un respect humain enchaîne, et il le tire tant qu'il peut du côté de ses propres penchants :

« Quand vous auriez plus de santé et de goût pour la gloire, vous ne sauriez faire naître la guerre, et ne seriez pas capable des bassesses qu'il faut pour s'avancer à la Cour. Je sens par moi-même, qui, ayant plus d'imagination que de jugement, embrasse toute sorte d'objets, que les plus dignes de moi sont dans un avenir presque impossible. Dois-je, pour cela, négliger des talents qui peuvent me donner de l'agrément? non; je travaille pour m'occuper; cela m'amuse, et je me forme une grande facilité dans toute sorte de genres d'écrire. Mais, encore un mot de vous : vous enfouissez, si vous ne travaillez, les plus grands talents du monde! Je ne sème point ici de louanges, c'est la vérité qui parle ; des gens du meilleur goût, ayant vu vos premières lettres, m'obligent à leur envoyer toutes celles que je reçois de vous, et je les ai entendus s'écrier, quand je leur ai dit que vous n'aviez pas vingt-cinq ans : *Ah! Dieu! quels hommes produit cette Provence!* Adieu, mon cher Vauvenargues. »

Il lui laisse le trait dans le cœur. — Et encore dans une lettre de ce même temps (14 juin 1739) :

« S'il est permis de se citer, j'ai, je crois, plus de feu, d'imagination, de santé que vous ; mais vous avez plus d'esprit et de suite ; cependant, si vous ne m'en imposez, il s'en faut de beaucoup que vous tiriez le même parti du temps. Si vous employiez tout le loisir que votre humeur vous laisse, jugez de ce que vous pourriez faire! J'en sais plus que vous sur votre propre compte, si vous ne vous connaissez pas *une grande étendue de génie.* »

Le coup a porté : Vauvenargues a beau dire, il est homme de Lettres plus qu'il ne croit; il est sensible plus qu'il ne le voudrait à cette idée de génie, à cette image d'une gloire sous sa main, et qu'il ne tient qu'à lui de cueillir : « Vous ne sentez pas vos louanges, écrit-il à Mirabeau, vous ne savez pas la force qu'elles ont, vous me perdez! Épargnez-moi, je vous le demande à genoux. »

Le commentaire n'est pas de moi; M. Gilbert fait très-bien remarquer que l'arrière-pensée de Vauvenargues se trahit visiblement dans ce cri de sa modestie aux abois ; il est tenté, et il a peur de céder à la tentation. Si j'osais, je dirais qu'il sent tout bas que la froide sagesse en lui se dégèle. Peu s'en faut qu'il ne capitule. Il se remet cependant presque aussitôt, et il proteste à Mirabeau qu'il n'est pas si homme de livres que son ami se le figure :

« Je ne passe point ma vie sur les livres, comme vous avez la bonté de le croire pour justifier ma retraite. Je suis bien loin d'être raisonnable ; depuis deux ans je n'ai pas lu un quart d'heure tous les jours, j'entends un jour portant l'autre. Cet aveu-là est bien naturel, mais ne vous met-il pas en colère? car vous avez horreur de mon oisiveté. Elle n'a pas toujours été aussi grande, mon cher Mirabeau; il y a eu des temps où j'ai lu ; mais ces temps-là sont un point dans ma vie. *J'ai toujours été obsédé de mes pensées et de mes passions;* ce n'est pas là une *dissipation*, comme vous croyez, mais une distraction continuelle et une occupation très-vive, quoique presque toujours inquiète et inutile. Je serai d'un meilleur commerce quand je serai vieux ; je veux, du moins, avoir cette espérance. La raison et vos conseils pourront alors beaucoup sur moi ; il est vrai qu'il sera bien tard ! Mais que puis-je y faire, mon cher Mirabeau? Mes goûts, mon caractère, ma conduite, mes volontés, mes passions, tout était décidé avant moi ; mon cœur, mon esprit et mon tempérament ont été faits ensemble, sans que j'y aie rien pu, et, dans leur assortiment, on aurait pu voir ma pauvre santé, mes faiblesses, mes erreurs, avant qu'elles fussent formées, si l'on avait eu de bons yeux. »

Ces lettres de Vauvenargues sont datées d'Arras, de Besançon, de Reims, de Verdun, de tous les lieux de garnison où le promène son métier. A travers ces perpétuels et insipides changements de résidence, il vivait d'ailleurs très-retiré et sans prendre part à la vie commune de ses camarades; en dehors des heures de service, il se renfermait chez lui, et ne voyait familièrement que quelques jeunes officiers, comme de Seytres, qui étaient plus sages que les autres et qu'il aimait assez à morigéner agréablement. Comme Socrate, il aimait les jeunes et les beaux pour les diriger à la vertu.

Si Vauvenargues dit qu'il lit peu, c'est bien souvent aussi que ses yeux malades lui refusent le service, et qu'il ne trouvait point en tout lieu de lecteur à sa disposition pour le soulager. Cette infirmité de vue le gênait même souvent pour écrire.

Toutefois, sur cette protestation de son peu d'étude et de lecture, Mirabeau n'est pas dupe et n'est crédule qu'à demi : « Vous ne lisez point, me dites-vous, et vous me citez tous les mots remarquables de nos maîtres; cela me rappelle Montaigne qui soutient partout qu'il craint d'oublier son nom tant il a peu de mémoire, et nous cite dans son livre toutes les sentences des Anciens. » — S'il convie son ami à s'ouvrir à lui, il lui donne largement l'exemple et ne se fait pas faute de se déclarer. Il a un frère, le dernier de tous, le chevalier de Mirabeau, qui sert dans le régiment de Vauvenargues, et à qui l'on a fait un passe-droit; il serait d'avis que ce jeune frère, qui par humeur n'est déjà que trop de la même race, cassât net là-dessus et se retirât « avec la hauteur convenable à son nom et à sa naissance. » Il faut entendre de quel ton, et voir avec quelle noblesse de geste il le dit :

« J'en ai écrit à ma mère comme je le pensais; elle m'a répondu que j'étais trop ardent, et je lui ai dit qu'elle était trop sage. La façon de penser des autres ne m'a jamais conduit : si je m'en suis mal trouvé du côté de la fortune, j'ai toujours pensé qu'un homme de qualité était au-dessus d'elle ; et, du moins, cela m'a-t-il toujours attiré de ces attentions de société qui ne dépendent que de nous. Ducs manants d'un côté, robins décrassés de l'autre, tout empiète sur l'homme de qualité : faites comme tout le monde avec ces gens-là, vous les avez toujours sur les épaules; sachez vous annoncer et vous redresser, vous les voyez arriver plus bas que terre. En un mot, la façon de penser générale m'a toujours paru l'écueil de la vertu : dès que l'on a eu assez de désagréments pour se plaindre, l'on doit en avoir assez pour éclater de la façon la plus vive, voilà mon sentiment; l'on dit que j'ai tort; cela peut être, mais je l'aurai longtemps...

« Adieu, mon cher Vauvenargues. Vous voyez l'âme de votre ami toute nue; je ne doute pas qu'au travers de ses défauts, vous n'y trouviez quelque chose de digne d'intéresser une aussi belle âme que la vôtre. Adieu, aimez-moi ; vous êtes quelques-uns dont l'amitié fera toute la douceur de ma vie, car les femmes, qui font maintenant toute l'occupation de ma folle jeunesse, n'y tiendront pas, j'espère, du moins en tant que sexe, le moindre petit coin à un certain âge. Adieu, je vous aime comme vous le méritez, est-ce assez dire ? »

**Dans la jeunesse, quand le brillant y était encore, et avant que ces humeurs impétueuses et ces fougues eussent acquis au caractère toutes ses aspérités, il** pouvait y avoir sinon du charme, du moins bien de l'intérêt dans le commerce d'un tel homme : un air de grandeur revêtait les défauts. En vieillissant, il se crut devenu un *bonhomme* et rien que cela, il le disait, et se trompait. Ses duretés se fixèrent et, se produisant en déshabillé, ne parurent plus que choquantes. Il vint un temps où Mirabeau n'eût plus été admis à dire à Vauvenargues : « Aimez vos amis avec leurs défauts ; je vous passe trop de sagesse, passez-moi le contraire. »

Ce n'est pas toujours le rôle de Vauvenargues de recevoir des conseils ; il aime et excelle à en donner. Il voit son ami s'oublier à Bordeaux depuis un an, attaché par quelques liaisons qu'il appelle chaque fois des passions éternelles. Il lui en fait honte. **A** lui qui vise à conquérir un nom dans les Lettres et à entrer peut-être à l'Académie, il essaye de lui faire peur des *gasconismes* que peut contracter son style (hélas ! Mirabeau n'y regarde pas de si près) :

« Que faites-vous à Bordeaux ? Il y a un an que vous y êtes ; n'en avez-vous pas encore épuisé tous les agréments ? avez-vous oublié qu'il est un pays où vous trouveriez les mêmes plaisirs avec plus de variété, sans quitter le soin de votre fortune, ni celui de cultiver votre esprit, et sans séparer, comme vous faites, les objets de vos passions ? Quand vous ne prendriez que les mauvais tours de phrase et l'accent du Bordelais, et ne perdriez pas de cent autres côtés, vous seriez toujours blâmable du long séjour que vous y faites. Vous dites qu'il y a beaucoup de gens d'esprit, des gens de Lettres, etc. : je le crois, mais pensez-vous qu'à Paris il n'y en ait pas davantage, et que cette grande ville ne rassemble pas des hommes excellents dans tous les genres, ce qu'on ne trouve dans aucune province?...

« — Mais il y a des femmes trop aimables à Bordeaux! il est difficile de s'en détacher! — Est-ce qu'il n'y en a pas ailleurs, qui, avec autant de beauté, ont plus de délicatesse, plus de monde, plus de tour, plus de raffinement dans l'esprit, et dont le commerce vous serait aussi avantageux qu'agréable? Qu'est devenue votre ambition? elle est donc tout à fait éteinte? Ne songez-vous jamais que vous pourriez aimer ailleurs, être heureux, jouir de même, et faire servir vos plaisirs à votre fortune. »

Ce n'est pas là, dira-t-on, le discours d'un moraliste trop rigide : c'est que le véritable Vauvenargues n'est pas du tout rigide en effet; il aspire à concilier, à humaniser, à tempérer, à se servir des passions elles-mêmes avec ensemble et à-propos; il est le contraire du philosophe scythe qui coupe de l'arbre les branches les plus belles; il est un ennemi presque personnel de Caton le Censeur; s'il a été stoïcien dans un temps, il en est bien revenu. Il nous le dira tout à l'heure; ne devançons rien.

Il faut rendre justice à Mirabeau; sa réponse au petit sermon amical de Vauvenargues est charmante. Il lui rend, comme on dit, la monnaie de sa pièce, et le réfute gaiement par une série et comme un feu roulant de questions *ad hominem :*

« Je reçois, mon cher Vauvenargues, votre lettre du 22 du mois passé (septembre 1739); permettez à mon amitié de vous dire ce que je vous crois nécessaire : Que faites-vous à Verdun? est-ce à votre âge que l'on doit se borner à commander un bataillon d'infanterie? un homme de condition est-il bien placé de passer les plus belles années de sa vie à Verdun? à aller de son auberge à sa chambre? Si l'ambition vous occupe, car enfin il faut avoir un objet, Paris et la Cour ne doivent-ils pas être votre séjour? Si les plaisirs vous dominent, suivez-les; mais songez que le temps se passe. Si c'est enfin la douceur d'une vie retirée qui vous flatte, mettez-vous donc à même d'en jouir, sans être perpétuellement aux ordres d'autrui ! décidez-vous; vous avez trop d'esprit pour tuer le temps. Pour moi, plus fondé dans mes principes, quoique aussi détraqué dans mes actions, je suis mes plaisirs, je les cours, je me livre à leur léthargie et en sors par le mouvement. Je suis maintenant à la suite de ma dame, que je vais accompagner, avec le duc de Durfort, jusqu'à la frontière; de là nous irons faire une tournée, *quœrens quem devoret,* et nous nous rendrons à Paris.... Je sens que bientôt une passion me fixera. Tout est Louvre avec ce que l'on aime. »

La Correspondance est des plus actives et des plus engagées à ce moment; Vauvenargues ne reste pas court, comme bien l'on pense. Sous l'impression de cette attaque, il jette sur le papier quantité de bonnes raisons qui lui sont familières, de ces réflexions dont il est rempli sur l'ambition et sur les plaisirs; il les approprie à leur situation à tous deux. Mais pendant ce temps-là, Mirabeau court le monde, rompt avec sa dame, arrive à Paris et s'y établit. C'est de là qu'il refait appel à Vauvenargues (23 décembre 1739). Deux mois se sont écoulés. Dans la lettre qui suit, Vauvenargues annonce donc qu'il en supprime une, devenue inutile et inopportune :

« Aujourd'hui que vous avez brisé vos liens, je vous épargnerai cette lecture, quoique j'aie bien sur le cœur le reproche que vous me faites de m'ensevelir à Verdun, comme si cela justifiait Bordeaux et *comme si nos fortunes étaient égales en tout, ou que je fusse responsable de la mienne, parce que j'ai assez d'orgueil pour ne m'en plaindre jamais.* Passons là-dessus, je veux bien ne pas rappeler nos querelles; mais soyez bien persuadé qu'il me serait plus facile de justifier ma conduite, qu'à vous de colorer la vôtre. »

Malgré la réticence qui termine, Vauvenargues en dit là plus qu'il n'en avait jamais dit. Nous qui savons, à ce moment, ses gênes, ses misères, tout ce qu'il réserve d'aveux pour son cher Saint-Vincens, nous achevons sa pensée. Est-il besoin de remarquer qu'il suffirait d'un mot lâché par lui sur sa plaie secrète, sur ce qui l'empêche d'aller à Paris, pour que Mirabeau, qui sans doute ne demanderait pas mieux et qui semble provoquer la confidence, lui offrît sa bourse? mais, le délicat et l'orgueilleux qu'il est, il s'en garde bien. Nous sommes au cœur de la situation. Mirabeau qui va et vient à sa guise, qui est maître d'une fortune considérable dont il use et abuse déjà, qui n'est à son régiment que quand il le veut bien ; qui, dès que l'envie lui en prend, s'installe à Paris où il va acheter un hôtel; qui, cette année même (1740), achètera la terre de Bignon dans le Gâtinais pour être toujours à portée de la capitale, Mirabeau en parle donc bien à son aise. Sachons-lui gré pourtant; en le harcelant à tort et à travers, il va forcer Vauvenargues à se révéler par la portion la plus fière et la plus élevée de son être, et à développer son âme tout entière. C'est une lettre datée de Versailles qui opère cette espèce de changement à vue. Mirabeau lui adresse de là, de ce lieu *qu'il déteste*, dit-il, *par excellence,* et où il est pour une affaire qui doit lui procurer de l'avancement ou amener sa démission du service, une lettre toute de conseils et d'excitations, et sur le même thème toujours : « Vous êtes le premier raisonneur de France, mais le plus mauvais acteur » (*acteur* pour homme d'action); et en même temps il se représente, lui, comme un sage, un homme à principes fixes, et aussi un désabusé de l'ambition :

« Pour moi, dans les idées qui s'offrent à mon imagination, plusieurs se présentent avec empire, mais nulle avec agrément, que celle d'une solitude aimable et commode, quatre ou cinq personnes assorties de goût et de sentiment, de l'étude, de la musique, de la lecture, beau climat, agriculture, quelque commerce de lettres, voilà mon gîte! Mais peut-être qu'avant d'y arriver, le diable emportera la voiture!... »

— Oh! pour le coup, Vauvenargues n'y tient pas! lui qui croit sentir mieux que Mirabeau ce que c'est que l'ambition et la grande, ce que c'est qu'être acteur tout de bon dans ce monde; qui ne ferait pas fi de cette scène de la Cour s'il y était; qui ne verrait dans ce Versailles même qu'un vaste champ ouvert à ses talents de toute sorte, y compris l'insinuation et le manége (l'honnête manége, comme il l'entend et dont il se pique avec un reste d'ingénuité), il éclate et *tire le rideau* de devant son cœur, par une admirable lettre, qui sera suivie de plusieurs autres pareilles; de sorte que Mirabeau, arrivé en cela à ses fins, a raison de s'écrier : « Ne vous lassez pas de m'en écrire... Je vous aurai *par morceaux*, mon cher Vauvenargues, et quelque jour je vous montrerai tout entier à vous-même. »

Ces lettres, en effet, qui sont mieux que des pages d'écrivain, manifestent l'âme même de l'homme, l'âme virile dans sa richesse première et à l'heure de son entrée en maturité. Il nous reste à les voir avec le détail qu'elles méritent, paraissant aujourd'hui pour la première fois. — Heureux âge de vingt-cinq ans qui permet et sollicite de tels épanchements entre égaux, qui ouvre un infini de perspective dans toutes les carrières, les montre plus simples et plus droites qu'elles ne sauraient jamais l'être à les parcourir en réalité; qui, des oppositions même et des contrariétés du sort, sait tirer des combinaisons nouvelles, et se fraye en idée, par delà l'obstacle, de plus belles routes inconnues! Vauvenargues, causant avec

Saint-Vincens, était sans doute plus à l'aise pour certaines délicatesses du cœur; mais, une fois la glace brisée avec Mirabeau, c'est encore avec celui-ci qu'il osera en dire davantage sur toutes les choses de l'esprit et des passions, sur les idées et sur la vie.

Lundi, 7 septembre 1857.

# ŒUVRES
# DE VAUVENARGUES

## PUBLIÉES PAR M. GILBERT.

(FIN.)

III. *Toujours Vauvenargues et Mirabeau.* — *De l'ambition.* — *De la rigidité.*

Je ne prétends pas donner pour vraies toutes les idées que Vauvenargues émet dans ses lettres à Mirabeau. Un des amis de ce dernier et qui paraît avoir été un homme des plus distingués, bien qu'il n'ait guère laissé de souvenir, le marquis de Saint Georges, un sage, un homme de goût, un philosophe pratique comme il y en avait alors à Paris, comme il y en a peut-être encore, qui lisait ces lettres de Vauvenargues et les prisait infiniment, y trouvait, disait-il, de l'esprit partout, mais des endroits faux, trop de métaphysique, et ajoutait : « Il parle *par théorie*, on le voit. » C'est possible ; mais les lettres sont vraies pour nous en ce qu'elles nous peignent celui même qui les écrit, et c'est ce caractère surtout qui nous est intéressant aujourd'hui à connaître.

Mirabeau, par exemple, voit plus clair sur Versailles que Vauvenargues, et quand il lui écrit de là qu'il faut agir, mais que ce ne peut être du côté de la *fortune*, ce qui veut dire, dans sa bouche, du côté de la grande ambition ; que les avenues en sont fermées, et qu'il faut alors, de guerre lasse, se retourner et se rejeter, quand on a de la *vertu* (c'est-à-dire de la force et de la générosité), dans une voie qui soit noble encore et à la portée de celui qui la tente, il a raison :

« Un homme de qualité ne doit pas s'enterrer ; il se doit à l'État. Je sais qu'il n'en est guère question à présent, selon le bas ministre (Fleury) qui le gouverne, et que ce sont les maltôtiers qui en sont les colonnes ; mais vous avez une patrie misérable, une province vexée par les esclaves subalternes, que l'on érige en souverains pour le malheur des peuples ; des amis que vous pouvez servir ; des compatriotes à qui vos talents exercés pourraient être utiles ; une famille dont vous devez ou soigner les affaires, ou soutenir le nom ; vous-même, à qui vous devez un plan fixe de bonheur et d'agrément ; que d'objets divers et opposés ! Ne croyez pas, mon cher ami, que ce soit encore ici une diversion comme l'autre fois ; non, mais je serais bien aise de vous obliger à un plan fixe, et surtout pour la conduite et pour l'action de votre esprit. Mais d'ailleurs, c'est mon histoire que je fais... »

Il trace en effet, dans ce peu de mots, l'idéal de sa vie, un idéal qu'il n'a rempli qu'imparfaitement, mais qu'il était honorable, à vingt-cinq ans, de concevoir et de se mettre résolûment à poursuivre. Quoi qu'il en soit, c'est cette lettre qui fait sortir Vauvenargues de la mesure qu'il a gardée jusqu'alors, et qui enfin l'oblige à se découvrir à son tour. Sa lettre en réponse est longue, abondante, difficile à couper : Vauvenargues n'est pas de ceux qui étranglent leur pensée, ou qui la gravent et la frappent en quelques mots splendides ; il aime à l'étendre, à raisonner ; il est proprement dans son élément quand il disserte ; il a une belle langue intérieure, mais un peu molle parfois, à demi oratoire, périodique, et qui se complaît dans ses développements. Je donnerai de cette lettre, qui est à lire tout entière, ce qui m'en paraît de plus saillant :

« A Verdun, le 16 janvier 1740.

« Il y a plus d'un an, mon cher Mirabeau, que vous attaquez ma retraite et l'inaction où je vis ; je me défends par des retours et des généralités ; je me jette tantôt d'un côté, tantôt d'un autre ; je pousse la première idée que je trouve devant moi. Je vous laissai dans ma dernière lettre plus de jour et de lumière ; je tirai un peu le rideau ; mais, puisque cette ouverture ne vous satisfait pas encore, que votre amitié va plus loin, qu'elle me poursuit toujours, et qu'il m'est permis de voir dans un soin aussi constant le fond de votre cœur pour moi, j'aurais tort de vous rien cacher.

« Je vous avouerai d'abord, fort naturellement, que si j'étais né à la Cour, ou plus près que je n'en suis, je ne m'y serais point déplu ou ennuyé autant que vous. Je ne vois point ce pays-là des mêmes yeux ; j'y crois démêler des agréments qui peuvent toucher l'esprit ; je n'y vois point ce qui vous choque : j'y vois, au contraire, le centre du goût, du monde, de la politesse, le cœur, la tête de l'État, où tout aboutit et fermente, d'où le bien et le mal se répandent partout ; j'y vois le séjour des passions, où tout respire, où tout est animé, où tout est dans le mouvement, et, au bout de tout cela, le spectacle le plus orné, le plus varié, le plus vif que l'on trouve sur la terre. Les personnages, il est vrai, n'y sont pas trop gens de bien, le vice y est dominant, tant pis pour ceux qui ont des vices ! Mais, lorsqu'on est assez heureux pour avoir de la vertu (toujours *vertu* dans le sens antique et non dans l'acception de la morale étroite), c'est, à mon sens, une ambition très-noble que celle d'élever cette même vertu au sein de la corruption, de la faire réussir, de la mettre au-dessus de tout, d'exercer et de protéger des passions sans reproche, de leur soumettre les obstacles, et de se livrer aux penchants d'un cœur droit et magnanime, au lieu de les combattre ou de les cacher dans la retraite, sans les satisfaire ni les vaincre. *Je ne sais rien même de si faible et de si vain que de fuir devant les vices, ou de les haïr sans mesure ; car on ne les hait jamais que parce qu'on les craint, par représailles ; ou par vengeance, parce qu'on en est mal traité ;* mais un peu de grandeur d'âme, quelque connaissance du cœur, une humeur douce et tacite, empêchent qu'on en soit surpris ou blessé si vivement. Ainsi, mon cher Mirabeau, je maintiens ce que j'ai dit : si j'étais né à la Cour, je ne vois pas que j'eusse été contraint de m'y déplaire, ou il y aurait eu de ma faute ; mais la Providence m'a placé si loin de cette Cour, qu'il serait ridicule de me demander pourquoi je n'y suis pas.

« A l'égard de Paris, vous savez comme je pense : si je pouvais m'y tenir, je n'aurais point d'autre patrie... »

Et il expose quelques-uns des motifs et des obstacles trop réels (sans pourtant articuler le principal de ces obstacles) qui l'empêchent de se livrer à ses goûts et d'aller se fixer à Paris pour y étudier, y cultiver les gens de mérite qu'il y rencontrerait, et y devenir lui-même peut-être un écrivain. Quant à ses occupations silencieuses dans la solitude et dans les loisirs forcés des garnisons, il ne s'en explique encore qu'avec précaution et une sorte de pudeur. S'il hésite pourtant à dire qu'il a plus souvent qu'on ne le croit la plume à la main, il se montre bien au naturel et avec la dignité qui lui sied, dans la plénitude de ses pensées et de son rêve :

« Je ne vous cacherai point que je n'ai ni la santé, ni le génie, ni le goût qu'il faut avoir pour écrire ; que le public n'a point besoin de savoir ce que je pense, et que, si je le disais, ce serait ou sans effet, ou sans aucun avantage. Cela vous satisfait-il ? Je n'irai pas à présent vous faire une énumération de toutes mes infirmités, il y aurait trop de ridicule ; ni vous parler de mes inclinations, j'en ai de trop reprochables ; ni des défauts de mon esprit, car à quoi servirait cela ? Mais je puis bien vous dire encore, en général, qu'il n'y a ni proportion, ni convenance, entre mes forces et mes désirs, entre ma raison et mon cœur, entre mon cœur et mon état, sans qu'il y ait plus de ma faute que de celle d'un malade qui ne peut rien savourer de tout ce qu'on lui présente, et qui n'a pas en lui la force de changer la disposition de ses organes et de ses sens, ou de trouver des objets qui leur puissent convenir. Mais, *quoique je ne sois point heureux, j'aime mes inclinations, et je n'y saurais renoncer;* je me fais un point d'honneur de protéger leur faiblesse ; je ne consulte que mon cœur ; je ne veux point qu'il soit esclave des maximes des philosophes, ni de ma situation ; je ne fais pas d'inutiles efforts pour le régler sur ma fortune, je veux former ma fortune sur lui. Cela, sans doute, ne comble pas mes vœux ; tout ce qui pourrait me plaire est à mille lieues de moi ; mais je ne veux point me contraindre, j'aimerais mieux rendre ma vie ! je la garde, à ces conditions ; et *je souffre moins des chagrins qui me viennent par mes passions, que je ne ferais par le soin de les contrarier sans cesse.* Il n'est nullement en moi d'avoir à ma portée les objets que vous donnez à mon cœur ; je ne manque pas cependant de principes de conduite, et je les suis exactement; mais, comme ils ne sont pas les mêmes que les vôtres, vous croyez que je n'en ai point, et vous vous trompez en cela, comme lorsque vous croyez que mon âme est inactive, quoiqu'elle soit sensible et présente, qu'elle ne supporte la solitude que par là, et qu'elle aime à se tourner sur ce qui peut la former et lui être utile, quand ma santé le permet. »

Mirabeau avait fort usé dans ses précédentes lettres de l'exemple et de l'autorité de M. de Saint-Georges, cet homme d'esprit et ce philosophe dont j'ai parlé, qui demeurait rue Bergère, et qui l'avait engagé à quitter le service pour se créer une existence agréable, occupée, indépendante. Vauvenargues, qui a vu un moment à Paris M. de Saint-Georges, et qui en fait cas, récuse toutefois l'exemple et l'application que Mirabeau en voudrait faire à eux deux. Ce passage où il les caractérise tous les trois est d'une belle touche et d'une peinture morale excellente :

« L'exemple de M. de Saint-Georges, dit-il, n'est fait ni pour vous, ni pour moi; c'est un homme trop accompli; il est gai, modéré, facile, sans orgueil et sans humeur; il a une santé robuste; il aime les sciences et la paix; il est formé pour la vertu; sa famille et ses affaires lui font un intérêt et une occupation; son esprit déborde son cœur, le fixe et le rassasie; il a le goût de la raison et de la simplicité, tout cela se trouve en lui, sans qu'il lui en coûte; ce sont des dons de la nature; *il est formé pour les biens qu'elle a mis autour de sa vie;* les autres le toucheraient moins; il a le bonheur, si rare, de jouir de tout ce qu'il aime, parce qu'il n'aime rien que ce dont il jouit. Mais *vous êtes ardent, bilieux, plus agité, plus superbe, plus inégal que la mer, et souverainement avide de plaisirs, de science et d'honneurs; moi, je suis faible, inquiet, farouche, sans goût pour les biens communs, opiniâtre, singulier, et tout ce qu'il vous plaira.* Vous voyez donc que M. de Saint-Georges ne peut pas nous servir de règle; il a son bonheur en lui et dans sa constitution, comme nous avons en nous la source de nos déplaisirs. Vous n'êtes donc pas fait pour vivre comme lui; le repos vous est dangereux; il vous faut tenir loin de vous; *votre cœur ne peut vous verser que le fiel dont il est pétri...* »

Dans ce qui suit, et à dessein de détourner son

impétueux ami de quitter le service, Vauvenargues le raille avec une légère ironie sur ce plan un peu trop doux de vie heureuse et toute privée, sur cette félicité tempérée et dans le goût d'Horace, qu'il se promet trop complaisamment. Il le rappelle à sa nature ardente qui a besoin d'un objet puissant, d'une proie à ronger pour ne pas se ronger elle-même. Qu'est devenue cette passion des grandes choses dont ils se sont tant de fois entretenus?

« Mais cette gloire que vous aimiez (pourrait-on vous dire), dont le goût était né avec vous, l'a-t-on dépouillée de ses charmes? aurait-elle trompé vos vœux? n'est-elle qu'une chimère? voulez-vous démentir le chagrin naturel de ceux dont elle s'éloigne, qui témoigne si bien pour sa réalité? L'estime et le mépris ne sont-ils que des noms?... *L'on sait assez que la gloire ne rend pas un homme plus grand ; personne ne nie cela ; mais, du moins, elle l'assure de sa grandeur, elle voile sa misère, elle rassasie son âme, enfin elle le rend heureux.* Elle n'est pas également sensible à tous les hommes ; il faut qu'elle trouve certaines dispositions dans leur cœur : la musique et la poésie ne flattent pas tous les goûts, ni la gloire ; mais cela n'empêche pas qu'elle ne soit réelle... Je crains que le goût de la littérature n'arrête trop vos pensées. »

Et il lui cite l'exemple de Voltaire; ne croyez pas que ce soit comme une preuve éclatante et rare de la gloire littéraire; il le lui cite pour lui montrer le néant de cette gloire contestée et troublée des grands écrivains : « Je songe quelquefois à Voltaire, dont le goût est si vif, si brillant, si étendu, et que je vois méprisé tous les jours par des hommes qui ne sont pas dignes de lire, je ne dis pas sa *Henriade,* mais les préfaces de ses tragédies. » Racine, Molière, « qui sont pourtant des hommes excellents, » n'ont pas été plus heureux pendant leur vie; ils n'ont pas joui plus paisiblement de la renommée due à leurs œuvres :
« Et croyez-vous que la plupart des gens de Lettres

n'en eussent pas cherché une autre, si leur condition l'eût permis? »

Ici nous retrouvons quelques-unes des idées particulières et, si l'on veut, des préventions de Vauvenargues, un reste de gentilhomme, ou plutôt un commencement de grand homme ambitieux, qui aimerait mieux franchement être Richelieu que Raphaël, avoir des poëtes pour le célébrer que d'être lui-même un poëte; qui aimerait mieux être Achille qu'Homère : « Quant aux livres d'agrément, ose-t-il dire, ils ne devraient point sortir d'une plume un peu orgueilleuse, quelque génie qu'ils demandent ou qu'ils prouvent. » Il ne permet tout au plus la poésie à un homme de condition et de ce qu'il appelle vertu, que « parce que ce génie suppose nécessairement une imagination très-vive, ou, en d'autres termes, une extrême fécondité, qui met l'âme et la vie dans l'expression, et qui donne à nos paroles *cette éloquence naturelle qui est peut-être le seul talent utile à tous les états, à toutes les affaires, et presque à tous les plaisirs;* le seul talent qui soit senti de tous les hommes en général, quoique avec différents degrés; le talent, par conséquent, qu'on doit le plus cultiver, pour plaire et pour réussir. » Ainsi la poésie, il ne l'avoue et ne la pardonne qu'à titre de cousine germaine de l'éloquence, et qu'autant qu'elle le ramène encore à une de ces grandes arènes qui lui plaisent, à l'antique Agora ou au Forum, ou à un congrès de Munster, en un mot à une action directe sur les hommes.

Vauvenargues se trompe sur un point, et il borne trop son regard à l'influence présente : de grandes pensées, de belles vérités écrites et fixées avec éclat, ne sont-elles pas aussi des actions, moins promptes il est vrai, mais permanentes et éternelles? Proposées à tous ceux qui lisent, elles sont un germe incessant d'actions pour l'avenir.

Mais, en solitaire qu'il est, il suit jusqu'au bout son idée et ne la quitte point. Il tient surtout dans sa lettre (car nous en sommes toujours à cette même lettre décisive, où il se découvre) à bien montrer à Mirabeau qu'on peut désirer de sortir d'une condition médiocre et d'arriver à une grande situation, par de grands motifs et sans du tout abjurer la hauteur des sentiments :

« Il y a des hommes, je le sais, qui ne souhaitent les grandeurs que pour vivre et pour vieillir dans le luxe et dans le désordre, pour avoir trente couverts, des valets, des équipages, ou pour jouer gros jeu, pour s'élever au-dessus du mérite et affliger la vertu, et qui n'arrivent à ce point que par mille indignités, faute de vues et de talents : *mais, de souhaiter, malgré soi, un peu de domination parce qu'on se sent né pour elle; de vouloir plier les esprits et les cœurs à son génie; d'aspirer aux honneurs pour répandre le bien, pour s'attacher le mérite, le talent, les vertus, pour se les approprier, pour remplir toutes ses vues, pour charmer son inquiétude, pour détourner son esprit du sentiment de nos maux, enfin, pour exercer son génie et son talent dans toutes ces choses; il me semble qu'à cela il peut y avoir quelque grandeur.* L'ambition est dans le cœur et dans la moelle des os de tous les gens de la Cour; mais tous n'ont pas les mêmes idées, ni les mêmes sentiments, il s'en faut de beaucoup. Il n'y a qu'un nom pour les passions que les mêmes objets font naître ;... mais les objets ont tant de faces, et peuvent être envisagés dans des jours si différents, que les sentiments qu'ils inspirent ne se ressemblent en rien... *Par notre idée nous ennoblissons nos passions, ou nous les avilissons; elles s'élèvent ou descendent, selon les cœurs.* »

Tel est l'homme en Vauvenargues, ou ce qu'il était ou ce qu'il voulait être. Ce qui est bien certain, c'est que l'élévation lui met un signe au front et fait le cachet de sa nature. Il ne se peut de plus beau plaidoyer en faveur de l'ambition, considérée comme le déploiement des plus hautes facultés de l'être humain au complet. N'ayant pu être ambitieux par lui-même et pour son compte, Vauvenargues demeure le plus excellent et le plus vertueux professeur d'ambition.

Mirabeau, d'un ton pressé et saccadé, répond des choses qui nous semblent assez sensées sur bien des points ; — sur Versailles : « Vous rougiriez, si vous connaissiez Versailles, du portrait que vous en faites ; tout ce qui est obligé d'y rester en pleure... Quelle idée d'aller chercher le séjour du vice et de la dégradation totale de tous sentiments, pour y paraître vertueux avec plus d'éclat ! » — Sur Voltaire : « Vous avez vu mépriser Voltaire, dites-vous, par des gens qui ne le valent pas... Ceux qui méprisent Voltaire se rangeraient s'il passait, je l'ai vu souvent arriver ; ils n'auraient jamais connu M. Arouet. » Il répond aussi, plus délicatement qu'à lui n'appartient, sur la poésie que Vauvenargues n'aime guère et dont il méconnaît les ressources propres et le secret mécanisme, utile par sa contrainte même à la pensée, et provoquant par la rime à l'image. Quant à se faire des sectateurs de la fortune dans la même route et côte à côte avec tant de bas poursuivants, sous prétexte qu'on a l'âme noble, Mirabeau déclare qu'il n'y consentira jamais. Je ne juge pas du fond ; mais on serait fâché que Vauvenargues n'eût pas fait sa belle déclamation sincère, sa noble profession de grandeur idéale.

Tancé par Mirabeau, condamné avec éloges par M. de Saint-Georges, Vaugenargues s'exécute d'assez bonne grâce : « Il ( M. de Saint-Georges) dit que je parle *par théorie*, d'autres appelleraient cela *rêver creux*, et ce l'est peut-être en effet. Il est assez naturel qu'un homme qui passe sa vie à Verdun ou à

Salins, parle de l'ambition en métaphysicien. » Et il retire la plupart de ses assertions, comme un assiégé fait rentrer dans la place des troupes qui se sont trop avancées dans une sortie. En faisant cette retraite en bon ordre, il redevient tout à fait pareil au Vauvenargues ordinaire, qu'on se figure plus voisin du stoïcien que d'un coureur de fortune et d'un hasardeur d'entreprises. Au risque de démentir ses propres conseils de tout à l'heure, il dira à Mirabeau :

« Il n'est pas facile de changer son cœur, mais il est encore plus difficile de détourner le cours rapide et puissant des choses humaines; c'est donc principalement sur nous que nous devons travailler, et la véritable grandeur se trouve dans ce travail. La pompe et les prospérités d'une fortune éclatante n'ont jamais élevé personne aux yeux de la vertu et de la vérité ; l'âme est grande par ses pensées et par ses propres sentiments, le reste lui est étranger; cela seul est en son pouvoir. Mais lorsqu'il lui est refusé d'étendre au dehors son action, elle l'exerce en elle-même, d'une manière inconnue aux esprits faibles et légers, que l'action du corps seul occupe. Semblables à des somnambules qui parlent et qui marchent en dormant, ces derniers ne connaissent point *cette suite impétueuse et féconde de pensées, qui forment un si vif sentiment dans le cœur des hommes profonds.* »

Il dit cela d'un accent pénétré, et c'est sa propre histoire. Sachons seulement qu'il ne se replie si fortement sur lui-même que parce qu'il ne lui a pas été donné de se déployer : « *Il était dans sa destinée*, a très-bien dit M. Gilbert, *d'ouvrir toujours les ailes, et de ne pouvoir prendre l'essor.* »

La première question que Vauvenargues a traitée dans sa Correspondance avec Mirabeau a été celle de l'*ambition*; la seconde question qui s'entame (car ce sont véritablement des questions, et la forme de dissertation même n'y manque pas) sera celle de la *rigidité*. J'ai dit que le plus jeune frère de Mirabeau servait dans le régiment du roi; Vauvenargues était quelquefois prié de le surveiller, de lui donner des conseils : « Ayez soin du *petit*, » lui écrivait le fougueux aîné devenu père de famille. Le jeune chevalier, pour le dire en passant, fit bientôt fausse route et perdit son avenir; il s'amouracha d'une charmante et brillante folle, mademoiselle Navarre, fille d'un receveur des tailles à Soissons, aimée du maréchal de Saxe, et qui nous est connue par les Mémoires de Marmontel et par ceux de Grosley. Il l'épousa, vécut avec elle dans une petite maison au Marais (une chaumière et son cœur!), la perdit, quitta la France, et s'en alla chercher fortune en Allemagne à la petite cour de Baireuth, où il se remaria et devint chambellan et conseiller privé. C'est lui qu'on rencontre incidemment nommé dans les lettres du grand Frédéric, et chargé en 1757 par la Margrave, sa sœur, d'une négociation secrète auprès de la marquise de Pompadour et de l'abbé de Bernis pour obtenir et acheter la paix (1). Il mourut peu après, en 1764, à l'âge de trente-sept ans. Ce jeune homme, et très-jeune homme au temps où il servait avec Vauvenargues, avait le trait caractéristique de sa famille : « Je lui trouve dans l'humeur quelque chose des Riquetti, qui n'est point conciliant. » Vauvenargues, qui jugeait ainsi le petit chevalier, essayait de lui insinuer un peu de douceur, de politesse de ton et de mœurs, de l'assouplir. « Quant au genre de persuasion que vous soufflez au chevalier, lui disait Mirabeau, vous ne réussirez pas, s'il est du même

---

(1) Voir au tome XII des *Causeries*, page 347. C'est pour n'avoir pas eu présents alors les détails que je donne ici, que je me suis demandé si ce nom de Mirabeau que je rencontrais était bien exact. Il faut effacer la parenthèse.

sang que nous; votre système est d'arriver aux bonnes fins par la souplesse; le mien est d'arriver au bien, droit devant moi, ou par la violence; de fondre sur le mal décidé, de l'épouvanter, et enfin de m'éloigner de ce qui n'a la force d'être ni l'un ni l'autre. » Ce système *à outrance* et que Vauvenargues a décrit dans un de ses Caractères intitulé *Masis* (évidemment d'après Mirabeau), est le contraire de sa science à lui, de sa tactique dans le maniement des esprits, qui va à les gagner par où ils y prêtent, et à en tirer le parti le meilleur :

« Où *Masis* a vu de mauvaises qualités, jamais il ne veut en reconnaître d'estimables; ce mélange de faiblesse et de force, de grandeur et de petitesse, si naturel aux hommes, ne l'arrête pas; il ne sait rien concilier, et l'humanité, cette belle vertu, qui pardonne tout parce qu'elle voit tout en grand, n'est pas la sienne... *Je veux une humeur plus commode et plus traitable, un homme humain, qui, ne prétendant point à être meilleur que les autres hommes, s'étonne et s'afflige de les trouver plus fous encore ou plus faibles que lui; qui connaît leur malice, mais qui la souffre; qui sait encore aimer un ami ingrat ou une maîtresse infidèle*; à qui, enfin, il en coûte moins de supporter les vices que de craindre ou de haïr ses semblables, et de troubler le repos du monde par d'injustes et inutiles sévérités. »

Voilà les deux systèmes en présence, et le petit chevalier exactement placé entre la méthode de Vauvenargues et celle de son frère, qui n'est pas du tout une méthode, mais un pur abandon à l'humeur et à la nature première. Vauvenargues, avant d'échouer, s'épuise à prêcher le chevalier et à vouloir convaincre le frère aîné auquel, par ricochet, s'adressent non moins justement ses conseils. Mirabeau craint que Vauvenargues ne combatte en son frère la *force* et la *fermeté;* Vauvenargues s'attache à distinguer ces qualités de la *sécheresse* et de la *rudesse,* de la *roideur* de l'esprit :

« Il me semble que la dureté et la sévérité ne sauraient convenir aux hommes, en quelque état qu'ils se trouvent. *C'est un orgueil misérable que de se croire sans vices, et c'est un défaut odieux que d'être vicieux et sévère en même temps;* nul esprit n'est si corrompu, que je ne le préfère, avec beaucoup de joie, au mérite dur et rigide. Un homme amolli me touche, s'il a l'esprit délicat; la jeunesse et la beauté réjouissent mes sens, malgré l'étourderie et la vanité qui les suivent; je supporte la sottise, en faveur du naturel et de la simplicité, etc... *Mais l'homme dur et rigide, l'homme tout d'une pièce, plein de maximes sévères, enivré de sa vertu, esclave des vieilles idées qu'il n'a point approfondies, ennemi de la liberté, je le fuis et je le déteste...* Un homme haut et ardent, inflexible dans le malheur, facile dans le commerce, extrême dans ses passions, humain par-dessus toutes choses, avec une liberté sans bornes dans l'esprit et dans le cœur, me plaît par-dessus tout; j'y joins, par réflexion, un esprit souple et flexible, et la force de se vaincre quand cela est nécessaire : car il ne dépend pas de nous d'être paisible et modéré, de n'être pas violent, de n'être pas extrême, mais il faut tâcher d'être bon, d'adoucir son caractère, de calmer ses passions, de posséder son âme, d'écarter les haines injustes, d'attendrir son humeur autant que cela est en nous, et, quand on ne le peut pas, de sauver du moins son esprit du désordre de son cœur, d'affranchir ses jugements de la tyrannie des passions, d'être libre dans ses idées, lors même qu'on est esclave dans sa conduite. Caton le censeur, s'il vivait, serait magister de village, ou recteur de quelque collége; du moins serait-ce là sa place : Caton d'Utique, au contraire, serait un homme singulier, courageux, philosophe, simple, aimable parmi ses amis, et jouissant avec eux de la force de son âme et des vues de son esprit, mais César serait un ministre, un ambassadeur, un monarque, un capitaine illustre, un homme de plaisir, un orateur, un courtisan possédant mille vertus et une âme vraiment noble, dans une extrême ambition. Les deux premiers n'ont que l'esprit de leur siècle, et les mœurs de leur patrie; mais le génie de César est si flexible à toutes les mœurs, à tous les hommes, à tous les temps, qu'il l'emporte. »

Il n'a jamais mieux déployé que dans ces lettres cette indulgence supérieure, cette ouverture, cet art de la persuasion dont il se pique, « l'art de plaire et de dominer dans un entretien sérieux; » on croit l'entendre. Ce ne sont point des traits, des saillies qui frappent : il n'a ni là découpure ni le relief d'un

Montesquieu. Mirabeau, qui écrit *à l'emporte-pièce*, lui trouve en quelques endroits le style *lâche;* le mot n'est pas poli; nous le traduirons mieux en disant : c'est une suite, un enchaînement de raisons déduites avec largeur et un peu de complaisance, dans une langue riche, un peu traînante en effet, mais d'une belle plénitude morale, d'une élévation continue, et qui rencontre quelquefois des mouvements d'éloquence.

Il y arrive, à l'éloquence, dans sa lettre du 22 mars 1740, non sans avoir passé par quelques lenteurs; car il résume assez longuement les espèces de conférences morales qu'il tient avec le chevalier : ces conversations pour former un *parfait honnête homme* sont un peu sermon pour nous, comme elles l'étaient probablement pour son impatient élève; puis tout à coup, à propos des lectures qu'il lui voudrait voir faire, entre autres celle des *Vies* de Plutarque, il s'enflamme et se laisse emporter :

« C'est une lecture touchante, j'en étais fou à son âge; le génie et la vertu ne sont nulle part mieux peints; l'on y peut prendre une teinture de l'histoire de la Grèce, et même de celle de Rome. L'on ne mesure bien, d'ailleurs, la force et l'étendue de l'esprit et du cœur humains que dans ces siècles fortunés; la liberté découvre, jusque dans l'excès du crime, la vraie grandeur de notre âme; là, la force de la nature brille au sein de la corruption; là, paraît la vertu sans bornes, les plaisirs sans infamie, l'esprit sans affectation, la hauteur sans vanité, les vices sans bassesse et sans déguisement. Pour moi, je pleurais de joie, lorsque je lisais ces *Vies*; je ne passais point de nuit sans parler à Alcibiade, Agésilas et autres; j'allais dans la place de Rome, pour haranguer avec les Gracques, et pour défendre Caton, quand on lui jetait des pierres. Vous souvenez-vous que, César voulant faire passer une loi trop à l'avantage du peuple, le même Caton voulut l'empêcher de la proposer, et lui mit la main sur la bouche, pour l'empêcher de parler? Ces manières d'agir, si contraires à nos mœurs, faisaient grande impression sur moi. Il me tomba, en même temps, un Sénèque dans les mains, je ne sais par quel hasard ; puis des Lettres de Brutus à Cicéron, dans le temps qu'il était en Grèce, après la mort de César : ces Lettres sont si remplies de hauteur, d'élévation, de passion et de courage, qu'il m'était bien impossible de les lire de sang-froid ; je mêlais ces trois lectures, et j'en étais si ému, que je ne contenais plus ce qu'elles mettaient en moi ; j'étouffais, je quittais mes livres, et je sortais comme un homme en fureur, pour faire plusieurs fois le tour d'une assez longue terrasse (la terrasse du château de Vauvenargues), en courant de toute ma force, jusqu'à ce que la lassitude mît fin à la convulsion.

« C'est là ce qui m'a donné cet air de philosophie, qu'on dit que je conserve encore, car je devins stoïcien de la meilleure foi du monde, mais *stoïcien à lier;* j'aurais voulu qu'il m'arrivât quelque infortune remarquable, pour déchirer mes entrailles, comme ce fou de Caton, qui fut si fidèle à sa secte. Je fus deux ans comme cela, et puis, je dis à mon tour, comme Brutus : *O Vertu! tu n'es qu'un fantôme!...* »

C'est là du Rousseau antérieur, comme durent en avoir bien des esprits isolés, enthousiastes à huis clos, avant que Rousseau fût venu faire explosion et leur dire leur dernier mot à tous. Voilà proprement la crise de Vauvenargues, cette belle folie de jeunesse qu'il est bon d'avoir ressentie dans l'intelligence, comme dans le cœur. Malheur, a-t-on dit, à qui n'a pas été amoureux une fois! Malheur aussi à qui, dans l'ordre de la pensée, n'a pas été une fois ou stoïcien *à lier*, ou platonicien ébloui, ou péripatéticien forcené, ou toute autre chose, mais enfin quelque chose d'élevé, d'ardent et de difficile! Il n'a pas connu les cimes enflammées de l'esprit (1).

(1) Je crois, indépendamment des autres raisons exposées dans le premier article, que cette *période stoïcienne* si prolongée, ne laisse point de place chez Vauvenargues à une *période chrétienne* qu'on aurait pu naturellement lui supposer avant la publication de ces Correspondances. Il me semble qu'en rapprochant tout ce qu'on trouve de passages religieux dans ses écrits, de pour et de contre, on n'arrivera qu'à composer une velléité, une inquiétude chrétienne (elle a dû exister à certains moments), non une *crise* proprement dite. « Ce ne sont que des *accidents* de foi, » m'écrit

De toute cette effusion éloquente, Vauvenargues ne prétend pas conclure qu'il faille que le chevalier de Mirabeau devienne un stoïcien, car c'est plutôt le contraire qu'il lui conseille; il n'a fait qu'obéir à un impérieux souvenir, et sa plume, qui ne cherchait qu'une occasion, l'a emporté.

Dans les lettres qui suivent, la discussion continue et traîne un peu sur ce thème de l'éducation sociale du chevalier, Vauvenargues s'y dessinant de plus en plus comme un maître de grâce sérieuse et persuasive, et Mirabeau se redressant bientôt en homme de race et en patricien opiniâtre qui ne veut rien retrancher des défauts et qui entend respecter jusqu'aux *tics* de la famille. Ils sortent l'un et l'autre de ce conflit amical sans s'être convaincus, l'un décidé à se montrer plus absolu et plus bourru que jamais, l'autre n'aspirant qu'à être étendu et conciliant :

« Vous croyez qu'il dépend de nous de nous former un caractère, et vous ne donnez qu'une route et qu'un objet à tous les esprits ; *moi, je voudrais que chacun se mesurât à ses forces, que l'on consultât son génie, qu'on s'étudiât à l'étendre, à l'orner, à l'embellir, bien loin de le contraindre ou de l'abandonner.* Je suis fortement persuadé que ce qu'il y a de meilleur n'est pas fait pour tous les hommes, et qu'au-dessous de ce degré l'on en peut trouver d'estimables, d'aimables, de raisonnables. »

Vauvenargues va même jusqu'à vouloir, quand on rencontre dans le monde de ces demi-sots et de ces ignorants dont il est rempli, qu'on ne rompe pas en visière, et qu'on tâche d'*écrémer* ces esprits légers,

---

M. Gilbert qui a étudié de si près ce point délicat et obscur, mais il ajoute que « ces accidents sont le signe d'une inquiétude qui exclut l'idée de l'indifférence ou de la *neutralité*. » Et il continue de repousser absolument l'explication de M. Suard. Je reste un peu indécis, et penchant plutôt, je l'avoue, du côté de Suard.

« de leur prendre ce qu'ils ont de spécieux pour leur ôter leurs avantages; qu'on se familiarise avec leurs vices ou leur folie, afin de savoir s'en servir, s'en prévaloir ou s'en défendre, au lieu de fuir, de gronder ou de se laisser éblouir. » Il prêche à un sourd. Sur le Régent toutefois, sur son immoralité en tant que gouvernant, et sur quelques points de fait, Mirabeau, qui sait mieux son monde et la corruption présente que ne la pouvait deviner le solitaire bienveillant, le réfute et le bat sans peine : « Il (le Régent) a introduit ce monstrueux oubli des bienséances qui sera, je crois, l'époque de la décadence de cet État; car l'on ne revient jamais aux mœurs, quand une fois on les a perdues. » Vauvenargues caressait un peu trop la chimère d'un ambitieux à souhait, et même d'un vicieux aimable, à grands talents et à grand caractère; il ne s'en tenait pas en ce genre à César, au Régent, ni à Alcibiade, il se faisait même un Clodius ou un Catilina de fantaisie. C'est un léger travers de son oisiveté. L'expérience l'eût vite guéri de cet excès d'optimisme (1).

(1) Me figurant Vauvenargues venu cinquante ans plus tard et dans les années de la Révolution, j'ai toujours aimé à le voir en idée à côté d'André Chénier et à peu près dans la même ligne politique. A propos du portrait de *Clodius* ou du *Séditieux*, M. Gilbert pense que je suis resté beaucoup trop en deçà et que Vauvenargues eût été homme à aller presque jusqu'à Saint-Just. Mais je ferai remarquer que les cœurs honnêtes et les esprits droits comme l'était Vauvenargues rabattent bien vite de certaines phrases en présence des faits. Certes je ne méprise point Saint-Just, ni son talent remarquable, ni cette puissance de fanatisme qui suppose un caractère énergiquement trempé; mais on s'est trop accoutumé de nos jours, sur la foi d'historiens qui énervent et *romantisent* l'histoire, à traiter ces hommes de terreur et de haine, comme des semblables, comme des humains, à les faire rentrer dans le cercle des comparaisons ordinaires, presque familières, et je repousse pour Vauvenargues tout rapprochement avec le jeune et beau *monstre*.

Restons-en sur l'impression produite. La Correspondance entre Vauvenargues et Mirabeau, dans sa nouveauté d'aujourd'hui, est donc une intéressante lecture, profitable et pleine de sens; elle agite beaucoup d'idées, provoque bien des observations contraires, pose au naturel les deux personnages, ajoute à notre bonne opinion de l'un, et ne laisse pas du tout une mauvaise opinion de l'autre.

Enfin, un avantage précieux des deux Correspondances inédites, publiées par M. Gilbert, c'est d'éclairer d'un jour intérieur et certain un assez grand nombre de pages qui, jusqu'à présent, étaient restées inaperçues ou assez insignifiantes dans les Œuvres de Vauvenargues, et de leur restituer le caractère biographique et personnel qu'elles ont, et qui désormais les rendra vivantes. M. Gilbert a indiqué d'une main fine et précise tous ces endroits.

Lundi, 28 septembre 1857.

# VIE MILITAIRE

DU

# GÉNÉRAL COMTE FRIANT

Par le comte FRIANT, son fils (1).

> « Dans le métier de la guerre comme dans les
> « Lettres, chacun a son genre. »
> NAPOLÉON.

Lorsque je parlais, il y a quelques mois, dans *le Moniteur* (20 avril 1857), des Mémoires et *Souvenirs* du général Pelleport, je cherchais un nom, un type qui résumât avec gloire, aux yeux de tous, cette race d'hommes simples, purs, intrépides, obéissants et intelligents, les premiers du second ordre, les premiers lieutenants du général en chef, ses principaux exécutants et ses *bras droits* un jour d'action, et qui, tout entiers à l'honneur et au devoir, ne sont appliqués qu'à verser utilement leur sang et à bien servir. En essayant du nom de Drouot, je ne me trompais pas ; toutefois la physionomie de Drouot a un caractère un peu plus personnel que ce que je cherchais, sa nature se complique de singularités assez marquées, et d'ailleurs il appartenait à une arme savante, spéciale. En lisant dernièrement dans le XIV° volume

(1) Dentu, galerie d'Orléans.

de l'*Histoire* de M. Thiers (page 168) la scène militaire dans laquelle Napoléon, à Witebsk, reçut le général Friant comme colonel commandant des grenadiers à pied de la Garde, et l'allocution qu'il lui adressa, je reconnus à l'instant le type que je poursuivais ; je me dis que c'était bien là le lieutenant de seconde ligne, mais hors ligne, en la personne de qui Napoléon entendait honorer et récompenser tous les autres.

Depuis lors, le fils du général Friant, dans une pensée de piété domestique, a publié une *Vie militaire* fort exacte de son glorieux père, auprès duquel il a servi lui-même durant des années, et il nous est maintenant permis de nous faire une idée précise du genre de mérite et d'héroïsme de ce modèle des divisionnaires.

Louis Friant, né sous le chaume à Villers-Morlancourt en Picardie, le 18 septembre 1758, se sentant du goût pour les armes, s'engagea dans les Gardes-françaises à vingt-deux ans, le 9 février 1781. D'une taille élevée, élégante, d'un bon et agréable caractère, studieux, il y devint promptement tout ce qu'on pouvait y devenir quand on n'était pas noble, ce qu'étaient les Hoche, les Lefebvre, ses camarades, c'est-à-dire grenadier, caporal, sous-officier instructeur : là était la borne qu'on ne franchissait plus. Dégoûté d'une carrière sans avenir, il acheta son congé le 7 février 1787, et ne reparut qu'au grand signal de 89. Il reprit aussitôt du service comme sous-officier dans les troupes de Paris dites du Centre, et la Section de l'Arsenal le choisit pour son adjudant-major. La guerre seule pouvait donner plein essor à cette jeunesse : elle éclata. C'est alors que, son expérience du métier le rendant utile, et les circonstances extraordinaires poussant les hommes, Friant se vit en deux temps, chef de bataillon d'abord en 93, puis immédiatement général de brigade en 94. Il ne s'agissait plus que de justifier par ses talents cet avancement rapide, et il n'y manqua pas. On lit dans le premier volume des *Mémoires sur les Campagnes des Armées du Rhin*, par le maréchal Gouvion Saint-Cyr, de bien étonnants détails sur les nominations de généraux, et même de généraux en chef, qui se faisaient alors; il y a surtout la nomination d'un certain général *Carlin* ou *Carlenc*, mis à la tête de l'armée du Rhin sur le refus de tous les autres : c'est une véritable scène de comédie. Mais dans les épreuves multipliées, dans les vicissitudes de chaque jour, les incapables étaient vite balayés, tandis que les hommes de talent, une fois promus et dans des postes élevés, prenaient de l'ascendant, acquéraient l'habileté que donne la guerre; ils sauvèrent le pays en s'illustrant. Friant, dès les premières campagnes où il se trouva avec son bataillon devant l'ennemi, fit preuve à la fois d'ardeur et de discipline (chose rare alors) : à Fleurus, entouré par un corps nombreux de cavalerie autrichienne, il fit former le carré à son bataillon, et se fraya passage sans être entamé. Ce trait de sang-froid et d'audace fit bruit dans l'armée de Sambre-et-Meuse. Championnet demanda au général en chef Jourdan le nom de cet officier précieux et désira l'avoir avec lui pour commander son avant-garde; et quand peu de temps après Friant passa général, il lui apprit sa nomination en ces termes tout empreints de la camaraderie républicaine :

« Le représentant du peuple Gillet vient de rendre justice à ton mérite; il t'a nommé général de brigade. Tu en recevras ta commission demain ou aujourd'hui. J'ai le regret de te quitter; mais

nous servirons dans la même armée, et mon plaisir sera de dire :
Friant a fait toujours son devoir étant sous mes ordres.

« Le général de division,
« CHAMPIONNET.

« *P. S.* Tu seras sous les ordres du général Kléber, et tu seras
charmé de connaître ce brave républicain. J'ai reçu ton rapport.
Tâche de connaître la force de la Chartreuse (1). »

Même avec ce titre de général de brigade, Friant,
à l'armée du Rhin, commandait le plus souvent des
divisions; il n'eut le grade supérieur qu'en Égypte.
Auparavant, dans la campagne d'Italie, il avait combattu dans la division de Bernadotte sous les yeux du
général Bonaparte et avait pris une belle part à toute
la seconde moitié de cette immortelle campagne (1797).
— Les lettres qui lui sont adressées par le général
Bernadotte à cette date et depuis, sont écrites encore
du style républicain et sur le pied d'égalité. Ce général qui devait devenir roi fut de ceux qui conservèrent le plus longtemps le tutoiement et l'effusion.

Désigné par le général Bonaparte, à qui il était déjà
voué d'admiration et de cœur, pour faire partie de
l'expédition d'Égypte, et placé dans la division du
général Desaix, Friant se distingua aux premières
batailles de Chébreïsse et des Pyramides, et accompagna ensuite Desaix dans la haute Égypte. A la
bataille de Sediman, où Mourad-Bey à la tête de ses
Mameluks se brisait contre les carrés français, mais
où un feu de quatre pièces tiré des hauteurs emportait bien des hommes, qui une fois tombés et laissés
sur le champ de bataille étaient massacrés, le général
Desaix, affligé de voir ces braves périr d'une mort

(1) La Chartreuse, sur les hauteurs de Liége, où l'on combattait
alors.

horrible, eut un moment l'idée de rejoindre les barques pour les y déposer ; il demanda l'avis de Friant qui lui répondit aussitôt, en lui montrant les retranchements ennemis : « Général, c'est là-haut qu'il faut aller ; la victoire ou la mort nous y attend, nous ne devons pas différer d'un moment l'attaque. » — « C'est aussi mon sentiment, répliqua le général Desaix, mais je ne puis m'empêcher d'être ému en voyant ces braves gens périr de la sorte. » — « Si je suis blessé, repartit le général Friant, qu'on me laisse sur le champ de bataille ! » — « En avant ! » s'écrie le général Desaix en l'embrassant. — « En avant ! » répète le général Friant. On s'élance au pas de charge, et les retranchements sont enlevés.

Friant était d'une activité et d'une diligence infatigable ; les gens du pays l'appelaient le sultan *de feu*. Il eut en grande partie la charge de poursuivre, d'exterminer Mourad-Bey, l'Abd-el-Kader de ce temps-là. « La rapidité et la précision de votre marche, lui écrivait le général Bonaparte, vous ont mérité la gloire de détruire Mourad-Bey. » Mais Mourad-Bey détruit renaissait sans cesse. « Je désire fort, lui récrivait le général Bonaparte, que vous ajoutiez aux services que vous n'avez cessé de nous rendre, celui bien majeur de tuer ou de faire mourir de fatigue Mourad-Bey. Qu'il meure d'une manière ou de l'autre, et je vous en tiendrai également compte. » Souvent malade et indisposé, Friant marchait toujours, et ses opérations ne s'en ressentaient pas. Quelques lettres du général Desaix à Friant, dans cette guerre de la haute Égypte, en établissent bien le caractère et donnent le ton des généraux entre eux.

Après le départ du général Bonaparte, Friant, sous son vieil ami Kléber, contribua à la victoire d'Héliopolis et à la reprise du Caire, cet acharné et sanglant assaut. Après la mort de Kléber, Friant fort apprécié de Menou, qui lui écrivait : « Soyez assuré que nous ferons de bonne besogne toutes les fois que l'on emploiera, comme vous, *activité et moralité;* » fut moins content sans doute de ce général en chef qui, avec des qualités estimables, n'était pas à la hauteur de sa position et qui ne sut pas accueillir les bons conseils. Le général Menou avait pourtant nommé Friant lieutenant général de l'armée d'Orient, pour en remplir les fonctions sous ses ordres; mais il n'en écouta pas davantage ses avertissements militaires. Après la capitulation, et en mettant le pied en France, Friant écrivit au général Bonaparte, Premier Consul, une lettre où il n'accusait personne, mais où sa réserve seule parlait assez :

« Vous avez sans doute appris les malheurs de l'armée d'Orient et la perte de la colonie, et vous aurez appris également combien les divisions qui ont régné entre plusieurs de nous y ont contribué. Je ne cherche à jeter de la défaveur sur personne, mais un jour chacun de ceux qui ont eu part aux événements devra rendre compte au Gouvernement de sa conduite; la mienne sera facile à connaître : le général Menou fut nommé par vous notre général en chef (1); il avait votre estime, il eut votre confiance; devais-je lui refuser la mienne?... »

Et il entrait dans quelques brèves explications sur le débarquement de l'armée anglaise, qu'il n'avait pu empêcher.

Bonaparte lui répondit :

« J'ai connu, Citoyen général, les efforts que vous avez faits pour

---

(1) Je ne m'explique pas bien cette phrase. Le général Bonaparte, en quittant l'Égypte, avait nommé Kléber général en chef. Après l'assassinat de Kléber, Menou fut choisi pour le remplacer, non par Bonaparte absent, mais par les généraux d'Égypte réunis en conseil, et à titre d'ancienneté de grade.

empêcher le débarquement des Anglais. Je sais que depuis, et dans toutes les occasions, vous avez soutenu la réputation que vous aviez acquise. Lorsque vous vous serez reposé dans le sein de votre famille le temps que vous jugerez convenable, venez à Paris ; je vous y verrai avec le plus grand plaisir.

« Je vous salue. »

Dans la Relation de la *Campagne d'Égypte*, publiée en 1847, et où le général Friant est plus d'une fois mentionné avec honneur, Napoléon a traité, en finissant, des événements militaires qui amenèrent l'évacuation de la conquête. Il fait à chacun des généraux la part de critique, et l'une de ses Observations (la quatrième) porte sur le mouvement du général Friant sur la plage d'Aboukir : il indique quelques dispositions qu'on aurait dû prendre. J'aurais désiré que cette page ne fût point omise dans la *Vie militaire* du général Friant ; cette vie est assez riche pour supporter quelques critiques, surtout quand elles sont de Napoléon.

Après avoir rempli quelque temps les fonctions d'inspecteur général de l'infanterie, Friant fut appelé au commandement d'une division qui se réunit au camp d'Ambleteuse et devint plus tard la 2ᵉ division du 3ᵉ Corps d'armée, commandé par le maréchal Davout. C'est cette division, surnommée *l'immortelle*, qu'il conduisit si vaillamment depuis le camp de Boulogne jusqu'en 1812, jusqu'au moment où il fut blessé à la bataille de la Moskowa, et quand il venait d'être chargé, comme colonel général, du commandement des régiments à pied de la vieille Garde. Davout et les divisions Morand, Friant, Gudin, qui formaient le noyau de ce 3ᵉ Corps invincible, sont comme un seul nom indissolublement enchaîné dans la mémoire quand on a lu une fois dans un récit rapide les opérations de ces guerres ; c'est comme un seul homme inséparable qui frappe et agit sans cesse, et dont le triple coup retentit. — Friant est une des principales articulations dans ce grand corps appelé la Grande Armée.

Il avait les qualités essentielles pour cette fonction puissante. J'aime mieux essayer de les faire sentir que de repasser sèchement toutes les grandes batailles où il fut un des vigoureux artisans, Austerlitz, Auerstaedt, Eylau, Eckmuhl, Wagram, Smolensk, la Moskowa : — une intrépidité de premier ordre, cela va sans dire; — l'affection de ses troupes qui lui permettait de tirer d'elles de merveilleux surcroîts de fatigue et des combats acharnés au sortir des marches les plus rudes : — « Cet homme me fera toujours des siennes, » disait l'Empereur, en apprenant une de ces marches sans exemple à la veille d'Austerlitz; — l'habileté des manœuvres et le coup d'œil sur le terrain, le tact qui lui faisait sentir l'instant décisif, ce talent pratique qui est du tacticien et du capitaine, et qui montre l'homme né pour son art (cela se voit surtout dans sa conduite à Auerstaedt, à Eckmuhl); — oser prendre, au besoin, la responsabilité de ses mouvements dans les circonstances critiques, sans se tenir à la stricte exécution des ordres; et, quand il se bornait à les exécuter, une activité sans trêve. C'était chose reçue dans l'État-major du général Davout « que dès qu'un ordre de mouvement offensif parvenait au général Friant, il était aussitôt, sinon exécuté, du moins en voie d'exécution, sans observation ni réticence si la chose était praticable; et que, dans le cas contraire, il en démontrait, sur-le-champ, le danger ou l'impossibilité, et que ses appréciations prévalaient toujours sur la combinaison projetée. »

Rien n'égalait sa vigilance. Dans ses campements il

était toujours le plus près de ses avant-postes; fût-on à cent pas d'un village et d'une maison, il n'y entrait pas; il faisait établir son bivouac au dehors, et indiquait lui-même l'endroit aux sapeurs. De nuit il se relevait pour tout visiter : « Quand on a seize mille hommes derrière soi, disait-il, on doit veiller pour tous. » Aussi n'était-il jamais surpris.

Ceux qui ont servi sous le général Friant, questionnés sur ses mérites et qualités, nous ont donné de lui une idée que le colonel Michel, un d'entre eux, a résumée heureusement dans ce vivant portrait :

« Le général Friant, par son bon naturel, son excellent cœur, ses sentiments généreux, l'humanité qui le dominait, aimait ses soldats, les soignait comme ses propres enfants, vivant de leur vie, se mêlant avec eux, tout en conservant sa dignité; il en était chéri et estimé au point que pas un d'eux n'eût balancé à sacrifier sa vie pour sauver celui qu'ils appelaient : Notre bon, notre brave père. — (Tombant mortellement blessé près de lui à la Moskowa, un voltigeur lui disait : « Mon général, voilà quatorze ans que je suis sous vos ordres; votre main, et je meurs content. » — Il avait un talent particulier pour s'attirer l'affection, même des troupes étrangères qui servaient sous lui.)

Il était d'une grande taille, portant la tête haute, surtout devant l'ennemi; d'une tenue irréprochable; doué d'un esprit fin et juste, d'un courage et d'une bravoure incontestables et incontestés; il aurait figuré dans le nombre de ces nobles et vaillants chevaliers cités dans l'histoire et dans les poëmes épiques, qui ne comptaient leurs ennemis que quand ils avaient mordu la poussière. »

La belle journée de récompense et d'honneur pour le général Friant fut à Witebsk, dans cette pause utile qu'y fit l'Empereur en août 1812, et qui, par malheur, ne fut pas un temps d'arrêt assez long. Le poste de colonel commandant des grenadiers à pied de la Garde était vacant par la mort du général Dorsenne, et c'était une dignité. L'Empereur eut l'idée d'en récompenser un des trois anciens divisionnaires du maréchal Davout, et il désigna Friant. La réception se fit le 8 août, à la parade. La vieille Garde, rangée sur plusieurs lignes, attendait son nouveau chef. L'Empereur paraît, exact comme toujours, descend les marches du perron de la maison qu'il occupe, se porte au centre et devant le front de la ligne, fait avancer les tambours et placer le général Friant à sa droite. Alors il tire son épée, chose unique dans sa vie ordinaire, fait battre un ban, reconnaît lui-même le général Friant et lui donne l'accolade. Le ban fermé, les officiers sont appelés à venir former le cercle, et l'Empereur leur dit : « Officiers des grenadiers de ma Garde, voilà le chef que je vous donne. » Puis se tournant vers le nouvel élu : « Général Friant, c'est la récompense de vos beaux et glorieux services. » Et plus familièrement, il ajouta : « Mon cher Friant, vous ne prendrez ce commandement qu'à la fin de la campagne; ces soldats-ci vont tout seuls, et il faut que vous restiez avec votre division, où vous aurez encore de grands services à me rendre. Vous êtes l'un de ces hommes que je voudrais pouvoir placer partout où je ne puis pas être moi-même. »

Avec des hommes comme Friant, tout honneur, toute simplicité, sans politique, sans raillerie frondeuse, héroïquement utiles et n'ambitionnant pas autre chose, Napoléon n'était resté que le premier des soldats. Il avait des mots charmants. Le précédent colonel commandant des grenadiers de la Garde était le général Dorsenne, et c'était Friant lui-même qui l'avait indiqué au choix de l'Empereur. « Il me faut un colonel pour ma Garde, lui avait dit un jour Napoléon; qui prendrai-je? » Friant indiqua Dorsenne et rappela quel beau colonel ou chef de brigade il était en Égypte. « C'est vrai, dit l'Empereur, mais il y a encore *tel* et *tel* », et il en nomma d'autres. — « En ce cas, ce n'était pas la peine de me consulter, » répliqua Friant. — « Allons, Friant, ne vous fâchez pas, on prendra Dorsenne. »

Friant, grièvement blessé à la bataille de la Moskowa, se trouvait encore retenu à Paris à l'ouverture de la campagne de 1813. Au moment du départ de Napoléon pour l'armée, il vint lui faire visite aux Tuileries, appuyé sur ses béquilles. L'Empereur le reçut dans son cabinet et le fit asseoir. Bientôt après arrive le roi de Rome; Friant veut se lever, mais l'Empereur lui posant la main sur l'épaule : « Restez, général Friant; de vieux soldats comme nous ne se dérangent pas pour un enfant; ce n'est pas à vous à donner cet exemple, on me le gâtera assez tôt. » L'Impératrice entre alors; même mouvement du général et de l'Empereur qui, cette fois, dit au blessé : « Dans votre position, on ne se lève même pas pour les dames. » Puis se tournant vers l'Impératrice, il ajouta d'un ton de considération : « Madame, c'est le général Friant. »

En quelque occasion où Friant, parlant de ses fatigues et de la crainte qu'il avait de ne pouvoir suffire à de nouvelles campagnes, rappelait que plusieurs de ses anciens camarades étaient depuis longtemps au repos et pourvus de sénatoreries, l'Empereur lui dit : « Friant, de braves gens comme nous doivent rester tant qu'il y a quelque chose à faire. » Je laisse à juger si de tels mots, qui n'ont l'air de rien, séduisaient et confirmaient le cœur (1).

---

(1) Mais aussi des mots comme celui qu'il dit à Marmont en le revoyant pour la première fois depuis la bataille des Arapilès, et que j'ai cité au tome VI, page 13, étaient faits pour aliéner. Pourquoi une telle différence d'accueil envers ces deux braves? C'est

Friant à son tour avait de ces mots qui réussissaient à merveille auprès des soldats, de ces traits familiers qui ne suffiraient pas dans toutes les bouches, mais qui viennent bien quand on a le reste. — « Allons, mon petit 15°, en avant ! » disait-il à la journée d'Austerlitz, en menant au feu le 15° léger dont les deux tiers étaient détachés ailleurs et qui était réduit à 500 hommes, et le petit 15° se piquant d'honneur fit des prodiges. — Maintenir en belle humeur une troupe de braves au moment où on les force de rester en ligne immobiles sous les boulets, leur rendre de cet entrain qu'on perd aisément à demeurer au feu l'arme au bras, n'est point un talent à mépriser. Un jour, c'était le cas, et les boulets qui pleuvaient sur les rangs faisaient à la fin baisser la tête aux plus aguerris. « Qu'est-ce que c'est? s'écria Friant : pour six b... de malheureux sous que vous touchez par jour, on dirait que vous avez peur de mourir. Regardez-moi ! j'ai 150 mille livres de rente, et je n'ai pas peur. Allons, relevez la tête ; que je voie vos moustaches! » Si d'autres ont dit quelque chose de pareil, il l'a dit aussi. Mais c'est assez de citer une de ces saillies-là. De tels propos hors de situation supportent peu le papier, et quand on a d'ailleurs affaire à un chef qui a pour principe d'aborder le plus tôt possible les difficultés à la baïonnette, cela simplifie la littérature.

Friant prit le commandement de l'infanterie de la vieille Garde dans la seconde moitié de la campagne de 1813, et il ne quitta plus la partie jusqu'à la fin. Il *redonnait des jambes aux grognards*. Il les guidait dans ces coups de collier de plus en plus fréquents, aux-

---

que l'un était purement et simplement un brave, et l'autre raisonnait, frondait, etc.

quels cette réserve d'élite ne se ménageait plus désormais pour arracher des résultats de plus en plus difficiles. « Vous demandez le général Friant, Monsieur, disait l'Empereur à un officier qui croyait apercevoir ce général dans un groupe et qui s'approchait pour le demander? allez où l'on tire le canon, vous le trouverez. » L'Empereur disait cela le 29 octobre 1813, et, le lendemain 30 à Hanau, Friant et la Garde avaient à rouvrir à travers les Bavarois de De Wrède la route de Francfort, c'est-à-dire, la route de France.

Friant fit toute la campagne de France : mais, malade et au lit depuis huit jours, il ne put assister aux adieux de Fontainebleau, où était sa place : c'eût été la touchante contre-partie de Witebsk; il y fut suppléé par le général Petit, comme on le sait d'après ce tableau devenu populaire.

En 1815, à Waterloo, blessé à la tête de la Garde dans cet effort suprême où elle s'avançait sur les lignes anglaises à la Haie-Sainte, Friant ne vit point les dernières et lugubres heures où le drapeau recula. Mis à la retraite le 31 août suivant à l'âge de cinquante-sept ans, exclu de tout service et de toute faveur sous la Restauration, il mourut, fidèle à ses dieux, le 24 juin 1829, à Gaillonnet, non loin de sa province natale, et voulut être enterré dans l'humble cimetière de Seraincourt. — Il ne se peut de vie militaire plus belle, plus pleine, plus simple, plus *une*, plus exactement enchâssée dans l'époque héroïque où son profil toujours se détachera.

Lundi, 12 octobre 1857.

## POÉSIES COMPLÈTES

DE

# THÉODORE DE BANVILLE [1]

Après les générations de l'Empire qui avaient servi, administré, combattu, il en vint d'autres qui étudièrent, qui discutèrent, qui rêvèrent. Les forces disponibles de la société, refaites à peine des excès et des prodiges de l'action, se portèrent à la tête; on se jeta dans les travaux et les luttes de l'esprit. Après les premières années de tâtonnement et de légère incertitude, on vit se dessiner, en tous sens, des tentatives nouvelles, — en histoire, en philosophie, en critique, en art. La poésie eut de bonne heure sa place dans ce concours universel : elle sut se rajeunir et par le sentiment et par la forme. Elle aussi, à son tour, elle put produire ses merveilles.

Les uns donnaient à l'âme humaine, à ses aspirations les plus hautes, à ses regrets, à ses vagues désirs, à ses tristesses et à ses ennuis d'ici-bas, à ces autres ennuis plus beaux qui se traduisent en soif de l'Infini, des expressions harmonieuses et suaves qui semblaient la transporter dans un meilleur monde, et qui, pareilles à la musique même, ouvraient les

[1] Poulet-Malassis et de Broise, rue de Buci, n° 4.

sphères supérieures. D'autres fouillaient les antiques souvenirs, les ruines, les arceaux et les créneaux, et du haut de la colline, assis sur les débris du château gothique, ils voyaient la ville moderne s'étendre à leurs pieds comme une image encore propre à ces vieux temps,

> Comme le fer d'un preux dans la plaine oublié !

Ils évoquaient les Génies et les Sylphes, les Fantômes et les Gnômes; ils refaisaient présent le Moyen-Age, — notre Moyen-Age mythologique et fabuleux. Ils cherchaient jusque dans l'Orient des couleurs et des prétextes à leurs splendides pinceaux. Ils chantaient la gloire même et les triomphes de cette récente et gigantesque époque la plus guerrière qui ait été. Et en chantant, ils rendaient au vers la trempe de l'acier, et à la strophe le poli, le plein et la jointure habile de l'armure.

D'autres, à la suite de ce Grec retrouvé qui se nomme André Chénier, eussent voulu recréer et former, à leur usage, dans un coin de notre société industrieuse, une petite colonie de l'ancienne Grèce; ils aimaient les fêtes, la molle orgie couronnée de roses, les festins avec chants, les pleurs de Camille, et la réconciliation facile; chaque matin une élégie, chaque soir une poursuite et une tendresse. Mais au milieu de ces oublis trop naturels à la jeunesse de tous les temps, ils avaient une pensée, un culte, l'amour de l'Art, la curiosité passionnée d'une expression vive, d'un tour neuf, d'une image choisie, d'une rime brillante; ils voulaient à chacun de leurs cadres un clou d'or : enfants si vous le voulez, mais enfants des Muses, et qui ne sacrifièrent jamais à la grâce vulgaire.

C'est tout cela, c'est bien d'autres choses encore (car je ne puis tout énumérer) que l'on a appelé de ce nom général de *Romantisme* en notre poésie. Ce mot a été souvent mal appliqué; il a été surtout employé dans des sens assez différents. Dans l'acception la plus générale et qui n'est pas inexacte, la qualification de *romantique* s'étend à tous ceux qui, parmi nous, ont essayé, soit par la doctrine, soit dans la pratique, de renouveler l'Art et de l'affranchir de certaines règles convenues. Mme de Staël et son école, tous ces esprits distingués qui concoururent à introduire en France de justes notions des théâtres étrangers; qui, les premiers, nous expliquèrent ou nous traduisirent Shakspeare, Gœthe, Schiller, ce sont relativement des romantiques; en ce sens M. de Barante, M. de Sainte-Aulaire même, M. de Rémusat en seraient, et je ne crois pas que ces fins esprits eussent jamais désavoué le titre entendu de la sorte.

C'est par une sorte d'abus, mais qui avait sa raison, que l'on a compris encore sous le nom de romantiques les poëtes, comme André Chénier, qui sont amateurs de la beauté grecque et qui, par là même, sembleraient plutôt classiques; mais les soi-disant classiques modernes étant alors, la plupart, fort peu instruits des vraies sources et se tenant à des imitations de seconde ou de troisième main, ç'a été se séparer d'eux d'une manière tranchée que de revenir aux sources mêmes, au sentiment des premiers maîtres, et d'y retremper son style ou son goût. C'est ainsi que M. Ingres se sépare de l'école de David. Ainsi André Chénier se sépare de Delille, Paul-Louis Courier de Dussault ou de M. Jay.

M. de Chateaubriand, qui aimait peu ses enfants les romantiques plus jeunes, était lui-même (malgré son apprêt de rhétorique renchérie) un grand romantique, et en ce sens qu'il avait remonté à l'inspiration directe de la beauté grecque, et aussi en cet autre sens qu'il avait ouvert, par *René,* une veine toute neuve de rêve et d'émotion poétique.

C'était un romantique encore, et de la droite lignée de Walter Scott, un romantique d'innovation et peut-être de témérité (nonobstant la précision et la correction scrupuleuse de sa ligne), qu'Augustin Thierry avec ses résurrections saxonnes et mérovingiennes. Il n'en aurait peut-être pas voulu convenir; mais le classique Daunou le tenait pour tel et le savait bien.

C'était un romantique aussi que ce Fauriel qui considérait volontiers tous les siècles de Louis XIV comme non avenus, et qui, bien loin de tous les Versailles, s'en allait chercher, dans les sentiers les plus agrestes et les plus abandonnés, des fleurs de poésie toute simple, toute populaire, mais d'une vierge et forte senteur. La poésie parée, civilisée, celle des époques brillantes, ne lui paraissait, comme à Mérimée, qu'une poésie de secondes ou de troisièmes noces : il la laissait à de moins curieux et à de moins jaloux que lui.

Cependant l'expression de romantique, surtout à mesure que s'est prononcé le triomphe des idées et des œuvres modernes, et que ce qui avait paru romantique la veille (c'est-à-dire un peu extraordinaire) ne le paraissait déjà plus, s'est particulièrement concentrée sur une notable portion de la légion poétique la plus riche en couleur, la plus pittoresque, la plus militante aussi, et qui, après avoir conquis bien des points qu'on ne lui dispute plus, a continué d'en réclamer d'autres qui ont été contestés; je veux parler de l'importante division de l'école romantique qui se rattachait à l'étendard de Victor Hugo. Ayant eu l'honneur d'en faire partie à un certain moment et en des temps difficiles, je sais ce qui en est, et j'ai souvent réfléchi et à ce qui s'est fait et à ce qui aurait pu se faire.

En laissant de côté toute la tentative dramatique immense, mais laborieuse et inachevée, en s'en tenant à la rénovation lyrique, il est difficile de ne pas convenir que celle-ci a fini par avoir gain de cause et par réussir. Il paraît généralement accordé aujourd'hui que l'école moderne a étendu ou renouvelé la poésie dans les divers modes et genres de l'inspiration libre et personnelle; et, quelque belle part qu'on fasse en cela au génie instinctif de M. de Lamartine, il en reste une très-grande aux maîtres plus réfléchis, qui ont donné l'exemple multiplié des formes, des rhythmes, des images, de la couleur et du relief, et qui ont su transmettre à d'autres quelque chose de cette science.

Et comment oublier, à ce propos, celui qui, dans le groupe dont il s'agit, s'est détaché à son tour en maître et qui est aujourd'hui ce que j'appelle un chef de branche, Théophile Gautier, arrivé à la perfection de son faire, excellant à montrer tout ce dont il parle, tant sa plume est fidèle et *ressemble à un pinceau?* « On m'appelle souvent un *fantaisiste*, me disait-il un jour, et pourtant, toute ma vie, je n'ai fait que m'appliquer à bien voir, à bien regarder la nature, à la dessiner, à la rendre, à la peindre, si je pouvais, telle que je l'ai vue. »

Qu'il y ait eu des excès dans le *rendu* des choses réelles, je le sais et je l'ai dit quelquefois. Tandis que, dans un autre ordre parallèle, de nobles poëtes, qui procèdent plutôt de M. Alfred de Vigny et à qui il a, le premier, donné d'en haut le signal, cherchaient, un peu systématiquement eux-mêmes, à relever l'esprit pur, les tendances spiritualistes, à traduire les symboles naturels, à satisfaire les vagues élancements de l'être humain vers un idéal rêvé, de l'autre côté on s'est trop tenu sans doute à ce qui se voit, à ce qui se touche, à ce qui brille, palpite et végète sous le soleil. M. Victor de La Prade dans ses poëmes, d'autres à son exemple dans leur ligne également élevée, tels que M. Lacaussade, ont paru plus d'une fois protester contre un excès qui n'est pas le leur. Mais, d'un peu loin, je vois en tous ces poëtes bien moins des adversaires que des rivaux et des émules, que des frères qui croient se combattre et qui seraient plus propres à se compléter. Ils ont un grand point de ralliement d'ailleurs, le culte de l'Art compris selon l'inspiration moderne rajeunie en ce siècle.

C'est ce sentiment qui vit dans leurs cœurs, et que moi-même (si je puis me nommer) j'ai embrassé à mon heure et nourri dans le mien, que je voudrais maintenir, expliquer et confesser encore une fois devant ceux qui ne paraissent point l'admettre et le comprendre.

Un de nos amis et confrères à l'Académie, un de nos bons et très-bons écrivains en prose, M. de Sacy, venant prendre séance à la place de M. Jay, a dit dans son Discours de réception (juin 1855) une parole qui m'est toujours restée sur le cœur, et que je lui demande la permission de relever, parce qu'elle n'est pas exacte, parce qu'elle n'est pas juste :

« Les classiques, disait-il, n'ont pas eu de champion plus décidé que M. Jay, dans cette fameuse dispute si oubliée aujourd'hui, après avoir fait tant de bruit il y a vingt ans. Non que M. Jay s'échauffât contre les romantiques, et que son repos en souffrît : ces haines vigoureuses n'entraient pas dans son caractère, il souriait et ne s'indignait pas. Peut-être n'a-t-il rien publié de plus spirituel et de plus agréable dans ce genre qu'un opuscule intitulé *la Conversion d'un Romantique*. Je ne vois à reprendre dans cet ouvrage qu'une seule chose : le romantique y est converti par le classique. Pure vanterie! Personne n'a converti les romantiques; en gens d'esprit et de talent, ils se sont convertis tout seuls. Du moins M. Jay donna-t-il dans cette dispute un exemple parfait d'urbanité littéraire. Quel avantage d'avoir toujours la paisible possession de soi-même! »

Je ne veux pas m'attacher à ce qui est relatif à M. Jay, homme de sens et fort estimable, mais qui n'avait certes fait preuve, dans l'écrit dont il s'agit, ni d'intelligence de la question, ni d'esprit, ni d'agrément, et qui n'y avait surtout pas mis le plus petit grain d'urbanité; ce sont là des éloges sur lesquels on doit être coulant et qui sont presque imposés dans un Discours de réception. Ils sont juste le contre-pied de la vérité; mais on est disposé à tout entendre ce jour-là. Ce qui seulement m'a choqué en entendant ces paroles, c'est que je trouvais que notre nouveau et digne confrère faisait bien lestement les honneurs, je ne dis pas de M. de Lamartine (il est convenu qu'on l'excepte à volonté et qu'on le met en dehors et au-dessus du romantisme), mais de M. de Vigny, de M. Hugo, de M. de Musset. Et quant à moi, qui étais plus intéressé peut-être qu'un autre dans le livre de M. Jay, intitulé *Conversion de Jacques Delorme*, je trouvai aussi qu'on m'avait peu consulté en me louant aussi absolument d'une conversion qui n'était pas si entière qu'on la supposait.

De ce qu'on s'arrête, à un certain moment, dans les conséquences que de plus avancés ou de plus aventureux que nous prétendent tirer d'un principe, il ne s'ensuit pas qu'on renonce à ce principe et qu'on le répudie. Ce n'est pas à des hommes politiques qui, tous les jours, appliquent cette manière de voir aux principes de 89, qu'il est besoin de démontrer cette vérité : de ce qu'on ne va pas aussi loin que tout le monde, et de ce que même, à un moment, on recule un peu, il ne s'ensuit pas qu'on se convertisse ni qu'on renonce à tout.

Mais les principes littéraires sont chose légère, dira-t-on, et ils n'ont pas le sérieux que comportent seules les matières d'intérêt politique et social. Ici je vous arrête ! ici est l'erreur et la méconnaissance du fait moral que je tiens à revendiquer. Il y a eu, durant cette période de 1819-1830, dans beaucoup de jeunes âmes (et M. de Sacy ne l'a-t-il pas lui-même observé de bien près dans le généreux auteur des *Glanes* (1), cette sœur des chantres et des poëtes?), un sentiment sincère, profond, passionné, qui, pour s'appliquer aux seules choses de l'Art, n'en avait que plus de désintéressement et de hauteur, et n'en était que plus sacré. Il y a eu la *flamme de l'Art*. Ceux qui en ont été touchés une fois, peuvent la sentir à regret s'affaiblir et pâlir, diminuer avec les années en même temps que la vigueur qui leur permet d'en saisir et d'en fixer les reflets dans leurs œuvres, mais ils ne la perdent jamais. « Il y a, disait Anacréon, un petit signe au cœur, auquel se reconnaissent les amants. » Il y a de même un signe et un coin auquel restent marqués et comme *gravés* les esprits qui, dans leur jeunesse, ont *cru* avec enthousiasme et ferveur à une certaine chose tant soit peu digne d'être

(1) Mademoiselle Louise Bertin.

crue. C'est le signe peut-être du *sectaire*, comme disait en ce temps-là M. Auger à l'Académie d'alors. Va pour sectaire! « Je suis donc un sectaire, » disait Stendhal. Quoi qu'il en soit, ce signe persiste; il peut se dissimuler par instants et se recouvrir, il ne s'efface pas. Viennent les crises, viennent les occasions, un conflit, l'apparition imprévue de quelque œuvre qui vous mette en demeure de choisir, de dire *oui* ou *non* sans hésiter (et il s'en est produit une en ces derniers temps) (1), une œuvre qui fasse office de pierre de touche, et vous verrez, chez ceux même qui s'étaient fait des concessions et qui avaient presque l'air d'être tombés d'accord dans les intervalles, le vieil homme aussitôt se ranimer. Les différences de religion se prononcent. Les blancs sont blancs, et les bleus sont bleus. Voilà que vous vous retranchez dans le beau convenu et dans le noble, fût-il ennuyeux, et moi je me déclare pour la vérité à tous risques, fût-elle même la réalité. — Ou en d'autres jours, vous abondez dans votre prose, et je me replonge dans la poésie.

Et pour ce qui est de l'inspiration, et du programme poétique lyrique de ces années primitives, à nous en tenir à celui-là, il y avait bien lieu en effet de s'éprendre et de s'enflammer. Rendre à la poésie française de la vérité, du naturel, de la familiarité même, et en même temps lui redonner de la consistance de style et de l'éclat; lui rapprendre à dire bien des choses qu'elle avait oubliées depuis plus d'un siècle, lui en apprendre d'autres qu'on ne lui avait pas dites encore; lui faire exprimer les troubles de l'âme et les nuances des moindres pensées; lui faire réfléchir

---

(1) *Madame Bovary.*

la nature extérieure non-seulement par des couleurs et des images, mais quelquefois par un simple et heureux concours de syllabes; la montrer, dans les fantaisies légères, découpée à plaisir et revêtue des plus sveltes délicatesses; lui imprimer, dans les vastes sujets, le mouvement et la marche des groupes et des ensembles, faire voguer des trains et des appareils de strophes comme des flottes, ou les enlever dans l'espace comme si elles avaient des ailes; faire songer dans une ode, et sans trop de désavantage, à la grande musique contemporaine ou à la gothique architecture, — n'était-ce rien? c'est pourtant ce qu'on voulait et ce qu'on osait; et si l'on n'a pas réalisé tout cela, on a du moins le droit de mettre le résultat à côté du vœu, et l'on peut, sans trop rougir, confronter le total de l'œuvre avec les premières espérances.

Il faut vraiment qu'en notre pays de France nous aimions bien les guerres civiles : nous avons toujours à la bouche Racine et Corneille pour les opposer à nos contemporains et les écraser sous ces noms. Mais étendons notre vue et songeons un peu à ce qu'a été la poésie lyrique moderne, en Angleterre, de Kirke White à Keats et à Tennyson en passant par Byron et les Lakistes, — en Allemagne, de Burger à Uhland et à Ruckert en passant par Gœthe, — et demandons-nous quelle figure nous ferions, nous et notre littérature, dans cette comparaison avec tant de richesses étrangères modernes, si nous n'avions pas eu notre poésie, cette même école poétique tant raillée. Vous vous en moquez à votre aise en famille, et pour la commodité de votre discours, le jour où vous entrez à l'Académie; mais devant l'Europe, supposez-la absente, quelle lacune!

Il n'est pas jusqu'à ces moindres genres dont on se croyait obligé de sourire autrefois, qui ne méritassent désormais une place dans une Exposition universelle des produits de la poésie; car ils ont eu de nos jours leur renaissance, et retrouvé leurs adorateurs. Le sonnet, non pas le sonnet fade, efféminé, énervé et *à pointe* des spirituels et minces Fontenelles, mais le sonnet primitif, perlé, cristallin, de Pétrarque, de Shakspeare, de Milton, et de notre vieux Du Bellay, a été remis en honneur. Il m'est arrivé d'écrire une grande folie :

J'irais à Rome à pied pour un sonnet de lui,

c'est-à-dire pour qu'il me fût accordé de trouver en moi un de ces beaux sonnets à la Pétrarque, de ces sonnets *après la mort de Laure*, diamants d'une si belle eau, à la fois sensibles et purs, qu'on redit avec un enchantement perpétuel et avec une larme. Mais pourquoi appelé-je cela une folie? Je le dirais encore, et, si l'on pouvait faire à pareille condition un tel vœu de pèlerinage, ce sont les jambes qui me manqueraient aujourd'hui plus encore que la volonté et le désir.

Je ne suis donc et ne serai jamais qu'un demi-converti, et c'est pour cela qu'en recevant et en relisant le volume de Poésies dans lequel M. Théodore de Banville a réuni tous ses précédents recueils (moins un), je me suis dit avec plaisir : Voilà un poëte, un des premiers élèves des maîtres, un de ceux qui, venus tard et des derniers par l'âge, ont eu l'enthousiasme des commencements, qui ont gardé le scrupule de la forme, qui savent, pour l'avoir appris à forte école, le métier des vers, qui les font de *main d'ouvrier*, c'est-à-dire de bonne main, qui y donnent de la trempe, du ressort, qui savent composer, ciseler, peindre. Je ne prétends garantir ni adopter toutes les applications qu'il a faites de son talent; mais il est un procédé, un art général, non-seulement une main-d'œuvre, mais un feu sincère qui se fait reconnaître dans tout l'ensemble et qui m'inspire de l'estime. Ce poëte, à travers tous les caprices de son imagination et de sa muse, ne s'est jamais relâché sur de certains points; il a gardé, au milieu de ses autres licences, la précision du bien faire, et, comme il dit, *l'amour du vert laurier*.

Il procède de Hugo et d'André Chénier. Comme ce dernier il a sa Camille; il la chante et a des tons de Properce dans l'ardeur de ses peintures. Il affectionne l'Art grec, la sculpture, et nous en rend dans ses rhythmes des copies et parfois presque des moulages. C'est d'une grande habileté, avec quelque excès. Je passe sur ce qui me paraît ou trop cherché, ou trop mélangé, pour ne m'arrêter qu'à ce qui est bien. En poésie on peut lancer et perdre bien des flèches : il suffit pour l'honneur de l'artiste que quelques-unes donnent en plein dans le but et fassent résonner tout l'arbre prophétique, le chêne de Dodone, en s'y enfonçant. M. de Banville a eu quelques-uns de ces coups heureux où se reconnaît un archer vainqueur. J'ai parlé d'Art grec : est-il rien qui le rappelle et le représente plus heureusement que ce conseil donné à un sculpteur de se choisir des sujets calmes et gracieusement sévères, comme des hors-d'œuvre à son ciseau, dans les intervalles de la verve et de l'ivresse :

« Sculpteur, cherche avec soin, en attendant l'extase,
Un marbre sans défaut pour en faire un beau vase :

Cherche longtemps sa forme, et n'y retrace pas
D'amours mystérieux ni de divins combats.
Pas d'Alcide vainqueur du monstre de Némée,
Ni de Cypris naissant sur la mer embaumée ;
Pas de Titans vaincus dans leurs rébellions,
Ni de riant Bacchus attelant les lions
Avec un frein tressé de pampres et de vignes;
Pas de Léda jouant dans la troupe des cygnes ;
De Naïades aux fronts couronnés de roseaux,
Ou de blanche Phœbé surprise au sein des eaux.

« Q'autour du vase pur, trop beau pour la Bacchante,
La verveine se mêle à des feuilles d'acanthe ;
Et plus bas, lentement, que des vierges d'Argos
S'avancent d'un pas sûr en deux chœurs inégaux,
Les bras pendants le long de leurs tuniques droites,
Et les cheveux tressés sur leurs têtes étroites. »

Le bas-relief est parfait; on croit voir un beau vase antique. — Je ne trouve à redire qu'à ce mot d'*extase* un peu excessif, et que la rime a imposé au lieu d'*enthousiasme*.

Je pourrais indiquer encore plus d'une de ces pièces, achevées dans leur brièveté, les quelques vers adressés à Charles Baudelaire, des *Odelettes* (comme les intitule l'auteur) qui sont de vrais bijoux d'exécution, à Théophile Gautier, aux frères de Goncourt, etc. Les Stances adressées à la Jeunesse de l'avenir :

Vous en qui je salue une nouvelle aurore:..

sont d'un beau souffle, avec quelques longueurs et des traits un peu forcés dans le détail; mais la tendresse y éclate noblement en fierté, et l'élégie embouche le clairon de la victoire. M. de Banville, dans cette pièce et ailleurs, n'hésite pas à nommer et à saluer, au rang de ses maîtres divins, un poëte qui ne nous saurait être indifférent, le vieux Ronsard. « En ce temps-là, je *ronsardisais*, » écrivait l'aimable Gérard de Nerval au début d'une de ses préfaces. M. de Banville n'a jamais cessé de *ronsardiser*, et il s'en vante. Cette admiration fidèle pour les bonnes et hautes parties du chef de chœur de la Pléiade lui a porté bonheur. Je ne sais rien d'aussi touchant dans son recueil, de mieux senti, que les Stances de souvenir qu'il a adressées à une fontaine de son pays du Bourbonnais, *la Font-Georges :* elles me rappellent des Stances de Ronsard à la Fontaine Bellerie et surtout celles qui ont pour titre : *De l'Élection de mon Sépulcre.* C'est le même rhythme dont on a dit : « Ce petit vers masculin de quatre syllabes, qui tombe à la fin de chaque stance, produit à la longue une impression mélancolique ; c'est comme un son de cloche funèbre. » Chez M. de Banville, l'impression de cette mélancolie ne va pas jusqu'au funèbre, et elle s'arrête à la douceur regrettée des pures et premières amours; elle n'est, en quelque sorte, que le son de la cloche du village natal, et elle va rejoindre dans ma pensée l'écho de la romance de M. de Chateaubriand. Voici cette jolie pièce tout entière :

### A LA FONT-GEORGES.

O champs pleins de silence,
Où mon heureuse enfance
Avait des jours encor
   Tout filés d'or !

O ma vieille Font-Georges,
Vers qui les rouges-gorges
Et le doux rossignol
   Prenaient leur vol!

Maison blanche, où la vigne
Tordait en longue ligne
Son feuillage qui boit
   Les pleurs du toit !

O source claire et froide,
Qu'ombrageait le tronc roide
D'un noyer vigoureux
   A moitié creux !

Sources ! fraîches fontaines !
Qui, douces à mes peines,
Frémissiez autrefois
   Rien qu'à ma voix !

Bassin où les laveuses
Tendaient, silencieuses,
Sur un rameau tremblant
   Le linge blanc !

O sorbier centenaire,
Dont trois coups de tonnerre
N'avaient pas abattu
   Le front chenu !

Tonnelles et coudrettes,
Verdoyantes retraites
De peupliers mouvants
   A tous les vents !

O vignes purpurines,
Dont le long des collines,
Les ceps accumulés
   Ployaient gonflés ;

Où, l'automne venue,
La Vendange mi-nue
A l'entour du pressoir
   Dansait le soir !

O buissons d'églantines,
Jetant dans les ravines,
Comme un chêne le gland,
   Leur fruit sanglant !

Murmurante oseraie,
Où le ramier s'effraie;
Saule au feuillage bleu;
   Lointains en feu!

Rameaux lourds de cerises!
Moissonneuses, surprises
A mi-jambe dans l'eau
   Du clair ruisseau!

Antres, chemins, fontaines,
Acres parfums et plaines,
Ombrages et rochers,
   Souvent cherchés!

Ruisseaux! forêts! silence!
O mes amours d'enfance!
Mon âme, sans témoins,
   Vous aime moins

Que ce jardin morose
Sans verdure et sans rose
Et ces sombres massifs
   D'antiques ifs,

Et ce chemin de sable
Où j'eus l'heur ineffable,
Pour la première fois,
   D'ouïr sa voix;

Où rêveuse, l'amie
Doucement obéie,
S'appuyant à mon bras,
   Parlait tout bas;

Pensive et recueillie,
Et d'une fleur cueillie
Brisant le cœur discret,
   D'un doigt distrait,

A l'heure où, sous leurs voiles,
Les tremblantes étoiles
Brodent le ciel changeant
   De fleurs d'argent.

L'indécision et le vague même de cette fin contribuent au charme; la rêverie du lecteur achève le reste. — Une fois, contre son ordinaire, le poëte a faibli sur la rime (*abattu, chenu*), et je lui sais gré d'avoir préféré l'expression plus naturelle à une autre qui eût été amenée de plus loin et de force.

Et c'est ainsi qu'au déclin d'une école et quand dès longtemps on a pu la croire finissante, quand de ce côté *la prairie des Muses* semble tout entière fauchée et moissonnée, des talents inégaux, mais distingués et vaillants, trouvent encore moyen d'en tirer des regains heureux et de produire quelques pièces presque parfaites qui iraient s'ajouter à tant d'autres dans la corbeille, si un jour on s'avisait de la dresser, — dans la *Couronne*, si l'on s'avisait de **la tresser**, — d'une **Anthologie française de ce siècle**.

Lundi, 26 octobre 1857.

# VIE DE MAUPERTUIS

### Par LA BEAUMELLE.

#### OUVRAGE POSTHUME (1).

Je ne reviendrais pas sur ce volume qui a paru il y a plus d'un an, qui a été accueilli assez favorablement par la critique, qui a appris à ceux qui l'ignoraient que La Beaumelle (ce La Beaumelle tant honni de Voltaire et resté en si mauvais renom comme éditeur) avait de l'esprit, de la plume et du tour ; mais dans lequel ce qu'on avait surtout remarqué c'étaient les quatre-vingt sept lettres du grand Frédéric à Maupertuis ; — je n'y reviendrais pas aujourd'hui, un peu tard, s'il n'y avait quelque chose de nouveau et d'essentiel à en dire, et si une obligeance amicale ne m'avait mis à même d'en porter un jugement bien fondé.

La Beaumelle, qui eut le malheur d'être un de ces ennemis que Voltaire passa vingt-cinq ans de sa vie à stigmatiser, était né en 1726 dans le Languedoc, d'une famille protestante honorable. Après avoir fait ses études au collége d'Alais, il quitta la France à dix-neuf ans et se rendit à Genève pour y étudier sans

(1) Un vol. in-18, Ledoyen, Palais-Royal, et Meyrueis, rue Tronchet, 2.

doute la théologie et s'y préparer au ministère évangélique. Ses idées, s'il en eut de telles, changèrent bientôt. Il passa de là en Danemark et y fut d'abord en qualité de précepteur dans la maison d'un seigneur danois. Ses vues s'agrandissant, il voulut fonder à Copenhague une sorte d'Athénée, y devint professeur de belles-lettres françaises, y créa une feuille périodique littéraire, une Gazette manuscrite, et publia un volume de *Pensées*, dont une, légère de ton, alla blesser Voltaire. Il s'en aperçut à son passage à Berlin, en 1751 ; il y commit quelques étourderies qui donnèrent prise contre lui à ce redoutable adversaire. Frédéric fit dire à La Beaumelle qu'il n'avait pas besoin de ses services, et celui-ci dut quitter Berlin. Formey, qui l'avait vu dans ce court séjour, en parle en assez bons termes : « Sa physionomie, dit-il, était revenante ; il s'exprimait bien, et l'on ne peut pas dire qu'il ait eu le dessous dans ses écrits polémiques contre Voltaire. Il opposait à de perpétuelles injures des railleries tranchantes qui redoublaient les fureurs de son antagoniste. » C'est aussi le sentiment de La Harpe. La Beaumelle d'ailleurs eut le premier tort public. Le *Siècle de Louis XIV* paraissait ; il n'en sut pas reconnaître la supériorité déguisée sous l'agrément, et, pour se venger du procédé de Voltaire, il en eut un impardonnable à son égard, et que lui-même s'est reproché depuis. Il vendit à un libraire de Francfort, pour une contrefaçon du *Siècle de Louis XIV*, des notes qui n'y relevaient pas seulement des erreurs, mais qui s'attaquaient à l'homme même. « Je me manquai au point, disait-il plus tard dans ses Lettres à Voltaire, de parler de vous avec cette hauteur qui n'est pas même permise à la supériorité. Il est vrai que ce tort était en partie justifié par votre exemple... Peut-être aussi le chagrin m'arracha quelques remarques injustes, et le Voltaire qui m'avait nui auprès du roi de Prusse, me gâta le Voltaire que je lisais. Je me dégoûtai bientôt de ce travail, non que je ne trouvasse partout des fautes; mais je ne me trouvais pas la même humeur. Je ne passai donc point le premier volume. » Et La Harpe écrivait de La Beaumelle, vers 1774 : « Je l'ai entendu, il y a deux ans, avouer lui-même que son procédé était inexcusable, et qu'il avait eu les premiers torts avec M. de Voltaire. » — Voltaire outré répondit (1753) par son *Supplément au Siècle de Louis XIV*, ou *Réfutation des Notes critiques* qu'avait données La Beaumelle; il lui prêta même et lui imputa, par une de ces confusions volontaires dont il ne se faisait pas faute, des notes qui n'étaient pas de lui, mais d'un continuateur, et la guerre à mort fut engagée.

La Beaumelle répliqua par un petit volume de *Lettres*, qui sont, de l'aveu du même La Harpe, le meilleur ouvrage polémique qu'on ait jamais publié contre Voltaire : « Elles sont pleines d'esprit et de sel. Il n'a pas la grossière maladresse de Fréron, qui va toujours niant le talent et le génie de quiconque le méprise. La Beaumelle convient de tous les avantages de M. de Voltaire, et il attaque très-malignement les faiblesses et les travers dont il n'y a point de grand homme qui ne soit susceptible, mais qui, présentés par une main ennemie, forment un tableau de ridicule. » Il ne lui conteste point que ses ouvrages ne soient d'un très-bel esprit, il s'attache à y relever les traits de petit esprit. « Naître avec de l'esprit, dit-il quelque part, c'est naître avec de beaux yeux. Mais si ces beaux yeux avaient le regard du basilic ?... » Comme Voltaire l'avait dénoncé d'emblée aux puissances et signalé comme un calomniateur de Louis XIV, de Louis XV et du roi de Prusse, La Beaumelle le rappelait à l'ordre et lui faisait toucher son inconséquence : « Apprenez qu'il est inouï que le même homme ait sans cesse réclamé la liberté de la presse, et sans cesse ait tâché de la ravir à ses confrères (1). » Il y a même une lettre assez éloquente, la XIII<sup>e</sup>, dans laquelle l'auteur suppose un baron allemand de ses amis, qui s'indigne de l'espèce de défi porté par Voltaire, dans son enthousiasme pour le règne de Louis XIV : « Je défie qu'on me montre aucune monarchie sur la terre, dans laquelle les lois, la justice distributive, les droits de l'humanité, aient été moins foulés aux pieds... que pendant les cinquante-cinq années que Louis XIV régna par lui-même. » La réponse est d'un homme qui a souffert dans la personne de ses pères et qui sort d'une race odieusement violentée dans sa conscience, opprimée depuis près de quatre-vingts ans (2) et traquée. Par malheur pour La Beaumelle, il n'est de cette race intègre qu'à demi. Il est gâté, nous le verrons, par quelque vice d'esprit. Dès le début, il a en lui, par le ton et par la légèreté, du gazetier à la main, du folliculaire. Il a lu Crébillon fils au moins autant que Tacite qu'il

---

(1) Frédéric lui-même rappelait Voltaire à l'ordre sur ce point, dans une lettre du 19 avril 1753, écrite dans le temps que s'imprimait cette Réfutation où Voltaire, tout en se vengeant, n'était pas fâché de se donner comme le vengeur des rois : « Je n'ai point fait alliance avec vous pour que vous me défendiez, et je ne me soucie guère de ce que La Beaumelle s'est avisé de dire de moi ou de mon pays. Vous devez savoir mieux que personne que je ne sais point venger les offenses que l'on me fait. Je vois le mal et je plains ceux qui sont assez méchants pour le faire. »

(2) L'oppression avait commencé bien des années avant la révocation proprement dite de l'Édit de Nantes.

prétend traduire ; je veux dire qu'il a le goût *petit-maître*. Il se rattache de loin, et par le moins bon côté, au genre des *Lettres persanes*. C'est un Montesquieu de petit journal (1). Il trousse l'histoire en épigramme. Il se pique d'avoir du trait et il en a, mais il y joint de l'impertinence, c'est-à-dire des airs de supériorité (quand il écrit, car en causant on assure qu'il avait plutôt l'air modeste), et il n'est jamais à court d'assertions tranchantes sur ce qu'il ne sait pas assez.

En ce qui est du *Siècle de Louis XIV*, il s'est tout à fait mépris sur le mérite de ce bel et facile ouvrage, et il nous fait sourire quand, prenant un ton de maître et de régent avec Voltaire, il lui dit :

« Pour remplir votre objet, *il fallait* offrir à votre lecteur le spectacle de l'univers depuis 1640 jusqu'en 1720, et non lui présenter l'*epitome* du règne de Louis XIV. *Il fallait*, à l'exemple de Bossuet, fondre la statue d'un seul jet, et non poser sur une base irrégulière et fragile une petite figure à pièces de rapport. *Il fallait*, à l'exemple de Montesquieu, considérer les révolutions qui sont arrivées dans les mœurs, dans la politique, dans la religion et dans les arts, en établir la réalité, en chercher les causes, en marquer les moments, en un mot, peindre les hommes comme vous l'aviez promis, et non peindre quelques hommes, comme vous l'avez fait. *Il fallait* faire passer tous les peuples du monde sous les yeux de votre lecteur... *Il fallait*, si vous le pouviez, imiter Tacite qui n'annonce pas fastueusement le tableau des nations, mais qui, sous le titre modeste d'Annales, peint l'univers... »

Cela veut dire qu'il ne fallait pas être Voltaire ; mais Voltaire, qui était lui et pas un autre, a peint à sa manière ce grand siècle dont un souffle avait passé

(1) Voisenon, bien qu'assez peu qualifié pour juger des autres, n'a pas mal vu en disant de La Beaumelle : « C'est un homme d'esprit sans aucun goût, qui a le maintien du sage et la conduite d'un fou... Il a composé un ouvrage divisé en chapitres sur différents sujets (*Mes Pensées* ou *Qu'en dira-t-on?*); il y en a un ou deux qu'on croirait du président de Montesquieu, et beaucoup plus qu'on soupçonnerait d'être de son laquais. »

sur son berceau, et il en a donné à tout lecteur impartial un sentiment vif, juste et charmant.

Je n'ai pas à écrire la Vie de La Beaumelle. Ses malheurs pourraient intéresser à lui, ou du moins seraient de nature à désarmer la sévérité. Il fut mis deux fois à la Bastille pour des causes légères, et ensuite exilé dans le midi de la France, avec défense de rien publier ; il éluda cet ordre, le plus pénible peut-être pour un homme de son humeur, en mettant quelques-uns de ses écrits d'alors sous le nom de ses amis. Ayant obtenu de revenir à Paris en 1770, et employé à la Bibliothèque du roi, il allait peut-être réparer ses premiers échecs et se refaire une réputation plus solide et de meilleur aloi, quand il mourut, à l'âge de quarante-sept ans (1773).

La Beaumelle avait acheté de Racine fils, en 1750, un recueil manuscrit de Lettres de madame de Maintenon ; il les publia en 1752. Cette publication le mit en rapport avec la famille de Noailles et avec les Dames de Saint-Cyr qui lui ouvrirent leurs précieuses archives, à condition qu'il n'en dirait rien, et il devint l'éditeur en titre ou à peu près, et non désavoué, quoique non autorisé, de l'ensemble des Lettres de madame de Maintenon. Qu'on lui ait demandé des suppressions, des modifications même en quelques endroits du texte, cela est possible et très-probable ; mais il en fit qui sont sans excuse, et qui n'ont d'explication que dans son faux goût littéraire et son peu de scrupule pour l'entière vérité. M. Théophile Lavallée nous a édifiés récemment sur le genre d'opération que La Beaumelle fit subir aux pages qu'il publiait (1).

(1) Voir la préface ( page vi ) des *Lettres sur l'Éducation des Filles* par madame de Maintenon (1854), et la préface ( page xvii ) des *Lettres historiques et édifiantes* de la même (1856).

C'est ce faux goût et cette absence de tout scrupule que nous avons de nouveau à constater et qui se vérifie trop bien dans l'ouvrage posthume de lui qu'on vient de publier. Cet ouvrage, qu'il était assez naturel que La Beaumelle eût désiré d'écrire, est la *Vie de Maupertuis*, une autre victime immortelle de Voltaire. La Vie proprement dite est agréablement traitée, et l'on y prend de Maupertuis une idée fort distincte. On le voit le premier Français Newtonien qui ait importé au sein de l'Académie des sciences le vrai système du monde, et qui l'ait mis à la mode également dans la société. Maupertuis, jeune, ancien capitaine de cavalerie, converti à la géométrie et aux sciences, eut alors son moment d'éclat et de faveur, surtout lorsqu'au retour de son voyage dans le Nord, où il était allé vérifier par ses mesures la forme assignée à cette région de la terre par Newton, il eut incidemment tant de choses à raconter sur les Lapons et les Lapones. Il était le *lion* du jour; chaque femme élégante voulait avoir son géomètre, et Maupertuis était celui de plusieurs. Helvétius racontait que c'était à Maupertuis qu'il devait de s'être fait littérateur; car, traversant une après-midi le jardin des Tuileries, il vit le brillant académicien tellement entouré et caressé des plus jolies femmes, qu'il en conclut qu'il fallait aussi devenir célèbre pour être adoré du beau sexe. Mais cette fureur de la vogue n'eut qu'un temps, et Maupertuis, un peu gâté, ne s'accommoda pas de déchoir. On entrevoit que, sous ses envies de plaire, il devait être un peu morose, assez accessible à l'envie (1). Il aimait peu à vivre avec ses

(1) On trouve quelques mots sur Maupertuis dans la Correspondance, récemment publiée (1860), de Buffon; c'est peu, mais c'est dans le ton juste : « J'écrirai au premier jour à Maupertuis, et je

égaux. Il n'avait point d'ailleurs dans le talent des
ressources infinies ; il avait une variété d'aptitudes,
mais il n'était fécond ni original en rien. Le recueil
de ses œuvres nous donne le sentiment de cette aridité, recouverte d'une écorce assez mince. Quand on
essaye aujourd'hui d'en relire quelque chose, on est
désappointé. En histoire naturelle, en métaphysique,
en morale, il se fatigue à découvrir quelque grand
principe, et il n'y parvient pas. On y aperçoit quelques vues ingénieuses, mais gâtées par du bizarre.
Il a fait un petit traité sur *le Bonheur*, qui est le plus
sec et le plus désagréable du monde ; on n'a jamais
parlé du bonheur d'une manière plus maussade. Dans
sa *Vénus physique*, qu'il a voulu faire riante, il a mêlé
une pointe d'érotisme à l'observation des choses naturelles, et il a accommodé du Réaumur à l'usage de
*Lycoris*. Avec ces défauts que j'indique à peine et avec
ces limites en divers sens, Maupertuis, de son vivant
et quand il était là pour payer de sa personne, n'était
pas moins un homme très-distingué, très-propre à
plus d'un emploi, et lorsque Frédéric eut conçu le
projet de régénérer son Académie de Berlin, il fut
l'un des premiers à qui il s'adressa, le seul même
qu'il réussit complétement à s'acquérir. Maupertuis,
président perpétuel de l'Académie de Berlin, a rendu
de vrais services qui ont été appréciés par des juges

tâcherai de lui proposer d'une manière efficace les choses que vous
souhaitez. Au reste, je ne vous réponds de rien : Maupertuis est en
effet un honnête homme ; mais il se grippe quelquefois. » ( Lettre à
l'abbé Le Blanc, du 23 juin 1750.) — « Maupertuis me marque que
Voltaire doit rester en Prusse, et que c'est une grande acquisition
pour un roi qui a autant de talent et de goût. Entre nous, je crois
que la présence de Voltaire plaira moins à Maupertuis qu'à tout
autre ; ces deux hommes ne sont pas faits pour demeurer ensemble
dans la même chambre. » (Lettre au même, du 22 octobre 1750.)

compétents, et, en dernier lieu, par le regrettable M. Bartholmèss (1). Frédéric, le premier et le meilleur des juges, a constamment rendu à Maupertuis d'honorables et affectueux témoignages. Or ce sont les Lettres de Frédéric à Maupertuis et les réponses de celui-ci que La Beaumelle avait en partie transcrites et préparées pour les joindre à la Vie du président académicien, et dont il nous faut dire quelque chose.

Dans l'édition aujourd'hui terminée des Œuvres de Frédéric, qui s'est publiée à Berlin sous les auspices du Gouvernement et par les soins de M. Preuss, la Correspondance du roi et de Maupertuis fait défaut; on n'y trouve que sept lettres, la plupart insignifiantes : « Il est assez singulier, cependant, disait M. Preuss, que le roi n'ait pas eu avec Maupertuis de Correspondance véritablement amicale, familière ou littéraire. » Les 176 lettres recueillies par La Beaumelle semblaient donc venir à point pour remplir cette lacune, et je l'ai crue assez bien comblée jusqu'au moment où l'obligeance de M. Feuillet de Conches m'a fait voir de mes yeux les originaux des lettres, des mêmes lettres non pas transcrites, mais *sophistiquées* par La Beaumelle, et de celles qu'il n'a pas eu le temps d'arranger.

Et dès la première lettre, nous allons juger à vue d'œil du procédé de La Beaumelle, procédé qui lui est cher et qu'il a constamment appliqué. Si ce procédé consistait seulement à corriger les fautes de français de Frédéric, les impropriétés d'expression, on le concevrait, on l'excuserait presque ; on se rappellerait que ce sont là des libertés que se sont permises presque tous les éditeurs de son temps et même

---

(1) Dans son *Histoire philosophique de l'Académie de Prusse* (1851).

du nôtre, si l'on excepte ceux des dernières années. Les lettres de nos plus grands écrivains (y compris madame de Sévigné) n'ont pas été exemptes de ces retouches indiscrètes dont la prétention était d'effacer les négligences. Mais La Beaumelle prétend faire bien autre chose : il ne corrige pas seulement les phrases de Frédéric, il ne leur donne pas seulement (chaque fois que l'envie lui en prend) un tour plus vif, une frisure, un coup de peigne ; il y intercale du sien, il y mêle ses idées, il y fait entrer, sous le pavillon du roi, ses propres commentaires. Voyons un peu.

Frédéric appelle à lui Maupertuis et lui écrit la lettre suivante, qu'on a de sa main :

« A Kœnigsberg, ce 14 de juillet 1740.

« Monsieur de Maupertuis, vous ne sauriez me prévenir, ma voix vous a appelé dès le moment que je suis arrivé à la Régence, et avant même que vous m'eussiez écrit. Je travaille à inoculer les arts sur une tige étrangère et sauvage ; votre secours m'est nécessaire ; c'est à vous de savoir si l'emploi d'étendre et d'enraciner les sciences dans ces climats ne vous sera pas tout aussi glorieux que celui d'apprendre au genre humain de quelle forme était le continent qu'il cultive ? Je me flatte que la profession d'apôtre de la vérité ne vous sera pas désagréable, et que vous vous déciderez en faveur de Berlin. Attendant vos instructions et le plaisir de jouir de vos lumières, je vous assure que je suis avec bien de l'estime

« Votre très-affectionné,

« FRÉDÉRIC. »

Cette lettre reproduite par La Beaumelle devient celle-ci :

« A Kœnigsberg, 14 juillet 1740.

« Monsieur de Maupertuis, vous ne sauriez me prévenir, *et il est juste que le besoin aille au-devant de ce qui peut le satisfaire*. Ma voix *et mon cœur* vous ont appelé dès le moment que je suis arrivé *au trône*, avant même que vous m'eussiez écrit. Je travaille à inoculer les arts sur une tige étrangère et sauvage. Votre secours m'est nécessaire. C'est à vous de *voir* si l'emploi d'*établir* et d'étendre les sciences dans *ce* climat, ne vous sera pas aussi glorieux que d'*avoir* appris au genre humain de quelle *figure est* le continent qu'il cultive. Je me flatte que la profession d'apôtre de la vérité ne vous sera pas désagréable, et que vous vous déciderez en faveur de Berlin *par*

> *amour pour elle, si ce n'est par amitié pour moi. Vous ne sauriez croire combien je désire de vous avoir. Donnez-vous à moi, je vous en prie, je vous en conjure, je vous en supplie; il est temps que les princes rampent auprès des philosophes ; les philosophes n'ont que trop rampé auprès des souverains. Avec quel plaisir je recevrai vos instructions, et je jouirai de vos lumières !*
>
> « Votre très-affectionné
>
> « Frédéric. »

Ce n'est là qu'une mise en train, et La Beaumelle en fera bien d'autres. Et qu'on ne dise pas qu'il a transporté dans cette lettre un fragment qui était autre part; qu'il a arrangé, composé comme dans une marqueterie, et qu'il n'a pas inventé. Ce procédé de marqueterie serait encore détestable, mais il serait du moins d'une exactitude relative. La Beaumelle ne se donne pas tant de souci ; il ne tire ses additions que de lui-même, et les prend, comme on dit, sous son bonnet. Il n'y a dans aucune lettre de Frédéric de telles phrases que celle par laquelle l'éditeur nous le représente *suppliant* Maupertuis, et faisant *ramper* les rois devant les philosophes. Frédéric, même dans ses heures les plus littéraires, savait trop ce qu'il se devait à lui-même et à son rang pour s'exprimer ainsi.

La comparaison qu'on vient de faire de la première lettre authentique et de cette même lettre *embellie*, pourrait se reproduire à chacune des suivantes. La Beaumelle les a retouchées toutes, et le plus souvent transformées.

Dans une lettre du 27 octobre 1745, Frédéric loue Maupertuis, qui était à la veille de son mariage, sur l'agrément de son commerce, et le félicite sur sa philosophie dont la tolérance convient à l'humanité. Il lui semble que le stoïcisme tout pur, quand on ne le tempère point par de l'épicuréisme, est une substance trop forte qui agit comme un poison ; et il continue en ces termes :

« Malheureusement pour ces espèces d'animaux qui se disent raisonnables, il semble que l'erreur soit leur partage. Peut-être n'y a-t-il que la proposition 48ᵉ d'Euclide à laquelle on puisse trouver le degré d'évidence qui convient à la vérité. Peut-être y a-t-il encore outre cela trois ou quatre vérités physiques et métaphysiques bien démontrées. Au reste, il me semble de voir des aveugles qui errent dans l'obscurité ; quelques-uns s'entre-heurtent, d'autres, en voulant s'éviter, se frappent et se font choir ; personne ne devient plus sage, et tous rient du malheur de leurs concitoyens. Si nos passions sont des espèces de magiciens, qui, par leurs prestiges, nous font trouver le bonheur, il faut avouer d'un autre côté qu'ils nous font acheter ces charmes bien cher. Notre vie se passe moitié en désirs, moitié en regrets. La jouissance n'est qu'un éclair, et les dégoûts sont des siècles.

« Mais je suis bien fol moi-même de faire un long sermon de morale à un homme à qui je devrais adresser un épithalame... »

Je mets en regard ce qu'est devenu ce passage sous la plume fertile de La Beaumelle :

« Malheureusement pour ces espèces d'animaux qui se disent raisonnables, il semble que l'erreur soit leur partage. Peut-être n'y a-t-il que *les* propositions d'Euclide *à qui* l'on puisse trouver le degré d'évidence qui *devrait caractériser* la vérité. Peut-être y a-t-il encore trois ou quatre propositions physiques ou *morales* bien démontrées. *A cela près, nous vivons dans les ténèbres, et je dis de tout comme Montaigne :* QUE SAIS-JE ? *A la tête de mes doutes, je mets tous les dogmes de la religion chrétienne ; non que je regarde Jésus-Christ comme un imposteur, c'était*, etc., etc. (J'abrége ici des développements incongrus qui, en cet endroit, sont tous du fait de La Beaumelle, non de Frédéric). *Malgré l'ignorance qui nous environne, nous étudions, nous disputons sans cesse, et cette soif de savoir n'est jamais assouvie* ; il me semble, *en lisant les philosophes et les théologiens,* voir des aveugles qui errent dans l'obscurité, *qui* s'entre-heurtent, *qui*, en voulant s'éviter, se font choir, *qui embrassent*

> *l'ombre pour le corps, et qui se servent quelquefois, pour s'assommer, du bâton qui leur a été donné pour se conduire. Un petit nombre, tel que vous, Euler et Clairaut, élevés dans une plus haute région, rient de leurs folies et de leurs méprises. Qu'est-ce qui produit tant de faux jugements ? C'est que nous ne pouvons obtenir de nous-mêmes de ne décider qu'après avoir bien tâté et retâté l'objet. Notre aveuglement est encore augmenté par nos passions. Ces passions sont des espèces de magiciennes qui, par leur prestige, nous font trouver le bonheur, mais ne nous découvrent pas la vérité. Si elles nous donnent quelques plaisirs, elles nous les font payer bien cher.* Notre vie se passe moitié en désirs, moitié en regrets. La jouissance n'est qu'un éclair, et les dégoûts sont des siècles.
>
> « Mais je n'y pense pas de copier un chapitre de Marc-Aurèle à un homme à qui je devrais adresser un épithalame... »

Je me figure La Beaumelle dans son cabinet : il a devant lui les lettres de Frédéric, il les copie, mais copier est un métier bien plat pour un homme d'esprit. Je crois l'entendre : « Si je lui mettais ici un peu de Montaigne, ça ne ferait pas mal. » Nous l'avons vu qui vient d'en mettre. Ailleurs ce sera un peu d'Ovide (p. 302). Le roi écrit-il quelque part : « Dans la métaphysique il y a beaucoup de labyrinthes, et où je crois en physicien avec un Maupertuis, j'ose douter dans la métaphysique avec un Locke. » — « Ce n'est pas assez, » se dit La Beaumelle, et après avoir remanié quelque peu la phrase qu'on vient de lire, il y ajoute de son chef et sous le couvert de Frédéric (p. 268) : « *Ce Locke n'est pourtant pas encore assez sceptique pour moi.* » — « Bah ! on peut bien lui prêter cela, a-t-il dû se dire ; on ne prête qu'aux riches. Un peu plus de scepticisme ne fera pas mal, surtout de ce côté-ci du Rhin. » Partout il lui prête des maximes, des bouts de tirade et des sorties, des explications de sa conduite : « Ce qu'il y a de singulier, lui fait-il dire (p. 272), c'est que mon penchant à l'indécision n'influe ni sur ma conduite soit militaire, soit politique, ni sur mon caractère. Je suis aussi hasardeux qu'un autre dans un projet de bataille... » Et tout ce qui suit ; il n'y en a pas un mot chez Frédéric. « Mais nos Parisiens aimeront cela, » se dit La Beaumelle. Il calcule ses additions et en fait des conseils à l'usage des autres rois : « Les Souverains (p. 286) ne doivent pas seulement des regards aux sciences, ils leur doivent du respect et de l'amour. Quand un prince traiterait avec indolence toutes les affaires de son empire, il devrait toujours traiter avec soin celles qui ont rapport à l'éducation publique. Un peuple bien élevé est facile à gouverner. » Pure invention ; pas un mot de cela chez Frédéric.— Un billet du roi, de quelques lignes, lui fournit prétexte à deux pages de réflexions (p. 365-366) sur les autres rois qui perdent leur temps de mille manières, tandis que Frédéric le perd à rimer : « Je leur pardonne de donner à la chasse, à la bonne chère, au jeu, à la représentation, plus d'heures que je n'en donne à mes amusements littéraires. Chacun a sa passion dans ce monde... » Pure invention.—J'en pourrais citer trente de même force. — D'autres fois, ce sont des anecdotes, des à-propos d'érudition. Frédéric envoie une comédie de sa façon à Maupertuis, en l'accompagnant

d'une lettre dans laquelle il en fait bon marché. La Beaumelle se souvient qu'Auguste a fait une tragédie d'*Ajax*, et vite il fait dire à Frédéric : « J'ai lu qu'Auguste (p. 397) avait fait quelques poëmes dramatiques, entre autres un *Ajax*. Il les mit au feu, etc. » Frédéric n'avait rien lu et n'a rien dit de ces choses.
— D'autres fois, et perpétuellement, ce sont de simples gentillesses et des ragoûts de style par où La Beaumelle relève la matière. Frédéric invite Maupertuis à venir à Potsdam, où il lui fait préparer un appartement : « J'espère, lui fait dire La Beaumelle (p. 289), que dans huit jours tout sera fait et distribué de façon que je pourrai recevoir convenablement *mon ami* dans *ma gentilhommière*, et mettre *mon philosophe* à l'abri de toute incommodité. » Il n'y a ni *ma gentilhommière*, ni *mon ami*, ni *mon philosophe* dans la vraie lettre, amicale mais non coquette, de Frédéric : « Mais cela fera bien, » se dit toujours La Beaumelle.— Maupertuis a une grande douleur, il vient de perdre son père. Frédéric lui conseille les *eaux du Léthé*, ce bienfait du temps. « Fi donc ! dit La Beaumelle, ces eaux du Léthé sont un peu fades ; » et il ajoute en copiant (p. 312) : « Les eaux du Léthé, *c'est-à-dire de bonnes rasades de vin de Hongrie*, doivent endormir des chagrins, etc. » Ce vin de Hongrie, à cet endroit, est de son cru.

La Beaumelle a reproché quelque part à Voltaire une réponse que celui-ci aurait faite au père de lord Bolingbrocke :

« Lorsque le lord Saint-Jean, père du vicomte de Bolingbrocke, vous dit au sujet d'un fait tronqué et embelli de l'*Histoire de Charles XII* : « Convenez que les choses ne se passèrent pas ainsi; » vous lui répondîtes : « *Et vous*, milord (1), *convenez que cela est*

(1) Le père de lord Bolingbrocke n'était pas *lord* et on ne l'ap-

« *bien mieux comme je le rapporte.* » Milord sourit, vous regarda beaucoup et ne répliqua rien. »

Pour nous, si La Beaumelle nous faisait la même réponse au sujet de quelques-unes de ces lettres arrangées de Frédéric, nous ne souririons pas, et nous continuerions de nous récrier comme nous le faisons.

Il y a des fautes d'inadvertance, quelques bévues dans ces additions ; il y a des fautes de goût. Le style de Frédéric, avec ses incorrections et ses longueurs, est plus simple, plus digne et d'une langue plus saine. Toutefois il y a aussi, par endroits, bien de l'esprit dans l'altération, et les plus avisés, s'ils n'étaient prévenus, pourraient s'y laisser prendre, et dire à quelques passages : « Voyez comme ce Frédéric pense noblement, royalement ! » et la pensée admirée serait non de Frédéric, mais de La Beaumelle. Ainsi, lorsque Maupertuis perdit son père et fit à cette occasion un voyage à Saint-Malo, le roi lui écrivit plusieurs lettres dont l'une a fourni à La Beaumelle le motif d'une de ses meilleures amplifications. Frédéric écrivait :

« A Berlin, ce 25 de juillet 1746.

« Je crains que cette lettre ne vous trouve dans le grand accablement de la douleur ; je vous prie de vous souvenir de ce que je vous ai dit à Potsdam, et songez que votre père, qui est mort à l'âge de quatre-vingt-quatre ans, n'a jamais cru être immortel. Je vous prie d'arranger bien vite vos affaires, car vous me manquez beaucoup ici ; de plus, l'endroit

Et sous la plume de La Beaumelle, cette lettre devenait ce qu'on va lire :

« A Berlin, ce 28 juillet 1746.

« Je crains que cette lettre ne vous trouve dans le grand accablement de la douleur. *Je sais qu'en ce moment-là le plus éloquent consolateur n'est qu'un importun. Cependant* je vous prie de *songer* à ce que je vous ai dit à Potsdam. Votre père est mort à

pelait pas *milord* ; mais il ne faut jamais demander à La Beaumelle une parfaite exactitude.

qui vous rappelle sans cesse l'objet de votre tristesse, l'augmenterait, et le séjour de Berlin l'effacera. N'oubliez point, si vous le pouvez, d'amener quelqu'un d'aimable avec vous ; si vous pouviez trouver quatre bons acteurs, deux hommes et deux femmes, ce serait une acquisition fort utile pour notre théâtre, qui est, en vérité, dans la misère de bons sujets. J'ai mis les fers au feu pour placer Pérard ici à Berlin. Je pars demain pour la Silésie, d'où je serai de retour le 10 du mois prochain. Adieu, je souhaite de tout mon cœur que votre chagrin n'altère point votre santé et que vous nous rejoigniez bientôt.

« FÉDÉRIC. »

l'âge de quatre-vingt-quatre ans. *Vous l'avez vu rassasié de jours, il vous a vu couvert de gloire. Il me semble qu'il doit avoir quitté ce monde avec moins de regrets, et que cette idée doit entrer pour beaucoup dans ce corps de raisons consolatoires que votre philosophie doit vous fournir.* Je vous prie de *mettre promptement ordre* à vos affaires, car vous me manquez beaucoup ici. De plus, le *lieu* qui vous rappelle sans cesse l'objet de votre *affliction n'est pas propre à l'affaiblir*, et le séjour de Berlin l'effacera. *Il faut opposer à la douleur l'occupation et le plaisir. Vous trouverez ici l'un et l'autre.* N'oubliez pas, si vous le pouvez, d'amener quelqu'un d'aimable avec vous. Si vous pouviez trouver quatre bons acteurs, deux hommes et deux femmes, ce serait une acquisition fort utile pour notre théâtre, qui est, en vérité, dans *une grande indigence* de bons sujets. J'ai mis les fers au feu pour placer Pérard à Berlin. *Je connaissais son mérite, mais votre suffrage a bien augmenté mon estime.* Je pars demain pour *aller faire ma cour à ma charmante maîtresse,* la Silésie. Je serai de retour le 10 du mois prochain. Adieu, je souhaite de tout cœur que votre chagrin n'altère point votre santé et que vous nous rejoigniez bientôt. *Vous avez eu un bon père, c'est un bonheur que n'ont pas eu tous vos amis. C'est une raison pour pleurer, mais rien ne vous justifierait si vous vous laissiez abattre.*

« FÉDÉRIC. »

Allons! le rhéteur ici a fait merveille et s'est surpassé. Il y a même à la fin une pensée fort délicate : « *Vous avez eu un bon père, c'est un bonheur que n'ont pas eu tous vos amis.* » Ce retour, à peine indiqué, de Frédéric sur son père si cruel pour lui, cette allusion, s'il l'avait faite réellement, serait touchante; mais, dans le vrai, Frédéric était trop roi pour laisser voir à personne qu'il se plaignait de son père, et surtout pour l'écrire. Il faut donc renoncer à cette pensée comme à toutes les autres; elle n'est qu'un enjolivement.

Nous avons la clef du procédé : La Beaumelle ne considère les lettres du roi que comme un canevas sur lequel il brode ses variations. Il y a eu dans l'Antiquité tout un ordre de grammairiens et de rhéteurs qui ont fabriqué des lettres de rois et de grands hommes, et quelquefois c'était à s'y méprendre. On a assez entendu parler des fameuses *Lettres de Phalaris* que le chevalier Temple avait crues en effet authentiques et de l'ancien tyran d'Agrigente. Il a couru (et je crois qu'elles se sont conservées) de prétendues *Lettres de Thémistocle* censées écrites pendant son exil. Il n'est pas entièrement prouvé pour tout le monde que les *Lettres de Brutus et de Cicéron* ne soient pas d'un habile auteur de *pastiches*. On a bien fait de nos jours du Napoléon à s'y méprendre, au moins pendant quelques semaines. Eh bien! La Beaumelle a un peu de ce génie (un triste génie) de fabrication et de simulation. Il ne croit pas mal faire en s'y livrant, il croit faire mieux que son auteur; il le flatte, il lui rend service : comment ne l'en remercierait-on pas ? La Beaumelle, en arrangeant et sophistiquant au courant de la plume les textes qu'il édite, suit sa vocation comme le Menteur de Corneille, en ne disant pas un mot de vérité.

Mais qu'un de ses biographes, l'estimable M. Michel Nicolas ne vienne pas nous dire : « Ses ouvrages, même ceux de sa jeunesse, annoncent un observateur judicieux, souvent un penseur profond, *toujours un écrivain guidé par le seul amour de la vérité.* » Il est impossible, quand on arrange la vérité d'autrui de la sorte et qu'elle se fausse, pour ainsi dire, d'elle-même sous la plume, qu'on en ait grand souci dans aucun de ses propres ouvrages.

Ce ne sont point là des supercheries innocentes, et l'on ne saurait y voir de simples jeux de l'esprit. L'histoire est chose sacrée. Quoi! vous me transcrivez des lettres d'un homme historique, d'un grand roi, d'un héros, et vous y mêlez de vos tours et de vos pensées, sans me le dire! je crois étudier Frédéric, je me livre à le critiquer ou à l'approuver, je m'appuie au besoin de son autorité et de sa parole, et je suis dupe, je suis mystifié, je n'ai en main que du La Beaumelle, de la fausse monnaie à effigie de roi! et tout bas vous riez à l'avance de mon mécompte, du piége où je vais tomber. Et ce piége, voyez combien vous étiez imprudent et coupable de le tendre : vous y avez fait tomber tout le premier un homme de votre sang et de votre nom, l'historiographe estimable, qui, en publiant votre ouvrage posthume et ce que vous y aviez préparé de pièces à l'appui, a cru vous rendre service, venger votre mémoire, réhabiliter votre caractère ; et il n'aura aidé, bien involontairement et de la meilleure foi du monde, qu'à confirmer en définitive l'opinion sévère qu'on avait conçue de vous, et à prouver à tous que vous étiez incurable dans votre procédé d'homme d'esprit foncièrement léger et sans scrupule. De même qu'on dit un Varillas, pour exprimer d'un mot l'historien décrié à qui l'on ne peut se fier, de même on continuera plus que jamais de dire un La Beaumelle pour exprimer *l'éditeur infidèle* par excellence.

Je ne crains donc pas de répéter bien haut ce que je lis dans une note écrite par M. Feuillet de Conches, après collation exacte : La Correspondance *réelle* de Frédéric et de Maupertuis reste *tout entière* à publier.

Cette Correspondance, telle que je viens de la lire et de l'examiner à sa vraie source, me paraît une des branches les plus précieuses de la Correspondance du roi de Prusse, et de celles qui le font le mieux connaître dans l'intimité de sa nature. A l'instant de la grande querelle de 1753, on y voit Frédéric entre Maupertuis et Voltaire, les jugeant tous deux, mais, dans sa juste balance, n'hésitant pas et se prononçant du côté où il peut y avoir quelques travers et même des ridicules, mais où il reconnaissait de la probité. Ses conseils à ce pauvre Maupertuis, malade alors de la poitrine, plus malade encore de la Diatribe du *docteur Akakia*, sont pleins de bon sens pratique, de sagesse ; il voudrait le tranquilliser, l'amener à mépriser les attaques comme il les méprisait lui-même ; il le lui redit sur tous les tons :

« (8 mars 1753). Voltaire vous traite plus doucement que ne me traitent les gazetiers de Cologne et de Lubeck, et cependant je ne m'en embarrasse aucunement. Croyez-moi, mon cher Maupertuis, ne vous livrez pas à toute votre sensibilité ; les satires et les médisances sont comme l'ivraie qui croit dans tous les champs, il y en aura toujours dans le monde. Un satirique qui nous approche peut nous éclabousser, mais blesser, non. Adieu, portez-vous bien et guérissez-vous. Deux gouttes de sang que vous crachez sont plus dangereuses que tous les libelles que les méchants peuvent faire contre vous. »

Et encore dans une lettre du 15 septembre, en lui

répétant de ne point s'affecter, et en lui représentant que, lui roi, il n'est pas plus épargné qu'un autre par Voltaire :

> « C'est le sort des personnes publiques de servir de plastron à la calomnie ; c'est contre elles que la malignité des hommes exerce ses traits. J'ai voulu arrêter un cheval fougueux qui blessait tout le monde dans sa course, je ne suis pas étonné d'avoir essuyé en chemin quelques éclaboussures. Consolons-nous ensemble, mon cher président, et souvenez-vous de ce mot de Marc-Aurèle, qui devrait être gravé en lettres d'or sur la porte de tous les philosophes : « *C'est contre ceux qui t'offensent et contre les méchants que tu dois exercer ta clémence, et non pas contre les honnêtes gens qui ne t'outragent pas.* » Adieu, mon cher ; quand Marc-Aurèle a parlé, il me convient de me taire. Je fais mille vœux pour votre reconvalescence. »

Mais Frédéric en parlait à son aise : il avait pour lui sa gloire, ses actions, son monument de roi : Voltaire pouvait en salir un peu la base et en tacher quelques bas-reliefs, non l'ébranler. Maupertuis, au contraire, sentait bien en lui-même qu'il n'était pas un grand homme, qu'il n'avait point de monument qui subsisterait après lui, qui maintiendrait son renom auprès de la postérité, et il ne se consolait pas d'être si cruellement atteint dans cette considération viagère à laquelle il avait trop sacrifié les œuvres illustres et patientes, ce qui dure et ce qui se voit de loin dans l'avenir.

Lundi, 21 décembre 1857.

# L'ABBÉ DE MAROLLES

ou

## LE CURIEUX.

Il y a longtemps que la réputation de l'abbé de Marolles est faite, et, comme auteur, il ne vaut guère mieux que sa réputation; et cependant il mérite un souvenir. Il convient, pour être juste, de faire en lui plusieurs parts. Il a composé des traductions sans nombre; il a mis en français, en prose ou en vers, Lucain, Virgile, Ovide, et indistinctement tous les poëtes latins, le Nouveau Testament, etc.; en assemblant toutes les éditions et réimpressions qu'il en a faites, cela irait bien à 60 ou 70 volumes, dont plusieurs imprimés avec luxe. Tel est son bagage de traducteur. Comme amateur d'Estampes (et c'est ici qu'il brille dans toute sa gloire), il avait amassé, une première fois, de quoi former 264 portefeuilles, dont M. Colbert fit acquisition pour la Bibliothèque du roi en 1667; et une seconde fois de quoi former 237 volumes in-folio, qu'il se plut à augmenter jusqu'à son dernier jour. Par le choix, par la méthode et le complet de ces Collections, Marolles s'est placé au premier rang des amateurs et des curieux, et s'est acquis l'estime et la reconnaissance des artistes. On peut rire du bonhomme de traducteur tant que l'on voudra, il a rendu, à titre de *collectionneur* d'images (1), un service signalé dont la postérité profite et dont elle lui sait gré. Enfin, au nombre des ouvrages de toutes sortes qu'il laissait couler chaque année de sa plume facile, il eut la bonne idée, un jour, d'écrire ses Mémoires, et s'il les écrivit de ce style médiocre et, pour tout dire, un peu plat, qui était le sien, il y mit tout son naturel aussi, sa naïveté d'impressions, sa curiosité, la variété de ses goûts et de ses humeurs. La première partie du moins, qui contient la narration de sa vie jusqu'à l'âge de cinquante-cinq ans, est tout à fait intéressante; on est bien aise d'y trouver quantité d'anecdotes littéraires ou historiques qui ne sont point ailleurs. C'est un livre vrai. Si chaque homme sensé, et qui a senti ou qui a vu, laissait ainsi son petit livre à son image, la science morale en serait plus avancée. Le spirituel jésuite Tournemine disait que l'abbé de Marolles méritait qu'on lui pardonnât, en faveur de cet unique volume de Mémoires, l'ennui mortel qu'il avait causé au public, et l'impatience qu'il avait donnée aux savants, par ses rhapsodies indigestes durant l'espace de soixante ans; il lui appliquait, en riant, ce que Lucain, l'ampoulé flatteur, au commencement de sa *Pharsale*, a dit de Néron, que Rome ne l'avait pas payé trop cher, en définitive, au prix même de toutes les guerres civiles antérieures, s'il n'y avait pas d'autre moyen de l'obtenir : *Scelera ipsa... hac mercede placent.* Il n'y a pas de traductions, trahisons et crimes envers les Anciens qu'on ne passe de grand cœur au bon abbé,

---

(1) Je demande qu'on me passe ce mot de *collectionneur* qui m'est nécessaire et qui exprime la manie; *collecteur* ne dit pas assez.

s'il n'y avait pas d'autre chemin pour en venir à ses Mémoires.

Cet homme paisible, aux goûts tout littéraires, né pour le cabinet et pour la bibliothèque, ou pour une promenade modérée dans l'entretien de quelques amis, était sorti d'un des plus vaillants hommes de son temps, du brave Claude de Marolles, capitaine des Cent-Suisses de la garde du roi, célèbre par le combat singulier à la lance et la joute mortelle qu'il engagea devant les tranchées de Paris, le jour même de la mort de Henri III et le premier jour du règne de Henri IV, contre Marivaut, un des plus braves gentilshommes de l'armée du roi. Marolles était du côté de M. de Mayenne et de la Ligue. Le défi avait eu lieu la veille; la joute se fit dans la plus noble lice, en vue des deux armées et même des dames de Paris. Les deux champions, montés sur des coursiers de différentes couleurs, l'un en armure noire sur un cheval blanc, l'autre sur un cheval noir avec l'écharpe blanche, brisèrent l'un contre l'autre leurs lances du premier coup : Marolles, atteint en plein dans la cuirasse, résista; Marivaut, frappé à l'œil dans la grille de la visière, tomba roide mort. Ce père de Marolles, le plus beau gendarme qui se pût voir, s'étonnait, bien des années après, de mourir dans son lit; il en était presque humilié : « Comment, disait-il, ce n'est pas les armes à la main qu'il faut quitter la lumière! » Et quand ses médecins jugeaient à propos de le saigner, il lui fallait donner sa pertuisane qu'il avait au chevet de son lit, pour lui servir de bâton dans la faiblesse; il n'en voulait point d'autre (1). C'est de ce personnage chevale-

(1) Ou peut-être était-ce pour lui servir de point d'appui et d'ob-

resque que sortit le fils qui lui devait ressembler si peu. Il naquit en Touraine le 22 juillet 1600. Il n'était ni le premier ni le dernier de la famille ; il fut le quatrième de sept enfants. Ses frères se montraient aussi amateurs d'épées, de chevaux, de chiens et de chasse, que, lui, il était posé, enjoué, amateur de livres et de peintures, de musique, de contes et d'histoires du temps passé. Une maladie qu'il eut en bas âge lui avait causé un affaiblissement de l'œil gauche, duquel, sans que cela parût au dehors, il ne vit jamais qu'imparfaitement. Mais s'il n'eut qu'un œil pour voir, on peut dire qu'il s'en servit avec d'autant plus d'activité, toujours curieux et l'esprit à la fenêtre. Un médecin qui le soigna dans cette première maladie augura de la conformation de sa tête et de sa physionomie qu'il ne chasserait pas de race et qu'il était fait pour une vocation plus tranquille. On le destina à être d'église, et dès l'âge de neuf ans on obtint pour lui du roi un brevet d'abbaye, — d'une petite abbaye de l'ordre de Cîteaux, Baugerais près Loches. Il en eut les bulles de Rome l'année suivante (1610).

Le voilà donc à dix ans tonsuré et abbé, ayant en commande un monastère où il y avait six religieux prêtres, plus un prieur. Marolles, qui joindra plus tard (1627) à ce premier bénéfice l'abbaye de Villeloin, plus considérable, et qui en prit occasion de recevoir l'ordre de prêtrise moins par vocation que par convenance (les bulles y mettant cette condition), fut lié avec quelques-uns de messieurs de Port-Royal, fort sévères sur ce genre d'abus et de d'irrégularités ; mais, tout en se prévalant de leur amitié et en la leur rendant par de bonnes paroles et des

jet à manier pendant la saignée ; Marolles n'explique pas toujours nettement les choses.

témoignages publics d'intérêt, il ne fut touché en aucun temps de scrupules sur la manière dont il était entré dans les bénéfices et dans le sacerdoce ; il avait le christianisme assez large et coulant, et n'était rien moins que rigoriste, soit pour la doctrine, soit pour les mœurs : se contentant de vivre en honnête homme, comme on disait alors. Nous reparlerons de lui en tant qu'abbé.

Élevé par une mère indulgente et tendre, il apprenait tant bien que mal le latin au logis sous un précepteur ; il aimait surtout à lire d'anciens romans français et les autres livres qui se rencontraient alors dans une bibliothèque de campagne assez bien garnie. Il savait par cœur les aventures de l'*Odyssée*, et goûtait fort les *Amadis*. Parmi les Pères Chartreux du Liget qui étaient assez proches voisins, il y avait un Dom Marc Durant qui avait fait un poëme français sur Sainte Madeleine intitulé : *La Magdaliade*. Dans les visites que faisait à la Chartreuse le jeune enfant accompagné de son précepteur, il s'entretenait avec Dom Durant, qui était ravi de le voir prendre si bien à la poésie jusqu'à admirer son poëme ; de ces visites l'enfant rapportait toujours quelque image en taille-douce, dont il ornait les murailles de sa chambre à coucher. C'est ainsi que ses goûts divers se dessinaient déjà : littérature facile et belles images. Ç'a été l'enfant et l'homme le plus amusé qu'il y ait eu, que l'abbé de Marolles.

Doué d'une mémoire heureuse pour toutes les choses extérieures, il a retracé quelques tableaux d'enfance avec plus de vivacité, ce semble, qu'à lui n'appartient. J'ai eu précédemment (1) l'occasion de citer

---

(1) Dans un article sur l'*Histoire du Règne de Henri IV*, par

des pages de lui sur la félicité pastorale et champêtre dont on jouissait en Touraine durant les dernières années du règne de Henri IV, — toute une idylle. Ces pages sont assurément les meilleures qu'il ait écrites, et il ne faudrait pas juger par là du reste. Il n'a pas retrouvé deux fois les mêmes couleurs. C'est assez qu'il ait partout le ton simple, naturel, « et cet air de sincérité qui gagne la confiance. »

Après la mort de Henri IV, le jeune Marolles va avec sa mère à Tours, dont il fait une description agréable, qui doit être chère encore aujourd'hui aux Tourangeaux. Peu après il va, également en famille, à Paris; on n'est pas moins de huit jours à faire la route. Son père l'envoie d'abord au Collége de Clermont, tenu par les Jésuites; mais comme l'Université, en ce temps-là (1611), mit opposition à cet enseignement par les Jésuites, on dut faire passer presque aussitôt le nouvel écolier au Collége de La Marche; il y étudia assez mollement. Il prend soin d'énumérer tous les aimables condisciples qu'il retrouva ensuite dans le monde; il ne se loue d'aucun maître en particulier. Ce qui manqua, en effet, à Marolles doué d'une grande facilité et de dispositions vagues pour les Lettres, ce fut précisément un maître digne de ce nom, qui lui transmît quelque chose des fortes habitudes et de la méthode du seizième siècle, et lui apprît à étudier les Anciens avec précision, ou qui du moins l'avertît des dangers du trop de sans-gêne avec eux. Marolles ne se douta jamais de la difficulté de ce qu'il entreprit plus tard sur les classiques. Petit écolier poli, petit monsieur déjà mondain, ayant besoin, pour s'affectionner aux choses,

M. Poirson, inséré dans le *Moniteur* du 16 février 1857 (*Causeries du Lundi*, tome XIII).

qu'on lui parlât civilement, il ne rencontra guère que des pédagogues qui le rebutèrent, et il s'habitua à confondre le pédantisme et la discipline. En ces années, il nous tient très au courant de ses sorties et de tout ce qu'il y voit : carrousels, festins, comédies, ballets ; il a, au plus haut degré, la mémoire des yeux. C'est le raisonnement et la logique qui est en lui le côté faible. Il est frappé avant tout de ce qui est singulier, et l'un des souvenirs les plus mémorables qu'il ait gardés du collége est celui du professeur de philosophie Crassot, à la chevelure et à la barbe incultes, vêtu comme un cynique : « Il avait, ajoute Marolles, une chose bien particulière et que je n'ai vue qu'en lui seul, qui était de plier et de redresser ses oreilles quand il voulait, sans y toucher. » De tout temps Marolles aimera à niaiser, à enregistrer tout ce qui s'offre, tout ce qui passe à sa portée, raretés ou balivernes, le philosophe Crassot ou la chanteuse des rues *Margot la Musette*, — le baptême des six Topinamboux, ou une réception des chevaliers du Saint-Esprit.

Au sortir du collége, il s'appliqua avec une certaine ardeur à l'étude, même à celle de la théologie, mais surtout il rechercha la connaissance des beaux esprits et *grands hommes* du temps, et dans la rue Saint-Étienne-des-Grès, où il logeait alors, il forma, en société de quelques amis honnêtes gens, une petite Académie où chacun s'exerçait, se produisait, et où probablement on se louait aussi ; la louange fut très-chère de bonne heure à Marolles, et il ne la marchandait pas aux autres, ne leur demandant qu'un peu de retour. Colletet père, Marcassus, un de Molières qui n'est pas le grand Molière, et bien d'autres, étaient de cette société académique, qui naissait d'avance un peu surannée. Marolles, content de lui dès le premier jour, ne se perfectionna jamais. C'est pour payer son écot dans ces réunions littéraires, qu'il commit sa première traduction, celle de Lucain, son premier crime, qui devait être suivi de tant d'autres.

Cependant le capitaine Marolles avait quitté sa compagnie des Cent-Suisses et était passé au service de la maison de Nevers, en qualité de gouverneur du jeune duc de Rethelois. L'abbé de Marolles se vit donc naturellement introduit à l'Hôtel de Nevers, et il y fut très-favorablement accueilli de l'aînée des filles, la princesse Marie de Gonzague, la future reine de Pologne, « qui se pouvait dès lors appeler la gloire des princesses de son âge par la beauté de sa personne et par les excellentes qualités de son esprit. » La princesse Marie était loin pourtant d'avoir l'esprit de sa sœur cadette Anne de Gonzague, mais elle en avait bien assez pour éblouir Marolles; elle avait surtout de la grâce, de l'indulgence, et un charme qui opéra sensiblement sur cet excellent et galant homme plus encore peut-être qu'il ne l'a dit et qu'il ne se l'est avoué à lui-même. Elle disposa souverainement de lui durant des années. Il était de sa Cour et de sa suite. Il l'accompagnait dans ses voyages. Je ne sais s'il était capable de se former un idéal à la Béatrix et j'en doute, mais s'il a eu un éclair de cet idéal, c'est à la princesse Marie qu'il l'a dû. Il s'occupa de lui achever son éducation et, pour cela, de mêler l'utile et l'agréable, dans les soirées qu'il passait en tiers avec elle et avec sa gouvernante. C'est pour elle qu'il commença de traduire quelques comédies de Plaute, quelques tragédies de Sénèque, telles que la *Médée*, l'*Hercule furieux*. Dans un voyage de trois mois qu'il fit en sa compagnie, il traduisit l'Office de la Semaine sainte, « pour l'amour de mademoiselle de Nevers, dit-il, à qui sa piété en avait suggéré le désir. » Dans un autre voyage et séjour à Forges, bien des années après, on le voit conversant de toutes sortes de sujets, et notamment de l'astrologie judiciaire, dans la chambre de la princesse avec les doctes visiteurs qu'il y rencontre : « C'est ainsi, ajoute-t-il après le résumé d'un de ces entretiens où il a brillé, que nous agitions tous les jours quelque belle question pour le divertissement de celle qui nous ordonnait de parler, et qui se plaisait en cette sorte d'entretiens. » Pendant vingt ans et plus (1623-1645) l'abbé de Marolles fut ainsi l'homme de Lettres familier, le latiniste ordinaire, une façon de bibliothécaire de la princesse Marie; sa curiosité y trouvait son compte. Il voyait le monde, les ballets, cérémonies, entrées solennelles, à une très-bonne place et d'une fenêtre très-commode. Il regardait aussi le dedans. Il s'offrit, un jour, pour travailler à dresser un inventaire général de tous les titres de la maison de Nevers, comptant par là faire sa cour à la princesse Marie, et aussi découvrir toutes sortes de belles choses ignorées : « Je m'appliquai à cet ouvrage quatre ou cinq mois durant avec tant d'assiduité que j'en vins à bout, ayant sans mentir dicté les extraits et marqué de ma main plus de dix-neuf mille titres rédigés en six gros volumes, avec les Tables d'une invention toute nouvelle : ce que j'aurais de la peine à croire d'un autre si je n'en avais moi-même fait l'expérience et si je ne voyais encore entre mes mains les marques d'un labeur si prodigieux, *pour la seule satisfaction de ma curiosité*, quoiqu'il a bien pu servir à des choses **plus importantes**. »

C'est à Nevers qu'il était allé faire ce rude et, pour lui, délicieux travail : il y avait fait venir quelques personnes de son choix pour l'aider, entre autres le prieur d'une de ses abbayes. Au retour de cette glorieuse campagne, la princesse Marie lui donna un logement à l'Hôtel de Nevers et lui sut gré de sa peine : elle eut un de ses plus charmants sourires. Mais Marolles n'était pas encore satisfait; en matière de catalogue, il était ambitieux comme César et comme tous les vrais collectionneurs, ces insatiables conquérants, qui n'aspirent qu'à se compléter : rien ne lui semblait fait tant qu'il restait quelque chose à faire. Il y avait encore, disait-il, à voir les titres du Grand Cabinet, ceux du Trésor de l'Hôtel de Nevers, et enfin une Table générale devenait indispensable pour ces derniers inventaires; on lui demanda ce nouvel effort, et il s'y mit : « L'affection que j'ai toujours eue pour cette princesse ne m'a rien fait trouver de difficile ni d'ennuyeux, où il s'agissait de son service, *et puis j'étais bien aise d'avancer toujours dans ma curiosité*, pour y faire de nouvelles conquêtes quand l'occasion s'en offrait. »

Depuis qu'il eut son logement en ce lieu d'honneur et d'étude, il semble qu'il ne lui manquait plus rien. Il a fait de ce que nous appellerions le salon de la princesse Marie une description qui respire la félicité suprême; il était parvenu au comble de ses vœux :

« Comme je logeais dans l'Hôtel de Nevers, je ne me mettais pas en peine d'aller bien loin pour faire ma cour et pour voir le grand monde, si j'en eusse eu la curiosité, parce qu'il nous venait chercher de tous côtés; et après la conversation qui se trouvait dans le cabinet de madame la princesse Marie, il n'y avait plus rien à désirer en ce genre-là. Toutes choses y étaient si honnêtes et si agréables qu'il eût fallu être tout à fait de mauvaise humeur, pour ne s'y plaire pas. La belle raillerie s'y mêlait avec le doux et le sérieux ; et la médisance et toute autre sorte de licence en étaient bannis. Quelquefois le jeu y était admis, mais il avait ses limites ; et la lecture des bons livres y trouvait son temps, aussi bien que la piété solide, aux heures qui lui sont principalement dédiées. »

C'était le beau temps de Marolles : il n'était pas décrié comme il le fut plus tard quand il se mit à publier coup sur coup ses incessantes traductions. Il n'avait donné que son Lucain, une suite de l'Histoire romaine de Coeffeteau, tirée d'Aurelius Victor et autres, quelques versions de l'Office de la Semaine sainte, des Heures canoniales, des Épîtres et Évangiles. Ce n'était qu'un abbé de qualité, amateur de science et de lecture, habile aux généalogies, et sur le meilleur pied à l'Hôtel de Nevers. Dans ce cercle indulgent et aussi peu éclairé que possible, il était même une manière d'oracle. Il avait des commencements d'abbé philosophe. On a souvent cité de lui un mot qui ressemble presque à une saillie. Dans un voyage avec la princesse, en passant à Amiens, comme on présentait parmi les reliques le chef de Saint Jean-Baptiste à baiser, il s'en approcha après elle et, sur son invitation, fit de même, tout en disant à demi-voix de cette tête du Saint : « C'est la cinq ou sixième que j'ai l'honneur de baiser. » Il raconte avec complaisance en ses Mémoires ce propos dont il est tout fier. Un autre jour, comme on débitait la prodigieuse nouvelle qu'un impie ayant tiré un coup de pistolet sur une enseigne de la Vierge au pont Notre-Dame, l'image s'était mise aussitôt à saigner, la princesse Marie, « dont le naturel doux avait toujours été facile à croire aux miracles, » pria Marolles d'aller sur les lieux s'informer de la vérité du fait, dont quantité de personnes étaient venues lui parler, se donnant pour témoins oculaires. Marolles, qui lui fait à l'avance toutes les objections, et qui établit qu'en telle matière « le peuple ne voit pas même ce qu'il regarde, » ne laisse pas d'y aller pour lui obéir, et il s'assure que tout est fabuleux, hors le coup de pistolet que quelqu'un avait lâché sans intention : « Toutefois, ajoute-t-il, on ne laissa pas d'en faire une Image en taille-douce, que j'ai eue entre les miennes. » Marolles n'a pas perdu sa peine. A chacun son faible. Que lui fait un miracle de plus ou de moins, pourvu qu'il en rapporte une image?

On aurait tort de se faire de la philosophie de Marolles une trop haute idée. Il parle une fois très-sensément contre l'astrologie judiciaire; il paraît avoir une conception assez juste et assez saine du système du monde; il démontre par des considérations physiques et naturelles la chimère qu'il y a à prétendre tirer des horoscopes sur la fortune des hommes; et l'instant d'après, parlant d'un voyage en mer que fait devant Dieppe la princesse Marie et d'un vent violent qui, se levant tout d'un coup, aurait pu la mettre en danger : « Cela me fit souvenir, dit-il, d'un songe que j'avais eu la nuit précédente pour un certain débordement d'eaux que je m'étais imaginé, comme il arrive assez souvent. » Il ne croyait pas à l'astrologie, et il a l'air de croire aux songes. Avec Marolles, il ne faut rien presser; il a les facultés visuelles, extérieures, superficielles, très-développées; mais à part les catalogues et les généalogies, rien ne s'enchaîne dans sa tête. C'est le contraire du penseur.

Depuis l'année 1627, c'est-à-dire depuis l'âge de vingt-sept ans, Marolles avait joint à sa première petite abbaye de Baugerais l'abbaye bien plus importante de Villeloin, dont le titre se rattache habituellement à son nom. Son père la lui avait obtenue du roi et du cardinal de Richelieu, en gagnant de vitesse les autres compétiteurs. A peine le précédent abbé avait-il rendu le dernier soupir, que Marolles, alors sur les lieux, en donna avis en toute hâte à son père, grâce à l'obligeance d'un maître de poste qui par un très-mauvais temps, à dix heures du soir, expédia un courrier qui devança tous les autres. Cette abbaye de Villeloin était une abbaye bénédictine, au diocèse de Tours, d'un revenu d'environ 6,000 livres : elle contenait onze religieux prêtres et trois novices, quatorze religieux en tout. Elle était, à l'époque où Marolles y fut nommé abbé, dans un grand désordre, plus grand qu'il ne l'a osé indiquer dans ses Mémoires imprimés. Un Mémoire écrit de sa main, et qui se trouve aux Manuscrits de la Bibliothèque Impériale [1], nous en apprend davantage. Cette pièce, adressée à l'archevêque de Tours, Victor Bouthillier, à la date d'octobre 1641, montre que Marolles avait mis du temps à songer à la réformation de l'abbaye dont il jouissait depuis quatorze ans. Ses fréquents voyages, ses longs séjours à Paris et ses assiduités à l'Hôtel de Nevers n'expliquent qu'en partie cette négligence. Il n'avait pourvu d'abord qu'au plus pressé et à ce qui lui avait paru le plus directement de sa convenance, aux soins des bâtiments, aux réparations, au logement de la belle bibliothèque pour laquelle il fit bâtir un local tout exprès, orné de portraits peints des plus doctes personnages. Se livrant avant tout à son goût favori, il avait inventorié les titres de ses abbayes, avait transcrit les plus considérables, et les avait rangés par ordre chronologique.

---

[1] **Sous le n° 7047.**

C'était un excellent *rangeur* et classificateur que Marolles. Quant à la correction des mœurs de ses religieux, il n'estimait pas apparemment que son titre d'abbé commandataire lui conférât autorité suffisante pour cela, et, au lieu d'entrer en lutte avec ses moines, il avait mieux aimé patienter; c'est à l'archevêque diocésain sous la juridiction duquel était placée l'abbaye, qu'il demanda enfin d'autoriser un rétablissement de règle devenu bien nécessaire. Les désordres qu'il signale et dénonce dans son Mémoire, et dont les moins répréhensibles étaient des parties de chasse ou de paume qu'on allait faire « à des quatre ou cinq lieues de là, » n'ont rien de nouveau, et l'histoire de l'abbaye de Villeloin était celle de bien des monastères dégénérés à la fin du seizième et au commencement du dix-septième siècle. Marolles, d'ailleurs, n'avait pas en lui la moindre étoffe d'un réformateur sérieux, tels qu'on en vit quelques-uns à cette époque. Le règlement qu'il présente à l'adoption de l'archevêque de Tours est plus extérieur qu'intérieur, plus économique que moral; il ne prétend que remettre le bon ordre administratif et la décence dans la Communauté, auprès de laquelle il est destiné à résider le plus habituellement : pas autre chose.

Marolles, à quelques moments, eut des velléités d'ambition plus haute, et il fut question pour lui de quitter son abbaye, peu de temps après l'avoir obtenue, et de *traiter* (c'est le terme qu'il emploie) soit pour l'archevêché d'Aix, soit pour l'évêché de Luçon. Tout en envisageant ces dignités ecclésiastiques d'une manière beaucoup trop mondaine, il eut pourtant le bon sens de reconnaître ses limites et de sentir qu'il n'avait rien de la capacité ni de la vocation épiscopale : « Car pour en dire la vérité, bien que je tinsse à honneur d'avoir été proposé pour un état si sublime, si est-ce que, ne m'en trouvant pas digne, je me contentais seulement d'avoir donné sujet d'en parler. » C'était déjà, en effet, beaucoup d'honneur pour lui qu'on eût songé, un moment, à en faire un évêque. Une conversation qu'il eut, en 1632, avec l'abbé de Saint-Cyran, ce chrétien austère, ne contribua pas peu à le remettre à la raison : sous air de l'exhorter à aller en avant dans la carrière ecclésiastique, M. de Saint-Cyran lui fit une telle description du péril où se jettent ceux qui recherchent une si haute élévation sans connaître les perfections et les grands devoirs que Dieu leur impose, qu'il le consterna et le guérit, comme on guérit un malade avec une douche froide : « Au lieu d'accroître mon souci pour cela, il aida merveilleusement à me faire perdre le peu de désir qui m'en pouvait rester, dont je lui aurai une éternelle obligation. » Marolles se contenta désormais d'être le plus paisible et le plus oiseusement occupé des abbés de France, dont il sera le doyen un jour.

Le mariage royal de la princesse Marie apporta un changement notable dans le genre de vie et dans les idées de Marolles. Cet événement, on peut le dire, fait époque dans son existence et la partage en deux moitiés : jusque-là, il avait été du monde, de la Cour, des belles sociétés, s'y accordant bien des distractions permises, et non sans une pointe légère d'ambition : à partir de là (1645), il fit une demi-retraite et s'adonna tout à l'étude, à ses traductions des auteurs, à sa collection d'images, deux passions rivales qu'il mena de front jusqu'au bout; il vécut beaucoup dans son cabinet, soit à son abbaye de

Villeloin, soit à Paris (quand il y était), dans son faubourg Saint-Germain, ayant quitté l'Hôtel de Nevers, mais logeant toujours près des Quatre-Nations. Il s'appliquait un conseil de Gassendi qui avait coutume de dire que, « dans le monde, la part des gens de Lettres était encore la meilleure, parce qu'ils n'avaient pas le loisir de s'ennuyer, ni même de se plaindre de tout ce qui afflige les autres jusqu'au fond de l'âme. » Marolles, en embrassant ce genre de vie, avait-il donc besoin d'être consolé de quelque chose? Parlant quelque part du jeu de tarots, que la princesse Marie aimait beaucoup, dont elle avait renouvelé et diversifié les règles (et elle avait même chargé Marolles de les rédiger et de les faire imprimer), le bon abbé remarque que c'est presque le seul jeu auquel il se soit plu, bien qu'il ne fût heureux ni à celui-là ni à aucun autre : « Mais depuis que l'exaltation de cette princesse, ajoute-t-il, m'a privé du bonheur de la voir, ni je n'ai plus aimé ce jeu, ni je ne me suis plus soucié de voir le grand monde, et je me suis contenté de mes livres et de recevoir quelques visites de peu de mes amis. »

A l'arrivée des ambassadeurs polonais envoyés pour demander la princesse en mariage, et dès leur première visite confidentielle à l'Hôtel de Nevers, ce fut Marolles qui les alla recevoir au bas du degré et leur fit en latin un compliment, auquel ils répondirent dans la même langue. A la seconde visite qui eut lieu en grande cérémonie, il fit encore l'introducteur et servit d'interprète.

Au moment de ces noces et de ce couronnement de la reine de Pologne, il n'eut rien pour lui; elle n'employa pas son crédit à lui procurer quelque charge ou emploi considérable (et il lui en fait un léger reproche), mais elle lui accorda avec une parfaite douceur et bienveillance tout ce qu'il demanda pour ses amis, et il obtint d'elle la permission qu'il réclamait comme une faveur, de faire graver son portrait par le burin de Mellan, satisfaisant ainsi à la fois sa double passion et de la personne et des images.

Quelques années après, lors du second mariage de la reine avec le nouveau roi frère de son premier mari, elle se ressouvint de son cher abbé de Marolles pour lui mander qu'elle se voulait faire peindre dans quelque tableau allégorique ou historique avec ses deux illustres époux. Marolles là-dessus, se mettant en frais d'invention et de mythologie, imagina une *Junon* entre deux *Jupiters,* dont l'un *céleste* sous la figure du roi Wladislas le mari défunt, l'autre *terrestre* sous la figure de Jean-Casimir l'époux régnant. Je fais grâce du détail et des devises. En fait de devises, il en proposa une, toutefois, fort galante et ingénieuse pour mettre au revers d'une médaille qu'on faisait frapper à Paris pour cette reine. C'était un vers tout entier, emprunté de l'élégie d'*Hylas* de Properce, avec un seul changement imperceptible du masculin au féminin, et qui, dans son application, montrait deux frères, deux enfants du Septentrion, épris du même charmant objet, comme jadis ces fils de Borée Zétès et Calaïs :

*Hanc* duo sectati fratres, Aquilonia proles.

Je ne veux ni offenser ni embellir la mémoire de Marolles, ni lui prêter un culte chevaleresque qu'il n'a pas. Aimer d'un haut amour platonique comme Dante et Michel-Ange n'appartient qu'à une âme forte; aimer comme Pétrarque sa Laure est d'une âme encore adorable et charmante. Marolles n'avait rien de ces distinctions originelles; mais il était auprès de la princesse Marie depuis l'âge de vingt-quatre ans; il la voyait assidûment, il aimait à la servir; il eut un *je ne sais quoi* pour elle : c'est ce qui m'a paru ressortir de ses Mémoires, et c'est tout ce que j'ai voulu dire.

Quoi qu'il en soit, âgé de quarante-cinq ans, il se retire et mène dorénavant une vie privée sans plus de partage. Il va travailler et noircir du papier comme un auteur qui n'aurait eu que ce métier pour vivre : il y aura de la manie dans son fait. C'est chez lui besoin d'occuper ses heures, besoin d'occuper les autres de soi, désir de servir le public, gloriole, vanité puérile ou sénile, comme on le voudra, qui ne fera que croître avec les années, qu'on a fort raillée en son temps, mais qui lui a fait faire du moins certaines choses utiles. Il n'a pas été ridicule en tout; il a été connaisseur en de certaines parties rares qui sont de plus en plus prisées. Tel qui se croyait alors bien supérieur à lui se trouve aujourd'hui de beaucoup son inférieur, au compte de la postérité. Marolles enfin, cet homme qui a fait tant de collections, a mérité qu'on en fît de lui à son tour. En sa qualité de Tourangeau, il a suscité ses fidèles dans quelques-uns de ses compatriotes. J'ai sous les yeux tout un prodigieux amas de ses écrits, et quelques-uns en volumes magnifiques, le tout recueilli avec un zèle d'amateur à la fois malicieux et pieux, par les soins de M. Taschereau, et sans ce secours unique, sans l'ensemble de notes manuscrites qui y sont jointes, je n'aurais pas eu le moyen, je l'avoue, de me faire une juste idée de Marolles, de l'*œuvre* de Marolles, si l'on peut employer le mot sans rire; je n'en aurais pu parler tout à fait pertinemment. Heureux ceux qui sont d'un pays, d'une province, qui en ont le cachet, qui en ont gardé l'accent, qui font partie de son caractère et de son histoire! ils ont chance d'y retrouver une famille, d'y obtenir une chapelle domestique après des siècles. Michel de Marolles est de ceux-là; il échappe à l'oubli, et bien lui prend de pouvoir dire avec le plaisant et incomparable héros de Rabelais : « Je suis né et ai été nourri jeune au jardin de France, c'est Touraine. » — La gloire! la gloire! laissons ce grand mot. Mais du moins quelqu'un le connaît, quelqu'un s'occupe de lui, quelqu'un sourit de lui; et, chose presque inouïe de son temps! si l'on rencontre un de ses livres errants sur le quai, il y a quelqu'un qui l'achète.

Lundi, 28 décembre 1857.

# L'ABBÉ DE MAROLLES

ou

# LE CURIEUX.

(SUITE ET FIN.)

Marolles débuta dans sa carrière littéraire active en corrigeant sa traduction de Lucain, qu'il avait publiée plus de vingt ans auparavant et dont il donna une seconde édition en 1647. Il entreprit tout aussitôt après la traduction de Virgile, et ce fut par une sorte de gageure. S'étant trouvé un jour chez le célèbre Coadjuteur de Paris, le futur cardinal de Retz, comme on vint à parler des traductions des poëtes et que ce prélat eut avancé qu'il ne croyait pas qu'on en pût faire une de Virgile, à la fois agréable et juste, Marolles répliqua qu'avant de déclarer la chose impossible il faudrait essayer, et il se mit à l'œuvre incontinent : il a bien soin de nous avertir dans sa préface qu'il n'y employa que *peu de mois*. Lorsqu'on a sous les yeux la magnifique édition in-folio de ce *Virgile* traduit, qui parut en 1649 entre les deux Frondes, avec figures, tables, remarques et commentaires, le portrait du traducteur en tête de la main de Mellan, on se prend à regretter que tant de dépense ait été en pure perte, et l'on voudrait se persuader que ce travail de Marolles et les autres travaux de lui qui succédèrent n'ont pas été inutiles à leur moment. Voltaire, dans sa liste des Écrivains français du siècle de Louis XIV, lui accorde du moins ce genre de mérite : « **Michel, abbé de Villeloin, composa soixante-neuf ouvrages, dont plusieurs étaient des traductions très-utiles dans leur temps.** » Un écrivain de ce temps-là même, Sorel, dans sa *Bibliothèque française*, semble mettre ce fait d'utilité hors de doute, lorsque dans une page laudative, et que Marolles n'eût pas écrite autrement si on la lui eût demandée, il disait :

« Entre tous les auteurs qui se sont occupés à traduire dans ce siècle-ci, on n'en saurait nommer un qui ait travaillé à plus d'ouvrages et avec une assiduité plus grande qu'a fait M. de Marolles, abbé de Villeloin. Il a témoigné sa piété et la force de son génie dans la traduction du *Nouveau Testament*, dans celle du *Bréviaire romain* et de quelques autres pièces saintes, dont il a fait sa principale occupation. Comme il est capable de tout ce qu'il veut entreprendre, il est extrêmement louable d'avoir employé quelques heures de son loisir à la traduction des anciens poëtes latins, qui contiennent tant de belles et rares choses où les curieux et les savants trouvent leur satisfaction. Il ne faut point prendre garde si tous ces anciens auteurs sont appelés profanes, et si quelques-uns ont quelques termes libres et impurs : *le soleil jette ses rayons sur la boue, de même que sur les choses précieuses, sans être endommagé;* cet astre apporte du changement aux substances qu'il éclaire, et le sage en fait de même de tout ce qui est soumis à ses ordres. M. de Marolles a traduit les poëtes romains en notre langue française, avec une naïve expression, rendant pensée pour pensée autant qu'il l'a pu faire pour ce qui est de ceux qui ont gardé étroitement les lois de la pudeur; et pour les autres il a touché si adroitement aux endroits périlleux qu'on peut dire qu'il les a purifiés. Il a traduit les œuvres de *Virgile*, de *Lucain*, de *Lucrèce*, d'*Horace*, de *Juvénal*, de *Perse*, de *Catulle*, de *Tibulle*, de *Properce*, de *Martial*, de *Plaute*, de *Térence*, de *Sénèque* le tragique, de *Stace*, avec les *Fastes d'Ovide*, et plusieurs autres livres du même poëte. La plupart de ces livres n'ayant jamais été traduits auparavant, on est fort obligé à un auteur qui a pris la peine de les mettre en notre langue. Cela est très-nécessaire pour la satisfaction de ceux qui ne savent pas la langue latine, et cela donne même du soulagement à ceux qui la savent, ne trouvant pas toujours les explications si prêtes. Au reste, tout cela est imprimé avec un soin très-exact et très-utile, le latin étant d'un côté et le français de l'autre, avec des chiffres et des tables qui en font connaître le rapport, et il y a de doctes remarques qui sont à la fin, de la composition du traducteur. Cependant tout ce travail s'est fait avec une telle diligence, qu'un ouvrage n'a pas été sitôt achevé qu'un autre a été commencé. On peut tenir pour une merveille qu'un seul auteur ait produit tant de choses. »

Ainsi parlait un ami et un camarade dans son style de *réclame* et de prospectus, comme nous dirions aujourd'hui. Même en rabattant beaucoup de ces pompeux éloges, on a peine à se figurer d'abord qu'ils portent tout à fait à faux; lorsqu'on jette un coup d'œil rapide sur les traductions en prose de Marolles, comme elles ne paraissent pas plus mauvaises absolument que d'autres de la même date, on se dit qu'elles ont pu être utiles en effet aux gens du monde, aux dames, et que Marolles a continué en cela de remplir sa fonction de latiniste de société. Tel à peu près, sous le Directoire et lors de la renaissance des études au sortir de la Révolution, l'abbé Coupé, dans ses *Soirées littéraires*, a donné quantité de traductions plus ou moins exactes, mais courantes et faciles, des meilleurs morceaux de l'Antiquité. Eh bien ! après y avoir un peu regardé, je crois qu'on se tromperait en raisonnant ainsi, et que le malencontreux traducteur Marolles n'a pas eu cette satisfaction de se sentir utile un seul jour, par la raison toute simple qu'il n'a jamais été lu, et que ses livres n'ont pu obtenir aucun crédit, aucun débit. C'était peut-être une injustice pour quelques-unes de ces versions qui pouvaient donner une certaine idée de l'auteur latin, en attendant mieux ; et, comme il le disait naïvement en une de ses Préfaces : « Si je n'ai pas rendu en cela un grand service au public, je crois facilement aussi que je ne lui ai pas fait beaucoup de mal. » Il écrivait ces paroles d'innocence dans la Préface de son *Tibulle*, en 1653, et s'y plaignait dès lors du peu de cas qu'on faisait de son travail, du malheur de n'avoir point pour amis « ceux qu'on tenait pour arbitres de la réputation des livres, » et du *silence barbare* qu'affectaient de garder au sujet de ses productions quelques personnes sur l'amitié desquelles il avait cru pouvoir compter. C'est son refrain perpétuel dans ses Préfaces qui, à mesure qu'il avance en âge, ne sont plus qu'une longue lamentation : « Il ne suffit pas toujours, disait-il, de faire un bel ouvrage pour *en* acquérir de la réputation à son auteur, il lui faut encore des amis affectionnés et puissants en crédit pour l'établir dans l'opinion du monde : le peuple n'est pas capable de lui-même d'en connaître le mérite. » Marolles s'estime ainsi victime du mauvais vouloir ou de l'indifférence, à son égard, des principaux oracles de l'opinion; il croit volontiers à la conspiration du silence. Si on le connaissait, on le goûterait, cette seule idée le console. Son amour-propre avait grand besoin d'être consolé. On a peine, en effet, à s'expliquer ce décri soudain et absolu qui pesa sur lui, sans appel, dès le premier jour; de plus indignes, assurément, ont eu moins de guignon. Son *Virgile* même, dans cette magnifique édition de 1649, si flatteuse à l'œil, et dans la Préface duquel il célébrait « les doctes discours *qui découlent comme des fleuves d'or de la bouche de M. l'Archevêque de Corinthe* » (Retz), et faisait des avances louangeuses à tous les grands auteurs du temps, ce *Virgile* n'eut pas meilleure chance. Il nous explique cela bien doucement quelques années après, à l'occasion de manuscrits considérables qu'il se voit obligé de retenir en portefeuille, « parce que, dit-il ingénument, les libraires qui regardent leur profit s'en sont un peu défiés pour le débit, ne l'ayant eu que fort médiocre pour mes autres ouvrages et *même pour ma traduction de* Virgile, *qui est la plus juste, la plus belle et la plus élégante de toutes celles que j'ai faites,* lesquelles néanmoins (1) vont fort lentement en comparaison de beaucoup d'autres qui se débitent en foule... »

Personne plus que lui ne donne de curieux détails sur son propre discrédit et sur sa baisse de plus en plus profonde. On voit par sa Préface d'Ammien Marcellin (1672) qu'on lui avait d'abord demandé cette traduction; puis une fois faite et achevée dès 1664, on n'en avait plus voulu. Après qu'elle eut dormi des années dans le tiroir, un libraire inespéré se décida enfin, par grâce et par raccroc, à la lui prendre. En tête de son *Histoire des Rois de France* (1678), il déclare avoir hésité quelque temps et délibéré s'il mettrait une Préface, « dans la crainte que j'ai eue, dit-il, d'avoir été cause en partie de ce qu'on les a blâmées par écrit et de vive voix, sans en excepter aucune. » Il suffisait que Marolles fît une chose pour qu'elle cessât bientôt d'être considérée. Le duc de Montausier, qui eut toujours des bontés pour lui, avait obtenu pour sa traduction d'Athénée le Privilége nécessaire, mais ce Privilége accordé et la traduction faite, pas un libraire ne s'en voulut charger : « Enfin, s'écrie Marolles qui se décide à l'imprimer à ses frais (1680), enfin, pour ne pas frustrer la grâce du Privi-

---

(1) Ce *néanmoins* n'est pas logique et ne le serait que s'il s'appliquait à la traduction de Virgile, mais il ne faut pas demander à Marolles l'exacte liaison des idées. Il brouille à tout instant les écheveaux.

lége obtenu par le généreux seigneur à qui cet ouvrage est dédié, j'ai osé entreprendre de faire cette édition *pour vingt-cinq exemplaires* seulement, laissant toutefois à l'imprimeur la liberté d'en prendre tel nombre qu'il voudra de copies pour lui, afin au moins que peu de personnes connaissent après moi que ce travail n'était peut-être pas si méchant qu'il dût demeurer éternellement enseveli dans les ténèbres de l'oubli. » Telles sont ses douleurs et humiliations, dont il ne ressent pas autant d'irritation qu'on le croirait : c'est un enfant qui se plaint, encore plus qu'un auteur piqué. Il nous raconte quelque temps après (dans sa Préface des *Histoires des anciens Comtes d'Anjou*, 1684), qu'un ami à qui il avait fait cadeau d'un de ces rares exemplaires de son *Athénée* ne put se résoudre à lui en faire compliment à cause des vers qu'il y avait entremêlés, et que ce même ami à qui il donna à lire quelques jours après sa version en vers du Prophète Daniel s'excusa de lui en dire un seul mot, prétextant que *sa vue était très-affaiblie*. Pour échapper à une lecture de Marolles, on en était réduit à simuler des infirmités. C'était une calamité nouvelle que chacun de ses cadeaux. L'avocat protestant Jean Rou, à qui Marolles envoya sa traduction en vers de l'*Apocalypse* (1677), ne savait comment se tirer de ce mauvais pas; l'étant allé voir quelques jours après, il se borna à un compliment succinct, et engagea aussitôt la conversation sur d'autres matières. Mais ce n'était pas le compte de Marolles qui, le voyant levé et prêt à partir, le ramena au fait et lui dit d'un air tout chagrin qu'il était surpris de son silence et qu'il aurait voulu connaître son sentiment sur ce dernier ouvrage. Rou se confondit alors en respects et en humilités, se déclarant un trop petit écolier pour prétendre juger des œuvres d'un tel maître. — « Oh! monsieur, à d'autres, s'écria Marolles qui ne put se retenir; je ne serai pas dupe de votre ingénieuse défaite; je vous entends sans doute beaucoup plus que vous ne voudriez, et je vois fort bien que ce que je vous ai envoyé ne vous a pas plu; c'est à moi à profiter de votre correction muette. » On ne savait pas encore bien mentir dans ce grand siècle. Pourquoi Marolles n'a-t-il pas vécu de nos jours? il aurait envoyé son livre à nos illustres, dont plus d'un lui eût répondu : « Je n'en ferais pas autant, mon cher, et vous n'avez rien écrit de mieux. »

Pauvre vieillard mortifié! il ne garde pas même rancune, et ses doléances pitoyables n'ont rien d'amer. Il n'en est pas moins heureux et amusé le reste du temps. S'il regrette que le public « ou ceux qui le gouvernent sous une autorité suprême, » les grands critiques d'alors, ne traitent pas plus favorablement ce qu'il n'a cessé de leur offrir, il se dit qu'il y a des destinées contre lesquelles on ne se défend pas : « Tant il est aisé de voir, conclut-il avec un accent de componction, que, par une certaine fatalité inviolable, les uns sont choisis et les autres sont délaissés! ce qui est même un secret de la Providence, dans laquelle nul de nous ne saurait pénétrer. » Et il en appelle, tout en s'humiliant, à cette justice tardive et à cette immortalité qui s'assied sur la tombe : *Cineri gloria sera venit.* C'est à croire que le bonhomme nous prévoyait de si loin, nous et ses autres réhabilitateurs, s'il en vient. On serait tenté de lui dire comme à un pauvre : « Je voudrais faire plus pour vous. » Mais, en conscience, on ne le peut.

Je n'ai pas assez indiqué que, dans le cours de son déclin, il lui était survenu une grave complication, et qu'il avait été pris d'une métromanie subite et intarissable vers l'âge de soixante-cinq ans. Il s'était borné jusque-là à traduire en prose les poëtes, lorsque tout à coup la tarentule le piqua, et il se remit, en tout ou partie, à traduire en vers (et quels vers!) les mêmes poëtes qu'il avait déjà exécutés sous une forme plus simple, Lucrèce, Stace, Lucain, etc. On ne saurait se figurer ce que sont les vers de Marolles, « ces fruits tardifs d'une muse naissante dans un âge avancé; » car c'est ainsi qu'il les appelle, et il les aime et les chérit par-dessus tout, en cette qualité de derniers nés. J'en veux citer deux seulement, qui serviront d'échantillon. On connaît la jolie idylle d'Ausone, *les Roses* : le poëte se promène un matin de printemps dans un jardin, et il y voit les roses briller humides de rosée, les unes s'entr'ouvrir, les autres se déployer et s'épanouir, d'autres enfin pâlir et s'effeuiller déjà au moment où il parle :

> Ecce et defluxit rutili coma punica floris
> Dum loquor, et tellus tecta rubore micat.

Ce que Marolles traduit en ces termes :

> Au moment que j'en parle, on voit que sa perruque  (*la perruque de la rose*)
> Tombe en s'élargissant, qu'elle devient caduque.

Cela s'imprimait en 1675 sous le règne de l'*Art poétique* de Boileau. Quand on en est là, on n'a plus qu'un pas à faire pour être logé aux Petites-Maisons. Marolles, appliquant à toute espèce de sujets le nouveau talent qu'il s'était découvert, lâcha donc les rimes par milliers, et de plus il en savait exactement le chiffre : il calculait que, d'une part, l'ensemble de ses traductions en vers des poëtes profanes (sans parler d'une Géographie sacrée, d'une Description de Paris, etc., etc.) formait un total de 133,124 vers, et que, d'autre part, ses traductions poétiques des Livres sacrés, des grands et des petits Prophètes, etc., etc., allaient à plus de 40,000 vers : « Si quelqu'un *sans besoin* (c'est-à-dire apparemment, sans y être forcé) en peut mettre autant en ligne de compte, je serais bien trompé, » ajoutait-il; et il nous assure qu'il s'y est agréablement diverti. Mais cela ne divertissait pas les autres, et l'on conçoit maintenant qu'à la tête d'une telle multitude de vers, Marolles ait mis en fuite son monde. L'honnête personnage se doutait bien que depuis qu'il s'était fait poëte, il s'était passé quelque chose de nouveau, et il sentait que le vide avait redoublé autour de lui. Il trouve des expressions significatives pour rendre l'espèce de répulsion et de frayeur qu'il avait produite : « Un silence profond de ceux qui étaient auparavant mes amis dans les Lettres, et qui m'ont abandonné depuis, comme si je les avais offensés de leur avoir donné de mes livres, m'a fait assez apercevoir du sentiment public sur ce sujet (1). »

(1) Dans le *Discours pour servir de Préface sur les OEuvres d'Ovide*, etc., etc., in-4°, imprimé à la suite de la traduction des *Tristes* et des *Pontiques*, 1678 (1679). — Marolles vérifie, à la lettre, ce qu'Horace a dit, à la fin de son *Art poétique*, et que des critiques, gens de goût, ont trouvé un peu exagéré :

> Ut mala quem scabies, aut morbus regius urget,
> Aut fanaticus error et iracunda Diana,
> Vesanum tetigisse timent fugiuntque poetam
> Qui sapiunt. . . . . . . . . . .

Il en est le vivant commentaire, avec cette seule différence qu'il n'est pas un fou furieux qui *poursuit de ses vers les passants dans la rue*, mais un fou débile, atteint d'une des variétés du *delirium senile*, opiniâtre de politesse, qui désole et afflige les gens de ses envois et cadeaux à domicile.

Je ne sais si l'on trouverait un autre exemple, un autre cas aussi caractérisé de discrédit que celui de Marolles ; c'est un phénomène à étudier dans son genre. Il s'y mêle du burlesque et du folâtre à cause de la naïveté des aveux. Marolles est un des comiques, sans le vouloir, de notre littérature. Il a beau se plaindre et gémir, regardez ses portraits, toujours un sourire de satisfaction flotte et surnage et repousse tout soupçon d'amertume : cet homme, quoi qu'il fasse et quoi qu'on fasse, est content de lui, il a bonne opinion de lui, et il augure bien du succès définitif de ses vers, et par une très-bonne raison qu'il va nous dire : « Parce que je les aime, et que je suis persuadé de n'avoir jamais rien fait de mieux. »

Marolles eut pour adversaire en son temps, et pour juge inexorable un homme auquel il fait allusion fréquemment comme étant alors l'arbitre des réputations et le dispensateur suprême des louanges, Chapelain, si déchu et si rabaissé aujourd'hui. Chapelain était fort savant, d'une science solide, et il se montra judicieux, bien qu'avec pesanteur, tant qu'il n'eut affaire qu'à des auteurs et à des ouvrages qui se rapportaient aux habitudes de toute sa vie et qui dépendaient de l'école littéraire où avait été nourrie sa jeunesse. Ayant à faire la part de Marolles dans le Mémoire sur les gens de Lettres dressé en 1662 par ordre de M. Colbert, il le définissait très-bien en peu de mots :

« C'est un écrivain rapide, dont le style est ce qu'il a de moins mauvais : il n'est pas sans savoir, mais il est sans aucun jugement, traduit mal, ne fait rien raisonnablement que les généalogies. »

Ce n'est là qu'une note officielle et mesurée : pour avoir le fond du cœur de Chapelain sur Marolles, il faut lire ses lettres. Chaque fois qu'il y est question de lui, elles sont animées de passion, de mépris, de colère : Chapelain y a même ce qu'on appelle de l'esprit. On y trouve l'explication en grande partie et la clef de la destinée de Marolles; car l'autorité de Chapelain, avant l'avénement de Racine et de Boileau, faisait loi, et Marolles avait eu la maladresse d'offenser mortellement ce lourd régent du goût public, sans être en mesure de soutenir la lutte. Chapelain donc, écrivant au docte Nicolas Heinsius, « secrétaire latin de Messieurs des États à la Haye, » portait ce jugement péremptoire qui embrassait et sapait l'entreprise du fécond traducteur dans les douze premières années, qui sont encore les moins mauvaises de toutes (2 janvier 1659) :

« Cette traduction française de Stace par l'abbé de Marolles est un de ces maux dont notre langue est affligée. Ce personnage a fait vœu de traduire tous les vers latins anciens, et a presque déjà accompli son vœu, n'ayant pardonné ni à *Plaute*, ni à *Lucrèce*, ni à *Catulle*, *Tibulle*, *Properce*, ni à *Horace*, ni à *Virgile*, ni à *Lucain*, ni à *Perse*, ni à *Juvénal*, ni à *Martial*, ni à *Stace* même, comme vous avez vu. Votre Ovide s'en est défendu avec Sénèque le Tragique, Térence, Valerius Flaccus, Silius Italicus, et Claudian; mais je ne les en tiens pas pour sauvés, et toute la grâce qu'ils en peuvent prétendre, c'est celle du Cyclope d'Ulysse, c'est d'être assassinés des derniers. C'est le compagnon de Ménardière et le chef de la conspiration contre *la Pucelle*. Dieu nous garde de plus mauvais garçons et d'ennemis plus redoutables ! Je ne m'en suis vengé que par le mépris, suivant votre conseil salutaire... »

Ces dernières paroles nous expliquent la vivacité qu'y mettait Chapelain : il y avait guerre entre eux. Ils avaient d'abord été en bons termes ; mais Marolles, lui ayant demandé des avis sur sa traduction de Virgile, s'était choqué de ceux qu'il avait reçus, et, comme il ne pouvait se retenir sur tout ce qu'il avait dans l'esprit et que sa tête *fuyait* en quelque sorte, il s'était mis à harceler Chapelain de sa plume à la rencontre, à lui chercher noise sur une ancienne traduction de *Guzman d'Alfarache* que celui-ci avait faite dans sa jeunesse, et depuis il était entré (chose plus grave) dans la conspiration de La Ménardière et de Linières contre *la Pucelle,* jusqu'à être « le promoteur du libelle du premier et son correcteur d'imprimerie. » Il n'en fallait pas tant pour donner droit à Chapelain, si compétent en matière de latinité, de remettre Marolles à sa place et de l'écraser. Il ne s'y épargna en aucune occasion. Ainsi écrivant à M. Mosant de Brieux à Caen sur le sens d'un vers de Lucrèce (24 janvier 1660) :

« Je n'ai pas le loisir d'examiner les explications que lui donnent Érasme, Turnèbe et Lambin, et ainsi je n'en puis parler... Mais pour celle de l'abbé de Marolles, sans examen on la peut rejeter, tant ce traducteur est antipode du bon sens, et tant il s'éloigne partout de l'intelligence des auteurs qui ont le malheur de passer par ses mains ! Gardez-vous bien, monsieur, de vous commettre avec cet homme en cette qualité ; vous vous feriez tort en lui faisant honneur. Il n'a jamais pensé qu'il y eût difficulté à rien. Il croit entendre ce qui arrête les plus habiles. Il se contente de tout ce qui se présente à son imagination, quelque absurde qu'il puisse être, et se complaît dans les chimères qu'il s'est formées comme dans les sentiments les plus réguliers. Enfin, si vous ne contestiez sur ce vers (1) qu'avec lui, ce serait ne le contester avec personne. Il suffirait de dire que ce serait son avis, pour dire que ce serait le mauvais, et ceci sans hyperbole. »

Et encore dans une lettre à Huet, du 18 février 1662 (car Chapelain, en leur présentant Marolles, fait le tour de tous ses amis) :

« Jamais homme n'envisagea moins la vérité, n'entendit moins les auteurs, pour peu qu'ils soient difficiles, ne crut moins impor-

(1) Il s'agissait du vers 1167 du liv. IV de Lucrèce, dans le passage célèbre que Molière a imité acte II, scène 5, du *Misanthrope.*

tant de les rendre fidèlement, ni ne distingua moins les termes pour les employer..., et, ce qu'il y a de pis, jamais homme ne conçut moins la matière qu'il manie, n'eut moins de teinture des préceptes de l'éloquence et de la poésie, ni ne sut moins les principes de la philosophie. Avec tout cela aucun n'eut jamais plus cette démangeaison, ce *scribendi cacoethes* du Satirique (1), et ne pensa s'honorer davantage en se déshonorant. Tenez à bonheur de n'être pas à son goût, c'est pour vous le meilleur signe du monde (2)... »

En est-ce assez pour ruiner et anéantir la page de Sorel, lequel, comme critique, n'a jamais compté? Les éloges de Marolles, qu'on recueillerait dans les Lettres de Costar et qui ne sont que des politesses aigre-douces ou de simples prêtés-rendus, ne comptent pas davantage. Ceux même qui ne bougeaient de chez Marolles (c'est Chapelain encore qui nous l'apprend) le bernaient au sortir de là, et Furetière, l'un de ses familiers, était le premier à rimer contre lui des épigrammes (3). Au reste, en traitant si durement

(1) Juvénal, Satire VII, vers 52. — La manie d'écrivasser. — Daunou disait de Fortia d'Urban qu'il avait la *stampomanie*, la manie de se faire imprimer.

(2) Et dans une lettre du même Chapelain à Bernier, du 25 avril 1662 : « On dit que le comédien Molière, ami de Chapelle, a traduit la meilleure partie de Lucrèce, prose et vers, et que cela est fort bien. La version qu'en a fait (*sic*) l'abbé de Marolles est infâme et déshonore ce grand poëte... »

(3) Dans un écrit de Furetière, *Nouvelle allégorique, ou Histoire des derniers troubles arrivés au Royaume d'Éloquence* (1659), on lit : « Il y vint (à l'armée du Bon Sens) un illustre abbé de Marolles, qui poussa ses conquêtes jusques dans les terres de Tibulle, Catulle, Properce, Stace, Lucrèce, Plaute, Térence et Martial; terres auparavant inconnues à tous ceux de sa nation; cependant il les dompta, et les mit sous le joug de ses sévères versions, et il les traita avec telle exactitude et rigueur, que de tous les mots qu'il y trouva, il n'y eut ni petit ni grand qu'il ne fît passer au fil de sa plume, et qu'il n'obligeât à parler français et à lui demander la vie... » Ce jugement ne ferait guère d'honneur à la critique de Furetière qui était d'ailleurs un homme d'esprit, mais il est à croire qu'il ne parlait pas sérieusement quand il écrivait cela.

Marolles traducteur, Chapelain affectait de lui rendre justice à d'autres égards, et il employait le procédé que, plus tard, Boileau lui appliquera à lui-même :

Attaquer Chapelain !.., ah ! c'est un si bon homme...

« Pour le reste, disait Chapelain, il a de la naissance et aurait les mœurs commodes, si l'amour excessif de la louange ne le perdait et ne l'étranglait. — Ce serait un bonhomme, disait-il encore, s'il n'était point si cupide de gloire et si jaloux de tous ceux qui en ont acquis par leurs ouvrages, surtout en fait de traduction. » Dans tous ces passages, et dans d'autres que je supprime, Chapelain n'a pas manqué de bien saisir et de noter cette faculté (dirai-je heureuse?) qu'avait Marolles d'être seul de son bord et d'aller toujours, d'être *le maître et l'écolier de son école unique*, le *licencié* et le docteur de sa propre université, et de s'applaudir tout seul et souriant dans son théâtre vide : *Vacuo lœtus sessor plausorque theatro.*

On racontait mainte histoire plaisante sur Marolles. Un gentilhomme du Midi, Gaspard de Tende, avait publié en 1660, sous le nom de *Sieur de L'Estang*, un traité *de la Traduction*, où il donnait les règles pour apprendre à traduire le latin en français. Il avait pris ses exemples de bonnes traductions dans les ouvrages de D'Ablancourt et de messieurs de Port-Royal, et les exemples des mauvaises dans Marolles, qu'il avait d'ailleurs évité de nommer. Celui-ci avait été furieux et s'était plaint partout. Un jour de Pâques, à l'église, comme il allait se mettre à genoux pour communier, M. de Tende se présenta tout à coup devant lui en lui disant : « Monsieur, vous êtes en colère contre moi, et je crois que vous avez raison;

mais voici un temps de miséricorde, et je vous demande pardon. » — « De la manière dont vous le prenez, repartit Marolles, il n'y a pas moyen de vous refuser. Allez, monsieur, je vous pardonne. » Mais quelques jours après, rencontrant l'amnistié, il lui dit : « Monsieur, vous m'avez escroqué l'autre jour un pardon ; croyez-vous en être quitte ? » M. de Tende ne fut pas en reste, et lui rivant son clou : « Monsieur, ne faites pas tant le difficile ; quand on a besoin d'un pardon général, on peut bien en accorder un particulier. »

On a relevé une plaisante bévue de Marolles, qui a cité quelque part Politien *dans sa traduction du Moschus de Théocrite*, pour dire que Politien avait traduit *l'Amour fugitif* de Moschus. La Monnoye a cherché à expliquer comment un homme, après tout aussi instruit, avait pu commettre une telle balourdise, et comment il avait été conduit à prendre Moschus pour le titre d'une idylle dont *l'Amour fugitif* faisait partie. Il y a des étourderies qu'on perd sa peine à vouloir expliquer.

Dans le sacré, la réputation de Marolles n'était pas moins établie que dans le profane : Arnauld ne pensait guère de lui autrement que Chapelain. Dans la *Défense* qu'il présenta des versions françaises de l'Écriture sainte et des Offices (1688), le savant docteur rappelle que si l'on condamnait la traduction du Bréviaire romain de M. Le Tourneux, on n'avait jamais trouvé à redire à la traduction du même Bréviaire faite autrefois par Marolles ; mais la raison en était simple, c'est que le travail de celui-ci n'avait pas mérité qu'on s'y arrêtât : « Car il faut l'avouer à la honte de ce siècle, disait Arnauld, quand les livres ne sont pas assez bien faits pour exciter la jalousie de certaines gens, ils sont hors d'atteinte à la censure. » De ce côté aussi, avec plus de modération dans les termes, nous rencontrons le même fonds de mésestime.

Boileau n'a jamais nommé Marolles, et il n'y a rien d'étonnant : Marolles était au-dessous de la critique de Boileau. Qu'on se représente bien la situation vraie et le lieu de chaque personnage. Marolles était déjà enterré par Chapelain. Quand Chapelain eut été à son tour enterré par Boileau, on voit d'ici ce qu'il advint de celui que Chapelain avait sous ses pieds : il se trouva tombé plus bas d'un degré encore, descendu au fond d'un second puits. Il avait, comme disent les physiciens, deux ou trois atmosphères sur la tête. Le fait est qu'il y avait beau jour qu'on ne regardait pas plus à lui, écrivain, que s'il n'existait pas.

Cependant le traducteur, chez Marolles, nous a fait trop longtemps oublier le Curieux. Celui-ci, au rebours de l'autre, n'avait pas cessé de se perfectionner et de s'enrichir avec les années. Là, il était dans le sens vrai de sa vocation, de son instinct. Les deux Catalogues qu'il a dressés de son trésor de gravures, et, comme il dit, de sa *Bibliothèque imaginaire* (j'aimerais mieux *imagère*), le premier en 1666 pour la Collection acquise au roi par Colbert, le second en 1672 pour une nouvelle Collection qu'il s'était formée depuis, mériteraient d'être appréciés par de plus connaisseurs que moi (1). Je ne puis qu'admirer la patience, le soin, l'*industrie*, le bel ordre qu'il a mis dans le rassemblement et la distribution de ces pièces innombrables

(1) M. le comte L. Clément de Ris a, depuis, traité de Marolles spécialement considéré à titre d'Amateur et de Collecteur d'estampes (Voir *le Moniteur* du 7 août 1860).

dont il discernait et goûtait les grandes et maîtresses parties, et dont il sentait aussi l'utilité continuelle pour l'éclaircissement de l'histoire. Avec une fortune modique, Marolles sut amasser deux fois des Recueils dignes des Cabinets royaux. Il y trouvait son bonheur et de quoi se consoler de toutes les mésaventures que lui valait son autre vocation malheureuse Mieux partagé que bien des hommes, il avait sa mauvaise et sa bonne folie. Ici ce n'était que satisfaction et récompense ; tous les jours des désirs, et plusieurs petits plaisirs. Il faut l'entendre parler de cette source de *curiosité aimable* : « J'ai parfaitement aimé ces choses-là, dit-il, et je les aime encore... Ceux qui ont été une fois touchés de cette sorte d'affection ne la sauraient presque abandonner, tant elle a de charmes par son admirable variété. » Il avait la mémoire présente de tout ce qu'il possédait en ce genre : on pouvait lui montrer une pièce quelconque ou antique ou moderne, il disait à l'instant s'il l'avait ou non parmi les siennes, et, dans ce dernier cas, il indiquait l'endroit juste où elle était classée : « Ce serait peut-être malaisé à croire d'un nombre aussi prodigieux que l'est celui des Estampes que j'ai assemblées, si je ne l'avais éprouvé plusieurs fois. Mais le discernement des noms, des sujets et des manières, avec un peu de mémoire locale, fait tout cela sans beaucoup de peine. » Un jour, l'avocat Jean Rou, dont on a récemment publié les Mémoires (1), lui

(1) *Mémoires inédits et Opuscules de Jean Rou*, avocat au Parlement de Paris, et depuis secrétaire-interprète des États généraux de Hollande, publiés par M. Francis Waddington (2 vol. 1857). C'est un des livres les plus remplis de particularités intéressantes sur le dix-septième siècle religieux et littéraire. L'éditeur, M. Waddington, a apporté à cette publication tous les soins et l'exactitude d'un érudit

procura une des plus vives jouissances qui puissent chatouiller l'amour-propre d'un collectionneur. Jean Rou avait pour aïeul maternel Jean Toutin, célèbre orfèvre-joaillier : celui-ci, étant allé à une de ses métairies pour une réparation, y vit deux scieurs de long à l'œuvre et, prenant plaisir à leur naturel d'attitude et de mouvement, il en fit un petit dessin qu'il s'amusa ensuite à graver à l'eau-forte. L'anecdote s'était conservée dans la famille, mais Jean Rou, qui la tenait de tradition, n'avait jamais eu occasion de voir la petite gravure très-vantée, dont très-peu d'épreuves avaient été tirées dans le temps. Causant donc un jour avec Marolles et dans son cabinet, il le mit sur son sujet favori, et, lui parlant de sa Collection que l'heureux possesseur prétendait aussi complète que possible, il éleva un doute, et, ayant excité l'étonnement du bonhomme, il en vint par degrés à lui conter l'histoire : « Je suis bien sûr, concluait-il, que vous n'avez pas cette estampe des *Scieux de long* (1). » — « Je suis bien vieux, lui répondit Marolles après un court moment de réflexion, et je ne puis guère bouger de mon fauteuil; mais soyez assez bon pour monter sur ce petit gradin et pour prendre là-haut sur cette tablette (la première ou la seconde) ce grand *in-folio* que voilà. » Jean Rou fit ce qu'il lui disait, et Marolles n'eut pas plutôt le volume entre les mains qu'il lui montra, à la troisième ou quatrième ouverture de feuillet, la petite estampe si mystérieuse et si désirée dont lui, le petit-fils de Toutin, avait toujours ouï parler sans la voir. — Si vous concevez

---

d'autrefois. L'article *Marolles*, qui fait partie du second volume (et n'oubliez pas d'y joindre l'Appendice) est tout à fait piquant et neuf.

(1) On prononçait *scieux* à la vieille mode.

chez un homme de quatre-vingts ans une plus vive et plus délicieuse satisfaction que celle que Marolles dut éprouver à ce moment, dites-le-moi.

Quelques commentateurs ont voulu voir Marolles dans l'Amateur d'estampes de La Bruyère, dans ce *Démocède* qui vous étale ses richesses et les plus mauvaises pièces, pourvu qu'elles soient rares, encore plus complaisamment que les bonnes : « J'ai une sensible affliction, lui fait dire La Bruyère, et qui m'obligera de renoncer aux Estampes pour le reste de mes jours. J'ai tout *Callot,* hormis une seule qui n'est pas, à la vérité, de ses bons ouvrages ; au contraire, c'est un des moindres, mais qui m'achèverait *Callot*. Je travaille depuis vingt ans à recouvrer cette estampe et je désespère enfin d'y réussir : cela est bien rude ! » — Fi donc ! je ne saurais reconnaître Marolles dans ce collectionneur chagrin. Marolles, sachons-le bien, était aussi heureux en estampes qu'il était malheureux en traductions. Marolles n'avait pas un regret ni une lacune dans ses Recueils ; il souriait et triomphait à chaque page ; il avait tout, ou du moins il était à la veille de tout avoir, et il se répétait tout le jour en feuilletant son trésor : « Cela est bien doux ! »

La vie, si longue qu'elle soit, est trop courte pour de telles natures. Le grand secret de ne pas s'ennuyer ni s'affliger en vieillissant est d'avoir des goûts à notre portée, et dont en même temps l'objet soit plus long que la vie. Un jour ce même Jean Rou, qui nous introduit si bien dans l'intimité du *grand homme,* comme il l'appelle rondement (on est toujours le grand homme de quelqu'un), Jean Rou passait à quatre heures du matin, au mois de mai, proche le quai des Quatre-Nations, devant la porte de Marolles (1) ; il voit son domestique déjà habillé, debout, droit comme un cierge sur le seuil, et qui l'invite à monter chez son maître, lequel est, assure-t-il, encore plus matineux que lui. Il se décide à monter et trouve Marolles sur pied, tiré à quatre épingles, avec un grand volume d'estampes ouvert devant lui. — « Eh quoi ! monsieur l'abbé, déjà à l'ouvrage de si grand matin ! » — « Je fais tout ce que je peux, lui répondit Marolles, pour allonger la vie et les jours, mais j'ai beau faire, ils me paraissent s'enfuir comme une ombre. Je me lève le plus matin qu'il m'est possible, et me couche le plus tard que je puis ; cependant la journée me semble trop courte, et plus je m'occupe, plus le temps semble fuir comme un trait d'arbalète ou un vol d'oiseau. » N'est-ce pas ainsi que le vieux Venceslas disait de ses insomnies volontaires :

Ce que j'ôte à mes nuits, je l'ajoute à mes jours.

Et Mercier, l'auteur du *Tableau de Paris,* dans je ne sais quelle Épître de sa vieillesse, a trouvé ce vers qu'il adressait à la nature ou à la Providence :

Laisse-moi vivre au moins par curiosité !

Ainsi Marolles ne demandait à Dieu que le temps de compléter sa Collection et ses catalogues, mais il savait bien qu'une Collection ne se complète jamais.

Une note de lui nous apprend que dans ses dernières années il avait donné volontairement sa démission de ses deux abbayes. Il mourut à Paris le 6 mars

(1) L'endroit précis de la demeure de Marolles était *sur le fossé de la porte de Nesle*, vis-à-vis les salles du Collége des Quatre-Nations.

1681, à l'âge de quatre-vingt-un ans; il fut inhumé, en personnage illustre, dans l'église de Saint-Sulpice, avec une belle épitaphe très en vue, et un médaillon en marbre blanc contenant son portrait et surmonté d'un Génie pleurant qui tient son flambeau renversé. L'abbé de La Chambre, son intime ami et son exécuteur testamentaire, lui procura ces derniers honneurs.

Il ne me reste plus qu'un mot à dire de Marolles, et ce mot m'embarrasse un peu. Il s'agit de propos de quartier que Jean Rou, en bon voisin, n'a pas manqué d'enregistrer avec un malin plaisir évident, qui se rattache à la différence des communions et à la question du célibat ecclésiastique. Selon cette chronique dont il se porte garant, les deux personnes qui passaient pour être filles de l'intendant et fidèle domestique de Marolles auraient tenu de plus près à ce dernier; les gens soi-disant bien informés prétendaient qu'il était le vrai père. On ne sait comment réfuter ou même discuter de telles assertions. J'y opposerai seulement une certaine page des Mémoires de Marolles où il se représente, sans y être obligé, comme singulièrement attaché à la pudeur, et n'ayant jamais manqué en rien d'essentiel aux devoirs de sa condition, et aussi cette autre page où, déplorant en 1650 la mort d'une petite fille née en son logis et sœur des deux autres personnes dont parle Jean Rou, il la regrette en des termes si touchants, si expressifs et si publics, que véritablement il ne semble pas soupçonner qu'on puisse attribuer sa douleur à un sentiment plus personnel: « Cela fait bien voir, dit-il simplement, ce que peut quelquefois la tendresse de l'innocence sur le cœur d'un philosophe quand il ne s'est pas dépouillé de toute humanité. » — Cette remarque faite pour l'acquit de ma conscience, chacun en croira pourtant ce qu'il voudra.

Au point de vue de la description des caractères et de l'observation naturelle des talents, l'étude de Marolles a sa moralité particulière : il nous apprend à ne mépriser personne. Tout homme laborieux a sa fonction et peut avoir son utilité, sa distinction propre. A côté d'une faculté qui dévie et qui divague, il peut, dans le même homme, s'en rencontrer une autre où il excelle et où il mérite d'être considéré ; et tel qui le raille aisément pour des défauts qui sautent aux yeux, aurait tout profit d'aller à son école pour la qualité qu'il a.

Lundi, 1ᵉʳ mars 1858.

# LETTRES

DE

# LA MÈRE AGNÈS ARNAULD

ABBESSE DE PORT-ROYAL

*Publiées sur les textes authentiques avec une Introduction*

PAR M. P. FAUGÈRE (1).

Et qui donc parlerait des Lettres de la mère Agnès, si je n'en parlais pas? Il y a plus de vingt ans que j'ai l'honneur de la connaître et que j'ai affaire à elle ; que, dans mes Études de Port-Royal, j'ai occasion de la rencontrer à chaque instant, de me dire et de me redire en quoi elle diffère par le caractère et le tour d'esprit de sa sœur la mère Angélique, la grande réformatrice du monastère; que j'ai l'habitude de recourir à ses lettres, à celles dont il existe à la Bibliothèque impériale et à l'Arsenal des recueils manuscrits, pour y chercher la suite et le détail des relations qu'entretenaient avec le dedans de Port-Royal les amis du dehors, les ci-devant belles dames plus ou moins retirées du monde, telles que madame de Sablé, le ci-devant frondeur M. de Sévigné, oncle de la spirituelle marquise. Il ne serait pas du tout exact de

---

(1) Benjamin Duprat, rue du Cloître Saint-Benoît, nº 7.

dire, comme je vois que l'a fait un critique (1) d'ordinaire attentif et qui sait son dix-septième et son dix-huitième siècle, que les historiens de Port-Royal, Besoigne, Dom Clémencet et leurs successeurs, n'ont pas connu ces lettres ; ils n'en ont pas connu la totalité, mais il leur en était passé par les mains un bon nombre. On avait essayé dans le temps de recueillir toutes les lettres de la mère Agnès comme on avait fait pour celles de sa sœur publiées en 1742-1744 ; mais l'entreprise était restée en chemin, soit qu'on n'eût pas réussi à réunir tout ce qu'on espérait, soit que le public qui s'intéressait à ce genre d'ouvrages eût fort diminué à mesure qu'on avançait dans le dix-huitième siècle. « Il y a lieu surtout d'être étonné, remarquait Dom Clémencet au sujet de ces mêmes Lettres, que nous en ayons si peu de celles qu'elle a écrites à la reine de Pologne, avec laquelle les Mémoires de Port-Royal nous apprennent que la mère Agnès continua la relation qu'avait eue la mère Angélique durant les sept années que cette reine survécut. » C'est qu'on avait eu, dès le principe, moins de précautions dans un cas que dans l'autre pour s'assurer de ne rien perdre. On était à l'affût pour prendre copie de tout ce qu'écrivait la mère Angélique, et, avant de faire partir ses lettres, on en retenait des doubles à son insu. La mère Agnès, si respectée qu'elle fût, n'était que la seconde de la mère Angélique, et ne la remplaça jamais tout à fait aux yeux des sœurs ; on ne faisait pas collection à l'avance de tout ce qui sortait de ses lèvres ou de sa plume ; on ne lui préparait pas son *dossier de sainte* de son vi-

---

(1) M. Paul Boiteau, dans la *Revue Française* du 10 février 1858, page 112.

vant. La persévérance toutefois, qui fait le caractère du petit troupeau janséniste, n'avait pas cessé son effort après tant d'années, et l'on n'avait pas renoncé à payer cette dette d'une publication tardive à une mémoire des plus honorées. Je savais que le séminaire d'Amersfoort, dépendant de l'église d'Utrecht, possédait un recueil complet des Lettres de la mère Agnès. Depuis quelques années, les grandes bibliothèques de Paris où sont conservées des copies manuscrites avaient été soigneusement explorées; les recueils mêmes de ces copies portaient des traces visibles du passage des patients investigateurs, ou plutôt des investigatrices (car c'étaient des dames, m'assure t-on, qui se livraient à ce travail); des tables, des renvois et concordances d'une écriture très-nette et toute récente faisaient présager une pensée d'assemblage et d'édition. Le goût de notre époque, qui s'est reporté sur les vieux papiers et qui a mis l'inédit en honneur, favorisait cette idée, qui, toute de curiosité pour nous, est une idée de piété chez ceux qui l'ont conçue. En s'adressant pour l'exécution définitive et pour l'introduction auprès du public à M. Prosper Faugère, si connu par son édition originale de Pascal, la personne ou les personnes qui avaient préparé le recueil et qui ne se nomment point (selon une habitude modeste ou mystérieuse imitée ou *héritée* de Port-Royal) ont fait le meilleur choix possible; il ne se pouvait de plus sûre garantie de scrupule et d'exactitude. Dans les simples et judicieuses pages qu'il a mises en tête, M. Faugère a dit ce qui était à dire; il a fait valoir les lettres et celle qui les a écrites par tous les bons endroits; il a écarté avec raison tout ce qui est de controverse, et il n'a présenté la publication dont il a pris soin que comme une œuvre d'histoire et de piété. Je restreindrai encore le point de vue, ou plutôt je le simplifierai en disant qu'il me paraît difficile que ces Lettres aient aujourd'hui aucun effet de piété et de dévotion ; la spiritualité en est trop subtile, trop particulière, trop compliquée de style métaphorique, de fleurs surannées, et trop mêlée à des questions ou à des intérêts de circonstance. L'histoire seule a désormais à en profiter, et encore la seule histoire du monastère dont la mère Agnès a été sinon une grande, du moins une aimable figure.

C'était une personne d'infiniment d'esprit plutôt que de grand caractère, d'une piété tendre, affectueuse, attirante, d'une délicatesse extrême et des plus nuancées. Si elle avait vécu dans le monde, on aurait parlé d'elle comme d'une précieuse du bon temps et de la meilleure qualité. Oui, la mère Agnès, si elle avait suivi la carrière du bel esprit et de la galanterie honnête, ne l'eût cédé à personne de l'Hôtel de Rambouillet. Toutes ses vertus et tous ses sérieux mérites, toutes ses mortifications n'ont pu émousser sa pointe d'esprit et même de légère gaieté. Née en 1593, entrée au cloître dès l'enfance, elle suivit sa sœur aînée dans ses austères réformes ; elle n'en eût point eu l'initiative, mais elle les embrassa avec zèle, avec ferveur, sans reculer jamais, et en se contentant de les présenter adoucies et comme attrayantes en sa personne. Tout en elle conviait au divin Maître et semblait dire : *Son joug est doux.* — « La mère Angélique est trop forte pour moi, je m'accommode mieux de la mère Agnès, » disaient les personnes du monde qui s'adressaient d'abord à l'une et à l'autre dans une intention de pénitence. Toutes deux avaient été, dans un temps, en relation assez étroite avec saint François de Sales. La mère Agnès en avait plus gardé l'impression visible que sa sœur. Elle se faisait une dévotion de porter habituellement sur elle une lettre de lui écrite à madame Le Maître, et où il avait nommé avec bienveillance plusieurs membres de la famille. On conçoit que la mère Agnès eût très-bien pu se passer de M. de Saint-Cyran, et qu'elle eût été une Philothée parfaite, une fille accomplie du saint évêque de Genève; elle aurait pu remplir toute sa vocation et ne recevoir sa règle de conduite que du directeur et du père de madame de Chantal. Encadrée comme elle l'était dans la maison de Port-Royal, amenée après des années de recueillement et de paix à être témoin et, qui plus est, champion de contentions opiniâtres, jetée forcément au milieu des luttes, et placée même depuis la mort de sa sœur à la tête de la résistance, elle sut conserver un caractère de douceur inaltérable, une physionomie paisible et presque souriante. Elle eut dans une nièce (son égale pour le moins par l'esprit, et sa supérieure par le caractère), dans la mère Angélique de Saint-Jean, un lieutenant énergique qui lui prêta de la force dans les siéges et les blocus qu'on eut à soutenir durant plusieurs années. Mais si je ne craignais de blesser quelques bonnes âmes restées peut-être encore jansénistes au pied de la lettre, je dirais tout simplement qu'après avoir bien considéré les incidents et les personnages de ce drame intérieur, je suis persuadé que la mère Agnès, livrée à elle-même et à sa propre nature, eût été plus soumise qu'elle ne l'a été, qu'elle était portée, comme elle l'a écrit un jour, à l'*indifférence* sur ces questions de controverse, mot très-sage chez une religieuse et dont elle eut tort ensuite de se repentir; je dirais que la manière indulgente dont elle continua de traiter une de ses nièces qui avait signé ce qu'exigeait l'archevêque et ce que conseillait Bossuet, que la parole tolérante qui lui échappa alors : « A Dieu ne plaise que je domine sur la foi d'autrui! » donne à penser qu'elle-même n'eût pas été loin de céder s'il n'y avait eu toute une armée derrière elle, et si tout ne lui avait rappelé à chaque heure qu'elle était une Arnauld. Quoi qu'il en soit de cette conjecture, qui, de ma part, n'implique pas un blâme, cette respectable personne que nous nous représentons toujours à genoux, en oraison, comme dans le beau tableau de Philippe de Champagne, avait des qualités de spiritualité, de tendresse, d'onction, d'indulgence, d'égalité et d'enjouement dont, à travers un premier air d'étrangeté, il transpire quelque chose dans ses lettres.

Je ne sais pas de lettre plus propre à faire comprendre le genre de raillerie et parfois d'ironie douce et riante de la mère Agnès que celle qu'elle adressa à son neveu, le célèbre avocat Le Maître, en réponse à ce qu'il lui avait écrit sur ses intentions prochaines de mariage (1). L'éloquent avocat, qui allait bientôt devenir un solitaire et un pénitent des plus rigoureux, pensait alors à s'engager plus avant dans les liens du monde; il était amoureux d'une belle et sage demoiselle, et il s'en était ouvert à la mère Agnès pour l'éprouver et se ménager sans doute son approbation. Cette tante indulgente, mais que les idées monastiques rendaient sévère, considérait le mariage comme un état de déchéance ou du moins d'infériorité, et elle ambitionnait quelque chose de mieux

---

(1) J'ai déjà cité cette lettre au tome I$^{er}$ de *Port-Royal*, livre deuxième, chap. II.

et de plus digne pour l'avenir de son neveu. Elle lui répond donc dans ce sens de sévérité :

« Mon très-cher neveu, ce sera la dernière fois que je me servirai de ce titre ; autant que vous m'avez été cher, vous me serez indifférent, n'y ayant plus de reprise en vous pour y fonder une amitié qui soit singulière. Je vous aimerai dans la charité chrétienne, mais universelle, et comme vous serez dans une condition fort commune, je serai aussi pour vous dans une affection fort ordinaire. Vous voulez devenir esclave et avec cela demeurer roi dans mon cœur, cela n'est pas possible ; car, quel rapport y a-t-il de la lumière avec les ténèbres, et de Jésus-Christ avec Bélial ?

« Vous direz que je blasphème contre ce vénérable sacrement auquel vous êtes si dévot ; mais ne vous mettez pas en peine de ma conscience, qui sait bien séparer le saint d'avec le profane, le précieux de l'abject, et qui enfin vous pardonne avec saint Paul ; et contentez-vous de cela, s'il vous plaît, sans me demander des approbations et des louanges. »

Mais voici le tour piquant qui commence, et le bel esprit enjoué qui va se mêler jusque dans la mysticité religieuse : elle va faire semblant tout d'un coup de s'être méprise, d'avoir à se rétracter, et tout ce que M. Le Maître lui avait écrit en termes exaltés des mérites et des beautés de sa fiancée future, elle essayera de l'entendre, — de supposer qu'il l'entend de l'Épouse du Cantique des Cantiques, de la seule Épouse spirituelle digne de ce nom, de l'Église :

« Mais en écrivant ceci, je relis votre lettre, et, comme me réveillant d'un profond sommeil, j'entrevois je ne sais quelle lumière au milieu de ces ténèbres, et quelque chose de caché et de mystérieux dans des paroles qui paraissent si claires et si communes. Je commence à douter que cette histoire de vos amours que vous me racontez si au long, sans considérer que je n'ai point d'oreilles pour entendre ce discours, ne soit une énigme tirée des paraboles de l'Évangile où l'on fait si souvent des noces, particulièrement une où il n'y a que les vierges qui soient appelées. Au petit rayon de clarté qui me paraît maintenant, mon esprit se développe et se met en devoir d'expliquer vos paroles, et de regarder d'un meilleur œil cette excellente fille qui a ravi votre cœur. Vous dites qu'elle est la plus belle et la plus sage de Paris, et vous deviez dire du Paradis, puisqu'elle est sœur des Anges. Oh ! qu'elle est belle... et qu'elle est sage !... Elle est fille d'une mère qui a été fort persécutée des tyrans, qui l'ont voulu étouffer dans le sang de ses martyrs, et encore des hérétiques, qui ont fait mille efforts à ce qu'elle ne mît point ce béni enfant au monde ; mais enfin elle s'est couronnée de lys aussi bien que de roses, portant en son sein des vierges et des martyrs... Cette excellente Épouse n'a jamais été maltraitée de son mari, qui au contraire est mort pour elle... »

Et elle continue sur ce ton, multipliant, épuisant les images, les allusions emblématiques, s'y jouant plus que de raison, oubliant un peu le goût, mais faisant ses preuves en fait de grâce : je prends le mot dans le double sens, dans le sien et dans le nôtre.

Les lettres de la mère Agnès tirent une bonne partie de leur intérêt des personnes à qui elle les adresse. Celles qu'elle écrit à madame d'Aumont sont fort peu agréables. La marquise d'Aumont était une respectable dame, qui, devenue veuve, s'était retirée à Port-Royal de Paris, y avait fait bâtir un corps de logis pour elle, avait procuré surtout l'agrandissement du monastère, et y était bienfaitrice en toute humilité. Elle n'avait pour défaut qu'un peu d'impatience et de ne pas toujours goûter assez la douceur de la retraite, d'y ressentir des amertumes d'esprit. La modération même de son humeur et la continuité de ses vertus rendent cette branche de la Correspondance assez terne et monotone.

Les lettres à mademoiselle Pascal, la sœur du grand écrivain et qui se fit religieuse à Port-Royal, ont plus d'intérêt. Cette jeune âme ardente de Jacqueline Pascal souffre des retards que sa famille impose à sa vocation. La mère Agnès la modère, l'exhorte à la soumission, à une attente résignée. Elle a reçu de

M. Singlin et de M. de Saint-Cyran une maxime pratique qu'elle applique sans cesse, c'est qu'il ne faut rien faire dans la précipitation, c'est que le désir, même lorsqu'il est dans le meilleur sens et vers le plus louable but, doit faire, en quelque sorte, sa quarantaine et son carême, et doit user son attrait avant de s'accomplir, si l'on veut qu'il produise tout son fruit : « Il faut faire toutes choses, dit-elle, dans une certaine maturité qui amortit l'activité de l'esprit humain, et qui attire une bénédiction de Dieu sur ces choses dont on s'est mortifié quelque temps. » C'est ce qu'on appelle en ce style mystique *pratiquer la dévotion du retardement*, et elle la conseille en toute occasion aux personnes qui lui font part de leurs peines et des obstacles qu'elles rencontrent dans la voie du bien. Mademoiselle Pascal avait un certain talent, ou du moins une grande facilité pour les vers : la mère Agnès, plus rigide qu'à elle n'appartient, lui écrit : « Vous devez haïr ce génie, et les autres qui sont peut-être cause que le monde vous retient ; car il veut recueillir ce qu'il a semé ; » et elle lui cite en exemple sainte Lutgarde, « qui refusa le don que Dieu lui avait fait d'entendre le Psautier. » Mais elle est plus dans le sens de sa propre nature et de son goût, lorsqu'à l'occasion du miracle ou prétendu miracle de la Sainte-Épine, dont Port-Royal était si glorieux, elle engage la même mademoiselle Pascal, devenue la sœur Euphémie, à le célébrer en vers : et elle fut grondée pour avoir pris sur elle de lui donner ce conseil à demi littéraire et profane. La mère Agnès soignait un peu plus l'agrément et avait un peu plus de fleur que les autres Sœurs de Port-Royal.

La partie de la Correspondance qui devra le plus attirer les curieux est celle qu'elle entretint avec madame de Sablé, à cause du bruit qui s'est fait depuis peu autour du nom de cette dernière. Je doute qu'il en ressorte quelque idée plus avantageuse de la spirituelle et très-maniaque marquise, qui, sous prétexte de faire son salut, s'était logée tout contre Port-Royal, et ne cessait d'y occuper, d'y harceler et d'y faire enrager les mères. On a voulu, de nos jours, représenter madame de Sablé comme le type de la femme aimable en son temps. Je ne crois pas que ce soit là sa *caractéristique* véritable. Une bonne part des lettres de la mère Agnès a trait aux susceptibilités, aux soupçons, aux frayeurs de madame de Sablé, à son inquiétude de *n'avoir point le soleil levant* et à ses mille autres inquiétudes, à ses rhumes surtout et aux accidents qui surviennent à son odorat. Madame de Sablé s'affligeait chaque fois qu'à la suite de ses rhumes de cerveau elle ne sentait plus les odeurs, et se croyait privée à jamais d'un des plus agréables des sens. La mère Agnès la rassurait ou du moins essayait de la consoler en lui citant son propre exemple; car privée de l'odorat, disait-elle, dès l'âge de dix-huit ans, elle avait fort bien vécu depuis sans s'apercevoir de la privation. Elle en parlait à son aise, ayant pour maxime « que plus on ôte aux sens, plus on donne à l'esprit. » Madame de Sablé, qui prétendait combiner bien des choses et savourer le reste des jouissances possibles tout en mitonnant son salut, n'était pas absolument de cet avis. Très-peu résignée à mourir une bonne fois, elle ne voulait pas du tout mourir en détail. Ce sens-là d'ailleurs, en particulier, ce sens olfactif si cher aux délicats, lui était d'autant plus précieux qu'il était pour elle une vigilante sentinelle et toujours sur le *qui vive* pour l'avertir des moindres périls. Il y a une histoire de fabrique de cire et de bougie qui ajoute à ce qu'on savait déjà, et qui prouverait une fois de plus que cette mauvaise langue de Tallemant (lequel n'était qu'un curieux malin et nullement un *atrabilaire*) n'en a pas trop dit. Un jour donc, un matin que l'odorat lui était subitement revenu, madame de Sablé crut sentir, et elle ne se trompait pas, une odeur de cire ; elle s'en effraya aussitôt, craignant par-dessus tout le mauvais air et ses suites. Elle écrivit en toute hâte un billet à la mère Agnès, elle envoya mademoiselle d'Atrie sa voisine aux informations ; c'était bien à la cire que les religieuses avaient travaillé depuis peu de jours dans une chambre retirée, isolée, à la basse-cour, là où l'on mettait, quand il y en avait, les malades de la petite vérole ; on avait pris, vous le voyez, toutes sortes de précautions : mais qu'y faire? le coup était porté : Madame de Sablé voulait quitter Port-Royal pour ne pas gêner, disait-elle, puisqu'on n'avait pas d'autre lieu, et aussi pour ne pas rester exposée aux atteintes. Il fallut toute la grâce et les gentillesses de la mère Agnès pour l'apaiser, pour la faire revenir de sa bouderie ; il fallut surtout ce *Post-Scriptum* rassurant, — car madame de Sablé, en enfant gâté, ne se contentait pas de la promesse qu'on ne ferait plus de bougie, elle disait : *Vous en ferez, vous en avez besoin, je veux que vous en fassiez, je ne veux pas vous gêner, mais je m'en irai ;* il fallait donc lui prouver qu'on en pouvait faire sans que l'odeur lui en arrivât:

« Depuis ma lettre écrite, lui disait la mère Agnès dans les dernières lignes, nos Sœurs ont été faire la ronde pour chercher un lieu, s'il en faut un absolument pour vous satisfaire ; elles en ont trouvé un dans les derniers jardins, tout à l'autre bout, proche l'apothicairerie. » — Le choix de ce lieu-là hors de toute portée tranquillisa peut-être madame de Sablé jusqu'à nouvel ordre et nouveau caprice, jusqu'à nouvelle lune.

Un autre commerce de lettres, qui du moins nous fait assister à un échange de sentiments plus chrétiens, était celui de la mère Agnès avec le chevalier de Sévigné Celui-ci, ancien chevalier de Malte, brave guerrier, duelliste, frondeur, donnant des collations aux dames, s'était tout d'un coup retiré, après être devenu veuf, et s'était fait arranger un corps de logis près de madame de Sablé dans les dehors de Port-Royal de Paris. Il gardait d'abord des habitudes de luxe, de l'argenterie, un carrosse; il se dépouilla peu à peu et s'accoutuma à tout mettre au service du monastère pour lequel il s'était pris d'un saint enthousiasme. C'était un original que ce chevalier pénitent, avec des restes de gentilhomme hautain et de militaire impérieux. Il se promenait volontiers en été à ce qu'on appelait le jardin des Capucins, et qui doit répondre à la promenade qu'on voit encore aujourd'hui entre l'Hospice du Midi et le Val-de-Grâce. Il avait un grand parasol pour se préserver du soleil, et les polissons du quartier qui voyaient cet homme grave, nu-tête, marchant à pas comptés sous son parasol, le poursuivaient de leurs cris et peut-être de mieux : il avait envie de les traiter parfois comme fit le prophète Elisée des enfants qui le huaient, et il consulta son confesseur pour savoir s'il ne lui serait point permis de leur faire donner du bâton par un domestique qui le suivrait à quelque distance. Il apprit le latin fort tard, à cinquante ans, et assez pour entendre l'Office. C'est ce chevalier bizarre, mais cordial et excellent homme, qui se mit en correspondance régulière avec la mère Agnès, et y apporta un mélange de courtoisie et de spiritualité qu'elle soutint à merveille. D'après ce principe que les petits présents entretiennent l'amitié, il ne cessait d'en faire aux religieuses ses voisines ; il leur envoyait tantôt de l'excellent beurre de Bretagne (il était Breton), tantôt du fruit, des fleurs, une lampe, un cachet où était l'image du bon Pasteur. Il faut savoir qu'autrefois du temps de ses guerres, au sac d'une ville, il avait trouvé un enfant abandonné sur un fumier, une petite fille ; il l'avait emportée dans son manteau et en avait pris soin depuis, la faisant élever dans un couvent. Cette action de charité lui avait porté bonheur, et il lui attribuait d'avoir attiré bien plus tard les bénédictions de Dieu sur lui. Il avait été, pensait-il, ramassé lui-même un jour par le bon Pasteur comme il avait ramassé cet enfant. Aussi avait-il une dévotion particulière au bon Pasteur ; il en portait l'image sur son cachet ; il en commanda un tableau à Champagne pour son oratoire particulier, tableau dont il fit ensuite présent à Port-Royal. Ayant quitté la maison de Paris en 1669, et s'étant retiré dans les dehors de la maison des Champs, lorsque les Sœurs y furent réunies, il eut la charitable idée de leur faire bâtir un cloître (car l'ancien bâtiment incomplet était devenu trop étroit), et il fut assez estimé d'elles pour leur faire accepter son bienfait. Le bon chevalier aurait bien voulu entrer, au moins une fois, dans ce cloître pour lequel il avait conçu de si grands desseins, et il en exprima le désir à la mère Agnès qui lui répondit par un refus le plus agréablement tourné : « Je vous remercie très-humblement de votre unique et rare fruit (*un de ses petits cadeaux journaliers*), vous avez le privilége de donner tout ce que vous voulez et d'accorder tout ce qu'on vous demande ; et nous, au contraire, nous trouvons des impuissances partout. C'est pourquoi notre bâtiment de dedans ne vous apparaîtra point, parce qu'il y a un Chérubin à notre porte qui en défend l'entrée avec une épée de feu, c'est-à-dire un anathème de notre mère l'Église... » Le chevalier de Sévigné n'entra dans ce cloître, dans cette terre promise, qu'après sa mort (1); il eut la faveur d'y être enterré. De son vivant, sa tribune à l'église était tout proche de la porte dite *des Sacrements;* ce qui faisait que la mère Agnès, pour lui faire honneur, l'appelait le *portier* de Jésus-Christ. Nous nous contenterons de dire, après avoir lu les lettres qu'elle lui adresse, qu'il nous fait l'effet d'avoir été le *chevalier d'honneur* du monastère.

On se demandera, en entendant répéter si souvent ce nom de Sévigné, si madame de Sévigné, à la faveur de son oncle, ne connut point la mère Agnès. Assurément la mère Agnès connaissait madame de Sévigné et l'avait entendue causer, puisqu'un jour que cette aimable femme était venue au couvent de la Visitation de la rue Saint-Jacques où se trouvait alors reléguée la mère Agnès par ordre de l'archevêque, et avait demandé à la voir sans en obtenir la permission, la recluse et prisonnière écrivait à l'oncle : « J'aurais beaucoup perdu du fruit de ma solitude si j'avais eu l'honneur de voir madame de Sévigné, puisqu'une seule personne qui lui ressemble tient lieu d'une grande compagnie. » Cette religieuse, on le voit, connaissait son monde ; causer en tête à tête avec madame de Sévigné, c'était posséder plusieurs femmes d'esprit à la fois.

(1) Nous avons su depuis pourtant qu'il eut quelquefois permission d'y entrer, les jours de Fête-Dieu, en suivant la procession du Saint-Sacrement.

Les autres profits très-considérables qu'on peut faire à la lecture de ces Lettres, quand on étudie en historien le sujet auquel elles se rapportent, ne sont pas de nature à être exposés ici. Ces intérieurs de cloître s'accommodent peu du grand jour; il faut y pénétrer beaucoup et y habiter longtemps pour s'y intéresser un peu. Mais je n'hésite pas à dire, en remerciant de nouveau M. Faugère et les inconnus qu'il représente, que ces deux volumes devront s'ajouter désormais à la trentaine de volumes originaux et historiques qu'il suffit à l'homme de goût et au curieux raisonnable d'avoir dans sa bibliothèque, s'il veut connaître son Port-Royal très-honnêtement et par le bon côté, par le côté moral, sans entrer dans la polémique et la théologie : c'était à peu près le chiffre auquel M. Royer-Collard avait réduit ce coin de sa bibliothèque dans ses dernières années.

Lundi, 14 juin 1858.

# FANNY

ÉTUDE

Par M. Ernest FEYDEAU [1].

C'est un petit livre fort imprévu que celui que vient de lancer, sous ce simple titre, notre ami et collaborateur M. Ernest Feydeau; c'est un livre qui est de nature à faire beaucoup causer et discuter, à irriter, à passionner bien des lecteurs et des lectrices : ce livre a tout d'abord une qualité que n'ont pas tant d'autres ouvrages qu'on estime et qu'on loue, que l'on commence et qu'on n'achève pas, ou qu'on n'achève qu'avec froideur : il palpite et il vit. Pour nous, si nous nous risquons à en parler, c'est que nous ne nous guérirons jamais de cette vieille habitude d'aller à ce qui est vivant, de nous arrêter à chaque vaillant début d'un talent neuf et vigoureux, et de lui payer publiquement ce premier et bien légitime hommage, — l'attention, — dussions-nous mêler aux éloges quelques remarques critiques et quelques observations morales.

*Fanny* s'intitule une étude : c'est plus qu'une nouvelle, c'est presque un poëme par la forme, par la coupe, par le nombre, par un certain souffle qui y règne d'un bout à l'autre et qui se marque singulièrement dans les paragraphes ou plutôt dans les

[1] Amyot, rue de la Paix, 8.

couplets du commencement. Lisez à haute voix ces premières pages si fermes, si fortement scandées. « La maison est plantée de travers, sur une butte de sable, etc. » — « Si je me suis volontairement exilé dans cette affreuse solitude, etc., » vous avez la sensation d'une ouverture en musique. Tous les tons lugubres ou les motifs captivants, qui se retrouveront dans la suite du récit, y sont rassemblés.

Je n'en sais rien, mais je croirais aisément que *Fanny* a dû être conçue et écrite par manière de gageure comme *Adolphe,* c'est-à-dire « pour convaincre deux ou trois amis incrédules de la possibilité de donner une sorte d'intérêt à un roman dont les personnages se réduiraient à deux, et dont la situation serait toujours la même. » C'est ce que dit Benjamin Constant dans la préface d'*Adolphe,* et c'est aussi ce qu'a pu faire M. Feydeau. Antiquaire par la science et l'imagination, auteur d'un travail où, avec une rare vigueur d'analyse, il a restitué et rendu présentes les royales cités, les immenses nécropoles de l'Égypte, M. Feydeau, à quelqu'un de ses amis romanciers ou dramaturges qui insistait sur la disparité des genres, aura dit : « Et pourquoi n'appliquerais-je pas la même faculté d'analyse et de plastique à l'étude, à la *reconstitution* d'un sentiment unique, d'une situation simple, et n'en tirerais-je pas des effets d'art? » et il se sera mis résolûment à l'œuvre. Seulement reconnaissons les différences du procédé et des habitudes de vie. A la suite de la gageure et pour la tenir, Benjamin Constant est passé du salon dans son cabinet et a pris la plume, qui a couru sur le papier en nuances fines et subtiles. Il a fait un livre d'une teinte grise, livre le plus dénué de poésie et de couleur, mais d'une observation générale des plus vraies et tristement éternelle. M. Feydeau est entré dans l'atelier, s'est posé devant une toile et, palette en main, s'est mis à peindre ses deux personnages et leur intérieur, et à leur donner tout l'éclat, tout le relief imaginable. Ou, si l'on veut, il est entré dans le laboratoire, dans une salle d'anatomie; il s'est mis à la table de dissection, et sous une lampe à la Rembrandt, armé du scalpel, il a procédé à la préparation de son sujet, étudiant à fond et nous étalant sans pitié, dans son hypertrophie ou avec son polype, le viscère du cœur.

Il n'y a dans *Fanny* que deux personnages en présence, et un troisième toujours présent en idée et qu'on ne voit en face qu'une seule fois : Roger qui a vingt-quatre ans, Fanny qui en a trente-cinq, et le mari de Fanny qui en a quarante. La situation est de celles sur lesquelles vivent tous les romans. Roger jeune, aimable, élégant et gracieux, un peu faible, a été distingué et aimé par Fanny, qui, en femme du monde habile et aussi expérimentée que tendre, a pris sur elle toutes les difficultés de la situation et ne lui en veut laisser que les douceurs. Le récit nous est fait par Roger lui-même, non le héros (il n'y a plus de héros de roman ni d'héroïne, depuis longtemps ils sont morts), mais le sujet et le patient, le malade et la victime du poison de jalousie. Si l'on voulait, à toute force, tirer une leçon du livre, rien ne serait plus aisé : les moralistes chrétiens ont parlé souvent en termes généraux, mais avec une grande vérité, des misères de la passion et de l'*enfer des jalousies;* on en a ici un exemple à nu, on a un damné qui sort de son gouffre et de son cercle dantesque pour nous faire sa confession atroce et d'une énergie truculente. Mais n'allons pas au delà de la pensée de l'auteur, ne lui prêtons pas : malgré les deux épigraphes qu'il a mises en tête de son livre et dont je voudrais effacer la première (1), il n'a songé sans doute qu'à nous offrir une application hardie d'analyse, en un cas splendide.

Ce qu'il y a de particulier dans le cas présenté par M. Feydeau, c'est la transposition de la jalousie. D'ordinaire elle est dans celui qui a le droit de se croire trompé, dans le mari : ici est elle dans l'amant. Elle naît en lui à une certaine heure, devient l'idée fixe, châtiment ou revanche, — une folie, une frénésie avec de courtes intermittences, et chaque fois elle reprend avec plus de violence et de fièvre, jusqu'à ce que tout l'être moral et physique y périsse anéanti et consumé.

La naissance, le progrès, les divers temps de ce mal de jalousie chez Roger, ses soupçons tantôt irrités, tantôt assoupis, et que le moindre mot réveille, son horreur du partage, l'exaspération où il s'emporte à cette seule idée, tous ces degrés d'inquiétude et de torture jusqu'à la fatale et horrible scène où il a voulu n'en croire que ses yeux et être le témoin de sa honte, sont décrits avec un grand talent, avec un talent qui ne se refuse aucune rudesse métallique d'expression, qui ne craint pas d'*étreindre,* de *violenter* les pensées et les choses, mais qui (n'en déplaise à ceux qui n'admettent qu'une manière d'écrire, une fois trouvée) a certainement sa forme à lui et son style.

Tout est décrit et montré dans *Fanny,* tout est vu et rendu visible; mais il n'y a point (à part celle de la cabane désolée) de description proprement dite : j'en sais gré à M. Feydeau qui, ainsi que ses autres

---

(1) C'était un verset de l'Évangile selon saint Matthieu. Ne mêlons point l'Évangile en un tel sujet ; c'est bien assez de Salomon.

travaux l'attestent, a la faculté visuelle très-développée, qui a la mémoire visuelle. Ce qu'il a vu une fois, il l'emporte à jamais peint et gravé au dedans. C'est bien à lui de n'en avoir pas abusé et d'avoir fait un livre court, sans digression pittoresque, avec unité d'action.

Mais à cela près, le livre flamboie et reluit : c'est l'œuvre d'un artiste ardent. Un poëte de l'ordre spiritualiste et mystique, et qui avait la clef du monde intérieur, s'est plu à dire : « Chez moi, toutes choses plutôt *ressenties* que senties, » donnant à entendre que la sensation ne lui revenait qu'épurée dans le miroir de la réflexion et du souvenir. Ici, au contraire, dans cette école de laquelle M. Feydeau relève, dont il est comme un rejeton extrême et puissant, tout est direct, tout est de sensation et d'impression immédiate. On dirait d'un instrument plus perfectionné; le rayon avec ses jeux et ses reflets y est saisi et fixé tout vif; à chaque instant le soleil est pris sur le fait.

J'ai voulu refaire à ce sujet une lecture d'*Adolphe*. Nous autres critiques, placés entre la tradition et l'innovation, c'est notre plaisir de rappeler sans cesse le passé à propos du présent, de les comparer, de faire valoir l'œuvre ancienne en même temps que d'accueillir la nouvelle (car je ne parle pas de ceux qui sont toujours prêts à immoler systématiquement l'une à l'autre). Tandis que l'artiste jeune et tout moderne nage à torrent dans le présent, y abonde, s'y abreuve et s'y éblouit, nous vivons de ces rapprochements qui reposent, et nous jouissons des mille idées qu'ils font naître. La comparaison entre *Adolphe* et *Fanny* ne saurait s'établir que sur la forme et pour le cadre, pour le nombre et le chiffre des acteurs : le fond de la situation, d'ailleurs, est des plus dissemblables. Adolphe ne sait ni aimer, ni renoncer à celle qui n'a d'autre tort envers lui que de trop l'aimer elle-même. S'il la désole, c'est de sa langueur; s'il la tue, c'est de son accablant et incurable ennui. Aussi personnel que Roger, il l'est sans aucune ardeur. Que n'en vient-il à être jaloux? Ellénore serait sauvée. Mais après avoir encore une fois savouré ces tristes délices de la lecture d'*Adolphe*, avoir goûté cette finesse consommée d'expérience sociale, cette vérité aride et terne, si bien dissoute et démêlée, et avoir reconnu, par-dessus tout, le cachet d'élégance et de distinction achevée empreint dans l'ensemble, je n'ai pu m'empêcher d'admirer la différence des temps, des sociétés, des écoles diverses. Tout chef-d'œuvre qu'il est, le livre d'*Adolphe* a quelques-uns des défauts de l'école métaphysique et sentimentale, alors régnante. L'auteur est trop délié, il subtilise. Il fera dire, par exemple, à Adolphe, racontant et définissant ses rapports avec son père, ce père qui était timide même avec son fils : « Je ne savais pas alors ce que c'était que la timidité, cette souffrance intérieure qui nous poursuit jusque dans l'âge le plus avancé, qui refoule sur notre cœur les impressions les plus profondes, qui glace nos paroles, qui dénature dans notre bouche tout ce que nous essayons de dire, et ne nous permet de nous exprimer que par des mots vagues ou une ironie plus ou moins amère, *comme si nous voulions nous venger sur nos sentiments mêmes de la douleur que nous éprouvons à ne pouvoir les faire connaître.* » C'est spirituel, mais il est bon de ne pas trop ouvrir la fenêtre et de fermer à demi la paupière si l'on veut être plus sûr de discerner ces replis de pensées, ce fil ténu et léger, dans le demi-jour du dedans.

Après avoir raconté qu'il a vu mourir sous ses yeux une vieille amie, une femme âgée et d'un esprit supérieur, avec qui il avait souvent épuisé, en conversant, toutes les réflexions morales et anticipé l'expérience de la vie : « Cet événement, continue Adolphe, m'avait rempli d'un sentiment d'incertitude sur la destinée, et d'une rêverie vague qui ne m'abandonnait pas... Je trouvais qu'aucun but ne valait la peine d'aucun effort. Il est assez singulier que cette impression se soit affaiblie précisément à mesure que les années se sont accumulées sur moi. *Serait-ce parce qu'il y a dans l'espérance quelque chose de douteux*, et que, lorsqu'elle se retire de la carrière de l'homme, cette carrière prend un caractère plus sévère, mais plus positif? *Serait-ce que la vie semble d'autant plus réelle que toutes les illusions disparaissent*, comme la cime des rochers se dessine mieux dans l'horizon lorsque les nuages se dissipent? »

Tout cela est subtil et alambiqué. Il m'est impossible de bien saisir la différence qu'il semble mettre dans cette alternative : *Serait-ce parce qu'il y a dans l'espérance... Serait-ce que la vie...*, et d'y voir une explication.

Dans toutes les parties d'*Adolphe* qui ne sont pas essentielles, on trouverait de ces espèces de défauts, et même des défauts de style. — « Mon père, dit Adolphe parlant de certaines liaisons, les regardait comme des amusements, sinon permis, du moins excusables, et considérait le mariage seul *sous un rapport sérieux.* » — La note perpétuelle d'*Adolphe* est une note sourde, intérieure : « *Je m'agitais intérieurement. — Je me débattais intérieurement.* » Je définis *Adolphe* un roman tout psychologique, à la Jouffroy. C'est bien, après tout, le roman extrême et d'arrière-saison, concevable chez une nation qui a eu *Bérénice.* Il y a, par endroits, des intentions et comme des velléités de retour au sentiment pur et à la poésie. Ainsi le début du chapitre IV : « Charme de l'amour, qui pourrait vous peindre, etc... » et toute l'apostrophe qui suit. Mais la musique, la lumière et le parfum manquent à cette invocation ; il n'y a rien de ravissant, rien d'harmonieux dans les images ni dans les syllabes. On attend ce charme qu'il nomme, on ne le sent pas. Il s'y est glissé un souffle de sécheresse, — L'analyse très-déliée (véritable supériorité du livre) est courante et continue. Les scènes proprement dites y sont peu dessinées, même les scènes de société, car il n'est pas question de paysage ni du sentiment de la nature. Dans les premières scènes d'aveu, d'épanchement entre Ellénore et Adolphe, celui-ci, voulant exprimer la douceur de leurs entretiens, nous dit : « Je lui faisais répéter les plus petits détails, et cette histoire de quelques semaines (les semaines d'absence qui avaient précédé) nous semblait être celle d'une vie entière. L'amour supplée aux longs souvenirs par une sorte de magie. » Mais il ne nous indique aucun de ces détails qui lui ont paru si charmants, ou il ne les indique que d'une façon très-générale ; il aime mieux s'écrier : « L'amour n'est qu'*un point lumineux,* et néanmoins *il semble s'emparer du temps, etc.* » — Un jour il écrit à Ellénore, pour lui donner idée de ce qu'il souffre pendant les heures qu'il vit séparé d'elle : « ... J'erre au hasard courbé sous le fardeau d'une existence que je ne sais comment supporter. La société m'importune, la solitude m'accable... Je me précipite sur cette terre qui devrait s'entr'ouvrir pour m'engloutir à jamais... Je me traîne vers cette colline d'où l'on aperçoit votre maison, je reste là les yeux fixés sur cette retraite que je n'habiterai jamais avec vous. » Et cette maison, cette retraite tant convoitée, tant regardée, et qui lui paraît offrir de si enviables perspectives de bonheur, il n'en retrace pour lui ni pour nous aucun trait distinct et reconnaissable, il ne nous la montre pas.

Dans *Fanny,* c'est tout le contraire, je l'ai dit; on voit tout. L'auteur n'est pas un pur analyste, c'est un voyant. *Fanny* est une histoire intérieure racontée et comme modelée par un homme qui a la qualité de peintre et de coloriste extérieur. Aussi je ne répondrais pas qu'il n'y ait par endroits trop de lumière, et que cette lumière ne porte sur des points où l'on aimerait mieux qu'il y eût des teintes nageantes et mi-voilées. Mais s'il y a quelque abus d'un côté, de l'autre dans *Adolphe* il y a aussi trop d'impuissance à peindre, à saisir et à fixer le rapport réel des sensations aux sentiments. Jamais dans *Adolphe* nous ne voyons nettement, pleinement, le jour, le lieu, l'heure, l'instant inoubliable, l'instant *nonpareil* et ce qui le grave. Le psychologue est resté en chemin, et, parti du dedans, il n'a pas rejoint le monde du dehors, ce qui est le domaine propre et le règne de nos cinq sens de nature. En ce moment, et pour motiver ma remarque, j'ai surtout en idée, comme contraste, un dîner et un souper.

Après la première déclaration d'Adolphe à Ellénore, celle-ci a refusé de le recevoir dans l'absence du comte de P..., et, pour être plus forte contre elle-même, elle est partie brusquement pour la campagne. Puis, quelques jours après, le comte, de retour, rencontre Adolphe et l'invite à souper avec Ellénore : ils vont se revoir pour la première fois :

« Il était assez tard lorsque j'entrai chez M. de P..., j'aperçus Ellénore assise au fond de la chambre, je n'osais avancer, il me semblait que tout le monde avait les yeux fixés sur moi. J'allai me cacher dans un coin du salon, derrière un groupe d'hommes qui causaient. De là je contemplais Ellénore : elle me parut légèrement changée, elle était plus pâle que de coutume. Le comte me découvrit dans l'espèce de retraite où je m'étais réfugié ; il vint à moi, me prit par la main, et me conduisit vers Ellénore. Je vous présente, lui dit-il en riant, l'un des hommes que votre départ inattendu a le plus étonnés. — Ellénore parlait à une femme placée à côté d'elle. Lorsqu'elle me vit, ses paroles s'arrêtèrent sur ses lèvres ; elle demeura tout interdite : je l'étais beaucoup moi-même.

« On pouvait nous entendre : j'adressai à Ellénore des questions indifférentes. Nous reprîmes tous deux une apparence de calme. On annonça qu'on avait servi ; j'offris à Ellénore mon bras, qu'elle ne put refuser. Si vous ne me promettez pas, lui dis-je en la conduisant, de me recevoir demain chez vous à onze heures, je pars à l'instant, j'abandonne mon pays, ma famille et mon père, je romps tous mes liens, j'abjure tous mes devoirs, et je vais, n'importe où, finir au plus tôt une vie que vous vous plaisez à empoisonner. — Adolphe ! me répondit-elle... et elle hésitait. Je fis un mouvement pour m'éloigner. Je ne sais ce que mes traits exprimèrent, mais je n'avais jamais éprouvé de contraction si violente.

« Ellénore me regarda. Une terreur mêlée d'affection se peignit sur sa figure. Je vous recevrai demain, me dit-elle, mais je vous conjure... — Beaucoup de personnes nous suivaient ; elle ne put achever sa phrase ; je pressai sa main de mon bras ; nous nous mîmes à table.

« J'aurais voulu m'asseoir à côté d'Ellénore, mais le maître de la maison l'avait autrement décidé : je fus placé à peu près vis-à-vis d'elle. Au commencement du souper, elle était rêveuse. Quand on lui adressait la parole, elle répondait avec douceur, mais elle retombait bientôt dans la distraction. Une de ses amies, frappée de son silence et de son abattement, lui demanda si elle était malade. — Je n'ai pas été bien dans ces derniers temps, répondit-elle, et même à présent je suis fort ébranlée. — J'aspirais à produire dans l'esprit d'Ellénore une impression agréable ; je voulais, en me montrant aimable et spirituel, la disposer en ma faveur, et la préparer à l'entrevue qu'elle m'avait accordée. J'essayai donc de mille manières de fixer son attention : je ramenai la conversation sur des sujets que je savais l'intéresser ; nos voisins s'y mêlèrent : j'étais inspiré par sa présence ; je parvins à me faire écouter d'elle ; je la vis bientôt sourire : j'en ressentis une telle joie, mes regards exprimèrent tant de reconnaissance, qu'elle ne put s'empêcher d'en être touchée. Sa tristesse et sa distraction se dissipèrent : elle ne résista plus au charme secret que répandait dans son âme la vue du bonheur que je lui devais; et quand nous sortîmes de table, nos cœurs étaient d'intelligence comme si nous n'avions jamais été séparés. Vous voyez, lui dis-je en lui donnant la main pour rentrer dans le salon, que vous disposez de toute mon existence; que vous ai-je fait pour que vous trouviez du plaisir à la tourmenter? »

Voilà une des jolies scènes d'*Adolphe* et des plus vives, voilà un souper d'autrefois. L'esprit, du moins, avec son jeu délicat, y fait les frais de ce qui y manque.

Dans *Fanny*, Roger s'est avisé un matin de s'apercevoir que celle dont il a traversé la vie est mariée, et de désirer rencontrer ce rival qu'il ne connaissait pas; car il n'était pas présenté chez elle. Elle n'a vu dans ce désir de sa part qu'une facilité de plus pour l'avenir :

« Nous convînmes que j'accepterais enfin les invitations de l'une de ses amies qui donnait à dîner toutes les semaines. — Il n'y a jamais beaucoup de monde, dit-elle, tu pourras aisément te lier avec nous. »

Et Roger que ce *nous* négligemment jeté a déjà mordu au cœur, et que bouleverse la seule attente, se met à décrire le conflit fiévreux de sentiments contraires, de terreurs, d'espoirs confus et d'amertumes qui lui bouillonnaient dans le cerveau :

« Mais ce n'était rien auprès de ce que je devais éprouver à cette table trop étroite où, sous les nappes de clarté qui s'échappaient des globes des lampes, nul convive ne pouvait dérober à personne les pensées qui plissaient son front. Je ne vis rien d'abord et répondis au hasard aux questions que l'on m'adressait. Je mangeais machinalement, du bout des lèvres, m'efforçant d'être attentif et poli, mais plus hagard qu'un assassin qui se sent sur le point d'être découvert. Effaré par le grincement des verres, par le cliquetis de l'argenterie, par le frottement des porcelaines; ébloui par la réverbération des touches de lumière sur les cloches bombées qui couvraient les plats; ahuri par le va-et-vient des valets empressés qui servaient chacun, sans mot dire, glissant sans bruit sur les tapis, comme des ombres noires gantées de blanc ; suffoqué par la chaude atmosphère de la salle empreinte (*imprégnée?*) de fumets pénétrants auxquels se mêlaient l'odeur des vins et le goût des fleurs, je ne regardais pas Fanny, je ne l'écoutais même pas parler. Sa présence à mon côté m'était devenue insupportable ; c'était comme un poids qui m'étouffait. Et je ne le regardais non plus, *lui*, que j'étais venu chercher de si loin, avec le désir et la terreur de le connaître. Aveuglé par des visions funèbres, je ne pouvais pas le voir quoiqu'il fût assis en face de moi.

« Tout à coup je ressaisis ma lucidité en sentant un pied de femme (on se contentait d'une *main* dans *Adolphe*) se glisser sur le mien...; c'était elle qui me prévenait de ma préoccupation trop visible. Je lui adressai un regard pour la remercier, et me renversant alors sur le dossier de ma chaise, je contemplai longuement celui qui ne se doutait pas de l'intérêt puissant qu'allait faire naître en moi l'étude de sa personne. »

Suit un portrait en pied, ou du moins en buste, où le rival est peint dans sa majesté virile et sa forte placidité, avec tous les avantages qui peuvent inquiéter et humilier un être susceptible et faible, et encore plus nerveux que tendre :

« Lorsque le dîner fut fini et que les convives eurent été s'asseoir dans le grand salon autour des tables de whist, lentement je me rapprochai de Fanny qui se chauffait les pieds devant le feu. M'accotant au rebord de la cheminée, j'entremêlais de choses banales prononcées à voix haute les paroles de tendresse que je lui adressais tout bas. De ma place, je voyais le dos des joueurs inclinés vers les tables où brillaient doucement, enfermées sous les abat-jour, les bougies enfoncées dans de lourds flambeaux d'argent ; j'entendais le bruit des jetons de nacre et le murmure des mots couverts que les partenaires échangeaient entre eux. Je comptais que nous pourrions ainsi deviser de nous tout à notre aise, avec un peu d'habileté, la maîtresse de la maison s'étant assise, au fond de la pièce, devant le piano dont elle effleurait les touches du bout des doigts. Et c'était un charme nouveau ajouté à tant d'autres que celui des accords assoupis tremblant dans l'air, en même temps que les mélodies secrètes de l'amour, plus mélodieuses encore, chantaient en nous. Mais se détachant soudain du groupe des joueurs derrière lequel jusqu'alors il s'était tenu debout, mon rival s'avança vers nous d'un air affable, et le plus naturellement du monde, nous demanda de quoi nous parlions. Avec une politesse exquise qui excluait toute forme familière et nous tenait à distance l'un de l'autre comme il l'entendait, mais avec une tranquillité d'accent et une manière courtoise, il se mit immédiatement à conduire le discours, et je ne pus m'empêcher de le suivre. A travers les doux éclats de la musique, les tendresses des vibrations assourdies dont il ne se souciait guère, il me parla de chasse, de théâtre, de chevaux, que sais-je! ne daignant même pas pénétrer jusqu'au cœur les sujets oiseux que j'avais imprudemment choisis, mais qu'il me condamnait maintenant à poursuivre, comme s'ils eussent été les seuls qu'il jugeât dignes de moi. Je lui fis deux ou trois réponses assez fines, et il applaudit du regard en m'honorant d'un demi-salut. Ainsi j'étais pour lui un assez futile instrument dont il caressait les cordes, en se jouant, du bout des doigts... »

Telle est (et encore adoucie par ce que j'en ai supprimé) une des scènes de *Fanny*, un des tableaux d'intérieur, comme l'auteur les entend et les exécute, fermes, solides, peints en pleine pâte, diraient les gens du métier, et éclairés en toute lumière.

La différence des manières saute aux yeux. Ce n'est pas que du temps d'*Adolphe* on ne fût aussi sensualiste, aussi sensible aux choses réelles et palpables, aussi sujet aux *choses de la bile et du sang*, qu'on peut l'être aujourd'hui ; l'Adolphe véritable, si je me l'imagine bien, ne s'en faisait pas faute. Mais on avait l'habitude et la prétention du sentimentalisme en écrivant. Le bon goût, le bon ton était d'atténuer, de vaporiser et d'éteindre. Aujourd'hui la vie qu'on mène, la vie positive actuelle s'accuse en plein dans l'expression, et même au delà. On ne la travestit pas, on n'en prend pas la peine ; la curiosité n'est qu'à la bien rendre ; mais on la dépasse, on l'outre-passe quelquefois, à force de la vouloir exprimer.

*Fanny* excitera et a déjà excité bien des discussions (j'en ai entendu quelques-unes) ; elle fait naître et soulève plus d'une objection.

Les plus délicats, et qui entrent d'ailleurs dans la donnée du livre, se demandent : Est-ce bien une preuve d'amour que cette jalousie tardive et soudaine qui vient un matin à Roger? Si c'est de l'amour, pourquoi pas plus tôt? N'est-ce pas une preuve qu'il aime déjà moins, que cette prédominance et cette exaspération croissante de l'orgueil? N'est-ce pas aussi un prétexte qu'il se donne à son insu, et parce qu'il aura découvert un matin chez cette belle personne de dix ou onze ans plus âgée que lui une première pâleur fanée, un premier pli à la tempe, une première ride?

Un des moralistes qui ont le mieux observé et noté la passion, La Rochefoucauld a dit : « La jalousie naît avec l'amour, mais elle ne meurt pas toujours avec lui. » Pourquoi donc alors cette jalousie, qui peut très-bien s'irriter et s'ulcérer dans les derniers temps par amour-propre, n'est-elle pas née en Roger du premier jour qu'il a aimé Fanny? Et d'où ce retard que rien n'explique, à moins qu'on ne dise qu'il était assez insouciant jusque-là ?

L'histoire est-elle vraie ? est-elle une histoire *vécue*, ou simplement imaginée? C'est une autre question qu'on ne peut s'empêcher de se poser d'abord après avoir lu *Fanny*, et qui tient surtout à la manière réelle, poignante et saignante, dont toutes choses y sont présentées. — A cette question, les réponses ne sont pas unanimes. Les uns disent que de telles histoires se prennent sur le vif et ne s'inventent pas. Quelques autres prétendent que le cas de Roger est trop singulier et trop poussé à bout pour être tout à fait vrai, que l'impitoyable rigueur logique avec laquelle procède sa passion est plus logique que la vérité même, ou du moins que la vraisemblance en pareil cas ; que cette impression se prononce surtout en avançant, et qu'on y croit sentir un parti pris ; que ce n'est que quand on invente que l'on est tenté ainsi d'exagérer, et que tout s'expliquerait pour la critique s'il n'y avait de tout à fait observés que les trois quarts de l'histoire de Roger, le reste étant inventé et composé.

Il y en a qui, se croyant personnellement intéressés dans ces sortes de récits, en veulent à l'auteur et déclarent que c'est être cruel, que c'est être parfaitement désagréable, de forcer ainsi d'honnêtes gens (c'est-à-dire eux-mêmes) à se poser nettement, désormais, dans leurs intrigues et ce qu'on nomme les bonnes fortunes, une question d'amour-propre et un point d'honneur qu'ils aimaient autant sous-entendre et éluder.

De plus sérieux contradicteurs, et plus désintéressés, soutiennent qu'il est pénible, à travers ce déploiement continu de force et de talent, d'être constamment obligé (soi, lecteur) d'avoir en perspective ce qui est l'idée fixe de ce malheureux et maniaque Roger, c'est-à-dire l'image toute matérielle d'un partage physique ; que c'est une fin peu digne d'un art aussi vivant et aussi expressif, que c'est un but peu en proportion avec une *monodie* aussi déchirante. Ils ajoutent qu'à mesure qu'on avance dans la lecture, sans pouvoir s'en détacher, on subit la sensation d'une sécheresse brûlante, et qu'on garde, en fermant le livre, une impression trop forte, trop fiévreuse, une impression d'écrasement.

Mais ce qui est bien certain, c'est que ce livre ne fait pas d'indifférents, qu'il prend son monde et le remue. Pour moi, je me contenterai d'en dire qu'il révèle avant tout une étoffe, un tempérament, une force ; que la main de l'ouvrier y surpasse la matière ;

que la monture y vaut encore mieux que le brillant : en d'autres termes, qu'il y a plus de talent qu'il n'en faut. Tout annonce dans ce petit livre une nature trop puissante pour le cadre, et qui le remplit jusqu'à le distendre. Il y a surabondance de force. L'auteur sera plus à l'aise dans un champ plus vaste. Plein de passion et d'ardeur, dévoué, dans une existence partagée, au noble culte de l'Art, il saura se donner cette plus large carrière ; il la médite et l'embrasse déjà. On ne croyait avoir en lui qu'un antiquaire pittoresque, et c'est un romancier de plus.

Lundi, 28 juin 1858.

## VARIÉTÉS LITTÉRAIRES, MORALES ET HISTORIQUES

PAR

# M. S. DE SACY

De l'Académie Française (1).

M. de Sacy est un des hommes les plus estimés de la presse tant littéraire que politique, et il y a vingt-cinq ans qu'il y est sur ce pied-là. J'ai eu quelquefois l'idée de traiter, dans une série particulière, des principaux de mes confrères en critique, de dire mon avis vrai sur chacun d'eux ; puis, au moment de prendre la plume, j'ai toujours été retenu par cette idée qu'étant obligé de refuser à chacun quelque chose, quelque qualité essentielle, d'en arriver, après une part d'éloges et une justice largement rendue, à un *mais* inévitable (car enfin nous-mêmes les critiques, redresseurs de tous, nous ne sommes point parfaits), je paraîtrais dénigrer des écrivains qui me valent au moins et que j'honore, et me mettre, contre mon intention, au-dessus de la plupart. C'est l'inconvénient quand on se fait juge soi-même de ses confrères et rivaux les plus immédiats, de ceux qui sont exactement du même métier que nous; on a toujours l'air de s'accorder tout ce qu'on refuse aux autres. Je me suis donc borné à parler de maint auteur an-

(1) Didier et Cⁱᵉ, quai des Augustins, 35.

cien et moderne à tort et à travers, sans m'attaquer aux critiques mêmes de ma plus étroite connaissance. Toutes les fois cependant que la démangeaison me revenait (et elle me revenait de temps en temps), quand j'étais tenté d'entamer la série, d'ouvrir la tranchée à tout hasard, c'était par M. de Sacy que j'étais bien résolu de commencer : sur celui-là, l'opinion me semblait faite ; j'allais, me disais-je, à coup sûr ; il n'y avait ni à ajouter ni à rabattre, il n'y avait pas de péril.

M. de Sacy, en tout ce qu'il a écrit, est surtout remarquable par les qualités saines, pensée saine, style sain et judicieux. Politiquement, il a rempli pendant dix-huit années une fonction très-humble en apparence, très-importante et des plus actives : il rendait compte dans le *Journal des Débats* des séances des Chambres, du jour au lendemain ; et dans les discussions qui s'engageaient entre les principaux organes de la presse sur les questions en jeu, il intervenait pour sa grande part. J'ai ouï dire aux personnes qui, en ce temps-là, y étaient le plus intéressées, qu'aucun rédacteur n'excellait comme lui à rendre avec exactitude, avec une vivacité fidèle, l'ensemble d'une séance, l'impression générale qu'elle laissait, sa physionomie si l'on peut dire. Après avoir assisté pendant des heures à ces débats, souvent aussi éloquents que confus, sans prendre une note, mais aussi sans se dissiper en paroles, il rentrait chez lui tout plein de ce qu'il avait entendu, et il le jetait sur le papier avec feu et avec netteté dans un travail de soirée et de nuit, où sa plume, si hâtée qu'elle fût, ne rencontrait jamais un mot douteux ni une locution louche : il ne pouvait parler ni écrire d'autre langue que celle de sa famille et de sa maison, celle qu'il tenait de son illustre père, et de ses premiers maîtres, de ses premières lectures d'enfance. Tel fut son cachet, telle son originalité dans la presse politique. Il savait encore, et mieux que personne, m'a-t-on dit, le moment opportun où, dans les grandes mêlées polémiques engagées alors entre les principaux journaux, l'adversaire s'étant trop avancé et venant à prêter flanc, il était à propos d'entrer dans l'action et de donner; il avait du tacticien. Je lui ai entendu rendre cette justice par d'anciens jouteurs. Mais ce sont là des qualités qui se rapportent à une histoire déjà bien passée, et nous n'avons à parler aujourd'hui que de ce qui ne vieillit pas, de la belle littérature.

M. de Sacy, sans en faire son occupation principale, l'a toujours aimée, cultivée, et y a su trouver, à chaque intervalle de loisir, ses plus chères délices : le loisir augmentant, et plus même qu'il n'aurait voulu, elle est devenue sa consolation et presque tout son bonheur dans l'ordre de l'esprit. Il nous le dit, et de cet accent qui persuade. Il aime les livres; il en a réuni depuis des années une fort belle et riche collection qui, si l'on y jetait seulement les yeux, permettrait d'apprécier l'esprit du collecteur; — chose rare! passion de bibliophile et sagesse! — les meilleurs auteurs latins et français dans leurs éditions les plus estimées, dans leurs conditions les plus parfaites et les plus irrépréhensibles; pas trop de curiosité, pas de ces goûts d'exception qu'on voit présider au choix singulier de quelques cabinets rares; une bibliothèque à la fois de luxe et de bon sens, et faite pour être lue. Car il aime la lecture pour elle-même, il relit sans cesse; c'est un mot qu'on redit volontiers depuis quelque temps, depuis que M. Royer-Collard l'a mis en honneur, mais que je n'ai jamais vu pratiquer aussi sincèrement et aussi en conscience que par M. de Sacy. Trouvez-moi quelqu'un en France, excepté lui, qui, au milieu des occupations de journaliste si capables de distraire quand elles n'accaparent pas tout entier, relise tous les quatre ou cinq ans son Tite-Live en latin d'un bout à l'autre, ou quelque grand traité de Cicéron! Qui donc, excepté lui, se propose aujourd'hui pour fête de rouvrir le *De Oratore* ou le *De Officiis* au lever de l'aurore? Lisant sans autre but que de s'instruire et de se charmer, de revenir à la source de la juste éloquence et des pensées salutaires, il n'a guère pris la plume en littérature que pour exprimer ce sentiment vif, l'amour et le goût des bonnes et vieilles œuvres. Quand il a écrit sur les modernes, c'est que ceux-ci le ramenaient encore à ses chers et incomparables Anciens. Aussi en parle-t-il sans cesse avec effusion, plénitude, avec une chaleur et une bonhomie d'admiration qui a sa grâce : il a l'honnêteté écrite dans le style. On lui a fait récemment une sorte de reproche d'avoir passé sous silence toute la littérature du dix-neuvième siècle, dans ses branches les plus fertiles et les plus brillantes de la poésie et du roman. Mais y pense-t-on bien? c'est là précisément le caractère de M. de Sacy, sa marque propre et distincte entre nous tous. Vécût-il cent années encore, il est dans l'impossibilité, dans l'impuissance de se teindre à aucun degré du style moderne, de s'initier aux procédés, aux motifs d'inspiration modernes, d'en connaître à fond, ou même de s'en informer. Son bon sens taillé dans la vieille étoffe a d'autres plis. Que peuvent faire tous les chants, toutes les confessions des enfants du siècle à cet esprit sain, sobre, nourri aux mœurs de la famille; qui, enfant, lisait les *Essais* de Nicole le dimanche, qui apprenait par cœur les *Provinciales* dans le latin de *Wendrock*, et qui, venu plus tôt, aurait aimé à se mouler en tout sur le patron des Bignon, des Pithou, des d'Aubray, sur celui des Fleury et des Rollin? D'ailleurs, M. de Sacy ne s'est jamais donné comme un critique de profession, un critique complet, aspirant à tracer un tableau littéraire de son temps : il se borne à traduire avec feu et à nous livrer avec candeur une image de ses goûts intègres, de ses prédilections restées toutes sérieuses et probes.

Les deux volumes qu'il publie nous le montrent à chaque page sous ce jour et dans ce cadre qui est le sien. Je regrette qu'au lieu de ranger ses articles sous des divisions un peu arbitraires, il ne les ait pas tout bonnement laissés dans l'ordre chronologique naturel selon lequel il les avait d'abord écrits : on y suivrait mieux le progrès des saisons, dans un même esprit judicieux et constant. On n'y trouverait pas de renouvellement ni de variations, mais on aurait le fruit dans toute la succession de sa maturité. Les articles de M. de Sacy ne sont pas des études proprement dites : il ne fait pas de recherches, il ne vise pas à du nouveau sur les sujets qu'il traite. Ne lui demandez pas de retourner les idées reçues sur un personnage et sur un auteur, ou de dire des choses connues d'un air de paradoxe et de gentillesse. D'autres, à côté de lui, nous offriraient un bon sens joli et piquant, relevé d'imprévu et presque insolent de grâce; on ferait, de leur manière à la sienne, un parallèle charmant. J'en sais d'autres encore dont l'ambition serait, dans la critique, d'atteindre à une nouveauté vraie, à une hardiesse juste, de trouver du neuf à tout coup; mais aussi, en voulant trouver toujours, on court risque d'inventer; on reste quelquefois en chemin avec sa hardiesse, en deçà ou au delà de la justesse. M. de Sacy, lui, se contenterait à tout jamais de reproduire d'antiques vérités éternellement vraies. Il ne s'en ennuie pas, c'est son goût et son mérite; et chaque fois que l'occasion s'en présente, il y rentre avec ardeur et verve; il redit ce qu'il ne rougit pas de penser avec tous les maîtres ses prédécesseurs, mais il le redit bien comme le pensant lui-même et comme venant de se retremper vivement au bouillon de la source. Ses articles littéraires (ainsi qu'autrefois ses articles politiques) rendent bien l'ensemble de son impression, le plein effet d'une lecture récente, d'une lecture dont on est encore tout chaud, et cela sans raffinement, sans s'amuser aux hors-d'œuvre, sans se détourner aux accessoires; car il s'attache, en toute chose, au gros de l'arbre. Mais il y a jusque dans sa solidité un certain montant qui était étranger à l'ancienne critique, et qui est bien du journaliste moderne. Il a gardé du rédacteur politique ce mouvement qu'il porte dans l'exposé de ses impressions littéraires et qui donne du courant à son discours.

Je n'avais pas attendu, pour les conserver, que M. de Sacy eût recueilli ses articles; j'en ai sous les yeux la plupart, classés par moi au fur et à mesure qu'ils paraissaient, et avec des annotations rapides. Il y en a que je me bornais à désigner de cette sorte: *du bon Sacy ordinaire.* Ce sont ceux où il traite de quelque thèse favorite, gallicane, universitaire, des États généraux, etc. Mais les articles qui sortent de ligne, et dont tous ceux qui lisent avaient gardé le souvenir avant de les retrouver dans les présents volumes, ce sont les articles sur le *De Oratore*, sur le *Télémaque*, sur La Rochefoucauld, sur Bossuet, Massillon, et bien d'autres.

Sur Cicéron, à propos de l'excellente traduction du *De Oratore* par M. Gaillard, M. de Sacy épanche tout ce qu'il a d'admiration dans le cœur, et cette admiration, avec celle qu'il a pour Bossuet, est la plus grande de toutes les siennes. C'est plaisir, là-dessus, de l'écouter lorsque soi-même on a un goût vif pour l'orateur romain, pour le philosophe de Tusculum : on aime à être surpassé en enthousiasme; on s'associe, on se prête à cette sorte d'ivresse qu'il cause à un esprit ordinairement rassis; on est édifié de retrouver à l'improviste comme un Rollin plus jeune, aussi sincère, mais plus transporté et tout de feu en présence des modèles. Il faut l'entendre, au sortir de ce beau fleuve romain et cicéronien où il vient de s'abreuver pour la centième fois, célébrer cette ampleur et cette finesse de parole, cette transparence lumineuse, cette riche abondance de mots, et cet art savant qui les épand si nombreux, si faciles *sans qu'il y en ait jamais un d'inutile ou de perdu :* « Quand on se laisse simplement entraîner, dit-il, par la lecture, c'est une musique délicieuse qui vous flatte : l'esprit sent la justesse des accords sans se rendre un compte exact de son plaisir, et ne fait qu'apercevoir instinctivement une nuance délicate de la pensée sous chacune des expressions dont la phrase s'embellit. Quand il faut traduire et trouver en français le mot propre pour répondre au mot latin, alors cette richesse et cette facilité apparentes deviennent la torture du traducteur. Rien n'est si aisé que de traduire Cicéron, si l'on se contente d'exprimer en gros le sens de la phrase : Cicéron n'est pas seulement le plus clair, il est le plus lumineux des écrivains ; rien n'est si difficile, si l'on veut pénétrer dans les nuances, saisir ce rayon fugitif qui brille en passant dans chaque expression, ne jamais prendre pour des synonymes ces mots qui ne complètent l'harmonie de la période qu'en représentant toutes les faces de la pensée. »

Tous les lieux communs de Cicéron sont si beaux, si spécieux, si honorables pour la société civile et pour la nature humaine, si accompagnés d'un noble pli et d'un large mouvement de la toge, que l'on conçoit vraiment combien ils doivent être chers à tous ceux qui sont encore moins des observateurs politiques inexorables et des scrutateurs du fonds naturel humain que d'éloquents avocats d'une cause.

Sur le *Télémaque*, il y a tant de gens qui, après l'avoir lu enfants, l'ont oublié ou qui le rejettent d'un air d'ennui s'ils essayent de le relire, qu'on est surpris d'abord de voir un homme si sage et que de loin on jugerait un peu froid (pour ceux qui le connaissent, il ne l'est pas du tout), nous raconter comment il a passé par trois impressions successives au sujet du livre relu, et nous faire l'histoire de ces trois époques, de ces trois âges du *Télémaque* en lui. C'est de sa part toute une confession, comme il l'appelle. Heureux ceux qui n'en ont pas à faire de plus grave ni de plus contagieuse! On sourit en commençant à lire; peu à peu la verve et la sincérité du narrateur nous gagnent, et l'on finit, au milieu de tant de soucis plus pressants, de tant d'intérêts du jour qui nous tirent et nous sollicitent, par se laisser aller de bonne foi, jusqu'à concevoir avec lui des doutes sur la parfaite convenance des deux portraits de Nestor et de Philoctète, placés à travers l'action et venant interrompre ou retarder le combat d'Adraste et de Phalante. Questions à faire envie aux Le Batteux, aux Tournemine, et aux Porée, et qui nous reportent à l'âge d'or des Lettres! L'opinion définitive de M. de Sacy sur le *Télémaque* me paraît, à dire vrai, un peu exagérée. Je suis bien de son avis sur la simplicité de Fénelon, laquelle n'est pas une simplicité primitive, mais plutôt celle d'une grâce exquise et peut-être d'une coquetterie accomplie; mais je ne saurais admettre que le *Télémaque* soit *le comble et le chef-d'œuvre de l'esprit*. Oh! s'il avait lu l'*Odyssée*, non pas comme tout le monde la lit (« j'ai lu, dit-il, Homère comme tout le monde »), mais comme il lit Cicéron, qu'il eût rabattu de cet éloge! Je lui sais gré toutefois d'avoir remué ainsi des idées dans un sujet si connu, et d'avoir parlé avec tant de jeunesse sur un livre d'enfance.

Bossuet, à la bonne heure! voilà celui sur lequel M. de Sacy ne tarit pas, dont il sent tous les mérites, et qu'il embrasse sans cesse. Ici, il fera comme pour Fénelon ; il nous racontera ses impressions diverses aux lectures et aux *relectures* successives qu'il en a faites. D'abord il croyait admirer assez en choisissant parmi ses *Oraisons funèbres :* il y en avait trois sur six qu'il estimait fort inférieures aux autres. Il s'en *confesse* (c'est encore son mot), il s'en humilie et s'en repent : « La dernière lecture, nous dit-il, que je viens de faire des *Oraisons funèbres* m'a bien changé! J'ai peur de retomber dans un autre paradoxe. » En effet, peu s'en faut que cette fois il ne déplace les rangs, qu'il ne les intervertisse, et qu'il ne mette au premier ce qu'il avait d'abord laissé descendre au dernier dans son estime. Il nous donne ingénument ses raisons, raisons d'homme de goût et qui sait les délicatesses du sentiment. Mais n'admirez-vous pas le scrupule? voilà qu'il craint de tomber dans un *paradoxe*, quand il ne s'agit que du plus ou moins d'admiration au sein de Bossuet, et d'un simple classement dans les *Oraisons funèbres*; c'est bien de celui qui tout à l'heure a fait, en tremblant, une révolution sur le *Télémaque*. N'est-il pas touchant de voir un homme qui a usé sa vie dans le spectacle et l'examen des débats, et, s'il l'avait voulu, des intrigues politiques, avoir conservé une telle fraîcheur, une telle innocence d'impressions, une telle fleur d'âme; se complaire à de pareilles questions et avoir l'idée de se les poser, en même temps que le zèle et l'espoir d'y ramener les autres : « Croyez-moi, s'écrie-t-il à propos de Bossuet et dans sa religion pour ce grand homme, ne vous figurez jamais en avoir fini avec ces œuvres parfaites. Elles sont, si la comparaison est permise, comme les œuvres mêmes de la nature et de Dieu : c'est une matière infinie d'étude et de contemplation. »

M. de Sacy, certes, a ses défauts, et je puis dire qu'ayant habituellement suivi une tout autre voie, une tout autre méthode que la sienne en critique littéraire, j'y suis sensible, à ces défauts, comme il doit l'être aux miens : il a ses redites, il a ses longueurs ; il a des excès de louange sans nuances à l'égard de certaines personnes ; il a des humilités soudaines par lesquelles il se dérobe et s'interdit presque le droit de juger en des cas où il serait sans doute très-compétent : voilà les inconvénients de sa manière et qui sont presque des conséquences de ses vertus. Mais celui qui ne sentirait pas tout ce qu'il y a de rare, de foncièrement salubre et de moralement exquis dans les bonnes pages que nous indiquons, ne s'expliquerait pas l'estime universelle qu'il inspire. S'il n'y a qu'une voix sur lui, et si un juste respect l'environne, c'est qu'il s'exhale un parfum d'honnêteté de tout ce qu'il écrit. D'autres critiques brillent par l'invention, d'autres par l'érudition curieuse, d'autres par l'imprévu du tour ou le fini du détail : lui, il est surtout recommandable comme l'aimable et modeste Nicole, par les *mœurs*.

Un de ses bons, de ses meilleurs articles, est celui qu'il a fait sur les *Maximes* de La Rochefoucauld. En conscience, il ne doit pas les aimer, et il nous dit à merveille pourquoi. Je ne défendrai pas La Rochefoucauld ; il n'est pas de ceux qu'on mette son amour-propre à défendre et qu'il y ait honneur à épouser. D'ailleurs il se passe bien d'apologie, et il laisse à l'expérience toute seule le soin de dire le dernier mot sur son compte. Je ferai ici une simple remarque : c'est qu'ayant relu depuis peu la première édition des *Maximes* en la comparant à la dernière qu'a donnée l'auteur et qui est celle qu'on suit généralement, j'y ai trouvé assez de différences pour pouvoir affirmer que c'est la première seule qui contient toute la pensée de l'homme, pensée franche, absolue à l'origine, toute verte et toute crue, sans adoucissement, et qui, par la portée, va rejoindre d'autres systèmes moraux de date plus récente. Mais ce n'est pas de cela qu'il s'agit. M. de Sacy, père de famille, fils d'un père très-religieux, et religieux lui-même, à demi platonicien autant qu'il sied à un admirateur déclaré de Cicéron, ayant en lui, dans sa nature modérée et sensée, de beaux restes et comme des extraits mitigés de toutes ces hautes doctrines, M. de Sacy, homme pratique et de mœurs domestiques vertueuses, a lu les *Maximes*, et, en les admirant littérairement, il en a souffert dans sa sensibilité : « Ma répugnance est invincible, dit-il ; je tiens les *Maximes* pour un mauvais livre. J'éprouve, en les lisant, un malaise, une souffrance indéfinissable. Je sens qu'elles me flétrissent l'âme et me rabaissent le cœur... » Et il développe sa thèse avec une grande vigueur de conviction, un profond accent de conscience, dans un style animé et tempéré qui est déjà celui d'un jeune et doux vieillard (pardon du mot! mais nous sommes, lui et moi, à peu près contemporains). On peut dire, en effet, de sa critique, en y appliquant une expression que Cicéron emploie pour l'éloquence, qu'elle a commencé à *blanchir* de bonne heure. En combattant La Rochefoucauld, il est à la fois plein d'onction et d'émotion ; il s'arme de tous les souvenirs d'enfance, de toutes les traditions héréditaires, du besoin de croire et d'espérer qui revient et s'augmente avec l'âge. Il estime que depuis le Christianisme, l'homme reconnu infirme et malade, éclairé sur ses misères, a plus besoin de consolations, de secours divin ; qu'insulter à l'humanité depuis le Christianisme, la railler ou la mépriser, si l'on ne va aussitôt jusqu'au remède, est chose plus grave qu'auparavant, et qui tire plus à conséquence. C'est ainsi qu'il a des paroles d'aversion, non-seulement pour La Rochefoucauld, mais pour Voltaire, pour Molière. Il refuse aux amers ironiques et aux grands railleurs modernes une qualité qu'il accorde volontiers aux grands railleurs et aux mélancoliques de l'Antiquité, à Aristophane et à Lucrèce, l'élévation : « Tout écrivain parmi les modernes, s'écrie-t-il, que n'anime pas à un degré quelconque le sentiment chrétien, pourra être un déclamateur; élevé, il ne le sera jamais. »

Cet article de M. de Sacy est un de ceux où il se dessine le mieux et le plus au complet dans l'excellence de sa nature mixte, avec ses velléités, ses aspirations et ses répulsions, ses regrets ou ses désirs, son vœu d'alliance de la raison et de la foi, ses préférences païennes ou classiques, et ses adhésions chrétiennes. Il ne faudrait pourtant pas trop presser ce juste milieu religieux et moral en tant que système : cela n'a toute valeur que comme expression d'une nature individuelle, et ce qui en fait la force en M. de Sacy, c'est d'être avant tout porté par un bon fonds, préparé de longue main. Car qu'on ne croie pas que ce soit une petite avance pour la vertu que de sortir de la race des justes.

Je pourrais, en feuilletant ces volumes, continuer mon énumération, ma liste d'auteurs, que je ne veux cependant pas épuiser. Mais l'article mémorable et tout à fait distingué, chef-d'œuvre de M. de Sacy, a été celui du mardi 25 octobre 1853, sur le *Catalogue de la bibliothèque de feu J.-J. De Bure.* Parler d'un catalogue, c'est peu inspirant, ce semble; et pourtant, si M. de Sacy a jamais été neuf, fin, varié, imprévu, s'il a eu de l'accident et de la bonne fortune d'écrivain, un grain d'*humour,* ç'a été ce jour-là. Nous l'avons ici dans son vif, dans sa fantaisie. Oui, de la verve et du lyrique sur des catalogues ! Il ne s'agit que de prendre les gens à leur heure et à leur moment, dans ce qu'ils aiment à la folie. On a des trésors de talent quand on parle de l'objet de sa passion. En parlant des livres, et, à ce propos, de la rue obscure, du salon grave et sombre où il visitait les antiques libraires dans son enfance, et des savants modestes qu'il y rencontrait, et des différentes manières d'aimer les livres, des différentes espèces de bibliophiles, et des variétés dans l'espèce, jusqu'à l'amateur de bouquins exclusivement, en parlant de toutes ces choses et de tous ces gens, qui faisaient son sujet d'observation et son gibier depuis des années, le rayon lui est venu, un de ces rayons familiers, riants, comme La Bruyère les savait saisir, qui éclairent le front des originaux, et qui pénètrent dans les intérieurs. Pour moi, les deux morceaux de M. de Sacy que je préfère, sont l'article sur l'*Orateur* de Cicéron et cet article sur les catalogues : Cicéron et les beaux livres, ses deux amours !

Je n'ai pas à conclure, tous mes lecteurs connaissant M. de Sacy presque aussi bien que je le puis connaître moi-même. Dans notre temps, où ce qu'on appelait autrefois le sens commun est si peu d'usage en littérature et se trouve le plus souvent remplacé par le caprice, M. de Sacy en est un des derniers représentants utiles; je ne sais même si l'on trouverait aujourd'hui personne qui le représentât aussi nettement et aussi distinctement que lui, qui en offrît un exemplaire vivant aussi authentique et aussi sensible. Et pour finir, qu'on me permette, à ce sujet, une petite histoire.

M. de Sacy est de l'Académie, et à ce titre il a charge, pour sa part, d'entendre et de juger chaque année nombre de pièces de poésie et de prose qui y sont adressées pour les concours. Il y a quelque temps (il y a quelques années, si vous voulez), on lisait dans une séance particulière des pièces de vers, et, on le sait trop, il y a une infinité de façons pour les vers d'être médiocres ou mauvais. Mais les pires de tous à entendre sont ceux qui, sans être plats et en laissant percer des efforts d'élévation, n'attestent après tout que les convulsions d'un talent ambitieux qui se débat contre une demi-impuissance. On lisait donc, on lisait pour la seconde ou la troisième fois, et en dernier ressort, une de ces pièces de vers pénibles, laborieuses, sillonnées çà et là de lueurs, mais pleines d'obscurités, semées de précipices et à se casser le cou à chaque pas; c'était un supplice pour tous. Notez que, sans nommer l'auteur de ces vers, je me garderais bien de faire l'allusion même la plus lointaine à son poëme rejeté et enseveli, si lui-même, par son procédé, n'avait depuis lors rompu toute mesure et ne nous avait dégagés du secret, en s'attaquant d'une manière inqualifiable (et de quoi n'est pas capable un poëte piqué?), — en s'attaquant, dis-je, à des juges qu'il avait non-seulement choisis, mais sollicités un à un très-humblement (1). On lisait donc cette pièce, un poëme fort long, fort dur, fort inégal, où tous les tons se heurtaient et où tout dansait à la fois, et on allait jusqu'au bout par conscience, par égard pour les traces de talent qui s'y révélaient, pour les étincelles qui sortaient de la fumée, pour les éclairs qui sillonnaient la nuit. On écoutait, mais on souffrait. La lecture très-bien faite, — trop bien faite — par un académicien poëte (2) qui sait le prix du moindre vers et qui caresse tout ce qu'il touche, ajoutait à la souffrance en étalant complaisamment les défauts comme on eût fait des qualités et en les

(1) Je serai plus clair, en réimprimant ici cet article, que je n'avais cru devoir l'être d'abord dans *le Moniteur :* il s'agissait d'un poëme *sur la Guerre d'Orient*, par M. Adolphe Dumas, lequel, pour nous punir de ne l'avoir pas couronné, a fait dire quelques jours après, dans les journaux à sa dévotion, que l'Académie avait des sentiments *trop russes* pour apprécier les beautés patriotiques de son ouvrage.

(2) M. Alfred de Vigny.

mettant dans leur plus beau jour. Je ne connais rien de plus irritant, en pareil cas, qu'un lecteur qui s'arrête en souriant à chaque vers amphigourique, de l'air de dire : *Que c'est charmant!* qui ralentit à tout instant son débit pour avertir d'admirer, et qui s'applaudit du geste comme s'il était l'auteur. Quand il eut fini, et qu'on fit ce qu'on appelle un tour d'opinions, il n'y eut qu'une voix chez tous ceux qui avaient entendu. On rejeta la pièce, mais elle avait produit son effet. Quelques-uns étaient sortis avant la fin; quelques autres, en demeurant, n'avaient pu dissimuler leur impatience. J'avoue que j'étais de ceux-là; à un moment j'avais crié. Or M. de Sacy qui était resté jusqu'au bout, et qui avait écouté en silence, avait apparemment souffert plus qu'un autre dans son bon sens, et dans ses habitudes de bonne langue, de bonne logique, de logique de Port-Royal. Il rentra chez lui après la séance et se sentit indisposé; il le fut pendant quelques jours. Voilà une indisposition à la Despréaux, qui lui fait honneur, et qui prouve sinon la force de ses nerfs, du moins la santé de son esprit.

On disait de l'avocat général Talon, en son temps, qu'il était *le plus beau sens commun du Palais*. Depuis ce jour-là, je dis de M. de Sacy, qu'il est le sens commun le plus délicat de l'Académie, puisqu'il a été malade d'une sotte chose. — On le voit assez, chez M. de Sacy, la personne et les écrits sont dans un parfait accord; l'homme est d'une pièce. Aussi, sans viser à l'originalité dans la critique, et par la seule droiture de son goût, par l'incorruptible fidélité de ses affections comme de ses répugnances, il remplit parmi nous une place à part, il tient un coin qu'on ne prendra pas et qui n'est qu'à lui.

Lundi, 19 juillet 1856.

# HISTOIRE
### DE
# L'ACADÉMIE FRANÇAISE

PAR PELLISSON ET D'OLIVET,

**Avec Introduction et Notes,**

PAR CH.-L. LIVET (1).

Il faut remercier M. Livet d'avoir songé à procurer (c'est l'ancien mot) une nouvelle édition de ces Histoires de Pellisson et de d'Olivet, en y joignant quantité de notes et de pièces qui en varient et en rafraîchissent la lecture.

La petite Histoire que Pellisson a donnée des commencements de la Compagnie sous forme de Lettre à un ami, est en effet un des morceaux les plus achevés et les plus agréables de notre langue, un des rares et parfaits exemples qui montrent mieux que toutes les définitions ce que c'est qu'écrire avec élégance et pureté en français. Il y a, il y avait du temps de Pellisson deux sortes d'élégance et d'urbanité, soit en causant, soit en écrivant : l'une plus vive, plus naturelle, plus aisée et plus familière, plus colorée

(1) Didier et Cⁱᵉ, quai des Augustins, 35.

aussi, puisée dans le commerce du grand monde et de la Cour, par ceux qui y avaient été nourris et rompus dès l'enfance; c'était celle des Saint-Évremond, des Bussy, des Clérembault, des La Rochefoucauld, des Retz; — l'autre plus étudiée, plus formée dans le cabinet et par la lecture, ou par l'assiduité dans certains cercles illustres et par le commerce des personnages littéraires les plus qualifiés; cette dernière urbanité est celle des Conrart, des Vaugelas, c'est celle surtout de Pellisson qui y excelle, et qui en est le parfait modèle en son temps.

Si, au sortir de quelque naturel et vivant ouvrage de cette époque, aussitôt après les Mémoires du Cardinal de Retz par exemple, on lit du Pellisson, on comprendra bien ce que je veux dire. C'est encore à un écrivain excellent qu'on a affaire en sa personne, mais on le sent, à un écrivain d'une tout autre espèce, d'une tout autre trempe, d'une tout autre origine et famille. Il n'est pas de ceux qui ayant tout vu, tout essayé dans l'action, comme Retz, et tout osé, se risquent à tout dire, sauf à se faire une langue à leur image et qu'ils sont seuls à parler de cet air-là, bien assurés qu'ils sont d'ailleurs d'être toujours de la bonne école et de la bonne race : il est un de ces auteurs de profession qui, ayant commencé par la plume et ne la perdant jamais de vue, se retrancheraient plutôt (comme Fontanes) des idées ou des accidents de récit, s'ils croyaient ne pouvoir les rassembler et les rendre en toute correction et en parfaite élégance.

Né à Béziers en 1624, originaire de Castres, d'une famille protestante très-distinguée dans la robe, ayant fait ses études dans le Midi, il y prit un grand goût pour les bons auteurs latins, Cicéron, Térence, et ne s'aperçut, au sortir du collége, que l'on pouvait bien écrire aussi en français, que lorsqu'il eut vu quatre ouvrages dont il garda toujours un souvenir reconnaissant : les *huit Oraisons* de Cicéron alors récemment traduites, le *Coup d'État* de Sirmond, un volume des Lettres de Balzac, et les charmants Mémoires de la reine Marguerite. Le dirai-je? dans l'élégance de Pellisson, on croit sentir qu'il apprit d'abord la meilleure langue française, surtout par les livres. Il était l'orgueil et la merveille du barreau de Castres. Il eut le temps de prendre quelques habitudes de province, au moins dans le goût; il admirera jusqu'à la fin mademoiselle de Scudéry, il sera son soupirant idolâtre. Mais si je crois sentir en lui une première couche légère de provincialisme, ce n'est qu'au fond de certains de ses jugements et non dans l'élégance accomplie de sa diction. Une maladie qui le défigura, et qui fit de lui le plus laid des gens d'esprit, l'obligea de quitter le barreau et l'action publique. Venu à Paris où il se fixa vers l'âge de vingt-six ou vingt-huit ans, introduit dans le monde littéraire sous les auspices de Conrart, il composa pour sa bienvenue, sous forme de lettre à un ami, cette Relation ou *Histoire de l'Académie française* qu'il fut admis à lire devant elle en pleine assemblée. L'approbation fut si grande que l'on décida que la prochaine place vacante dans la Compagnie serait pour Pellisson, et, en attendant, il put assister aux séances en qualité de *surnuméraire* : ce qui n'arriva qu'à lui. Il se vit l'objet d'une exception unique, il fut le seul homme de Lettres envers qui l'Académie ne craignit pas de s'engager à l'avance.

Il était, du reste, dans les meilleures conditions quand il écrivait ce récit : à côté de l'Académie sans en être encore, et dans la confidence des témoins les mieux informés. C'est grâce à lui qu'on assiste à l'*Age d'or*, à l'âge d'Évandre, de cette Compagnie tant louée, et qui aura un jour son Louvre et son Capitole. Il y eut en France, dans la première moitié du dix-septième siècle, des essais nombreux de perfectionnement et de culture pour la langue, des essais naturels et *spontanés* de petites sociétés ou coteries grammaticales et littéraires. Depuis la venue de Malherbe, un souffle général y poussait. Une de ces petites sociétés, de laquelle étaient MM. Conrart, Godeau, de Gombauld, de Malleville, de Serisay, de Cerisy, Habert (Chapelain n'en fut qu'un peu après), s'assemblait régulièrement vers 1629, une fois par semaine, chez l'un d'eux Conrart, logé plus au centre. On se lisait les uns aux autres les ouvrages qu'on avait composés; on se critiquait, on s'encourageait. « Les conférences étaient suivies tantôt d'une promenade, tantôt d'une collation en commun. » Pendant trois ou quatre ans, on continua de la sorte avec une entière obscurité et liberté : « Quand ils parlent encore aujourd'hui de ce temps-là et de ce premier âge de l'Académie, nous dit Pellisson, ils en parlent comme d'un *Age d'or*, durant lequel avec toute l'innocence et toute la liberté des premiers siècles, sans bruit et sans pompe, et sans autres lois que celles de l'amitié, ils goûtaient ensemble tout ce que la société des esprits et la vie raisonnable ont de plus doux et de plus charmant. »

Il y avait secret promis et gardé : *Qui sapit in tacito gaudeat ille sinu*. L'un d'eux (M. de Malleville) fut le premier à y manquer; il parla un peu indiscrétement des conférences et de ce qu'on y agitait entre soi à Faret, auteur de *l'Honnête homme*, et qui y porta son livre, alors nouvellement imprimé. Faret en parla à d'autres. Des Maretz, Boisrobert furent ainsi informés des réunions et désirèrent y assister. On ne pouvait refuser sa demande à Boisrobert, grand favori du Cardinal et son grand amuseur. Et comme il savait que pour l'amuser il fallait des contes un peu bouffons ou des nouvelles littéraires, il ne manqua pas de l'entretenir de la petite assemblée; il lui en donna si bonne idée que Richelieu conçut à l'instant le dessein de l'adopter, de la constituer en corps et de s'en servir pour la décoration littéraire du règne.

Car Richelieu, rendons-lui à notre tour et après tant d'autres ce public hommage, avait en lui de cette flamme et de cette religion des Lettres qu'eurent dans leur temps à un si haut degré les Périclès, les Auguste, les Mécènes; il croyait que les vraiment belles et grandes choses ne seront cependant tenues pour telles à tout jamais, qu'autant qu'elles auront été consacrées par elles, et que le génie des Lettres est l'ornement nécessaire et indirectement auxiliaire, la plus magnifique et la plus honorable décoration du génie de l'État. S'il avait moins de goût que les grands hommes de la Grèce et de Rome que nous venons de citer, cela tenait aux inconvénients de son époque, de son éducation, et à un vice aussi de son esprit, atteint d'une sorte de pédantisme : mais s'il péchait dans le détail, il ne se trompait pas dans sa vue publique de la littérature et dans l'institution qu'il en prétendait faire pour le service et l'agrément de tous.

Après avoir dompté et décapité les Grands, maté les Protestants comme parti dans l'État, déconcerté et abattu les factions dans la famille royale, tenant tête par toute l'Europe à la maison d'Autriche, faisant échec à sa prédominance par plusieurs armées à la fois sur terre et sur mer, il eut l'esprit de comprendre qu'il y avait quelque chose à faire pour la langue française, pour la polir, l'orner, l'autoriser, la rendre *la plus parfaite des langues modernes*, lui transporter cet empire, cet ascendant universel qu'avait eu autrefois la langue latine et que, depuis, d'autres langues avaient paru usurper passagèrement plutôt qu'elles ne l'avaient possédé. La langue espagnole usurpait alors ce semblant d'autorité; il combattait encore la maison d'Autriche sur ce terrain. Mais pour l'exécution d'une telle pensée, il avait besoin d'auxiliaires de choix : un hasard heureux les lui faisait rencontrer, déjà réunis en groupe. Il étendit la main, et fit dire à cette petite réunion qui se croyait obscure : « Je vous adopte; soyez à moi, soyez de l'État! »

D'autre part, il est piquant et presque touchant de voir comme cette offre de protection et d'agrandissement effraya d'abord ces honnêtes gens, amateurs sincères de la vie privée et d'un loisir studieux : ils étaient bien tentés de refuser et de décliner un si grand honneur. Mais le sage et circonspect Chapelain fit remarquer que puisque, par malheur, les conférences *avaient éclaté*, on n'avait plus la liberté du choix; que cette offre honorable de protection, venant de si haut, était un ordre, et que se dérober à la bienveillance du Cardinal, c'était encourir son inimitié : *Spretæque injuria formæ*. Les raisons qui furent données dans cette occasion, et celles, en général, qui se produisirent dans d'autres discussions particulières, Pellisson nous les déduit d'ordinaire en de petits discours indirects imités de ceux de Tite-Live, et qui n'en semblent pas moins à leur place. On remercia donc M. le Cardinal, en mêlant dans la réponse l'étonnement et la reconnaissance, et l'on se mit à sa disposition. Cela se passait au commencement de 1634. On sait le reste.

Il est fâcheux que l'on n'ait pas continué l'Histoire de l'Académie sur le plan et dans le détail de Pellisson : il s'est arrêté après l'exposé de ce qui arriva pour le Jugement du *Cid.* D'Olivet, dans le morceau fort estimable qu'il a écrit pour continuer celui de Pellisson, raconte simplement et strictement les faits essentiels, mais il est sobre d'agrément. Il se fait une loi, dans les biographies d'académiciens, de s'arrêter à 1700 sans aller même jusqu'en 1715, jusqu'à la mort de Fénelon et de Louis XIV. Il a un bon style et certainement aussi, en ces matières académiques, un bon esprit ; mais il abrége et dessèche tout plus qu'il n'était nécessaire. Il n'a pas cette baguette d'or que tient Pellisson, et qui lui fait dire, par exemple, à propos des différentes retraites qu'eut l'Académie faute d'un local assuré, jusqu'à ce que le Chancelier Séguier lui eût donné asile dans son hôtel : « Il me semble que je vois cette île de Délos des poëtes, errante et flottante jusques à la naissance de son Apollon. » Il ne se peut rien assurément de plus élégant pour dire que les séances se tenaient çà et là, tantôt chez M. Des Maretz, rue *Cloche-Perce*, tantôt chez Chapelain, rue *des Cinq-Diamants*, ou encore ailleurs.

L'Histoire de l'Académie, telle que je la conçois aujourd'hui, en tant qu'histoire du Corps, est assez difficile à faire, faute de documents particuliers suffisants ; je ne la crois pourtant pas impossible. J'entends parler surtout de l'ancienne Académie détruite en 1793 ; car, pour la nouvelle, les documents et les souvenirs surabondent. L'important serait de bien marquer les différents temps, les différents âges, et les influences diverses qu'a subies ou exercées la Compagnie, les courants d'esprit qui y ont régné et par lesquels elle s'est trouvée plus ou moins exactement en rapport et en communication avec l'air et l'opinion du dehors.

Ainsi, c'est une règle presque générale que l'Académie, après un temps où elle était complétement de niveau avec l'opinion littéraire extérieure et où elle en représentait les aspects les plus en vue et les plus florissants, baisse ensuite ou retarde un peu. Cela tient à la durée même et à la longévité de ses membres. Et, par exemple, sous Richelieu, et dès l'origine, elle se trouva composée d'abord et tout naturellement, sauf quelques exceptions, de ce qu'il y avait de mieux et de plus considérable parmi tous les gens de Lettres, Balzac en tête et Chapelain.

Mais par cela même que Chapelain vécut et se survécut, il vint un moment sous Louis XIV, et à la plus belle heure, où l'on aurait pu noter au sein de l'Académie un esprit légèrement arriéré. Ce n'étaient pas seulement Molière et La Fontaine, c'était Boileau qui n'en était pas, et il n'en fut un jour que parce que Louis XIV, sur une question qu'il lui adressa, s'aperçut avec étonnement de cette absence. Par cela seul que l'ancienne et première école des Chapelain, des Des Maretz, vécut son cours de nature et se prolongea dans ses choix, Boileau ne fut jamais complétement chez lui à l'Académie ; il ne fut jamais content d'elle ; il n'avait guère que des épigrammes quand il en parlait ; il était presque de l'avis de Madame de Maintenon, à qui l'on reprochait de ne pas la regarder « comme un Corps sérieux (1). »

(1) Boileau écrivait à Brossette qui lui avait parlé de l'Académie de Lyon (1700) : « Je suis ravi de l'Académie qui se forme en

En un mot, les vieux académiciens voisins de la fondation et contre lesquels, à ses débuts, Boileau avait eu à guerroyer vécurent assez pour donner la main à des académiciens plus jeunes et qui, dès le début, se retrouvaient opposés à leur tour à Boileau déjà mûr ou déjà vieux. Voici la filiation : Des Maretz, Perrault, Fontenelle, La Motte. Je sais bien qu'il y avait les grands jours classiques où Racine célébrait solennellement Corneille, où l'on recevait La Bruyère ; mais l'ordinaire de l'Académie, c'était la lecture d'un poëme de Perrault, d'une dissertation de Charpentier, d'une idylle de Fontenelle, et bientôt d'une fable ou d'une traduction en vers de La Motte. Celui-ci, dès qu'il en fut, par son assiduité, sa politesse, son aimable esprit de société, devint aussitôt un académicien des plus essentiels et des plus chers au cœur de la Compagnie. Par lui et par Fontenelle l'Académie se retrouva très-en avant et en tête des questions littéraires sous la Régence.

Mais après, et jusque vers le milieu du dix-huitième siècle, il lui fallut du temps et de l'effort pour

votre ville. Elle n'aura pas grand'peine à surpasser en mérite celle de Paris, qui n'est maintenant composée, à deux ou trois hommes près, que de gens du plus vulgaire mérite, et qui ne sont grands que dans leur propre imagination. C'est tout dire qu'on y opine du bonnet contre Homère et contre Virgile, et surtout contre le Bon Sens, comme contre un Ancien, beaucoup plus ancien qu'Homère et que Virgile. » Et Fléchier, qui était du monde de M. de Montausier, c'est-à-dire du monde le plus opposé à celui de Boileau, écrivait à mademoiselle Des Houlières (ces dames Des Houlières étaient d'autres ennemis de Boileau) : « Je suis bien aise que votre Cour grossisse tous les jours de quelque bel esprit qui vous rend hommage. J'espère qu'à la fin l'Académie se tiendra chez vous et que vous y présiderez (octobre 1681). » Puisque l'Académie semblait si bien chez elle en étant chez mademoiselle Des Houlières, Boileau ne pouvait se croire chez lui quand il était à l'Académie.

se relever des choix faits sous l'influence stagnante de Fleury, et pour arriver à se mettre en accord et en parfaite alliance avec les puissances littéraires et philosophiques actives du dehors. Voltaire ne fut de l'Académie qu'en 1746, c'est-à-dire tard, comme Boileau ; mais une fois entré, bien qu'absent et de loin, il y régna et gouverna, ce que Boileau n'avait pas fait. Duclos d'abord, moins docilement, d'Alembert ensuite y furent ses premiers ministres.

M. Paul Mesnard, dans une *Histoire de l'Académie* (1) qui n'a que le défaut d'être un peu abrégée, a fort bien touché ces époques et ces divisions d'ensemble. Je ne lui demanderais, s'il réimprimait son livre, qu'un peu plus de curiosité et de complaisance dans l'anecdote. Il indique quelque part un chapitre à faire, de l'influence des femmes sur les élections de l'Académie (madame de Lambert, madame de Tencin, madame Geoffrin, mademoiselle de Lespinasse, etc.); il y en aurait un aussi à écrire sur l'influence dirigeante insensible des secrétaires perpétuels. Un bon secrétaire perpétuel, sans faire grand bruit à l'intérieur, donne tout le mouvement à la machine et la fait aller comme d'elle-même. Nous en connaissons encore comme cela. On s'en aperçoit bien quand, par hasard, ils s'absentent et font défaut. La plus triste époque de l'Académie au dix-huitième siècle fut celle des secrétaires perpétuels insignifiants, Dacier, Du Bos, Houtteville, Mirabaud. La Compagnie alors flotte ou sommeille.

Une des plus piquantes preuves de ce que j'ai dit que l'Académie, dans sa longue vie depuis 1634 jusqu'à 1793, était tour à tour très-présente ou légère-

(1) Bibliothèque Charpentier, 1857.

ment arriérée, et tantôt de la vogue du jour, tantôt du régime de la veille, c'est ce qui arriva lorsqu'elle exclut de son sein, en 1718, l'abbé de Saint-Pierre. Car ne croyez pas que cet honnête homme fut exclus par égard pour les puissances du jour : ce fut une victime qu'on immola au dieu et à l'idole de la veille. Louis XIV était mort, son testament déchiré, ses traditions déjà jetées au vent; un membre de l'Académie s'avise d'écrire du grand roi ce que beaucoup déjà en pensaient. — Il révolte, — qui?... non pas les amis du Régent, à qui cela était bien égal et qui en pensaient tout autant, mais les partisans de la vieille Cour, les hommes des regrets, les Villeroy, les Fleury, les Polignac, qui en font leur affaire, et qui piquent d'honneur l'Académie où ils se sentent maîtres (ils ne l'étaient plus que là), l'Académie de tout temps vouée à diviniser le grand Roi et qui mettait chaque année au concours une de ses vertus. Souffrira-t-elle, lui mort, qu'un de ses membres l'insulte, et qu'averti une première fois, il récidive? C'est ainsi que la question fut posée. Ce qui, au premier abord et de loin, semblerait une lâcheté et une platitude, ne se présenta alors que comme une chevalerie posthume, un acte religieux et courageux de fidélité envers le passé. L'Académie se trouva ce jour-là le seul sanctuaire resté tout à la dévotion de Louis XIV. Quatre ans après, lorsqu'on eut reçu le cardinal Dubois, on s'était mis en règle avec le présent, on n'en aurait plus été à chasser pour si peu l'abbé de Saint-Pierre.

Malgré le rôle brillant que l'Académie sut prendre dans la seconde moitié du dix-huitième siècle et qui fit d'elle un souverain organe de l'opinion, à dater surtout de l'avénement de Louis XVI jusqu'en 1788, je ne crois pas qu'elle ait tout à fait et de tout point rempli le vœu de son fondateur; elle a fait plus et moins que ce qu'il voulait. Je m'explique.

Ce n'est point sur les Lettres Patentes de son institution que je la prendrai en défaut, et d'ailleurs je ne prétends point du tout la prendre en défaut, mais seulement relever exactement les faits et en tirer la conséquence.

Les Lettres Patentes de 1635, et le projet qui avait précédé, exprimaient en termes très-nets le but des études et l'objet des travaux de l'Académie; l'espoir « que notre langue, plus parfaite déjà que pas une des autres vivantes, pourrait bien enfin succéder à la latine, comme la latine à la grecque, si on prenait plus de soin qu'on n'avait fait jusques ici de l'*élocution*, qui n'était pas à la vérité toute l'éloquence, mais qui en faisait une fort bonne et fort considérable partie; » que, pour cet effet, il fallait en établir des règles certaines; premièrement établir un usage certain des mots, régler les termes et les phrases par un ample *Dictionnaire* et une *Grammaire* exacte qui lui donneraient une partie des ornements qui lui manquaient, et qu'ensuite elle pourrait acquérir le reste par une *Rhétorique* et une *Poétique* que l'on composerait pour servir de règle à ceux qui voudraient écrire en vers et en prose : que, de cette sorte, on rendrait le langage français non-seulement élégant, mais capable de traiter tous les arts et toutes les sciences, à commencer par le plus noble des arts, qui est l'éloquence, etc., etc. De tout cela et des articles de ce premier programme, l'Académie n'exécuta jamais et ne rédigea que le *Dictionnaire*. Joignez-y, si vous voulez, les *Remarques* de Vaugelas qu'elle adopta publiquement, et peut-être aussi la *Grammaire française* de Regnier Desmarais, son secrétaire perpétuel, qui en fut comme chargé d'office. C'est assez, à le bien prendre, et dans cette voie elle a fait avec le temps ce qu'elle avait mission de faire. Quant à la *Rhétorique* et à la *Poétique*, elle s'en tint prudemment à la *Lettre* de Fénelon, qu'elle peut montrer à ses amis et à ses ennemis comme une charmante suite de questions et de projets : chacun là-dessus peut bâtir et rêver à son gré, sur la parole engageante du moins dogmatique des maîtres.

Mais Richelieu voulait de son Académie française autre chose encore, et cette autre chose, je n'irai pas la demander aux révélations de La Mesnardière, esprit assez peu sûr, qui, dans son discours de réception, nous dit, non sans un retour de vanité complaisante : « J'eus de Son Éminence de longues et glorieuses audiences vers la fin de sa vie durant le voyage de Roussillon, dont la sérénité fut troublée pour lui de tant d'orages. Il me mit entre les mains des mémoires faits par lui-même, pour le plan qu'il m'ordonna de lui dresser, de ce magnifique et rare Collège qu'il méditait pour les belles sciences, et dans lequel il avait dessein d'employer tout ce qu'il y avait de plus éclatant pour la littérature dans l'Europe. Ce Héros, Messieurs, eut alors la bonté de me dire la pensée qu'il avait de vous rendre arbitres de la capacité, du mérite et des récompenses de tous ces illustres professeurs qu'il appelait, et de vous faire directeurs de ce riche et pompeux *Prytanée des Belles-Lettres*, dans lequel, par un sentiment digne de l'immortalité, dont il était si amoureux, il voulait placer l'Académie française le plus honorablement du monde, et donner un honnête et doux repos à toutes les personnes de ce genre, qui l'auraient mérité par leurs travaux. » —

Tout cela est bien vague, et cette espèce de Collége de France renouvelé et agrandi, ce *Prytanée* ou Sénat académique, conservateur et directeur, je ne me le figure pas avec assez de précision, surtout à côté de l'ancienne Université, pour en pouvoir rien dire.

Mais ce que Richelieu voulait décidément, ce qu'il a fait voir tout d'abord en demandant à l'Académie ses Sentiments publics sur *le Cid*, c'était (et indépendamment, je le crois, de la passion personnelle qu'il apportait dans cette question particulière du *Cid*), — c'était de la faire juge des œuvres d'éclat qui paraîtraient; de la constituer haut jury, comme nous dirions, haut tribunal littéraire tenu de donner son avis sur les productions *actuelles* les plus considérables qui partageraient le public. Je me figure en imagination Richelieu vivant, toujours présent : il aurait demandé à l'Académie son avis sur *Phèdre* par exemple, sur *Athalie*, au lendemain même des premières représentations de ces pièces fameuses, et dans le vif des discussions qu'elles excitèrent; il l'aurait demandé et voulu avoir sur tout ce qui aurait fait bruit dans les Lettres, et qui aurait soulevé en divers sens les jugements du public. Il l'aurait voulu avoir sur le *Génie du Christianisme* le lendemain de la publication; plus tard, sur les grandes œuvres poétiques qui ont fait schisme (je suppose toujours un Richelieu permanent et immortel); il aurait exigé, en un mot, que les doctes parlassent, n'attendissent pas l'arrêt du temps, mais le prévinssent, le réglassent en quelque sorte, et qu'ils donnassent leurs motifs; qu'ils fendissent le flot de l'opinion et ne le suivissent pas. Était-ce possible? était-ce désirable? ce sont là d'autres questions, et quand je dis que l'Académie en cela n'a pas rempli toute sa vocation et n'a pas pleinement agi dans le sens indiqué par son fondateur, je ne la blâme nullement. On ne fait ces choses-là que quand on y est, non-seulement autorisé, mais forcé et contraint. On ne se met pas de gaieté de cœur dans cette mêlée des discussions contemporaines, dût-on se flatter de la dominer. On ne se confère pas à soi-même de ces commissions extraordinaires, toujours épineuses, et qui paraîtraient une usurpation, si elles n'étaient imposées comme un devoir. Je ferai remarquer seulement, à la décharge de l'idée de Richelieu dont assez d'autres diront les inconvénients et les difficultés, que c'était encore une idée bien française qu'avait là ce grand ministre, comme il en eut tant d'autres dans le cours de cette glorieuse tyrannie patriotique.

Car en France, notez-le bien, on ne veut pas surtout s'amuser et se plaire à un ouvrage d'art ou d'esprit, ou en être touché, on veut savoir si l'on a eu droit de s'amuser et d'applaudir, et d'être ému; on a peur de s'être compromis, d'avoir fait une chose ridicule; on se retourne, on interroge son voisin; on aime à rencontrer une autorité, à avoir quelqu'un à qui l'on puisse s'adresser dans son doute, un homme ou un Corps. C'est un double procédé de l'esprit français. On a l'élan, l'ardeur, le coup de main, mais la critique à côté, la règle et double règle, le lendemain de ce qui a paru une imprudence. J'estime donc que l'Académie qui commença par donner assez pertinemment son avis sur *le Cid*, n'aurait peut-être pas trop mal tenu ce que promettait ce commencement, si elle s'y était vue obligée. Qu'on se figure, sur chaque œuvre capitale qui s'est produite en littérature, un rapport, un jugement motivé de l'Académie prononcé dans les *six mois;* et qui (toute proportion gardée, et en tenant compte des temps et des convenances diverses) n'eût pas été inférieur pour le bon sens, pour l'impartialité et la modération, à ces Sentiments sur *le Cid.* De tels jugements formeraient aujourd'hui une suite et comme une jurisprudence critique bien mémorable, et n'auraient pas été sans action certainement sur les vicissitudes et les variations du goût public. Mais je m'aperçois que cette vue suppose et demande toujours une suite ou au moins une fréquence de Richelieux historiquement impossibles.

Je n'ai voulu que faire sentir d'une manière un peu saillante comment, sur ce point, le grand fondateur l'avait entendu. L'Académie, je le répète, a fait moins et a fait plus que ce qu'il prétendait d'elle ; et, somme toute, s'il reparaissait en l'un de nos jours de fête, il n'aurait pas trop à rougir de sa création ; il gronderait un peu, mais il tressaillirait aussi dans son orgueil de père à la vue de sa fille émancipée. — Je reviens vite à l'édition de M. Livet. On en tirerait de jolies anecdotes. En voici une sur Voiture. Il y a des illustres qui sont de l'Académie et qui n'y vont jamais ; une fois reçus, ils croiraient perdre leur temps ou diminuer de leur importance en y mettant les pieds. Déjà Voiture était comme cela : homme du monde et de Cour, délicat à l'excès et dégoûté, un peu dédaigneux des gens de Lettres, il craignait apparemment de s'ennuyer parmi eux ou de retomber en bourgeoisie, et il restait dans ses belles et fines sociétés. Sa négligence académique était passée en proverbe. Mais un jour, un ordre précis arrive de Ruel où était le Cardinal, à tous ceux qui font partie de l'Académie, d'avoir à opter dans trois jours ou d'y donner leurs soins et leurs assistances régulières, lorsqu'ils seront à Paris et qu'ils ne seront point malades, ou de faire place à beaucoup de personnes de considération qui demandent à y entrer : « Et cet ordre sérieux, et témoigné par madame la duchesse d'Aiguillon qui y était présente, a eu un tel effet, nous dit Chapelain, que notre homme (Voiture) s'est résolu de contraindre son libertinage et de venir plutôt à l'Assemblée en enrageant que de la négliger comme il l'avait fait, de peur d'attirer sur lui l'indignation de Celui qui peut toutes choses. La nouvelle s'en est répandue partout où il est connu, et amis et ennemis s'en sont réjouis presque également, et lui en ont fait des huées qui le persécutent : l'Académie même ne s'en est pas abstenue, et s'est réjouie, en sa présence et à ses dépens, de l'avoir vu venir par force au lieu où il faisait profession de ne point venir de son bon gré. » Voilà les termes de Chapelain se moquant de Voiture avec raison, et cette fois, il en devient presque léger.

Au milieu des éloges que mérite M. Livet pour sa complète et très-curieuse édition, qu'il me permette de lui adresser deux critiques sur deux endroits. A propos d'une phrase de d'Olivet qui dit dans son article de Balzac : « Jusques à François I$^{er}$, notre langue fut assez négligée. Elle sortit du chaos, pour ainsi dire, avec les sciences et les arts, dont ce prince fut plutôt le père que le restaurateur. En peu de temps, à la vérité, elle fit d'étonnants progrès, ainsi que nous le voyons par les écrits d'Amyot, pour la prose, et de Marot pour les vers; mais, attentifs à leurs plus pressants besoins, les écrivains de ce temps n'allaient pas tant à polir notre langue qu'à l'enrichir; » à propos de ce passage, M. Livet prend le soin de faire la remarque suivante : « La connaissance imparfaite de notre ancienne littérature a égaré Despréaux dans son *Art poétique;* nous invoquons la même excuse en faveur de l'abbé d'Olivet, qui traite le même sujet d'une manière aussi peu conforme aux idées modernes. » Je crois qu'on pouvait se dispenser de cette note. D'Olivet n'a pas tant besoin d'excuse. Quant à Despréaux, il n'a pas donné, sans doute, une histoire exacte et complète de notre poésie dans les quelques vers de son *Art poétique*, qui en traitent d'ailleurs très-élégamment ; mais on ne saurait dire précisément qu'il s'est *égaré*, en ne s'avançant pas au delà de ce qu'on savait bien de son temps. Je crois qu'il y a plus de chances pour qu'on s'égare aujourd'hui en croyant si bien savoir ces antiques et lointaines choses. Il y a des gens qui parlent d'un grand siècle littéraire de saint Louis, comme s'ils le voyaient aussi clairement que le siècle de Louis XIV.

A un autre endroit, d'Olivet, parlant de La Bruyère, a dit : « Tout est mode en France : les *Caractères* de La Bruyère n'eurent pas plutôt paru que chacun se mêla d'en faire ; » et M. Livet croit devoir ajouter en note, par manière de restriction : « La Bruyère est moins original qu'on ne le dit ici. La mode des portraits datait des romans de mademoiselle de Scudéry. On connaît le fameux Recueil dédié à Mademoiselle, et où l'on voit plusieurs portraits de sa façon. La Bruyère, avec un style tout personnel, a imité un genre déjà créé. » Je sais que, de nos jours, des bibliophiles enthousiastes, qui avaient sans doute, ce jour-là, sous les yeux un bel exemplaire des Portraits dédiés à Mademoiselle, se sont écriés que ce Recueil était l'origine du genre des portraits, et que, sans ce *précédent*, La Bruyère peut-être n'aurait pas fait les siens. Mais ce sont là des boutades que la froide critique ne saurait accueillir. L'originalité de La Bruyère n'est pas d'avoir fait des portraits tels quels, à la diable, et dessinés plus ou moins couramment à la plume, par manière de jeu de société, comme on les brochait avant lui, mais de les avoir faits serrés, profonds, savants, composés, satiriques, en un mot tels qu'un grand peintre seul les pouvait faire. Cette originalité, qui est la sienne, personne ne la lui ôtera.

Je suis donc plus favorable à l'abbé d'Olivet que son éditeur lui-même, et je pense qu'il ne faut pas se hâter de le déclarer en faute pour ce qui est du jugement : c'était un bon esprit, bien qu'un peu sec. Mais je n'ai que des éloges à donner à M. Livet pour tout ce qui est recherche et curiosité d'érudition.

Et puisque j'en suis sur ce sujet de l'Académie, un des sujets les plus nationaux en France, dont tout le monde parle, qu'il est, ce semble, si aisé de connaître, et dont pourtant on raisonne si souvent à faux, je demande à rappeler quelques faits et à présenter quelques observations sans beaucoup de suite et dans le pêle-mêle où elles me viendront.

On parle toujours des fauteuils académiques. Voici leur véritable histoire. A l'origine, et quand déjà l'Académie siégeait au Louvre, il n'y en avait que trois pour les trois officiers de l'Académie, le directeur, le chancelier, et le secrétaire perpétuel. Ce fut à l'occasion de l'élection de La Monnoye que les choses changèrent (décembre 1713). La Monnoye était un homme de Lettres spirituel, instruit, médiocre pour le talent (excepté quand il fredonnait dans le patois bourguignon), mais universellement goûté et estimé de sa personne, un lauréat blanchi dans les concours; toutes ces heureuses médiocrités se complétèrent et firent de lui un candidat sans pareil; il fut reçu *à l'unanimité*, et Louis XIV, qu'il avait célébré tant de fois, en témoigna une satisfaction toute particulière. La Monnoye, racontant ce détail flatteur, **écrivait à** l'un de ses amis :

« L'affaire de l'Académie, monsieur, s'est passée avec tout l'agrément possible pour moi : on convient que depuis qu'elle est établie, il n'y a pas d'exemple d'académicien reçu avec une pareille distinction. Je n'ai garde de l'attribuer à mon mérite qui est trop mince : elle est due au crédit seul de M. le cardinal d'Estrées et de M. l'abbé son neveu, qui, sans aucun mouvement de ma part, m'ont gagné l'unanimité des suffrages. Il est même arrivé quelque chose de mémorable dans l'Académie à cette occasion : c'est que n'y ayant dans cette Compagnie que les trois officiers, le directeur, le chancelier, et le secrétaire, qui eussent des fauteuils, les cardinaux, à qui l'on n'en voulait pas accorder, à moins qu'ils ne fussent dans l'une des trois charges, refusaient par cette raison d'assister aux assemblées. L'embarras était donc grand de la part de M. le cardinal d'Estrées, qui ne pouvait me donner sa voix sans entrer à l'Académie, et qui ne pouvait d'ailleurs se résoudre à y entrer qu'il n'eût un fauteuil. Les deux autres cardinaux académiciens, savoir M. le cardinal de Rohan et M. le cardinal de Polignac, en ayant conféré avec lui, le dernier se chargea d'en parler au roi, qui leva la difficulté, en ordonnant que désormais tous les académiciens eussent des fauteuils. Deux cardinaux, par ce moyen, honorèrent de leur présence mon élection. M. le cardinal de Rohan, retenu par la goutte, eut la bonté de me faire témoigner par un gentilhomme, que, sans cette incommodité, il n'aurait pas manqué de se trouver à l'assemblée pour me donner sa voix. Je vous prie de ne *communiquer à personne ces particularités*, qu'on s'imaginerait peut-être que je fais vanité de publier... »

Telle est la version authentique. Maintenant, ces quarante fauteuils de l'ancienne Académie ne se sont pas transmis à la nouvelle. Pour les curieux et ceux qui tiennent à savoir par le menu ce qu'il y a de réel dans une métaphore, je dirai même que dans nos séances particulières il n'y a pas de fauteuils, mais seulement de bons siéges. On a quelquefois donné la série des académiciens par fauteuil : à chaque élection nouvelle d'un membre, on ne manque guère de dire qu'il occupe le fauteuil qu'ont successivement occupé tels ou tels illustres, en remontant jusqu'à l'origine. C'est une chimère. L'ancienne Académie ayant été supprimée en 1793, tout fut alors brouillé et confondu. Lorsque plus tard on créa l'Institut, et, au sein de l'Institut, une classe qui correspondait assez bien à l'Académie française, il n'y eut cependant aucune liaison directe de l'une à l'autre; ceux des anciens académiciens qui furent nommés de l'Institut, le furent à titre nouveau, et non par une sorte de reprise de possession. La généalogie des fauteuils continuée jusqu'à nos jours, et qui a été inventée, il y a une trentaine d'années, par je sais bien quel professeur d'histoire qui trouvait que cela faisait bon effet dans un tableau synoptique (1), est donc fausse comme beaucoup de généalogies. Cependant le public y croit, et, malgré ce que je dis, il pourra bien continuer d'y croire.

On a noté, d'après les Mémoires de Perrault, le moment où les séances de l'Académie devinrent publiques pour le beau monde, pour la fleur des courtisans, dans la salle du Louvre; ce fut Fléchier qui inaugura le compliment ou discours de réception débité solennellement devant un cercle choisi (1673). Mais il faut ajouter comme innovation non moins capitale la première introduction des femmes aux séances académiques. Cette introduction n'eut lieu pour la première fois que trente ans après, et encore presque à la dérobée d'abord. Ce furent les filles de Chamillart le ministre qui voulurent assister, elles et leurs amies, du fond d'une tribune qu'on leur ménagea, à la réception de l'évêque de Senlis, leur oncle (7 septembre 1702), et pour s'en moquer. Mais

---

(1) M. Jarry de Mancy.

une fois la tribune établie, le pont était fait, et les dames peu à peu envahirent la salle.

Les discours ou morceaux d'éloquence à couronner chaque année n'étaient d'abord, d'après la fondation première de Balzac, que des sermons moraux, de vrais sermons sur un texte donné de l'Écriture, et le discours qui avait le prix ne paraissait qu'avec l'approbation de deux docteurs de Sorbonne. Cela devenait ridicule. Dans la seconde moitié du dix-huitième siècle, la grande innovation consista à substituer à ces sujets somnolents l'éloge d'un grand homme, Sully, Du Guay-Trouin, Descartes : ce fut le triomphe de Thomas. Ce genre, à son tour, a été assez décrié depuis. Je le regrette. Bien choisi, pris dans son cadre, touché avec goût et avec bienséance, l'éloge académique, le discours académique a son prix. J'aime à le voir, appliqué à un de nos bons auteurs, et tel que l'ont traité Chamfort dans son Éloge de La Fontaine, M. Villemain dans ce premier et charmant Éloge de Montaigne. L'Académie a été tout récemment heureuse encore dans le concours sur Vauvenargues. Mais trop souvent, aujourd'hui, on nous envoie à juger des notices sèches, des biographies longues, informes, farcies de dates et de citations. J'estime l'Étude, je la réclame, mais intérieure, s'il se peut, et ne s'affichant pas. Aujourd'hui, le document prime tout ; il opprime l'agrément et le talent. On oublie que, par ces concours qu'elle ouvre à l'émulation des jeunes auteurs, l'Académie semble dire :

« Jeune homme, avancez, et là, sur ce parquet uni, au son d'une flûte très-simple, mais au son d'une flûte, exécutez devant nous un pas harmonieux; débitez-nous un discours élégant, agréable, justement mesuré, où tout soit en cadence et qui fasse un tout; où la pensée et l'expression s'accordent, s'enchaînent; dont les membres aient du liant, de la souplesse, du nombre; un discours animé d'un seul et même souffle, ayant fraîcheur et légèreté; qui laisse voir le svelte et le gracieux de votre âge; dans lequel, s'il se montre quelque embarras, ce soit celui de la pudeur; quelque chose de vif, de court, de proportionné, de décent, qui fasse naître cette impression heureuse que procure aux vrais amis des Lettres la grâce nouvelle de l'esprit et le brillant prélude du talent. » — Ainsi j'entends cet idéal de début académique, dont il ne se rencontre plus guère d'exemple.

Une bonne nouvelle cependant : le Dictionnaire de l'Académie, non pas celui de l'usage, qui est dans les mains de tout le monde, et qui peut suffire quelque temps encore jusqu'à une prochaine révision, mais le Dictionnaire *historique* commencé depuis quinze ans, — un fascicule important de ce Dictionnaire si complet, si riche en citations, si intéressant même à la lecture (chose rare pour un dictionnaire), va paraître avec un Avertissement du savant rédacteur M. Patin; ce premier fascicule qui, tout important qu'il est, n'est lui-même qu'un essai, sera dans quelques jours présenté à M. le ministre de l'Instruction publique. L'Avertissement de M. Patin rappelle la belle Préface que Vaugelas a mise en tête de ses *Remarques;* et par ce côté l'Académie se montre fidèle, en l'étendant plutôt qu'en la restreignant, à sa mission première.

Lundi, 9 mai 1859.

# CORRESPONDANCE INÉDITE
## DE
# MADAME DU DEFFAND

PRÉCÉDÉE D'UNE NOTICE

**Par** M. le marquis de SAINTE-AULAIRE (1).

Voici une Correspondance comme je les aime, qui nous initie à toutes les circonstances et au train journalier d'une société délicate et polie, et qui nous y fait vivre durant des années, en quelques heures de lecture. Jusqu'ici on avait de madame du Deffand deux recueils épistolaires : l'un, publié en 1809, en deux volumes intitulés *Correspondance de Madame du Deffand avec d'Alembert, Montesquieu, le Président Hénault...*, qui est moins un recueil des lettres mêmes de madame du Deffand qu'un pêle-mêle de lettres à elle adressées par ses amis; puis un second recueil en quatre volumes, plus d'une fois réimprimés depuis 1810, qui contient une suite de lettres adressées par elle à Horace Walpole. Aujourd'hui c'est l'ensemble de sa Correspondance avec les Choiseul qui nous est donné et dont on doit l'édition à M. le marquis de Sainte-Aulaire, héritier d'un nom qui depuis

(1) Michel Lévy, rue Vivienne, n° 2 *bis*.

longtemps est devenu synonyme de politesse et d'urbanité. Une Notice préliminaire, à la fois instructive et élégante, met le lecteur au fait de tout ce qu'il doit savoir pour se plaire tout d'abord dans cette bonne compagnie, pour en entendre à demi-mot les allusions et les badinages habituels, pour en connaître les principaux personnages et tous les entours.

A part un petit nombre de lettres inédites de madame du Deffand à Horace Walpole et de Voltaire à elle, qui s'y rencontrent par hasard et qui sont jetées çà et là, la Correspondance se passe régulièrement et se renferme tout entière entre trois personnes, madame du Deffand, la duchesse de Choiseul et l'abbé Barthélemy. Le duc de Choiseul n'intervient directement que par quelques petits billets très-courts; mais il y est question de lui presque dans chaque lettre.

La Correspondance, commencée en mai 1761, pendant les beaux jours du ministère de M. de Choiseul, se continue et dure sans interruption, sans ralentissement, jusqu'au 20 août 1780, un mois avant la mort de madame du Deffand. Elle devient surtout très-vive et très-animée depuis la chute de M. de Choiseul et à dater de l'exil de Chanteloup. On peut même dire qu'on ne connaît bien la vie de Chanteloup et cet exil triomphant, qu'on ne s'en peut faire une juste et entière idée qu'après avoir lu ces lettres qui en sont comme un bulletin confidentiel, où l'enthousiasme des intimes et des intéressés ne faiblit pas un seul instant.

La nouveauté de cette Correspondance est la duchesse de Choiseul, que l'on connaissait déjà pour son mélange de grâce et de raison d'après les témoignages unanimes des contemporains, mais pas à ce degré où la montrent au naturel cette suite de lettres vives, spirituelles, sensées, sérieuses, raisonneuses même, passionnées dès qu'il s'agit de la gloire et des intérêts de son époux. L'abbé Barthélemy, l'hôte des Choiseul, l'ami qui s'est donné une fois pour toutes et que le charme a irrévocablement touché, y gagne aussi et se dessine dans toutes les nuances de son caractère, le plus poli des savants, aimable et estimable, gai et tempéré, *bon garçon*, tout à tous, vrai trésor de société, ayant des heures pourtant où il regrette sourdement l'indépendance du cabinet et les libres délices de l'étude. Celle qui y gagnerait le moins serait encore madame du Deffand; cependant, tout considéré, elle n'y perd pas, et, selon la remarque de l'ingénieux éditeur, elle s'y montre mieux encore peut-être que dans la Correspondance avec Walpole, telle que les plus bienveillants aimaient à la voir, « plus sensible qu'affectueuse, et plus découragée qu'incapable d'aimer les autres ou soi-même. » Elle s'ennuie; elle se juge, et plus sévèrement qu'on ne le lui demande; elle se défie des autres et surtout d'elle-même; elle ne croit pas possible qu'on l'aime véritablement, elle admet tout au plus qu'on la supporte : « Je ne puis que vous être à charge, répète-t-elle sans cesse à madame de Choiseul, qui voudrait la posséder à Chanteloup; je ne puis contribuer au plaisir, à l'amusement; je ne devrai qu'à vos vertus, tranchons le mot, à votre compassion, de me souffrir auprès de vous! » Elle ne se trompait qu'à demi : la duchesse de Choiseul, communiquant plus tard ce même recueil de lettres à M. de Beausset (le futur cardinal), disait : « Les lettres de madame du Deffand ont pour elles le charme du naturel, les expressions les plus heureuses, et la profondeur du sentiment dans l'ennui. Pauvre femme ! elle m'en fait encore pitié. » *Pitié*, c'est le sentiment qu'elle inspire. *Pauvre femme !* est encore le mot qui revient le plus naturellement sur elle après cette lecture; mais il faut ajouter aussitôt : jugement droit et net, excellent esprit, langue encore excellente.

Madame de Choiseul a été saisie et crayonnée par Horace Walpole en quelques traits qui sont bien d'un peintre compatriote de Spencer et de Shakspeare : « Ma dernière nouvelle passion, et aussi, je pense, la plus forte, écrivait-il pendant un séjour à Paris (janvier 1766), est la duchesse de Choiseul. Son visage est joli, pas très-joli; sa personne est un petit modèle. Gaie, modeste, pleine d'attentions, avec la plus heureuse propriété d'expression, et la plus grande vivacité de raison et de jugement, vous la prendriez pour la Reine d'une Allégorie. Un amant, si elle était femme à en avoir, pourrait désirer que l'allégorie finisse; mais nous, nous disons : Que cela ne finisse jamais ! » Et encore, dans une des lettres suivantes : « La duchesse de Choiseul n'est pas très-jolie, mais elle a de beaux yeux; c'est un petit modèle en cire, à qui l'on n'a point permis pendant quelque temps de parler, l'en jugeant incapable, et qui a de la timidité et de la modestie : la Cour ne l'a pas guérie de cette modestie; la timidité est rachetée par le son de voix le plus touchant, et se fait oublier dans le tour élégant et l'exquise propriété de l'expression. Oh! c'est bien la plus gentille, la plus aimable, la plus honnête petite créature qui soit jamais sortie d'un œuf de fée ! Si juste dans ses paroles, dans ses pensées; si attentive, et d'un si bon naturel! Chacun l'aime, excepté son mari, qui lui préfère sa propre sœur, la duchesse de Grammont, une grande amazone, fière, hautaine, qui aime et qui hait selon ses caprices, et qui est détestée. Madame de Choiseul, passionnément éprise de son mari, a été le martyr de cette union : elle a fini par se soumettre de bonne grâce; elle a gagné un peu de crédit sur lui et passe pour l'idolâtrer toujours. — Mais j'en doute, ajoute Walpole, elle prend trop de peine pour le faire croire. »

Walpole en ceci se trompait. L'attitude de madame de Choiseul était d'accord avec la vérité : elle resta bien sincèrement, bien tendrement éprise de l'homme dont elle était glorieuse, dont elle disait que ce n'était pas seulement *le meilleur* des hommes, que « c'était *le plus grand* que le siècle eût produit, » et de qui elle écrivait un jour avec une ingénuité charmante : « Il me semble qu'il commence à n'être plus honteux de moi, et c'est déjà un grand point de ne plus blesser l'amour-propre des gens dont on veut être aimé. » Elle eut fort à s'applaudir de l'exil de Chanteloup et fut seule peut-être à en savourer pleinement les brillantes douceurs ; elle y voyait surtout le moyen de garder plus près d'elle l'objet de son culte, et, sinon de le reconquérir tout entier, du moins de le posséder, de le tenir sous sa main, de ne le plus perdre de vue un seul jour.

Une plaisanterie fondamentale règne dans cette Correspondance et y donne le ton. Madame du Deffand avait eu une grand'mère, qui avait épousé en secondes noces un duc de Choiseul : elle avait donc eu une duchesse de Choiseul pour *grand'maman*. Née trente ou quarante ans avant la nouvelle duchesse de Choiseul, elle s'amuse à intervertir les rôles et les âges, à la confondre avec son homonyme, et à dire au duc et à la duchesse *grand'papa* et *grand'maman*, de même qu'eux, en parlant d'elle, la traitent de *petite-fille.* C'est l'alpha et l'oméga de chaque lettre; c'est le prétexte à gentillesses et à enfantillages, quand il n'y a rien de mieux : passons là-dessus.

Voulez-vous une duchesse de Choiseul à Versailles, la femme du premier ministre, à sa toilette et dans toutes ses pompes, courtisée, entourée, excédée de soins et d'hommages, sans une minute à elle, et essayant de raconter à bâtons rompus sa matinée, sa journée envahie? — Madame du Deffand, dans une lettre, lui avait parlé de gens de Versailles qu'elle voyait à Paris; elle lui promettait de la faire souper avec eux à son prochain voyage; voici la réponse :

« Faites-moi grâce, ma chère enfant, des gens de Versailles ; il y a, comme vous dites fort bien, cinq mois que j'y suis ; j'y croirais être encore... Plus vous aurez de monde, plus je serai distraite du plaisir de vous voir; on me distrait à présent du plaisir de vous écrire, et l'on me désespère. Je viens de m'arracher de mon lit pour achever une frisure commencée d'hier; quatre pesantes mains accablent ma pauvre tête. Ce n'est pas le pire pour elle ; j'entends résonner à mes oreilles le fer, les papillottes ; il est trop chaud... *Quel ajustement Madame mettra-t-elle donc aujourd'hui?... Cela va avec telle robe... Angélique, faites donc le tocquet; Marianne, apprêtez le panier* (vous entendez bien que c'est la suprême *Tintin* qui ordonne ainsi). Elle a beaucoup de peine à nettoyer ma montre avec un vieux gant ; elle me fait voir que le fond en est toujours noir. Ce n'est pas tout : un militaire pérore de l'expulsion des Jésuites ; deux médecins parlent, je crois, de guerre, ou se la font peut-être ; un archevêque me montre une décoration d'architecture ; l'un veut attirer mes regards, l'autre occuper mon esprit, tous obtenir mon attention : vous seule intéressez mon cœur. On me crie de l'autre chambre : *Madame, voilà les trois quarts; le roi va passer pour la messe.* — Allons! vite! vite! mon bonnet, ma coiffe, mon manchon, mon éventail, mon livre! ne scandalisons personne. Ma chaise, mes porteurs; partons! — J'arrive de la messe ; une femme de mes amies entre presque aussitôt que moi ;

elle est en habit ; mon très-petit cabinet est rempli de la *vastitude* de son panier. Elle veut que je continue : « Je n'en ferai rien, madame ; je ne serai pas assez mon ennemie pour me priver du plaisir de vous voir et de vous entendre... » Enfin elle est partie ; reprenons ma lettre ; mais on vient me dire que le courrier de Paris va partir : « Il demande si Madame n'a rien à lui ordonner. »— « Et si fait, vraiment ! J'écris à ma chère enfant ; qu'il attende. » Une jeune Irlandaise vient me solliciter pour une grâce que je ne lui ferai pas obtenir ; un fabricant de Tours vient me remercier d'un bien que je ne lui ai pas procuré. Celui-ci vient me présenter son frère que je ne verrai pas ; il n'y a pas jusqu'à mademoiselle Fel (1) qui arrive chez moi.

« J'entends le tambour ; les chaises de mon antichambre sont culbutées ; ce sont les officiers suisses qui se précipitent dans la cour.

« Le maître d'hôtel vient demander si je veux qu'on serve ? Il m'avertit que le salon est plein de monde, que Monsieur est rentré, qu'il a demandé à dîner. — Allons donc, il faut finir. Voilà le tableau exact de tout ce que j'ai éprouvé hier et aujourd'hui en vous écrivant, et presque tout cela à la fois ; jugez si je suis lasse du monde et si vous devez vous donner tant de peine pour m'en procurer ; jugez aussi si je vous aime pour pouvoir m'occuper de vous, et comme votre pauvre grand'maman est impatientée, tiraillée, harcelée! Plaignez-la, aimez-la, et vous la consolerez de tout. »

Mais ceci n'est que la grande dame en représentation : je l'aime mieux les jours de tranquillité et d'active raison. Il faut entendre cette jolie petite personne, cette jolie chose, avec sa mignonne figure de cire, s'animer, parler des choses publiques, de la littérature, des auteurs, de Rousseau, de Voltaire, de l'impératrice Catherine, les remettre à leur place, causer, disserter (car elle disserte quand elle se sent à l'aise, là est peut-être un léger défaut) ; il faut l'entendre en ces moments se révolter, s'indigner, jeter feu et flamme : elle n'a plus d'hésitation alors ni de timidité ; elle dit tout ce qu'elle pense, tout ce qu'elle a sur le cœur ; c'est la réflexion qui déborde

(1) Célèbre chanteuse de l'Opéra.

comme une passion contenue. Elle émerveille madame du Deffand, le *grand Abbé*, et nous-mêmes elle nous étonne. Elle a des maximes, des principes qui contrastent avec sa date, avec sa jeunesse, avec son air enfant :

« Défions-nous surtout de ceux qui s'élèvent avec tant d'acharnement contre ce qu'ils nomment les préjugés reçus dans la société. S'ils ont examiné les sociétés, ils verront que les lois n'ont pu prévoir et statuer que sur des choses positives ; elles peuvent être l'effroi des criminels et le frein des crimes, mais les préjugés sont le seul frein des mœurs. Et les Gouvernements sont également fondés sur les mœurs et sur les lois ; détruisez les uns ou les autres, et vous renverserez l'édifice...

« L'emploi de l'esprit aux dépens de l'ordre public est une des plus grandes scélératesses, parce que de sa nature elle est ou la plus impunissable ou la plus impunie ; et de toutes la plus dangereuse, parce que le mal qu'elle produit s'étend et se promulgue par la peine même infligée au coupable, et des siècles après lui. Cette espèce de crime est une semence, c'est la mauvaise ivraie de l'Évangile.

« Un véritable citoyen servira sa patrie de son mieux par son esprit et par ses talents, mais n'ira pas écrire sur le pacte social pour nous faire suspecter la légitimité des Gouvernements et nous accabler du poids des chaînes que nous n'avions pas encore senties. Je me suis toujours méfiée de ce Rousseau, avec ses systèmes singuliers, son accoutrement extraordinaire et sa chaire d'éloquence portée sur les toits des maisons : il m'a toujours paru un charlatan de vertu. »

Madame du Deffand s'était choquée d'un passage, dans une feuille de Fréron, où il était parlé *insolemment* d'Horace Walpole, à l'occasion de sa lettre de mystification à Jean-Jacques. Elle s'en plaignit au *grand-papa*, c'est-à-dire au premier ministre, pour qu'on châtiât Fréron : de quoi Horace Walpole, dès qu'il le sut, se montra très-contrarié : « Nous aimons tant la liberté de l'imprimerie, disait-il, que j'aimerais mieux en être maltraité que de la supprimer. » Fréron n'avait fait, d'ailleurs, que rapporter un ouvrage traduit de l'anglais, et il n'y avait de reproche à lui faire que d'avoir reproduit cette traduction : « Dans l'exacte justice, disait M. de Choiseul, c'est le censeur qui a tort et non pas Fréron ; ils seront cependant corrigés l'un et l'autre. » Madame de Choiseul avait été mise en mouvement pour cette affaire, mais elle sent vite qu'il faut se mêler le moins possible de toutes ces tracasseries où assez d'autres se complaisent :

> « Ne nous fourrons pas, ma chère enfant, dans les querelles littéraires ; si nous nous en sommes mêlées, c'était pour en tirer notre ami, et non pour y entrer : elles ne sont bonnes qu'à déprécier les talents, mettre au jour les ridicules. Mais, entre nous soit dit, il doit nous être assez agréable de voir les tyrans de nos opinions se détruire par les mêmes arguments qu'ils ont employés pour subjuguer nos esprits. C'est le plus sûr moyen de nous soustraire à leur domination en profitant de leurs lumières. »

Madame du Deffand, au reste, était tout à fait de cet avis ; depuis surtout que mademoiselle de Lespinasse avait fait défection et s'était retirée d'auprès d'elle, emmenant à sa suite quelques-uns des coryphées de l'école encyclopédiste, elle était très-opposée à tout ce qui ressemblait à des intérêts de parti philosophique ou littéraire : et comme Voltaire, dont c'était le malin plaisir, essayait de provoquer Walpole, de l'amener, par pique et par agacerie, à une discussion en règle sur le mérite de Racine et de Shakspeare, comme de plus il paraissait d'humeur à chicaner les deux dames au sujet de La Bletterie qu'elles protégeaient et qu'il n'aimait pas, madame de Choiseul écrivait encore à sa vieille amie :

> « Je crois que nous ferons bien de le laisser tranquille ; car, pour moi, je ne veux pas entrer dans une dispute littéraire : je ne me sens pas en état de tenir tête à Voltaire. Puis, l'animadversion des gens de Lettres me paraît la plus dangereuse des pestes. J'aime les Lettres, j'honore ceux qui les professent, mais je ne veux de société

avec eux que dans leurs livres, et je ne les trouve bons à voir qu'**en** portrait. J'entends d'ici la petite-fille qui dit : *La grand'maman a raison, il semble qu'elle ait mon expérience !* Avouez, ma chère enfant, qu'il n'y a que notre très-cher et bon abbé qui se soit garanti de leur venin : c'est qu'il n'a sa supériorité que pour lui, son bel esprit que pour nous, et son bon esprit pour tout le monde. Aussi les craint-il presque autant que nous ! »

Ainsi madame de Choiseul et madame du Deffand confondaient leurs sentiments de prudence et de bienséance à cet égard, ne faisant d'exception, entre les gens de Lettres, que pour leur sage et doux Anacharsis.

La plus jeune des deux était pleine de bons conseils pratiques, et elle les donnait sans fadeur, elle les relevait par une vivacité de tour et d'expression qui justifie bien pour nous l'éloge d'Horace Walpole :

« (Chanteloup, 17 mai 1767) Vous me parlez de votre tristesse avec la plus grande gaieté, et de votre ennui de la façon du monde la plus amusante. Vous faites donc aussi du courage, ma chère enfant ? C'est ce qu'on a de mieux à faire quand on n'en a pas. Entre *en faire* et *en avoir*, il y a loin ; mais c'est pourtant à force d'en faire qu'on en acquiert. Oh ! combien j'en ai fait dans ma vie ! *Faire du courage* n'est point, je le sais bien, une expression française ; mais je veux parler ma langue avant celle de ma nation, et nous devons souvent à l'irrégularité de nos pensées celle des expressions, pour les rendre telles qu'elles sont. De tout ceci, je conclus que vous êtes malade et ennuyée, et cela me fâche ; vous êtes triste et ennuyée parce que vous êtes malade, et vous êtes malade parce que vous êtes triste et ennuyée. Soupez peu, ouvrez vos fenêtres, promenez-vous en carrosse, et appréciez les choses et les gens. Avec cela, vous aimerez peu, mais vous haïrez peu aussi ; vous n'aurez pas de grandes jouissances, mais vous n'aurez pas non plus de grands mécomptes, et vous ne serez plus triste et ennuyée, et malade. Écrivez-moi toujours dans vos moments de tristesse ; ce sera une dissipation. Ne craignez pas de me faire partager votre ennui ; je ne partagerai que vos sentiments, et j'en aurai toujours un infiniment tendre pour vous. »

Je ne sais si je me trompe, mais cette lettre me paraît d'un ton tout moderne, plus moderne que celui de madame du Deffand. Le tour en est essentiellement neuf et distingué. Une telle lettre pourrait être écrite de 1800 à 1820, par une madame de Beaumont, par une duchesse de Duras, par une de ces femmes de cœur et de pensée qui ne sont déjà plus du dix-huitième siècle.

La disgrâce arrive ; M. de Choiseul est exilé à Chanteloup : on sait avec quel honneur ! En voyant ces témoignages de l'estime et de la faveur publique, le cœur de la duchesse se remplit d'un sentiment d'orgueil, de satisfaction, d'ivresse conjugale ; elle déborde, elle est comblée et fière ; elle proclame cet exil heureux, et, du moins pour son compte, elle n'en voudrait rien rabattre ; l'exercice même du pouvoir lui paraîtrait moins enviable et moins doux. Et comme on lui exprimait des craintes que ces manifestations trop marquées n'irritassent les ennemis, et ne provoquassent peut-être de nouvelles rigueurs :

« Que voulez-vous donc que l'on nous fasse encore ? écrit-elle ; le roi ne frappe pas à deux fois... La terreur a gagné nos amis au point qu'il y en a qui craignent que l'intérêt public même n'aigrisse contre nous. Je crois bien qu'il aigrira ! mais en même temps, si on voulait nous faire plus de mal, ce serait lui qui retiendrait ; on n'oserait pas : il y aurait révolte générale. Qu'on le laisse donc aller cet intérêt, il est trop flatteur pour nous en priver. Qu'on le perpétue, s'il est possible ! Il assure la gloire de mon mari ; il le récompense de douze ans de travaux et d'ennuis ; il le paye de tous ses services ; nous pouvions l'acheter encore à plus haut prix, et nous ne l'aurions pas cru trop payer par le bonheur immense, et d'un genre nouveau, dont il fait jouir. M. de Choiseul le sent bien, et pour moi, il faut vous l'avouer, j'en ai la tête tournée...»

Ainsi la voyons-nous s'exalter héroïquement pour son seigneur et maître ; tous ses intérêts sont les siens ; elle les embrasse sans calcul, sans réserve ; elle s'exagère sa gloire ; elle la voit pure et sans tache : si on hésite, si on n'accorde pas tout, si on a l'air de transiger avec les puissances ennemies, elle se courrouce dans son âme généreuse, elle est comme un lion. — Elle est femme surtout et avant tout, redevenue honnêtement coquette, tendre, empressée, se montrant éprise, comme au premier jour, de l'homme qui jusque-là ne l'avait pas gâtée, et à qui plus que jamais elle se consacre :

« (Chanteloup, janvier 1771)... Vous voulez que je vous parle de tout ce que je sens, de tout ce que je fais, de tout ce que j'éprouve ! je n'ai plus d'étouffements ; le voyage les a absolument guéris. Je ne me suis point enrhumée. Nos chambres commencent à s'échauffer, grâce au papier qui calfeutre toutes les fenêtres et aux peaux de mouton qui entourent toutes les portes. Nos cheminées commencent aussi à fumer un peu moins... Nous faisons assez bonne chère, nous passons des nuits fort tranquilles, et toute la matinée à nous parer de perles et de diamants comme des princesses de roman. Je n'ai jamais été si bien coiffée ni si occupée de ma parure que depuis que je suis ici. Je veux redevenir jeune, et si je peux, jolie ! Je tâcherai au moins de faire accroire au grand-papa que je suis l'une et l'autre, et comme il aura peu d'objets de comparaison, je l'attraperai plus facilement. »

Madame de Grammont pourtant était présente, et partageait habituellement le même exil. Ici, dès le premier jour, cédant à un mouvement généreux, les rivalités ont désarmé, et, sans tout à fait abjurer le fond, on se concerte à l'envi pour adoucir l'exil de l'heureux mortel que la veille encore on se disputait. Le traité de paix que madame de Choiseul signe avec sa belle-sœur dans une première entrevue en présence de son mari, les conditions qu'elle pose, les limites qu'elle établit nettement et qu'elle trace autour d'elle, chez elle, en épouse dévouée autant qu'en maîtresse de maison accomplie, tout cela est d'une personne bien ferme, bien délicate, parfaitement douce et sans humeur, mais qui veut qu'on la compte, capable de plus d'un sacrifice, excepté de ceux qui atteindraient la dignité. Ces conventions, il faut le dire, furent très-bien observées des deux parts; le tact et le bon goût, l'extrême usage, sauvèrent les difficultés dans les premiers temps, et madame de Grammont, à la longue, finit même par gagner quelque chose non-seulement dans l'estime, mais dans l'affection de celle qu'elle avait trop longtemps froissée. Si l'on était encore sensible à ces subtilités d'un ancien monde, je dirais qu'on assiste véritablement au triomphe du procédé.

On tirerait de ces lettres de quoi décrire dans le plus grand détail un idéal d'exil ministériel au dix-huitième siècle; Chanteloup, vu par les yeux de madame de Choiseul ou par ceux du grand abbé, est un Éden. Mais les agréables incidents qui viennent en égayer et en diversifier le tableau disparaissent pour nous devant une réflexion plus sérieuse. Que d'illusion dans cette ivresse, dans cette longue ovation d'une disgrâce où la mode jouait et s'essayait à la popularité, dans cet espoir, secrètement nourri et toujours présent, d'un futur rappel et d'une rentrée triomphante aux affaires! Quelle illusion dans cette gloire qu'on prétend éterniser, dans ce bâtiment de quarante mille écus élevé à l'une des extrémités de la pièce d'eau, vraie pagode où se lisaient gravés sur le marbre tous les noms des visiteurs en ces quatre années, avec cette inscription de la façon de l'abbé Barthélemy : « Étienne-François, duc de Choiseul, pénétré des témoignages d'amitié, de bonté, d'attention dont il fut honoré pendant son exil par un grand nombre de personnes empressées à se rendre en ces lieux, a fait élever ce monument pour éterniser sa reconnaissance. » Que cet obélisque ministériel, inauguré dix ans avant la Révolution française, à quelques pas du volcan qui va engloutir la monarchie, est petit, vu de loin, et qu'il manque son effet dans la perspective ! — à moins qu'on n'y voie simplement une chapelle domestique, consacrée par une femme aimante et enthousiaste à son culte pour son mari ! (1).

L'abbé Barthélemy gagnera, ai-je dit, à la publication de ces lettres nouvelles dont un bon nombre sont de lui. Non pas qu'on ne puisse trouver aujourd'hui ses descriptions bien souvent longues et tirées, ses grandes chroniques de Chanteloup fades et traînantes, ses plaisanteries froides et compassées : il faudrait une magie de plume qu'il n'a pas pour nous faire repasser avec plaisir sur la monotonie de ces journées heureuses. Disons-nous, pour être justes,

(1) Madame de Choiseul, à la mort de son mari, se retira dans le couvent des Récolettes, pour pouvoir payer les immenses dettes qu'il laissait et faire honneur à sa mémoire. Dans les dernières années de sa vie, elle logeait rue Saint-Dominique, dans un appartement de l'hôtel habité depuis par le maréchal Soult. Un jour, sous le Directoire ou sous le Consulat (car elle ne mourut qu'à la fin de 1801), M. Pasquier l'allant voir la trouva fort émue. Il lui en demanda la cause, craignant que ce ne fût quelque mauvaise nouvelle. « Non pas. Imaginez que tout à l'heure on m'annonce qu'un homme de Chanteloup est là qui veut me parler. Je dis qu'on le fasse entrer : je vois un homme grand, assez bien mis, qui me demande si je ne le reconnais pas : — Est-ce que vous ne vous souvenez pas, Madame la Duchesse, de petit Pierre qui ramassait des cailloux sur les routes et pour qui vous étiez si bonne, quand vous passiez, en le voyant plein de cœur à l'ouvrage? C'est moi qui suis ce petit Pierre. Vous m'avez demandé un jour ce qu'il me faudrait pour me mettre dans mes affaires ; vous m'avez acheté un âne et une charrette ; ça m'a porté bonheur. J'ai travaillé, j'ai fait mon chemin... Je suis devenu entrepreneur de routes... Savez-vous que je suis maintenant un des premiers dans ma partie ?... Je suis riche... Mais, Madame la Duchesse, c'est que tout cela vous appartient, on dit que vous n'êtes pas à l'aise. Je viens vous rendre ce qui est à vous... » On peut juger de l'émotion de madame de Choiseul en racontant cette visite inattendue : des larmes altéraient sa voix.

que ce n'est pas pour nous qu'il écrivait, c'était pour les personnes de sa coterie qui trouvaient tout cela fort bon, fort doux et très-amusant. Mais, pour peu qu'on entre dans l'esprit de cette Correspondance, on ne tarde pas, avec les deux femmes distinguées dont il entretient et resserre l'union, à apprécier à sa valeur cet ami essentiel, ce caractère uni et sûr, complaisant sans bassesse, agréable et serviable sans flatterie. Un sentiment vrai, conçu de bonne heure et qu'il nourrira pendant trente ans, l'enchaînait aux pieds de sa noble amie, madame de Choiseul : je ne sais si, comme Walpole, il l'avait prise d'abord pour la Reine d'une Allégorie ; mais il était certainement très-patient ; il ne paraît pas avoir jamais désiré que le nuage doré se dissipât ni que l'allégorie s'évanouît. Un jour pourtant que madame du Deffand, dans sa curiosité de femme ennuyée, l'avait interrogé à un peu plus près sur ses sentiments, sur la manière dont il était avec madame de Grammont et dont il se gouvernait entre elle et madame de Choiseul, outrepassant un peu dans sa réponse le sens et la portée de la question, il ajoutait, après quelque éclaircissement :

« ... Voilà tout ce que je puis vous dire sur ce sujet. Je suis très-touché de la curiosité que vous m'avez témoignée à cet égard ; elle ne vient que de l'intérêt que vous avez pour moi, et cet intérêt sera satisfait de ma réponse ; car si vous mettiez à part les préventions favorables que vous m'accordez, vous verriez que je suis fort heureux d'être si bien traité. Au fond, je ne suis pas aimable ; aussi n'étais-je pas fait pour vivre dans le monde : des circonstances que je n'ai pas cherchées m'ont arraché de mon cabinet, où j'avais vécu longtemps, connu d'un petit nombre d'amis, infiniment heureux parce que j'avais la passion du travail, et que des succès assez flatteurs, dans mon genre, m'en promettaient de plus grands encore. Le hasard m'a fait connaître le grand-papa et la grand'maman : le sentiment que je leur ai voué m'a *dévoyé* de ma carrière.

Vous savez à quel point je suis pénétré de leurs bontés ; mais vous ne savez pas qu'en leur sacrifiant mon temps, mon obscurité, mon repos, et surtout la réputation que je pouvais avoir dans mon métier, je leur ai fait les plus grands sacrifices dont j'étais capable ; ils me reviennent quelquefois dans l'esprit, *et alors je souffre cruellement.* Mais comme, d'un autre côté, la cause en est belle, j'écarte comme je puis ces idées, et je me laisse entraîner par ma destinée. Je vous prie de brûler ma lettre. J'ai été conduit à vous ouvrir mon cœur par les marques d'amitié et de bonté dont toutes vos lettres sont remplies. Ne cherchez pas à me consoler : assurément je ne suis pas à plaindre. Je connais si bien le prix de ce que je possède, que je donnerais ma vie pour ne pas le perdre. Au nom de Dieu, ne laissez rien transpirer de tout ceci, ni dans vos lettres ni dans vos conversations avec la grand'maman : elle s'affligerait si elle pouvait soupçonner que je regrette encore quelque chose. Ne vous affligez pas vous-même pour moi ; car ces regrets ne sont pas de longue durée, et je sens tous les jours qu'ils deviennent moins vifs. Il n'en est pas de même des sentiments qui m'attachent à vous. »

Si l'abbé Barthélemy reçut beaucoup de ses nobles amis, il leur apporta donc aussi beaucoup du sien en retour ; il leur sacrifiait plus qu'il ne laissait voir ; il en avait conscience, en même temps qu'il en gardait pour lui le secret : tout cela l'honore.

Madame du Deffand, au milieu des impatiences ou des sourires que font naître ses plaintes continuelles, a, en général, un mérite : elle est *vraie*. Elle se montre à nous telle qu'elle est, sans chercher à s'embellir ; elle se rend justice, ou même elle se fait tort plutôt que de se flatter. Toujours en doute et en défiance d'être aimée, elle a le désir de l'être. Dans un âge si avancé, elle a conservé ardente, comme au premier jour, la *soif de bonheur*, et elle ne sait aucun moyen de se désaltérer. Quand on la considère dans ses relations avec Horace Walpole et avec les Choiseul, on la voit par son meilleur côté, du côté où elle se cramponne pour essayer d'aimer. Il y a des moments où elle se flatte du moins qu'on l'aime, et où elle s'écrie : « Je jouis d'un bonheur que j'ai toujours désiré et que j'ai été prête à croire une pure chimère ; *je suis aimée!* je le suis de vous et de mon Horace... » Mais ces moments sont rares et passent vite ; ils font place à de longs intervalles de sécheresse et de stérilité : alors elle veut savoir ce qu'on pense d'elle au fond, si on l'aime vraiment, et de quelle manière : « Vous *savez* que vous m'aimez, dit-elle à madame de Choiseul, mais vous ne le *sentez* pas. » Elle semble persuadée de cette terrible et cruelle maxime que j'ai vu professer à d'autres qu'elle, et dont le Christianisme seul fournirait le correctif ou le remède, que « connaître à fond, et tel qu'il est, un être humain et l'aimer, c'est chose impossible. » Elle voudrait s'en assurer par rapport à elle. On a beau dire et faire pour la rassurer, pour la calmer ; madame de Choiseul a beau lui insinuer ses excellents préceptes de sagesse pratique : « En fait de bonheur, il ne faut pas chercher le *pourquoi* ni regarder au *comment;* le meilleur et le plus sûr est de le prendre comme il vient. Ce n'est que du mal dont il faut rechercher les causes et les moyens, pour arracher l'épine qui nous blesse. » Rien n'y fait. On l'invite à venir à Chanteloup ; on l'assure du plaisir qu'elle y fera, du bonheur qu'on aura à la posséder : elle n'ose y croire, elle manque de *foi* dans l'amitié comme dans le reste. L'abbé alors la prêche ; il y a une très-jolie lettre de lui, écrite de Chanteloup, à la date du 2 février 1771 ; elle commence brusquement en ces termes :

« L'autre jour, un de nos Frères cordeliers d'Amboise prêchait sur les vertus théologales, et voici l'extrait de son sermon :

« Sans la foi, l'espérance et la charité, point de salut dans ce monde ni dans l'autre. Commençons par celui-ci que nous connaissons mieux, parce qu'il est plus voisin de nous. Tout le monde connaît la force de l'espérance et de l'amour ; mais que peuvent ces vertus sans la foi, sans la confiance qui en doit être la base ?

« Mes chers Frères, les exemples vous persuaderont mieux que les raisons. Si une petite fille, éloignée de ses parents, leur écrivait : « J'ai l'espérance de vous aller voir ; cette espérance fait mon bonheur, parce que je vous aime autant qu'on peut aimer, mais je crains de ne pas vous paraître aimable, » on lui dirait : « Pourquoi doutez-vous qu'on vous aime, puisque vous ne voulez pas qu'on doute que vous aimez? Ignorez-vous que la charité, suivant saint Paul, couvre la multitude des péchés? Ignorez-vous que saint Augustin a dit : Aimez, et tout vous sera pardonné? Ignorez-vous qu'on déplaît en effet, lorsqu'on craint toujours de déplaire ? » La défiance empoisonne ou détruit le sentiment ; elle n'est pas l'ouvrage de la nature. Voyez les enfants ; voyez avec quelle franchise ils aiment. S'ils ont des défauts, on les fouette ; mais aux premières caresses qu'on leur fait, ils viennent se jeter entre vos bras. Savez-vous pourquoi, mes chers Frères? C'est qu'ils ne calculent pas. C'est la raison qui a inventé le calcul, et, par conséquent, les soupçons, les craintes, les fausses interprétations. L'instinct ne connaît ni principes, ni conséquences, ni écarts ; c'est par l'instinct qu'on aime et qu'on est aimé véritablement. Fiez-vous à lui, mes très-chers Frères ; il vous guidera mieux, quand il s'agira de sentiment, que les grands raisonnements des philosophes, que la trompeuse expérience du monde, et que les sophismes dangereux de votre raison. »

« Ce bon Frère continua, et je m'en allai parce qu'il commençait à m'ennuyer, et que mon instinct ne peut supporter l'ennui ; cependant j'ai entrevu dans son discours quelques vérités applicable à la *petite fille*... »

Ainsi traitait-on cette vieille enfant malade et qui avait tant abusé et mésusé dans sa jeunesse de la faculté d'aimer, qu'elle n'en avait plus la force ni la foi dans ses derniers jours : c'était du moins quelque chose, et mieux que rien, d'en avoir gardé, à ce point, l'inquiétude et le tourment.

Elle disait d'elle encore, se comparant à madame de Sévigné et s'humiliant dans la comparaison (cette fois c'est à Horace Walpole qu'elle s'adressait) :

« Vous trouvez, dites-vous, mes lettres fort courtes. Vous n'aimez pas que je vous parle de moi; je vous ennuie, quand je vous communique mes pensées, mes réflexions ; vous avez raison ; elles sont toujours fort tristes. Vous entretenir de tel et telle, quelle part y pouvez-vous prendre? Malheureusement je ne ressemble en rien à madame de Sévigné, je ne suis point affectée des choses qui ne me font rien ; tout l'intéressait, tout réchauffait son *imagination* : la mienne est à la glace. Je suis quelquefois animée, mais c'est pour un moment : ce moment passé, tout ce qui m'avait animée est effacé au point d'en perdre le souvenir. »

Ce n'est pas nous qui prendrons plaisir à ajouter notre commentaire au sien et à l'écraser du voisinage de madame de Sévigné : oui, madame de Sévigné avait proprement reçu d'une Fée en naissant *l'imagination*, ce don magique, cette corne d'or et d'abondance ; mais, de plus, elle avait su ménager sa vie et sa sensibilité.

Curieuse sans intérêt, avide de nouveau sans espoir de mieux, dégoûtée sans cesser d'être agitée, madame du Deffand écrivait un jour à madame de Choiseul : « Que dites-vous du nouveau ministre (M. de Saint-Germain)? Je me souviens à son occasion que j'entendais dire souvent à feu madame de Staal : « Je suis charmée de faire de nouvelles con-
» naissances ; j'espère toujours qu'elles vaudront
» mieux que les anciennes : je suis du moins cer-
» taine qu'elles ne pourront être pires. » — A quoi madame de Choiseul répondait, comme si on lui eût présenté du poison : « Votre citation de madame de Staal me fait horreur. Je suis bien éloignée de penser comme elle : il me semble que je ne suis mécontente d'aucune de mes connaissances, et je suis enchantée de mes amis. »

Je finis sur ce mot affectueux, sorti d'une âme saine. Madame de Choiseul a bien les honneurs de cette Correspondance ; son nom doit s'ajouter désormais à la liste des femmes qui ont bien pensé et bien écrit. C'est une conquête de plus que la littérature vient de faire sur l'ancienne société (1).

(1) Tout bas, je demanderai à l'Éditeur de vouloir bien ajouter à ces deux excellents volumes deux choses, l'une utile, l'autre nécessaire : une *table* et un *Errata* ; une *table* qui a été omise, et un *Errata* indispensable pour réparer quelques erreurs typographiques de noms, qui se sont glissées surtout dans les notes : ainsi le nom de l'évêque de Lisieux, précédemment évêque de Gap et d'Auxerre, M. Caritat de Condorcet, ne saurait se reconnaître sous la dénomination bizarre de *Cazitan de Conclaret* (tome II, page 147). L'évêque de Saint-Omer, frère de l'évêque d'Arras, n'est pas monsieur de *Gouzié* (tom II, page 326), mais monsieur de Conzié, etc., etc. Je serais étonné si ces légers accidents typographiques étaient tombés exclusivement sur des évêques.

Lundi, 20 juin 1859.

# JOURNAL ET MÉMOIRES
DU
# MARQUIS D'ARGENSON

Publiés d'après les manuscrits de la Bibliothèque du Louvre pour la Société de l'Histoire de France.

Par M. RATHERY (1).

On doit des remercîments à tous ceux qui nous apportent sur quelque partie de l'histoire des informations et des lumières nouvelles : on en doit à ceux même qui nous les apportent à contre-cœur et

(1) Madame veuve Jules Renouard, rue de Tournon, 6.—J'ai déjà traité ce sujet de d'Argenson dans le douzième volume des Causeries, et j'ai ouvert la brèche. Je reviens volontiers à la charge aujourd'hui. J'étais tenu plus qu'un autre peut-être de m'apercevoir et de faire apercevoir le public de la différence qu'il y a entre le d'Argenson réel et celui qu'on nous avait présenté d'abord : j'avais en effet, dans un article du Globe du 16 juillet 1825, rendu compte des Mémoires publiés en cette même année, et en le faisant avec un sentiment d'estime que je n'ai pas à rétracter, j'avais été un peu dupe comme tout le monde, et comme l'est encore plus aisément la jeunesse, du portrait arrangé, repeint et vernissé *à la moderne* que l'éditeur nous avait présenté. Si je perds l'image du parfait philanthrope et de l'homme de bien *modèle* qu'on avait réussi à nous faire accepter alors, je me dédommage de reste en retrouvant l'homme de bien original et particulier qui ne ressemble à nul autre.

en grondant (1); à plus forte raison, à ceux qui le font de bonne grâce, dans la seule vue du public et par zèle pour la vérité. M. Rathery qui, depuis bien des années, s'est appliqué à la littérature sérieuse et historique, et qui a fait preuve, dans maint travail critique, d'un rare esprit d'exactitude et de finesse, rend en ce moment un véritable service en publiant, au nom de la Société de l'Histoire de France, les Journaux et Mémoires du marquis d'Argenson. Il s'agit du vrai Journal appartenant à la Bibliothèque du Louvre, et qui nous offre la série des faits et réflexions, tels qu'ils se pressent et se heurtent pêle-mêle sous la plume de ce probe et bizarre personnage, à partir du ministère du duc de Bourbon, pendant toute la durée du ministère du cardinal de Fleury et au delà. Ce n'est pas sans peine et sans effort que cette publication est arrivée au jour et a triomphé de bien des obstacles qui auraient pu l'arrêter. Sans entrer dans des détails qui seraient aujourd'hui sans intérêt, disons seulement qu'au sein même de la Société de l'Histoire de France les droits de la vérité historique pure et entière, non adoucie et déguisée, non adultérée et sophistiquée, ont trouvé de chauds défenseurs et des appuis en la personne de MM. Lenormant, de Montalembert, de Barante, Naudet. De son côté, M. le ministre d'État (2), en donnant et en maintenant l'autorisation nécessaire pour la publication d'un manuscrit appartenant à l'une des bibliothèques particulières de

---

(1) Par exemple, à ce même M. René d'Argenson qui, après nous avoir donné il y a trente-quatre ans une première édition arrangée, s'est décidé, en maugréant, à en donner une plus complète et plus franche dans la Bibliothèque elzévirienne de Janet.

(2) M. Fould.

l'Empereur, mérite aussi, et plus que personne, les remercîments des amis des études historiques.

Il y a des livres plus agréables que ce Journal de d'Argenson, il n'en est guère de plus instructif pour qui sait bien lire. C'est la première fois qu'on rencontre des mémoires intimes et politiques sur cette période du dix-huitième siècle, pour laquelle on n'avait jusqu'ici d'autre chronique curieuse que le Journal tout parlementaire et bourgeois de l'avocat Barbier. L'auteur du nouveau Journal, très-bien placé pour voir et pour savoir, n'est presque pas un auteur; il ne pense pas du tout à faire un livre, mais à se satisfaire, à se soulager, à se rendre compte de l'état présent et de la circonstance qui l'obsède, à donner jour à ses vues, à ses espérances, à ses boutades. Il est impossible que, procédant de la sorte et avec cette brusquerie, il n'ouvre pas bien des brèches qui nous font voir clair au dedans des choses et des gens. Voulant étudier l'ancien régime et y pénétrer jusqu'au cœur pendant les deux siècles qui ont précédé la Révolution française, un homme éminent et regrettable à tant de titres, M. de Tocqueville disait : « Pour y parvenir, je n'ai pas seulement relu les livres célèbres que le dix-huitième siècle a produits; j'ai voulu étudier beaucoup d'ouvrages moins connus et moins dignes de l'être, mais qui, composés avec peu d'art, trahissent encore mieux peut-être les vrais instincts du temps. » Le Journal de d'Argenson est un de ces ouvrages que devait rechercher M. de Tocqueville; l'art y est aussi absent qu'on peut le désirer, l'*instinct* y respire. Les contemporains appelaient le marquis d'Argenson (pour le distinguer de son frère plus fin et plus poli) d'Argenson *la bête :* on conçoit, quand on a lu et vu le marquis en déshabillé avec toutes ses rudesses et ses grossièretés de nature, que des gens du monde, surtout sensibles à la forme, lui aient donné ce surnom-là; mais il faut convenir que *la bête* avait de terribles instincts, et qu'elle devinait plus juste bien souvent que les soi-disant spirituels. Il se fraie sa voie, là où d'autres restent court et s'arrêtent. A tout moment, il fait des trouées, tête baissée, dans l'avenir. Enfin, s'il est lourd, *balourd* (comme on disait), maladroit, et s'il dut souvent le paraître aux petits-maîtres d'alors, nous devons à cette maladresse d'apprendre de lui, à l'état cru, quantité de choses que de plus habiles auraient dissimulées ou arrangées à notre usage. Il met, comme on dit, les pieds dans le plat. Son bon sens est raboteux, mais robuste. Je suis choqué, mais je suis instruit.

Quand on prend le marquis d'Argenson à sa source, tel qu'on nous le donne maintenant, il faut en faire son deuil tout d'abord; il faut en passer par sa langue. J'en parlerai aujourd'hui avec plus de liberté que je ne l'avais fait précédemment, quand ses Mémoires n'étaient que manuscrits et non exposés encore à la pleine lumière qui fait saillir tous les défauts. Lorsque je me suis mis, cette fois, à relire dans le beau volume de M. Rathery le Journal de d'Argenson, je sortais de la lecture de Pellisson, de ses éloquents plaidoyers pour Fouquet, des nobles conversations qu'il rapporte de Louis XIV; quelle chute! En tombant du carrosse royal, je versais sur un tas de pierres; je m'en sens tout meurtri encore. D'Argenson n'aime pas seulement les vieux mots à la gauloise, *victuailles*, *crevailles*, qui, bien placés, ont leur franchise; il a gardé du seizième siècle des débris de locutions qui effaroucheraient même le plumitif du greffe et qu'il emploie sans hésiter, sans *barguigner*; par exemple : *ains au contraire*; — *icelle*; *iceluy*. Ces manières d'expressions lui viennent tout couramment, et elles entrent dans sa phrase sans dire gare. Pour un futur ministre des Affaires étrangères, il a le plus singulier style, bas, trivial, qui devait faire bondir les diplomates polis : *Topez* là... l'Espagne *tope*; pour : l'Espagne consent; — donner ou recevoir des *nazardes*. Parlant du double jeu du duc de Savoie qui se ménage à toute fin et trahit les uns pour les autres : « Il fit, dit-il, ce qu'ont coutume de faire les écoliers malins dans les colléges, qu'on nomme *pestards*, il alla tout divulguer. » Et encore, au sujet de M. Chauvelin : « Il a fait le misérable traité de Séville, misérable parce que nous ne voulions pas l'exécuter, et que c'est un embarquement violent pour ne faire que *cacade, paroles de pistolet et actions de neige*. » On ne sait où il va prendre un pareil jargon : « Un financier a le train du prince, et n'a l'état, l'esprit et les manières que d'un *poilou*. » — « Je fus *pouillé*, » pour : on me gronda. Il ne se vit jamais écrivain plus étranger à Vaugelas et au bon usage. Maintenant qu'on fait des lexiques de tous les auteurs et de toutes les provinces, on pourra faire un lexique curieux du patois de d'Argenson. Il a des innovations de termes les plus inutiles : « Nous avions toujours un grand atlas sur la table, pour suivre la position du *local* des événements; » pour dire, le *lieu* des événements. Il a des barbarismes tout gratuits; parlant d'une femme (la duchesse de Gontaut) : « Elle intrigue, elle prétend déplacer les ministres, et avec cela elle *s'est hypocrisée* en quittant le rouge... » Mais ce même homme, au style hérissé et sauvage, a de soudaines expressions qui lui sortent du cœur, et qui d'un trait peignent un homme ou expriment des vérités politiques profondes. Ainsi, parlant des Colonies anglaises de l'Amérique du Nord, et prédisant leur émancipation future et leur séparation de la métropole, prophétisant avec un enthousiasme anticipé la grandeur gigantesque de ces nouveaux États-Unis dès qu'ils travailleront pour eux et non plus pour d'autres : « Quelle supériorité, s'écrie-t-il, sur toutes les autres colonies de mercenaires, gouvernants intéressés, troupes mal disciplinées, recrues lentes, ordres lents, peu de force, peu de zèle, puisqu'*il faut tirer son âme de si loin!* » Peut-on mieux voir et mieux dire? — Voulant marquer que la Suède se rétablit à vue d'œil depuis la mort de Charles XII et qu'elle peut désormais rentrer en ligne dans les combinaisons d'alliance et de ligue, il dira vivement : « Nous prenons de grandes liaisons avec la Suède, afin de lui opposer (à la Czarine) cette *veuve reposée.* » Il a de ces trouvailles d'expression à travers ses rudesses.

Conseiller au Parlement à vingt et un ans, d'Argenson fut intendant du Hainaut et du Cambresis à vingt-six, et fit dans cette province l'apprentissage de la vie politique et de l'administration. On a remarqué récemment, et l'on a paru découvrir avec un étonnement, selon moi un peu excessif (1), qu'il y avait dans l'ancien régime, dès le dix-septième siècle et depuis Richelieu surtout, des parties déjà très-semblables à ce que devait être le gouvernement

(1) C'est M. de Tocqueville qui a cru faire cette découverte dans son livre de *l'Ancien Régime et la Révolution;* si c'en est une, M. Chéruel et d'autres l'avaient faite avant lui, et sans y mettre tant de façons.

reconstitué à neuf après la Révolution. Il existait, en effet, sous cet ancien régime réformé de main de maître, une organisation moderne déjà bien forte, remontant directement au roi, au Conseil du roi, en recevant les ordres et l'impulsion, et déployant son ressort, étendant son réseau dans tout le royaume par les intendants; mais, ce qu'il faut aussitôt ajouter, c'est qu'avec et malgré cette organisation une et vigoureuse, qui fonctionnait régulièrement depuis Louis XIV, il y avait, à tout moment, des points d'arrêt et d'empêchement, des prétentions qui venaient à la traverse, des exemptions et des priviléges, — priviléges nobiliaires, ecclésiastiques, parlementaires, municipaux, de toutes sortes; autant d'enclaves et d'îlots réservés soustraits au niveau commun, débris de pouvoirs et d'institutions appartenant la plupart au régime féodal antérieur, lequel, amoindri et réduit de plus en plus, n'avait jamais été formellement aboli. C'est précisément tout ce que la France de la Révolution, la France de 89 avait à abattre, en dégageant et achevant les parties nettes et vives de l'ancien régime, et en y versant l'esprit d'égalité, l'esprit de bon sens et de *droit commun* opposé au principe monarchique du droit divin : et c'est ce qu'elle a fait à l'Assemblée constituante avec grandeur et quelque inexpérience, ce qu'avertie et mûrie elle a refait ensuite sous le Consulat avec précision et perfection, sous l'œil d'un Génie, mais à l'aide des hommes modernes issus de l'ancien régime.

D'Argenson, mort depuis tant d'années, eût mérité d'être de ces hommes; il en était par l'esprit, par l'instinct, et des plus précoces; c'est son principal titre d'honneur aujourd'hui. Il est curieux de se faire une idée, d'après un certain nombre de faits significatifs qu'il rapporte, de d'Argenson intendant au temps de la Régence. Il a des vues neuves et sensées sur quantité d'objets d'utilité publique; il écrit des mémoires aux ministres pour les faire approuver, et il en vient résolûment à l'application :

« C'est moi, dit-il (avril 1720), qui ai le premier proposé, imaginé et exécuté la fourniture aux troupes, de grain, pour ensuite être, par les soldats, donné à la mouture et fait du pain (Passez-lui cette première phrase, il en aura bien d'autres). Depuis cela, on a beaucoup suivi cet essai. En arrivant dans mon intendance de Valenciennes, j'y trouvai beaucoup de soulèvements de garnisons par l'excessive cherté que causaient les augmentations de monnaie du Système de Law. Je voulais qu'on donnât le pain aux garnisons ; les fours étaient rompus, et les munitionnaires sont de grands fripons. Je m'avisai de ne donner que du froment aux soldats; on cria contre mon idée, comme on fait toujours en toute nouveauté. Les vieux commissaires des guerres disaient que c'était parce que je sortais du collége, et que j'y avais lu que les Romains donnaient ainsi le blé à leurs légions. Je laissai dire ; je commençai. Le Régent, qui avait bien de l'esprit et qui adorait les nouveautés, m'approuva ; les critiques me louèrent ensuite, et le soldat me bénit; il s'en trouva bien, car il avait le pain aussi bon qu'il voulait; il ne redoutait plus la friponnerie des munitionnaires ; le son allait pour la mouture, et il avait encore quelque chose pour boire.

« Depuis cela, on suit cette invention, et, dans la dernière guerre, on a pratiqué la même chose, tant que les troupes n'ont pas été campées et en marche en front de bandière devant l'ennemi. On devrait me faire honneur de cette invention, ce qui est bien aisé à prouver par mes lettres et mémoires sous le ministère de M. Le Blanc. »

Il nous fait part encore de quelques autres moyens et inventions dont il s'avise dans les difficultés d'administration qui se présentent. Il avait de la fertilité d'idées ; il était homme d'expédients et, parfois, d'exécution. Fils d'un père à qui l'on trouvait un coin de ressemblance avec le grand cardinal de Richelieu, il en avait gardé quelques restes. Je dis restes, car on ne sait réellement si, chez lui, ce sont des restes ou des commencements de grand ministre; mais les obscurités, les écarts, les bizarreries de forme ou les singularités d'humeur, les préoccupations théoriques venaient bientôt compliquer la marche, entraver les combinaisons : l'or ne put jamais se dégager des scories. Jeune et dans son intendance, il nous paraît tout à son avantage ; ce pouvait être un homme d'État pratique, qui se débrouillait et se formait pour une plus grande carrière. Bon citoyen, animé d'une véritable passion pour le bien public et d'une sorte de tendresse pour le pauvre peuple, ayant des entrailles pour les souffrances du paysan, il était pourtant homme d'autorité : c'était un vigoureux préfet que d'Argenson intendant. Quand les municipalités ne marchaient pas droit, il les remettait au pas, jusqu'à les rudoyer :

« (Octobre 1722) J'ai vu avec une grande impatience, sur la frontière de France et de Hainaut, la continuation des magistrats municipaux plus d'une année dans leurs magistratures passer pour une faveur dont il fallait gratifier le public dans les belles occasions, comme l'avénement d'un gouvernement, la naissance d'un prince, la convalescence du roi, etc. ; mais ayant remarqué que cette faveur accordée ne faisait que maltraiter les peuples en enorgueillissant quelques coquins de bourgeois qui faisaient bientôt une tyrannie de leurs magistratures, j'arrêtai cela, y étant intendant, et dans une célèbre occasion, qui fut le sacre de Louis XV à Reims : et je me fis écrire une lettre par le secrétaire d'État de la province, qui marquait que les magistrats seraient renouvelés malgré cette circonstance, et que l'on se proposait de les faire renouveler annuellement, malgré toute remontrance et nonobstant toute occasion quelconque, et cela par les principes des motifs allégués ci-dessus, savoir leur négligence et abus quand on manquait à les renouveler annuellement ; et je fis imprimer et afficher cette lettre dans tous les carrefours de mes villes. »

Une des maximes de sa politique était qu'on augmentât chez le propriétaire foncier l'esprit de propriété, mais que l'office public ne pût jamais être considéré comme propriété par l'officier qui en était investi.

Pourtant il allait quelquefois un peu loin et, pour trop vouloir l'équité, il choquait les usages du pays et les mœurs. Il ne craignait pas d'avoir raison à outrance. Le maniement des hommes, le *tact*, ne fut jamais sa qualité distinctive :

> « Moi qui écris ceci, dit-il quelque part, j'ai pensé être détrôné en intendance, ou du moins j'ai été dégoûté de gouverner davantage par un Hôtel-de-Ville d'une grande ville où je voulais leur plus grand bien ; mais j'y allais, étant jeune alors, sans flegme ni expérience, avec *brutalité* et *offense contre le torrent* ; je respectais mal leurs usages ; je ne regardais pas leur bien patrimonial comme étant à eux ; je maltraitais le prévôt qui était l'homme du peuple, quoiqu'un coquin. Je reconnais mon tort. »

Il reconnaît son tort. Il se croyait corrigé par l'expérience : l'était-il en effet ? Parlant d'un intendant de mérite, mais dur et violent, qui était devenu inapplicable, il le juge, en faisant quelque retour sur lui-même :

> « L'intendant d'Aube vient d'être révoqué, ou plutôt s'est fait révoquer lui-même, et exprès. C'est un homme intraitable et entier, d'une probité solide et autres vertus de tempérament. Fier des dites vertus qui sont rares, il est grand travailleur, habile à se faire servir, et esprit systématique ; il ne lui faudrait proprement ni supérieurs, ni inférieurs ; dès qu'il a affaire avec des hommes, le voilà devenu insociable en affaires ; il ne se prête à aucune des misères du temps. Cependant une besogne lui étant une fois taillée, et lui s'y étant soumis, il l'exécute mieux qu'un autre. C'est, en bon français, *un vrai moulin à justice et un torrent mécanique*, en cela qu'il est nécessité à aller comme il est monté.
>
> « On n'en put faire aucun usage dans l'intendance de Caen, parce qu'il s'y fit lapider d'abord. Il ne voulut pas prendre garde qu'il est d'usage, jusqu'à des temps meilleurs, que tout ce qui approche du trône participe aux faveurs injustes. Il voulut faire le prompt réformateur en détails particuliers, sans considérer qu'un intendant n'était pas assez grand seigneur pour cela. Il voulut changer toute la répartition accoutumée des impositions arbitraires, et surtout de la capitation. Ceux qu'il soulagea ne l'en remercièrent point, trouvant que

c'était justice, comme il arrive toujours, et ceux qu'il augmenta crièrent si hauts cris, voulant le manger, que tout retentit de reproches qui assiégèrent le trône et la Cour. On le crut mauvais intendant, parce qu'il était trop bon. A Soissons, il fit presque même chose en son département où il s'indigna des inconvénients du Canal de Picardie et des injustices qu'attire cette petite entreprise de bien public qui n'a pour motif, dit-on, que l'intérêt particulier d'un grand seigneur. Et le voilà brouillé sans ressource avec la Cour.

« Et cependant, *si j'étais premier ministre*, je voudrais avoir une trentaine d'intendants de ce moule ; je ferais faire de bonne besogne par de tels agents désintéressés et actifs. La justesse de mes systèmes se ferait, s'il plaisait à Dieu, goûter de tels esprits ; et, si leur persuasion n'y concourait pas d'abord, je l'y réduirais bien par plusieurs voies, sans les dégoûter pour cela, ni les contraindre à quitter ; car on prend mieux les gens d'honneur par leurs bons faibles que les vilains par leurs vices multipliés et inextricables. »

Il emploie souvent, en écrivant pour lui seul, cette forme de phrase, cette agréable supposition, qui lui semble toute naturelle : *Si j'étais premier ministre...* : il y visait, et plus d'une fois il se crut tout près d'arriver. Il eût été homme, malgré l'aveu qu'il fait de ses premiers torts, à entreprendre de faire le bien despotiquement, sans égard aux mœurs des hommes Il est de l'école royale en même temps que démocratique, et, si je puis employer cette formule moderne, d'Argenson, vu à sa source, est un royaliste plus socialiste que libéral. — Tel du moins il me paraît dans sa jeunesse et d'après cette première partie du Journal. Je cherche moins à le critiquer qu'à le définir : la définition pourra varier selon les moments.

Ce M. d'Aube, ce *torrent mécanique* dont il voudrait faire usage et tirer si bon parti, n'était autre que M. Richer d'Aube, neveu de Fontenelle à la mode de Bretagne, auteur d'un *Essai sur les Principes du Droit et de la Morale*, esprit rectiligne des plus rigides (1).

(1) Je le définis ainsi d'après son livre même, qui est déjà un symp-

et l'un des plus terribles disputeurs de son temps. C'est de lui qu'il est question dans ce passage de la Satire de Rulhière, où l'original a tout l'air d'un portrait de fantaisie :

> Auriez-vous par hasard connu feu monsieur d'Aube
> Qu'une ardeur de dispute éveillait avant l'aube?...

tôme des temps (1743), et qui parut dans l'intervalle qui sépare les publications de l'abbé de Saint-Pierre du *Contrat social* de Jean-Jacques ; livre tout logique, tout de raison ou de raisonnement, qui procède par principes et conséquences, ne tient nul compte des faits existants ni des précédents historiques, et pousse l'idée jusqu'à son dernier terme sans faire grâce d'un seul chaînon. C'est une série de déductions, tirées de quelques principes primordiaux, et en vertu desquelles l'auteur prétend réformer et diriger la politique de l'avenir. L'emphase et la raideur en sont le cachet, une confiance imperturbable y règne d'un bout à l'autre ; ce serait comique si ce n'était ennuyeux. « Tout l'Univers est juge compétent de mon Essai, » dit l'auteur en terminant. Il suppose un souverain qui adopte tout ce qu'il a donné pour vrai et qui s'y conforme en tout : « Ses sujets seront plus heureux de jour en jour... Il serait aisé de démontrer, au contraire, que les sujets de tout souverain qui suivra en même temps des principes ou opposés, ou *moins bien liés les uns avec les autres*, seront moins heureux. » Il en conclut que les sujets de ce dernier souverain le quitteront, viendront *en foule* chez l'autre, et que celui-ci « sans tirer l'épée, *dépeuplera* avec le temps tous les États voisins au profit du sien. » Il ne s'agit plus que de trouver ou de former le souverain-modèle ; ainsi se réalisera l'utopie. Quand il croit avoir bien argumenté et dans les formes, M. d'Aube ne doute jamais du résultat. Ne lui demandez ni finesse ni observation : la *concaténation* du raisonnement lui suffit ; il vous met *à la chaîne*. On conçoit qu'un tel homme, s'il voulait contraindre les autres à raisonner et à conclure comme lui, disputât toujours. — Un soir que Fontenelle s'était endormi au coin du feu, une étincelle vola sur sa robe de chambre ; il ne s'en aperçut pas, et, quand il fut couché, le feu prit par la robe de chambre à toute la garde-robe. De là grand effroi, grande rumeur par toute la maison ; M. d'Aube, réveillé, donne des ordres, gronde son oncle, et, quand tout est fini, il gronde encore ; enfin il revient si souvent à la charge, fait tant de questions, tant de raisonnements et de démonstrations à propos de cette robe de chambre, que Fontenelle, presque impatienté, lui répond : « Je vous promets que si je mets une autre fois le feu à la maison, ce sera autrement. »

Relisez tout le morceau, une trentaine de vers des mieux frappés. Fontenelle, qui vivait avec ce neveu bourru, était grondé par lui bien souvent, mais ne s'en émouvait guère. Tout le monde n'a pas la patience et l'humeur exemplaire de Fontenelle. Trente intendants sur ce moule et d'Argenson premier ministre, on en aurait vu de belles ! Le bien de *tous* se serait fait, j'aime à le croire, mais certainement de la manière la plus désagréable pour chacun.

Pendant que d'Argenson était intendant en Hainaut, Law traversa la province pour fuir à l'étranger; d'Argenson le fit arrêter et le retint à Valenciennes jusqu'à ce qu'il eût reçu les ordres de la Cour. Ce fut alors que Law lui dit, dans une conversation assez longue qu'ils eurent ensemble : « Monsieur, jamais je n'aurais cru ce que j'ai vu pendant que j'ai administré les finances. Sachez que ce royaume de France *est* gouverné par trente intendants. Vous n'avez ni Parlements, ni Comités, ni États, ni gouverneurs, j'ajouterai presque ni roi ni ministres; ce sont trente maîtres des Requêtes, commis aux provinces, de qui dépend le bonheur ou le malheur de ces provinces, leur abondance ou leur stérilité... »

Une autre fois, dans le salon de son père, d'Argenson avait entendu Law dire de la France, par opposition à l'Angleterre : « Heureux le pays où, en vingt-quatre heures, on a délibéré, résolu et exécuté, au lieu qu'en Angleterre il nous faudrait vingt-quatre ans ! » — Telle était déjà la France, au sortir des mains de Louis XIV; l'entreprenant Écossais nous louait là d'une qualité qui est bien souvent notre défaut, de la condition de célérité et de vigueur qui est aussi notre péril, mais qui tant de fois aussi a fait de l'action française un prodige.

La règle des vingt-quatre heures ! la France l'aime et la suit volontiers. Elle l'avait adoptée, depuis Richelieu, pour la tragédie comme pour la politique. De nos jours, on s'en est fort écarté en tragédie : on s'y conforme plus que jamais en politique.

D'Argenson, peu après avoir quitté son intendance, ressentit un peu d'ennui. Redevenu simple conseiller d'État, ce métier de juge, disait-il, « où l'on n'a guère qu'un suffrage pour la trentième partie d'un arrêt, » lui paraissait un faible dédommagement de sa petite vice-royauté en Hainaut. Il se désennuya comme il put, en écrivant ses idées sur tous les sujets à l'ordre du jour, en s'occupant activement de considérations politiques dans la petite société de *l'Entresol* dont il était l'un des membres assidus, et en espérant de l'amitié de M. Chauvelin, qui l'avait pris en goût, de devenir bientôt ministre.

M. Chauvelin est un personnage politique important, qui ne s'était jamais complétement dégagé, dans l'histoire, de l'ombre du cardinal de Fleury, et que l'on doit à d'Argenson, aujourd'hui, de bien connaître. Il est vrai qu'il varie souvent sur son compte : écrivant au jour le jour, ses jugements et ses degrés d'estime sont à la merci de son impression actuelle; il n'est jamais à une rétractation près. Les intérêts de son ambition personnelle affectent singulièrement la qualité et la sensibilité de son baromètre. Ses propres espérances, selon qu'elles montent ou qu'elles baissent, lui font voir en beau ou en laid certaines gens qui lui semblent favorables ou contraires. Quand il espère arriver par quelqu'un au ministère, ce quelqu'un (fût-ce le valet de chambre Bachelier) prend aussitôt à ses yeux une couleur de bon citoyen. Au reste, nous sommes tous ainsi plus ou moins, si nous n'y prenons garde. Madame de Sévigné, au moment où le roi venait de la faire danser, disait à son voisin en se rasseyant : « Il faut avouer que le roi a de grandes qualités ; je crois qu'il obscurcira la gloire de tous ses prédécesseurs. » Quand M. Chauvelin vient de causer avec d'Argenson pendant deux heures dans son cabinet ou dans les allées de Grosbois, ou de le promener dans son carrosse par les rues de Paris, quand il a l'air de le consulter et de le vouloir avancer, il lui paraît avoir l'étoffe d'un grand ministre et être le dernier de la grande école de Richelieu, de Louis XIV : notre homme s'enflamme pour lui, il compte sur lui ; il le considère, dans le ministère du vieux Cardinal, comme le *bras nerveux* d'un cerveau sénile ; il le voit déjà comme l'âme énergique d'un nouveau ministère, le vainqueur de Maurepas et de la faction des *Marmousets* dans une nouvelle *Journée des Dupes*; il lui souhaite la prochaine succession de Fleury, qu'il croit prête à s'ouvrir à l'amiable, et en augure bien pour la grandeur et la restauration politique de la France. Mais, à d'autres jours, le Chauvelin a tout d'un coup baissé ; il est dans son tort, et il a mérité sa disgrâce ; l'exilé de Bourges, avec son grand feu et son activité, avait la politique *trop magnifique et trop fougueuse;* il tenait trop de Louvois, dont il était parent ; les peuples n'auraient guère respiré de son temps ; il est bon qu'il ait été écarté :

« (Février 1737)... Je ne trouve pas grand mal qu'il ne soit plus notre ministre, car je n'aime qu'une *politique bourgeoise*, où on vit bien avec ses voisins et où on n'est que leur arbitre, afin de travailler une bonne fois et de suite à perfectionner le dedans du royaume et à rendre tous les Français heureux. »

Et encore :

« ( Mars 1737) Une des principales causes de la disgrâce de M. le garde des sceaux Chauvelin est de ce qu'il était né avec trop d'élévation ; il eût été un bon ministre du temps de Louis XIV. Il avait de l'ambition pour lui, et, de là, il en avait pour l'État ; j'entends par là de cette ambition de grandeur, *inane nomen*. Il faut aimer le bonheur des peuples et la gloire du royaume, mais, dans la concurrence, il faut que la gloire cède au bonheur ; au lieu qu'un ministre de cette espèce fait toujours céder le bonheur à la gloire. M. le Cardinal (et je pense de même) a une politique plus bourgeoise qui va à la bonne économie, à l'ordre, à la tranquillité ; reste le choix ingénieux des moyens pour ce bonheur, l'activité et la fermeté pour y aller, et malheureusement les hommes n'ont pas tout ; mais, dans ce déficit, on aura toujours raison de préférer les qualités du cœur à celles de l'esprit, et la vertu aux talents, pourvu que la disette des talents n'aille pas à l'imbécillité. »

Ne croyez pas qu'il s'en tienne à ce jugement ; il aura bientôt des accès de colère et des coups de boutoir contre Fleury qui ne l'emploie pas, qui ne s'en va pas, contre ce doux vieillard qui s'obstine à vivre, à durer, dont la longévité est la plus grande des ruses et déroute tant d'ambitions qui attendent. Dans ses vues étendues et souvent élevées de politique extérieure, d'Argenson s'indigne que la France baisse, que sa marine se délabre de plus en plus, qu'on ne fasse rien pour reprendre et tenir son rang avec honneur dans les luttes maritimes ou européennes qui se préparent :

« (Mai 1738) Il semble, en vérité, qu'on tourne le dos exactement à tout ce qui est à propos, tant nous sommes gouvernés par de petits esprits ! Et quelle nation est ainsi ? Celle qui ne devrait avoir que des gens de premier ordre à sa tête...

« Que faisons-nous à cela, je le demande, quelles mesures, quel plan ? Éconduits sur notre arbitrage de Juliers, effrayés du roi de Prusse, arrêtés dans nos projets du Nord,... que le besoin serait grand ici d'un cardinal de Richelieu ferme et agissant, ou au moins d'un Chauvelin, d'un homme enfin ! »

La politique *bourgeoise* du cardinal de Fleury, à

laquelle il adhérait l'année précédente, et dans laquelle il espérait sa part, est rejetée bien loin maintenant : Chauvelin remonte. Le piquant, lorsqu'on lit de suite le Journal, est de voir les idées sensées de d'Argenson, ses vœux honorables pour la grandeur de son pays, se mêler sans cesse à ses propres poussées d'ambition ; car ce vertueux était de la même pâte que les autres hommes, seulement son ambition prenait, à son insu, je ne dirai pas le masque, mais la forme du bien public : il avait l'ardeur du bien, s'en croyait les moyens et la science, et avait hâte d'en venir à l'application. Cet empressement visible et naïf, qui se flatte de **n'être** pas de l'intrigue, mais qui se marque dans un flux et reflux étrange d'opinions, dans un va-et-vient de chaque jour, ces bouffées d'homme d'État aux aguets, de candidat ministre à l'affût, qui s'exhalent à chaque page du Journal, ces fumées d'un amour-propre échauffé qui se suit à la trace et qui a plus de retours qu'il ne croit, ce sous-entendu perpétuel, qui n'en est pas un, et dont le dernier mot est : *Il faut me prendre. Prenez-moi ! Je ne suis pas un ambitieux comme un autre* (car il se figure ne pas l'être) ; — tout cela fait de lui, à cette période de sa vie, un personnage à demi comique pour le lecteur.

Il avait tout à fait compté d'abord être placé par M Chauvelin, qui l'avait beaucoup tâté et pompé pour les idées (exploité, comme nous dirions), et un peu leurré peut-être ; qui avait essayé certainement de le dégourdir, de l'assouplir, de le tirer des théories, et qui en avait sans doute désespéré. Nommé par lui ambassadeur en Portugal, où il n'alla pas, d'Argenson s'était flatté ensuite de succéder à M. Chauvelin lui-même et d'obtenir un des portefeuilles qui faisaient partie de sa dépouille, le portefeuille des Affaires étrangères : « Je ne postulai point, mais on postula pour moi... Je vaux peu, mais je brûle d'amour pour le bonheur de *mes citoyens*, et, si cela était bien connu, certainement on me voudrait en place. » Aux environs de ce temps-là, dans les mois et les années qui suivent, on le voit successivement en passe ou en *idée* de devenir ou premier président du Parlement, ou secrétaire d'État à la guerre; — chancelier de France (si M. le Chancelier, qui a soixante-neuf ans, venait à manquer); — contrôleur général, ou même surintendant et *duc à brevet ;* — premier ministre enfin; car il a toutes ces visées, et il les indique ou les expose au fur et à mesure des occasions. Il compte fort en dernier lieu, pour réaliser ce beau rêve, sur le fidèle Bachelier, valet de chambre du roi, et introducteur de madame de Mailly, la première maîtresse : ce parti d'alcôve et d'antichambre lui paraît pour le quart d'heure, et tant qu'il en espère son avancement, le plus patriotique et le plus honorable : « En effet, tout l'autre parti radote ou trompe, et celui-ci est seul ferme, solide, dans les vrais intérêts de la Couronne et plein d'amour pour la personne du roi. » D'Argenson, qui se laisse appuyer par Bachelier, appelle cela être dans l'intrigue *passivement*. En attendant, il dresse pour son plaisir des listes ministérielles d'essai, dont il a soin d'exclure le plus qu'il peut M. son frère, ou quand il l'admet, c'est bien à son corps défendant. Dans l'un de ces remaniements ministériels auxquels il s'amuse à huis clos, on lit cet article d'une attention touchante : « M. d'Argenson le cadet serait exclu *pour toujours* de toutes ces places. » C'est ainsi que, comme le loup qui rôde autour de la bergerie, il sonde de tous côtés le ministère par ses conjectures; il s'y fraye une place, n'importe laquelle; et, dans les moments où il espère le moins, il se croit assez important et assez dangereux aux cabales pour qu'on cherche à se débarrasser de lui : « On m'éloignera sans doute par des ambassades, et je m'y attends. »

Ce Journal, monument d'une personnalité toute crue et naïve, et toute pavoisée d'honnêteté à ses propres yeux, ce singulier et bruyant soliloque d'un ambitieux sans le savoir, qui s'exalte *in petto* et se préconise, d'un vertueux qui grille d'envie que le pouvoir lui arrive et qui l'attend d'heure en heure pour faire, bon gré mal gré, le bonheur des hommes, est curieux pour le moraliste, non moins qu'instructif pour l'historien. L'original y apparaît dans son plein : le personnage s'y juge au fond. D'Argenson a écrit quelque part, dans cette supposition favorite de son futur ministère : « *Si j'étais premier ministre et le maître*, certainement j'établirais une Académie politique dans le goût de celle de M. de Torcy. » Et voilà à quoi, certainement, il était le plus propre : établir une Académie des Sciences morales et politiques, faire une société de *l'Entresol* en grand et au premier étage, y lire, en compagnie de gens de savoir et de mérite, des mémoires nourris, instructifs, à vues nombreuses et touffues, à projets drus et vifs, et dans lesquels d'autres que lui verraient ensuite ce qui est à prendre ou à laisser, ce qui est pratique ou ce qui ne l'est pas. C'était bien là, en définitive, sa vocation. Le ministre (quand il le deviendra plus tard) sera toujours compliqué, en lui, de l'académicien, du théoricien. C'est surtout un fourrageur d'idées et un chercheur.

Je dissimulerais mon impression si je ne disais

que, tel qu'il se dessine dans ce premier volume de son Journal, d'Argenson paraît plus ambitieux qu'on ne le jugerait d'après l'ensemble de sa carrière, et qu'il s'y montre aussi moins bonhomme, plus brutal et plus désagréable de nature qu'on ne se le figurait d'après ses écrits jusqu'ici publiés et tous plus ou moins arrangés ou morcelés à dessein. Mais, cela dit, il convient d'insister avec M. Rathery sur les bons côtés, sur les parties fortes et élevées de l'intelligence politique du personnage. Il a des pensées et des remarques du meilleur aloi, et qui se rapportent bien à la nation française de son temps, et de tous les temps. Causant un jour avec M. Chauvelin, en juillet 1734, ce ministre lui explique comment on a été contraint de faire la guerre par l'opinion que les ennemis avaient conçue au désavantage du présent gouvernement. Et chose remarquable! disait M. Chauvelin, ce sont les Français eux-mêmes qui avaient propagé cette opinion défavorable. Les Français se livrent volontiers aux étrangers, et même plus volontiers qu'à leurs compatriotes; ils font à l'étourdie les honneurs d'eux-mêmes, « de sorte que ce goût frondeur, qui domine principalement dans la bonne compagnie, ayant porté nos Français à dire mille maux de la faiblesse de la nation, de la nonchalance insurmontable du ministère pour se porter à la guerre, de l'état prétendu désespéré de nos finances, de la mollesse de nos jeunes gens, » en un mot de *l'abaissement* de la France, il n'était pas extraordinaire que les étrangers eussent rapporté dans leur pays ces impressions puisées dans **la meilleure compagnie de Paris**, et eussent répandu l'idée qu'on pouvait nous braver impunément, ne plus compter avec nous.

Mais qu'arrive-t-il? et l'observation est de d'Argenson répliquant au ministre : ces petits hommes chétifs d'apparence, et qu'on croirait énervés par le luxe, vérifient à l'instant par leur exemple ce que Voltaire disait des courtisans français dans *la Henriade :*

> La paix n'amollit point leur valeur ordinaire;
> De l'ombre du repos ils volent aux hasards...

Ils sortent du sein de la mollesse pour aller aux combats comme des lions. En Allemagne, en Italie, voilà des héros reparus de tous côtés :

« Je lui ai fait remarquer (à M. Chauvelin) combien c'était une chose étonnante et à jamais mémorable que cette valeur française qui, contre l'opinion de tout le monde, rendait nos soldats et officiers plus braves que les vieux soldats de M. de Turenne, et d'une constance opiniâtre inconnue au caractère attribué à notre nation, dans le moment où l'on croyait qu'ils feraient très-mal les premières campagnes. »

Et il en conclut que c'est sur cette fibre mâle de la nation qu'un véritable homme d'État devrait appuyer pour rendre à la politique tout son ressort, et il souhaite qu'on aille en avant. D'Argenson n'était pas pour la politique bourgeoise, ce jour-là.

Un autre jour encore (et ceci sera une de ses idées favorites), il déplore de voir manquer l'occasion de chasser pour toujours d'Italie les empereurs d'Allemagne. Il estime qu'on le pouvait au moment de la Paix de 1735, à la suite des succès de nos armes : « On le pouvait assurément, dit-il, et on aurait eu toute l'Europe pour soi si, agissant avec candeur, on eût fortifié le tiers-parti des dépouilles de la maison d'Autriche en Italie, sans en revêtir la maison de Bourbon aucunement. » Le désintéressement pour soi et pour les siens aurait donné le droit de parler haut et ferme. La mort du dernier grand-duc, qui ne laissait pas d'enfants (1737), vint, selon lui, rouvrir des facilités nouvelles. Il avait écrit là-dessus un premier, puis un second mémoire, dans lesquels il proposait un *plan de partage* et concluait à l'établissement d'un *équilibre italique* dont la première condition était l'entière expulsion des Allemands. Il aspirait à voir la puissance impériale concentrée à l'Allemagne, et le vœu de Jules II accompli : *Chasser de l'Italie les Barbares*. Il se livra souvent à des projets de remaniement en ce sens, et il ne réussit point à les réaliser dans son passage au ministère des Affaires étrangères. Ses vues et ses intentions, sur ce point comme sur plusieurs autres, lui sont aujourd'hui comptées. Dans le grand nombre d'idées et de projets d'amélioration qu'il a agités, le temps a fait son triage, et il en est vraiment qui, par un singulier tour de roue de la Fortune, semblent devenus des à-propos.

Lundi, 8 août 1859.

# LA PRINCESSE DES URSINS

Ses *Lettres inédites*, recueillies et publiées par M. A GEFFROY;
*Essai sur sa Vie et son Caractère politique*, par M. FRANÇOIS
COMBES (1).

Madame des Ursins n'a pas à se plaindre; de même qu'à madame de Maintenon, les années lui sont favorables : dans ce grand procès de révision qui remet tour à tour en scène et en lumière tous les personnages de son temps, sa réputation n'a point perdu; elle a plutôt gagné en s'éclairant, et l'on peut dire qu'elle est aujourd'hui dans son plein. La découverte imprévue que M. Geffroy a faite, il y a quelques années, dans la bibliothèque de Stockholm, d'une centaine des lettres de la princesse adressées soit à la maréchale de Noailles, soit à madame de Maintenon, est venue compléter heureusement le Recueil si curieux donné en 1826 chez les frères Bossange; ç'a été l'occasion naturelle, le point de départ d'une nouvelle étude où l'on a repris et pesé scrupuleusement les titres historiques de cette femme célèbre. M. Combes a fait de la princesse des Ursins le sujet d'une de ces thèses cons-

(1) Librairie de Didier, quai des Augustins, 35.

ciencieuses de la Faculté des Lettres qui deviennent si aisément des livres : la princesse, après avoir été discutée et débattue en Sorbonne, a reparu devant le public dans un tableau solide et étendu. M. Geffroy, à son tour, le premier auteur de cette résurrection, en publiant les Lettres inédites de la princesse, tant celles qu'il avait rapportées de Stockholm que d'autres que M. Combes avait trouvées de son côté au Dépôt de la guerre et lui avait communiquées, les a fait précéder d'une Introduction, les a entourées de notes, d'éclaircissements de tout genre. C'est donc une figure désormais connue et placée dans tout son jour, c'est un coin d'histoire réglé et établi.

Je ne viendrai pas ici, à la suite de M. Combes, repasser sur les différentes phases de la carrière politique de madame des Ursins pendant ses treize années d'influence ou de domination en Espagne : il a très-bien distingué les temps, démêlé les intrigues selon l'esprit de chaque moment, montré madame des Ursins représentant dès l'abord le parti français, mais le parti français modéré qui tendait à la fusion avec l'Espagne, et combattant le parti ultra-français représenté par les D'Estrées : — ce fut sa première époque : — puis, après un court intervalle de disgrâce et un rappel en France, revenue triomphante et autorisée par Louis XIV, elle dut pourtant, malgré ses premiers ménagements pour l'esprit espagnol, s'appliquer à briser l'opposition des grands et travailler à niveler l'Espagne dans un sens tout monarchique, anti-féodal ; c'était encore pratiquer la politique française, le système d'unité dans le gouvernement, et le transporter au delà des Pyrénées : — ce fut la seconde partie de sa tâche. — Mais quand Louis XIV, effrayé et découragé par les premiers désastres de cette funeste guerre de la Succession, paraît disposé à abandonner l'Espagne et à lâcher son petit-fils, madame des Ursins, dévouée avant tout aux intérêts de Philippe V et du royaume qu'elle a épousé, devient tout Espagnole pour le salut et l'intégrité de la Couronne, rompt au dedans avec le parti français, conjure au dehors la défection de Versailles, écrit à madame de Maintenon des lettres *à feu et à sang*, s'appuie en attendant sur la nation, et, s'aidant d'une noble reine, jette résolûment le roi dans les bras de ses sujets. C'est son plus beau moment, où sa générosité, sa fierté d'âme, son courage et ses ressources d'esprit se déploient avec bien de l'avantage, et tournent au bien public comme à son honneur. « Laissez faire, disait quelque temps auparavant un spirituel étranger (1) aux nobles Espagnols irrités contre elle; si l'on touche à l'Espagne, elle sera plus Espagnole qu'aucun de vous. » Elle justifia ce pronostic. Elle aurait dû, pour sa gloire, quitter l'Espagne après ce triomphe de sa politique et de sa cause, après la victoire de Villaviciosa (décembre 1710) qui consacra la réconciliation de l'aristocratie espagnole et du souverain. Son œuvre véritable, sa mission franco-espagnole était alors accomplie : c'est alors qu'on pouvait dire à bon droit, à Versailles comme à Madrid, qu'elle avait rendu des services. La dynastie, la maison de Bourbon en Espagne était fondée, et elle y avait prêté une habile et vigoureuse assistance. Le roi se pouvait désormais passer d'elle; le pupille était émancipé. Elle l'avait réellement façonné, créé, lui

(1) Le chevalier du Bourk, colonel irlandais, dont M. Combes a trouvé les lettres au Dépôt de la guerre : elles mériteraient d'être publiées.

avait (au moral aussi, et jusqu'à un certain point) redressé la taille; la fermeté récente dont il avait donné des marques dans ses lettres en France, dans toute sa conduite, était en effet son ouvrage : il avait acquis une sorte de caractère, de la volonté. « On ne connaît pas assez le roi d'Espagne, » disait-elle à ceux qui paraissaient en douter : cela était vrai en plus d'un sens; elle devait elle-même le vérifier quatre ans plus tard, lorsque, lui ayant trop fait sentir son joug, elle fut renversée traîtreusement en un clin d'œil et tomba de cette chute soudaine et ridicule dont sa renommée historique s'est ressentie. Celle qui avait agi, régné presque en premier ministre, cette grande surintendante de la monarchie espagnole disparut comme une camériste qu'on chasse. Son rôle éminent, viril et glorieux par moments (quelle que fût la petitesse des moyens employés), ne méritait pas cette fin burlesque.

Il faut pourtant convenir que lorsqu'on a lu chez M. Combes même, si favorable d'ailleurs, le récit de cette quatrième et dernière partie de la carrière politique de madame des Ursins (1711-1714), que l'on a vu son obstination vaniteuse à réclamer pour elle une souveraineté en Flandre ou dans le Luxembourg, au risque de retarder, d'*accrocher* la paix générale de toute l'Europe, son obsession croissante, son accaparement de Philippe V après la mort de sa première femme, l'humiliante sujétion à laquelle cette femme de soixante-dix ans prétendait réduire le jeune et royal veuf, les indécents propos auxquels elle ne craignait pas de l'exposer, on comprend qu'elle ait lassé et ce roi et l'Espagne, et qu'elle ait fini par être secouée d'un revers de main sans laisser après elle beaucoup de regrets. Intrigue contre intrigue; il est difficile en définitive de s'intéresser au vaincu beaucoup plus qu'au vainqueur. Elle a fait comme bien des gens que nous connaissons, elle a politiquement vécu et duré trois ou quatre ans de trop.

Parmi tous les éloges que mérite M. Combes pour son étude attentive, approfondie, pour les sources officielles et secrètes qu'il a diligemment explorées, et pour les judicieuses conclusions ou inductions qu'il en tire d'ordinaire, il en est un, un seul, que j'ai le regret de ne pouvoir y joindre. Pourquoi, quand on est si familier avec les personnages du dix-septième siècle, avec leurs actes et avec leurs discours, quand on est entré si avant dans leur conversation et leur correspondance, pourquoi écrit-on d'une manière qui leur est si étrangère, qui leur serait si antipathique? Comment, quand il s'agit de madame de Maintenon, par exemple, qui évite de prendre hautement parti, qui s'abstient volontiers et se renferme dans une réserve prudente, comment venir nous dire : « Sûre d'elle-même, elle ne l'était pas autant des personnes qui recherchaient sa recommandation; elle craignait les causeries et les commentaires de salon..., et tout ce bruyant désordre d'actes et de paroles que sa présence avouée dans tel ou tel camp aurait occasionné, et qu'*une neutralité, qui n'était autre chose que le sage isolement d'une mystérieuse spontanéité,* pouvait seule empêcher? » Comment, au sujet de madame de Maintenon encore et de l'estime due à son mérite, nous parler de l'*honorabilité* de son caractère, comme s'il s'agissait de qualifier un témoin devant une cour d'assises? Comment dire de Vendôme, que l'historien appelle toujours, je ne sais pourquoi, *le maréchal*

*Vendôme* au lieu de *duc de Vendôme* (est-ce qu'on a jamais dit *le maréchal Condé?*) (1) : « *Une indigestion de poisson avait tranché le fil glorieux de ses jours?* » et de madame des Ursins qui veut réformer le cumul des places : « Nous la verrons tout à l'heure *spécialiser les charges sur une plus vaste échelle?* » et d'un jeune homme, neveu de l'Amirante de Castille, qui s'honore par sa fidélité au moment de la trahison de son oncle : « Ce contraste d'un jeune homme de dix-huit ans, qui *attachait ce ruban d'honneur aux commencements de sa carrière*, avec un vieillard qui flétrissait par la trahison la fin de la sienne...? » Et le reste. Je fais ces remarques à regret; mais ce serait conniver à un vice trop général que de les taire; car ce n'est point seulement à l'estimable historien de la princesse des Ursins qu'elles s'appliquent, c'est à la plupart de ceux qui s'occupent aujourd'hui, avec tant de ferveur et de zèle, du dix-septième siècle.

Oh! qu'avant de se décider à écrire sur quelque portion de ce beau siècle, on devrait bien s'y être préparé de longue main, et, pour cela, dès la jeunesse, dès l'enfance, avoir insensiblement reçu une première couche générale de connaissance classique française, de bon et juste langage, comme du temps de Fontanes et de la jeunesse de M. Villemain, avoir

(1) Il y a mieux; on lit dans les Mémoires du duc de Luynes, ce répertoire de la parfaite étiquette (tome II, p. 4) : « MM. les maréchaux de France sont à la tête de la noblesse lorsqu'un d'eux a l'honneur de commander les armées du Roi, mais ce n'est point à ce titre précisément que cet honneur est accordé, c'est à la volonté de Sa Majesté. M. de Vendôme n'était point maréchal de France; M. de Turenne n'en a jamais pris le titre. » C'était parce que M. de Turenne avait le léger faible d'être traité sur le pied de prince, qu'il rejetait le titre de maréchal comme inférieur et secondaire.

lu le *Siècle de Louis XIV* de Voltaire ; avoir su par cœur tant de belles pages citées dans les cours, dans les leçons de littérature, et qui honorent le goût! Puis, peu à peu, sur cette première couche littéraire, réputée aujourd'hui superficielle, et qui était du moins délicate et légère, on viendrait ajouter graduellement des teintes plus fortes, plus marquées, des figures plus expressives ; on lirait cette suite de Mémoires charmants qui faisaient autrefois partie de toute éducation d'homme et de femme comme il faut : madame de Motteville, mademoiselle de Montpensier, le cardinal de Retz, madame de La Fayette, madame de Caylus, tout madame de Sévigné : Saint-Simon, qui outre déjà, ne viendrait que le dernier après tous les autres. Cela ferait comme la seconde couche générale dont s'imbiberait lentement l'esprit ; et ce ne serait que là-dessus, sur ce fond préparé et disposé à loisir, qu'on viendrait apporter ensuite ce qu'on doit aux recherches successives des Monmerqué, des Walckenaër, aux fouilles plus récentes et brillamment capricieuses de M. Cousin ; mais on ne commencerait point par là ; on ne se piquerait pas d'emblée d'être érudit avant d'avoir été tout uniment instruit (le grand et détestable travers du moment et le danger littéraire de l'avenir!) ; on observerait les proportions et le ton, les convenances ; on ne commencerait point par donner tête baissée dans l'inédit, avant d'avoir lu ce qui est imprimé depuis deux siècles, ce qui hier encore était en lumière et faisait l'agrément de toutes les mémoires ornées ; on ne débuterait pas avec le dix-septième siècle par des découvertes : mais si l'on en faisait, on les exprimerait d'une façon plus simple, mieux assortie aux objets, plus digne de ce dix-septième siècle lui-même ; on ne jurerait pas avec lui en venant parler de lui ; on ne parlerait pas un langage à faire dresser les cheveux sur la tête à ce monde poli qu'on met en avant à tout propos ; on ne s'attaquerait pas enfin, de but en blanc, à ces gens de Versailles comme si l'on arrivait de Poissy ou de Pontoise.

Cette image vous choque : déplaçons le point de vue. Nous sommes comme des Romains du quatrième ou du cinquième siècle qui viendraient disserter à perte de vue, en style africain, sur des billets trouvés dans la cassette d'Auguste, de Pollion et de Mécènes.

Pardon si je n'ai pu m'empêcher d'exhaler une souffrance que j'ai tant de fois éprouvée (et je ne suis pas le seul) en lisant des écrits modernes qui traitent du dix-septième siècle. Mais, d'un autre côté, je ne voudrais paraître rien retirer du mérite intrinsèque et solide de l'ouvrage de M. Combes. Il n'est pas un point de l'histoire de madame des Ursins, et pouvant de près ou de loin s'y rapporter, qui n'ait été l'objet, de sa part, d'un examen approfondi, et qui ne lui ait fourni la matière d'un chapitre ou plutôt d'une sorte de mémoire raisonné et de dissertation. On sent l'homme qui a du loisir et du bon sens, la patience des recherches et une application infinie.

Les Lettres retrouvées et données en un volume par M. Geffroy, et qui, à la rigueur, se peuvent suffire à elles-mêmes, ont surtout mis en lumière les commencements et les préliminaires de la mission de la princesse des Ursins en Espagne ; c'est le côté neuf de la publication (je suppose des lecteurs au courant et qui se souviennent de l'ancien Recueil de 1826). Qu'y voit-on d'abord ? Madame des Ursins, qui s'appelait auparavant madame de Bracciano, est à Rome; elle y a, depuis des années, une grande existence, un salon politique et diplomatique; elle est accoutumée à *voir les souverains et les vice-rois à ses pieds* (1), et aussi le Sacré-Collège. Elle rend des services. Pensionnée à cette fin par Louis XIV, elle est une sorte de résidente perpétuelle de la France, une coadjutrice utile et zélée, parfois un peu rivale, de nos cardinaux et de nos ambassadeurs. Elle agit de concert, et même à côté; elle s'informe, elle rend compte, elle correspond directement avec ses amis de Versailles (2). Il semble que sa carrière ainsi établie soit close ou du moins toute tracée, et qu'il n'y ait plus pour elle qu'à continuer sur ce pied-là; car elle a près de soixante ans. Or, c'est précisément de cet éminent degré de condition et de fortune qu'elle va partir, à cet âge, pour désirer au delà et pour concevoir de plus hautes espérances.

(1) Expression du marquis de Lassay (*Recueil de différentes choses*, Lausanne, 1756, tome I, page 264). — Antérieurement, soit à Paris, soit à Rome, madame des Ursins avait beaucoup vu le cardinal de Retz et avait pu prendre de lui ses premières leçons de politique; il ne tiendrait même qu'à nous de croire qu'elle fut sa dernière galanterie : « On me mande, écrivait Bussy à madame de Montmorency, que M. le cardinal de Retz achève de faire sa pénitence chez madame de Bracciano qui, comme vous savez, était madame de Chalais; cela étant, je ne désespère pas de voir l'abbé de La Trappe revenir soupirer pour quelque dame de la Cour; et si l'on va en Paradis par le chemin que tient ce cardinal, l'abbé est bien sot de tenir le chemin qu'il tient pour y aller. »

(2) Dans un complet et très-judicieux Essai sur la princesse des Ursins (inséré dans la *Revue des Deux Mondes* du 15 septembre 1859), M. de Carné ne va pas tout à fait si loin; il s'applique à réduire le rôle diplomatique que la princesse aurait joué dans le monde romain en ces années; il n'y voit qu'une action purement *officieuse* et réclame contre l'induction de M. Combes qui considère la pension accordée à madame des Ursins comme un véritable *traitement* attaché à des fonctions secrètes.

Elle veut passer de l'observation et de la conversation politique à l'action. Elle a pour correspondante habituelle à Paris la maréchale de Noailles, à laquelle elle dit tout ce qu'elle veut qu'on sache et qui transpire. Mais que de précautions, que de compliments et de flatteries avant de risquer l'idée nouvelle qui lui est venue un matin, et qu'elle voudrait, de loin, insinuer et suggérer à ceux de qui le succès et, comme nous dirions aujourd'hui, la *réalisation* dépend. Les lettres précédentes à la maréchale sont toutes remplies de détails domestiques, de calculs et de chiffres, tendant à faire augmenter sa pension, qu'elle juge insuffisante « pour la première princesse de Rome, née sujette d'un grand roi comme le nôtre. » Elle est gueuse, dit-elle, mais elle est fière; ce qui ne l'empêche pas de demander bien souvent. Il est vrai qu'elle demande avec un grand air, avec un tour et des révérences qui ne sont qu'à elle : on n'a jamais crié misère plus noblement. Mais tout d'un coup une autre pensée lui vient, et voici en quels termes elle s'en ouvre à la maréchale de Noailles, en essayant de l'y intéresser et de la tenter (27 décembre 1700) :

« La grande affaire dont je veux vous parler, Madame, regarde le mariage du roi d'Espagne, et une vue pour moi en cas qu'il se fasse avec madame la princesse de Savoie. Aussitôt que je sus la résolution du Roi d'accepter le testament, je songeai que l'intérêt de la France était principalement de détruire en Espagne le parti qui reste affectionné à l'Empereur, et, par conséquent, qu'il fallait éviter d'y introduire une Allemande, à qui il serait aisé d'acquérir de nouvelles créatures et de conserver les anciennes par le crédit qu'ont ordinairement les reines dans ce royaume. J'en parlai à messieurs nos cardinaux, qui approuvèrent mon raisonnement. M. l'ambassadeur d'Espagne vint me voir deux jours après : nous traitâmes à fond cette matière. Il me dit d'abord qu'en prenant la fille de l'Empereur, ce serait peut-être le moyen d'adoucir la Cour de Vienne et de conserver le repos de la Chrétienté; mais, ayant fait de sages réflexions, il convint avec moi que le premier intérêt de la Cour d'Espagne était de renoncer absolument à toutes autres liaisons pour mériter davantage l'amitié et la confiance de notre Roi. Le cardinal de Giudice et les auditeurs de Rote espagnols m'ayant vue depuis, ils m'ont témoigné une aversion infinie pour l'archiduchesse, jusqu'à me dire que ce mariage les faisait retomber dans leur premier malheur et qu'ils ne croyaient pas même qu'il y eût de la sûreté à livrer leur Roi à ces sortes de femmes. Je conjecture de toutes ces choses que madame la duchesse de Bourgogne aura la satisfaction de voir madame sa sœur reine de cette grande monarchie, et, *comme il faut une dame titrée pour conduire cette jeune princesse, je vous supplie de m'offrir, Madame, avant que le Roi jette les yeux sur quelque autre.* J'ose dire être plus propre que qui que ce soit pour cet emploi par le grand nombre d'amis que j'ai en ce pays-là et par l'avantage que j'ai d'être grande d'Espagne, ce qui lèverait les difficultés qu'une autre rencontrerait pour les traitements. Je parle, outre cela, espagnol, et je suis sûre d'ailleurs que ce choix plairait à toute la nation de laquelle je puis me vanter d'avoir toujours été aimée et estimée. *Mon dessein serait, Madame, d'aller jusqu'à Madrid, d'y demeurer tant qu'il plairait au Roi, et de venir ensuite à la Cour rendre compte à Sa Majesté de mon voyage.* S'il n'était question que d'accompagner la Reine jusqu'à la frontière, je ne penserais pas à cet emploi, car ce qui me le fait désirer principalement, après le service du Roi qui passe chez moi avant toute chose, c'est l'envie que j'ai de solliciter moi-même à la Cour de Madrid des affaires considérables que j'ai dans le royaume de Naples. Je serais bien aise aussi d'y voir mes amis, et entre autres M. le cardinal Porto-Carrero, *avec qui je chercherais les moyens de marier en ce pays-là une douzaine de mesdemoiselles vos filles.* Vous devez savoir, Madame, que je compte sur lui presque aussi solidement en Espagne que je puis compter sur vous en France. L'amitié qu'il a pour moi va jusqu'à m'envoyer quelquefois des présents de ce qu'il y a de plus rare dans son pays, et il n'y a que huit jours qu'on m'en a apporté un de sa part assez galant et assez magnifique pour être présenté à une reine. Jugez après cela si je ne ferais pas la pluie et le beau temps en cette Cour, et si c'est avec trop de vanité que je vous y offre mes services. Je n'ai pas cru pouvoir vous engager à entrer dans cette affaire, Madame, qu'en vous y faisant trouver un gros intérêt, car j'appréhende que vous ne soyez très-lasse de vous employer pour moi. M. le cardinal de Noailles, à qui j'ai communiqué cette vue, vous réchauffera encore s'il est besoin. Ainsi vous serez la seule personne sur qui j'appuierai toute la conduite de cette affaire. »

La maréchale de Noailles, en effet, n'avait pas moins de onze filles sur vingt et un enfants; il y avait de quoi l'allécher que de lui montrer de grands partis, et sous air de railler on venait de glisser une sorte de promesse. — C'est dans ces termes habiles et modestes que madame des Ursins présente d'abord son idée, sa *vue*. Une fois la chose jetée en avant, elle ne laisse guère passer de courrier sans y revenir, sans y ajouter, n'omettant rien pour la rendre et la montrer possible et même facile. Car ses idées à elle ne sont pas, un seul instant, à l'état de rêves et de chimères; elles prennent forme aussitôt et consistance, et ont, en naissant, de quoi faire leur chemin. Du moment que la nouvelle reine d'Espagne est une princesse de Savoie, il est indispensable d'avoir pour soi le père, le duc de Savoie, de qui même la proposition, ce semble, doit venir : il ne s'agit que de la lui souffler, et, pour cela, voici la machine que madame des Ursins arrange et construit (janvier 1704) :

« ... Il est certain que le succès de tout cela dépend de M. le duc de Savoie; vous m'en avez assez écrit pour le comprendre, et, outre cela, la chose se dit elle-même. Je cherche donc les moyens de gagner l'esprit de ce prince qui, dans le fond, ne devrait pas avoir la moindre répugnance à me préférer à toute autre. Cependant, comme je ne me puis rien me promettre d'assuré sur sa lettre, que je me suis donné l'honneur de vous envoyer, je veux vous proposer une chose qui ne commettrait nullement le Roi, et qui néanmoins déterminerait sûrement Son Altesse Royale. C'est, Madame, que M. de Torcy, de son chef, et sans y intéresser le nom du Roi en rien, voulût, par manière de conversation, demander à l'ambassadeur de Savoie, qui est à Paris, quelle est la personne que son maître destine à cet emploi, et qu'il voulût bien me nommer comme m'y trouvant assez propre. Les ambassadeurs tiennent registre de tout, et ils informent leurs souverains des moindres choses qu'ils entendent dire aux ministres : celle-ci serait prise comme une insinuation qui sûrement déterminerait M. le duc de Savoie à faire ce que nous souhaitons, en lui laissant néanmoins une pleine liberté d'agir à sa fantaisie. Je ne crois pas, Madame, que M. le marquis de Torcy ait quelque difficulté à me rendre ce bon office, *avec les circonstances que je dis*, comptant assez sur l'honneur de son amitié pour espérer tous ceux qui lui seront possibles. Je soumets cette idée à votre prudence, et, si elle vous paraît juste, vous la tournerez comme il vous plaira, car vous êtes plus habile que moi. M. le marquis de Torcy ne sait rien de toute cette affaire; il verra, quand vous prendrez la peine de lui en parler, que je ménage son temps le plus que je puis, et que, par cette raison, je ne me prévaux des bontés qu'il a pour moi que lorsque je ne peux faire autrement.

« Je vous ai déjà marqué, Madame, que je ne songerai à votre damas qu'après les nouvelles soies..., etc. »

Suivent des détails d'étoffes et de chiffons mêlés à cette poursuite et à cette ambition d'un futur ministère. Mais, pour que la trame soit complète, que de fils tendus dans tous les sens! Il est bon que l'Espagne, à son tour, paraisse désirer madame des Ursins et pas une autre qu'elle. Nouvelle provocation indirecte, nouvelle insinuation (29 mars 1701) :

« Je ne dois, Madame, vous laisser ignorer aucune des mesures que je prends pour faire réussir mon projet, puisque vos conseils me sont si nécessaires et que j'attends de votre activité la meilleure partie du succès de cette affaire. J'ai cru devoir prévenir les Espagnols en ma faveur, ou au moins savoir leur sentiment sur une chose qui les regarde principalement. C'est à M. le cardinal Porto-Carrero, qui assurément est un des plus solides amis que j'aie au monde, *à qui* je me suis adressée, étant sûre de son secret autant que de sa bonne volonté à mon égard. Voici sa réponse que je me donne l'honneur de vous envoyer en original quoique j'y joigne une traduction pour ne vous pas mettre dans la nécessité de communiquer mon intention à quelque indiscret. Sa lettre n'est pas de sa main, l'ayant prié instamment autrefois de se servir d'un secrétaire par la difficulté que j'avais à lire son écriture. Vous verrez, Madame que je ne me suis point trop flattée quand j'ai avancé qu'ils seraient très-contents, en ce pays-là, que le Roi me fît l'honneur de me confier l'emploi que je prends la liberté de lui demander. Si vous croyez que la lettre soit bonne à faire voir, vous en ferez, s'il vous plaît, l'usage que vous jugerez à propos. Cet aimable cardinal croit, comme j'ai cru, que Sa Majesté (Louis XIV) doit décider de mon sort; mais, malheureusement, je vois qu'il dépend d'un autre (le duc de Savoie); de quoi je n'ose rien me promettre, par les raisons que je vous ai déjà dites, à moins que du côté de la Cour on n'ait la liberté de prendre quelques mesures pour cela avec lui. Celles que j'ai prises devraient réussir ; je ne sais cependant quel effet elles produiront, étant bien difficile de demander des résolutions d'un prince tel qu'est celui-là. »

Un moment elle craint que le peu de contentement où l'on est à la Cour de France de certains procédés équivoques habituels au duc de Savoie, ne fasse renoncer aux vues qu'on avait sur la princesse sa fille : « Si cette nouvelle est véritable, écrit madame des Ursins, je vous supplie très-humblement, Madame, de m'informer sur ce qui pourra venir à votre connaissance, afin que je puisse prendre mes mesures de bonne heure. » Mais bientôt elle apprend que tout tient et achève de se conclure; en attendant, elle ne s'en est pas fiée aux simples insinuations auprès de la Cour de Turin ; elle a écrit, elle s'est décidément offerte. Quand elle a un désir, elle n'est pas femme à négliger un moyen (26 avril 1704) :

« ... Je vous ai marqué par mes dernières que j'avais pris la résolution d'écrire à M. le duc de Savoie sur ce que vous avez eu la bonté de me mander. J'ai eu sa réponse, et je vous envoie sa lettre originale avec une traduction française... Mes offres ont été bien reçues, comme vous verrez, Madame ; mais à Turin comme à Madrid, on est dans l'intention d'obéir aveuglément au Roi, à qui l'on croit qu'il appartient de décider en toutes choses. J'avais prévu cette soumission de son Altesse Royale, et je ne me suis hasardée de lui écrire que pour ne manquer à rien dans une affaire que j'ai si fort à cœur. La seule difficulté qui reste est pour me faire aller jusqu'à Madrid, car peut-être que Sa Majesté ne voudra pas ôter aux dames espagnoles le plaisir et l'honneur de servir leur reine dès le moment qu'elles le pourront faire. A la rigueur, étant moi-même grande d'Espagne, cela ne devrait pas leur donner de la jalousie ; mais, étant Française aussi, je me contenterai d'exercer ma commission jusqu'où il plaira à Sa Majesté, et je continuerai le voyage comme une personne qui est bien aise de faire sa cour à la petite-fille de son roi et qui a aussi des affaires à Madrid. Ce que je vous dis là, Madame, doit suffire pour vous faire connaître que vous pouvez tout promettre de ma part, s'il y avait d'autres embarras que je ne puis prévoir. Je ne sais plus quelles autres mesures prendre pour assurer davantage la réussite de cette affaire : il ne me reste, ce me semble, qu'à supplier madame de Maintenon de m'honorer de ses bons offices auprès de Sa Majesté, et c'est ce que je vous prie de vouloir bien faire. Il me siérait mal de parler de la capacité que je crois avoir pour un tel emploi ; ainsi, Madame, c'est encore à vous à me faire valoir par les endroits que vous trouverez moins défectueux dans ma personne. »

En effet, madame de Maintenon s'en mêle, et l'affaire se consomme. Madame des Ursins, en recevant les ordres du roi par Torcy, ne se sent pas de joie ; madame de Noailles en a la première effusion et le rejaillissement : « Au reste, Madame, je suis transportée de joie, et depuis le matin jusqu'au soir je ne suis occupée qu'à penser combien vous êtes aimable. » Il est curieux de voir comme d'abord elle diminue la portée et la visée de sa mission : elle est choisie pour accompagner madame la princesse de Savoie jusqu'à Madrid ; voilà tout ; rien au delà ; qu'elle mette le pied en Espagne, cela lui suffit ; elle ne restera que juste autant qu'il le faudra pour ses affaires et autant que le Roi le lui commandera : elle n'est qu'un instrument docile, obéissant et presque inerte dans la main des puissances de Versailles. Et dès le début, pendant la route même, à Barcelone, en quels termes affecte-t-elle de parler de ce nouvel emploi de *camerera mayor* qu'on vient de lui voir briguer sous main si activement (12 décembre 1701) :

« Dans quel emploi, bon Dieu ! m'avez-vous mise, Madame ! Je n'ai pas le moindre repos, et je ne trouve pas même le temps de parler à mon secrétaire. Il n'est plus question de me reposer après le dîner ni de manger quand j'ai faim ; je suis trop heureuse de pouvoir faire un mauvais repas en courant, et encore est-il bien rare qu'on ne m'appelle pas dans le moment que je me mets à table.

En vérité, madame de Maintenon rirait bien si elle savait tous les détails de ma charge. Dites-lui, je vous supplie, que c'est moi qui ai l'honneur de prendre la robe de chambre du Roi d'Espagne lorsqu'il se met au lit, et de la lui donner avec ses pantoufles quand il se lève, — jusque-là je prendrais patience ; — mais que tous les soirs, quand le Roi entre chez la Reine pour se coucher, le comte de Benevente me charge de l'épée de Sa Majesté, d'un pot de chambre et d'une lampe que je renverse ordinairement sur mes habits ; cela est trop grotesque. Jamais le Roi ne se lèverait si je n'allais tirer son rideau, et ce serait un sacrilége si une autre que moi entrait dans la chambre de la Reine lorsqu'ils sont au lit. Dernièrement la lampe s'était éteinte parce que j'en avais répandu la moitié : je ne savais où étaient les fenêtres; que je n'avais point vues ouvertes parce que nous étions arrivés de nuit dans ce lieu-là; je pensai me casser le nez contre la muraille, et nous fûmes, le Roi d'Espagne et moi, près d'un quart d'heure à nous heurter en les cherchant. Malgré la vie de forçat que je mène, je me porte bien, Madame ; Dieu veuille que mon sang ne s'échauffe point trop, et que cela ne fasse point renaître le mal que vous savez qui me faisait tant de peur autrefois ! »

Elle ne sera pas malade, son sang ne s'enflammera pas, tranquillisons-nous ! Certes tout cela était bien agréablement dit et tout propre à divertir un moment les bonnes amies de France; mais, pour ne pas s'y laisser prendre, qu'on lise aussitôt après, par contraste, les admirables et vigoureuses lettres qu'elle écrira huit ans après à madame de Noailles (28 octobre 1709), à madame de Maintenon (11 novembre 1709), sur les affaires publiques, sur les fautes commises, sur le précipice où l'on s'est jeté, sur les moyens d'en sortir et sur les ressources de la situation, qui n'est pas, humainement ni divinement, si désespérée qu'on la veut faire : quelle force ! quel changement de ton ! on mesure le chemin qu'avait parcouru dans l'intervalle cette femme capable, énergique, et qui, comme la plupart des grands ambitieux, avait eu beaucoup à user de sa souplesse dans l'intérêt de son orgueil. Au reste, il est bien naturel qu'avec le talent qu'elle se sentait pour la **politique,** elle ait tout fait pour se procurer un **théâtre** où elle aurait lieu de le développer. On **doit aimer** à tenir les cartes quand on sait si bien le jeu.

Madame des Ursins nous apparaît dans ses Lettres tout à fait telle que l'on se figure la femme politique accomplie ; elle en offre l'idéal, si un pareil idéal existe. Le rôle pour elle est tout. Elle plaisante avec esprit, avec agrément, mais avec froideur; elle flatte et caresse de même : on sent l'artifice et le rire qui n'est que des dents et des lèvres; et que tout est factice dans la personne. Tout se passe dans la sphère du compliment, de la cérémonie, de l'intrigue théâtrale. La galanterie, qui ne quitte guère jamais ces sortes de femmes, n'est que sur le second plan, et reste subordonnée ou même subalterne : la grande comédienne et la belle joueuse sont seules toujours en avant. Toute femme qu'elle est (notez-le bien), elle n'a pas de nerfs, de vapeurs, ni de ces nuages qui passent; elle n'a pas cette imagination qui grossit les objets : sur un fond de santé forte, d'humeur heureuse et peut-être d'indifférence, il y a un esprit ferme, adroit et actif, de vives qualités disponibles, dressées de bonne heure à la grande vie, au train des Cours, et qui cherchent leur aliment et leur plaisir dans le démêlé des intérêts, dans le maniement des ressorts, dans l'influence et la représentation continue. Le côté *femme* (car il faut bien qu'il se retrouve toujours) paraît avoir été dans une certaine vanité de pompe, dans cette chimère de la souveraineté (ayant été si longtemps sujette, et glorieuse de cesser de l'être), et dans des illusions sur son âge. Ce tribut inévitable payé, elle est complète dans son genre. Elle parle quelquefois, il est vrai, comme l'usurier d'Horace, de se retirer aux champs, d'aller « vivre en repos, dans quelque solitude éloignée du commerce des hommes. Le repos, dit-elle, est le bonheur le plus parfait. » Bon Dieu! qu'en ferait-elle? Il y a des femmes qui sont nées et qui mourront bergères; elles portent le chapeau de fleurs et la houlette jusqu'à quatre-vingts ans : Madame des Ursins était née et ne vivait que pour brasser de grandes affaires et pour avoir la haute main dans de magnifiques tripots, au sein des jardins et des palais.

On peut faire, en lisant ces Lettres, une singulière remarque qui touche à la langue et à la littérature. Madame des Ursins écrit bien; elle écrit d'un grand style, sa phrase a grande tournure, et pourtant on s'aperçoit à certains mots, à certaines locutions qui échappent à sa plume, qu'elle est, depuis des années, absente de France et qu'elle est rarement venue s'y retremper. Par-ci par-là, de faibles et légères traces, mais enfin des traces exotiques se font sentir. Ainsi elle écrira (page 381) : « Je m'étais bien flattée, Madame, que le bruit qui s'était *épanché* de mon retour en France.... » *Épanché* pour *épandu*. A la date de 1711, elle dira encore *ce rencontre* (page 414), pour *cette rencontre*, ce qui n'était plus d'usage en France et ce qui aurait étonné une demoiselle de Saint-Cyr, une élève de madame de Maintenon; *auparavant de rentrer...* (page 407), au lieu de *avant de rentrer*. Elle dira: « Il croit *de* ne pouvoir partir... » (page 440). Il y a, dans une lettre du 18 décembre 1712, une phrase impossible, que l'on a peine à croire d'elle; il s'agit des plans et dessins pour les jardins du *Retiro:* « Elles (Leurs Majestés Catholiques) seront bien aises, *auparavant que de* les faire mettre à exécution, que M. le duc d'Antin les fasse voir au Roi *dont elles ont une grande opinion du goût;* » au lieu de : *du goût duquel elles ont une grande opinion.* A l'électrice Sophie de Brunswick, elle écrivait en 1698 : « ... Je différerais même encore de me donner l'honneur d'écrire à Votre Altesse Électorale, si je ne trouvais une espèce de consolation à entretenir une grande princesse qui est plus propre qu'une autre à *me compatir* par la bonté de son cœur et par l'amitié dont elle m'honore. » — O pure langue française, que tu es donc une chose délicate et fugitive pour que madame des Ursins elle-même ait pu t'oublier et t'offenser quelquefois!

Lundi, 26 septembre 1859.

# FRANÇOIS VILLON

## SA VIE ET SES ŒUVRES

### Par M. Antoine CAMPAUX (1).

Si Villon a eu bien des traverses et des mésaventures dans sa vie, il a eu bien du bonheur après sa mort, le plus grand bonheur et la meilleure fortune pour un poëte : il a fait école; il a fait tradition, et a eu même sa légende. Ce nom de *Villon* qu'il portait et qu'il a rendu célèbre n'était pas le sien; il l'avait emprunté, et il l'a tellement popularisé qu'il l'avait fait entrer un moment dans la langue : on disait *villonner* comme *pateliner, lambiner*, et depuis comme *escobarder, guillotiner*. *Villonner* signifiait, il est vrai, une vilaine chose, *duper, tromper, friponner*, payer en fausse monnaie. Mais ne frappe pas de cette fausse monnaie dans la langue, ne la met pas en circulation, qui veut. Depuis sa mort, ce Villon qui avait frisé la potence, considéré comme l'un des pères de la poésie, s'est vu, à chaque reprise et à chaque renaissance littéraire, recherché des meilleurs et salué. Marot, dès la renaissance de François I<sup>er</sup>, se rattachait à Villon, se refaisait son édi-

(1) Durand, rue des Grès, 7.

teur sur l'invitation du prince, et avait l'air de dater de lui comme d'un ancêtre et du plus ancien poëte français qu'on pût atteindre. Plus d'un siècle après, Boileau lui faisait l'honneur de commencer par lui l'histoire, nécessairement très-écourtée, qu'il donnait de notre ancienne poésie. Depuis lors Villon n'a pas cessé d'être en vue et d'être cité pour quelques jolis morceaux, pour quelques ballades excellentes. De nos jours, un ecclésiastique plein de zèle pour nos antiquités littéraires qu'il n'entendait qu'imparfaitement, l'abbé Prompsault, s'était épris de Villon (singulier choix!) et se flattait d'en avoir retrouvé des vers, — 276 vers, rien moins que cela. Il y eut, vers 1833, une terrible querelle entre M. Crapelet et l'abbé Prompsault. M. Crapelet, éditeur lui-même de vieux poëtes, et jaloux comme le potier l'est du potier, relevait dans la publication de l'abbé Prompsault jusqu'à 2,000 fautes, à peu près le chiffre que Méziriac prétendait retrouver dans le *Plutarque* d'Amyot; mais Amyot avait de quoi survivre, et le Villon de l'abbé Prompsault en mourut, — l'édition, non le poëte. Celui-ci, très-apprécié des Romantiques, ouvrait la marche dans la série des *Grotesques* de Théophile Gautier, qui en traçait un portrait de verve où l'homme est deviné sous le poëte et où Villon apparaît dans son relief comme le roi de la vie de Bohême. Juste dans le même temps (1844), il obtenait une place plus respectable et très-motivée dans le livre sévère de M. Nisard, *Histoire de la Littérature française*. L'éminent critique crut devoir défendre de tout point l'aperçu de Boileau et l'appuya par des raisons réfléchies : il voyait dans Villon un novateur, mais utile et salutaire, un de ces écrivains qui rompent en visière aux écoles artificielles, et qui parlent avec génie le français du peuple; contrairement à l'opinion qui lui préférait l'élégant et poli Charles d'Orléans, il rattachait à l'écolier de Paris le progrès le plus sensible qu'eût fait la poésie française depuis le *Roman de la Rose.* Enfin, c'était trop peu qu'une édition, la 32e, de Villon eût été publiée en 1850 dans la Bibliothèque elzévirienne de Jannet, par les soins du bibliophile Jacob, un dernier honneur lui était réservé : une thèse, un débat et une soutenance en Sorbonne, aujourd'hui tout un volume, celui même que j'annonce, par M. Antoine Campaux, homme de cœur et d'imagination, qui s'est épris du poëte, qui l'a de bonne heure lu, relu, imité peut-être dans des vers de jeunesse et pour ses parties avouables (1); qui l'aime comme un fils indulgent et innocent, avocat désintéressé d'un père prodigue, et qui, concentrant sur lui toute l'affection et l'érudition dont il est capable, a résumé, poussé à fond et comme épuisé les recherches à son sujet.

Telle est la singulière destinée de Villon. Pour moi, je dirai toute ma pensée : je ne voudrais rien retirer au vieux poëte, mais il me semble qu'il est en train de subir cette transformation légère qui, en ne faisant peut-être que rendre à certains hommes, sous un autre aspect, la valeur et le prestige qu'ils avaient de leur vivant, leur accorde certainement plus qu'ils n'ont mis et qu'ils n'ont laissé dans leurs œuvres. Les œuvres de Villon, pour nous, malgré tant de commentaires, de conjectures érudites et ingénieuses, sont et resteront pleines d'obscurités; elles ne se lisent pas couramment ni agréablement;

(1) Les curieux qui pourront mettre la main sur un petit volume de Poésies, *Les Legs de Marc-Antoine le Bohême* (Paris, chez Masgana, 1858) sauront ce que je veux dire.

on voit l'inspiration, le motif; on saisit les contours, mais à tout moment le détail échappe, la ligne se brise, la liaison ne se suit pas et fuit. Cela tient à bien des causes : allusions à des personnages inconnus, polissonneries et malices de quartier, rhythme gênant, langue embrouillée, incertaine, et pourquoi pas aussi? *défauts* de l'auteur. Pour ceux qui aiment à se rendre compte de leurs admirations, Villon bien souvent a tort, et deux ou trois perles dans son fumier, deux ou trois exquises ballades les consolent à peine des difficultés et des obstacles qu'ils rencontrent à chaque pas dans l'ensemble. Mais est-ce un malheur, en définitive, pour Villon, que ces obscurités qui rebutent quelques délicats trop exigeants? Je ne le crois pas. Il y a deux sortes d'auteurs, je le reconnais de plus en plus. Il y a ceux qui ne vivent dans la postérité et qui ne comptent que par leurs œuvres et pour ce qu'on en lit : de ceux-ci on comprend tout, tout est net et clair, on pèse, on mesure ; on en rabat souvent. Qu'ils sont rares les auteurs comme Horace et Montaigne, qui gagnent à être sans cesse relus, compris, entourés d'une pleine et pénétrante lumière, et pour qui semble fait le mot excellent de Vauvenargues : « *La netteté est le vernis des maîtres!* » La plupart de ceux qui ont mis ainsi leur pensée en tout son jour y perdent avec le temps et diminuent. Mais il y a une autre classe d'auteurs, à qui tout profite, même les défauts : ce sont ceux qui, une fois morts, tournent à la légende, qui deviennent *types*, comme on dit, dont le nom devient pour la postérité le signe abrégé d'une chose, d'une époque, d'un genre. Oh! ceux-là, ils ont des priviléges, on leur passe tout; là où ils manquent, on y supplée, on y ajoute ; tout leur est interprété à bien et à honneur, les obscurités, les excentricités, les boutades hors de propos, les écarts de verve ou les éclipses; on y suppose après coup des clartés, des profondeurs de sens ou de passion, des miracles de fantaisie qui, le plus souvent, n'y ont jamais été, même pour leurs plus proches contemporains. Ainsi pour Rabelais, ainsi pour d'Aubigné poëte et pour bien d'autres. — Ainsi pour Vous déjà (car nous voyons sous nos yeux s'accomplir le mystérieux phénomène), ô le plus charmant et le plus ardent des poëtes de cet âge, Vous que je n'ai pas hésité à saluer du nom de génie quand vous n'aviez que dix-huit ans, mais qui, dans vos brillants écrits, n'avez pas tenu en entier toutes vos promesses; qui, au milieu d'admirables éclats de passion, de jets ravissants d'élégance et de grâce, avez semé tant de disparates, de taches et d'incohérences, avez laissé tomber tant de lambeaux décousus! je vois le moment où tout cela vous sera compté à plus grand honneur que si vous aviez mieux conduit votre talent et mis en œuvre tout votre généreux esprit; et nos neveux diront en vous lisant : « Tant pis pour nous, là où nous ne saisissons pas ! il y a bien des sens cachés. » Et ils le diront et déjà ils le disent, parce qu'ils ont besoin de faire de vous tout ce que vous auriez dû être : car vous êtes l'enfant du siècle, vous le personnifiez à leurs yeux, et là où le périlleux modèle ne répond pas pleinement à l'idée et fait défaut, ils y mettront la main, ils vous achèveront. Et nous-mêmes qui savons le fort et le faible, qui vous avons vu naître, briller et mourir, nous y applaudirons et nous y applaudissons déjà, à ce commencement d'illusion, parce qu'après tout votre renommée charmante, si elle dépasse un peu vos œuvres, ne fera pourtant qu'égaler votre génie, — ce que ce génie aurait été si vous en aviez daigné pleinement user et en artiste plus maître de sa force. — Mais l'essentiel, je le vois bien, même en littérature, est de devenir un de ces noms commodes à la postérité qui s'en sert à tout moment, qui en fait le résumé de beaucoup d'autres, et qui, à mesure qu'elle s'éloigne, ne pouvant toucher toute l'étendue de la chaîne, ne la compte plus, de distance en distance, que par quelque anneau brillant.

Villon est de ceux-là : il fait anneau, et il brille de loin à travers sa rouille. On ne le prend plus au pied de la lettre pour ce qu'il a été et pour ce qu'il est en tant qu'auteur : on le prend comme un de ces individus collectifs, le dernier venu et, en quelque sorte, le dernier mot d'une génération de satiriques oubliés, leur héritier le plus en vue et chef à son tour d'une postérité nouvelle, faisant lien et tradition entre Rutebeuf et Rabelais.

A le voir et à l'étudier de près, son originalité bien réelle était-elle autre part que dans son talent? On ne saurait la chercher dans une forme de poésie qui lui aurait été propre : il n'a rien inventé en ce genre, et la *ballade*, dont il use si bien, florissait avant lui depuis plus d'un siècle. M. Campaux essaye pourtant de déterminer en quoi consiste l'originalité de *forme* de Villon, puisqu'on veut qu'il ait été novateur : il croit la trouver dans le genre du *Testament*. Réduit souvent par sa faute à de tristes extrémités et amené, bien que jeune, à songer à sa dernière heure, Villon suppose qu'il fait son Testament (il y en a deux de lui, le *Grand* et le *Petit*, sans compter un *Codicille*), et dans cette supposition il lègue à ses amis tout ce qu'un pauvre diable qui n'a pas un sou vaillant peut donner ; parmi ses *legs*, il y a bon nombre de *lays* ou de ballades, et il a dû penser au jeu de mots :

« C'est à un poëte une idée singulièrement originale et touchante, nous dit d'abord M. Campaux, que celle de se transporter en pensée à sa dernière heure, et là, de son lit de mort, d'exhaler son âme en confessions, en adieux et en legs à tous ceux qu'il a aimés et connus. Ou je me trompe, ou c'est là pour l'inspiration, le cadre à la fois le plus large et le plus commode, la forme la plus piquante et la plus faite à souhait pour ainsi dire, celle qui lui permet d'accorder avec l'unité la variété de tons la plus grande, et le laisse le plus libre de ses allures. Si le poëte, en outre, a eu particulièrement à souffrir de la vie et des hommes, que ce soit sa faute ou celle de son étoile, si plus qu'un autre il a été humilié par la destinée, je n'imagine rien de plus propre que ces *novissima verba*, que ces paroles suprêmes, à attirer enfin l'intérêt sur sa personne, et à toucher en sa faveur les plus distraits et les plus froids. »

Pour Villon, ç'a été une manière de distribuer bien des malices et des épigrammes à ses ennemis, de bonnes paroles à ses amis et quelques-uns des objets qui lui avaient appartenu, dont ils avaient la signification et le secret, et qui à eux seuls, si on saisissait bien son intention, raconteraient toute sa vie : mais là encore l'épigramme, la contre-vérité et la farce, on l'entrevoit, se glissent à chaque ligne, et ce qu'il lègue repose bien souvent sur les brouillards de la Seine. Ç'a été enfin, pour lui, une manière ingénieuse d'encadrer ce qu'il possédait plus à coup sûr, ses pièces de vers, même les plus étrangères à cette idée de testament. M. Campaux s'est demandé si avant Villon il y avait eu de ces espèces de testaments poétiques, et il en a retrouvé quelques-uns à l'état d'essais ; mais il reste vrai que si Villon n'a pas entièrement inventé, en littérature, cette forme de contrefaçon et de parodie des volontés dernières, il se l'est appropriée par le dessin net et tranché, par l'ampleur du contenu, et par une verve de détails, par un sel mordant qui n'appartient qu'à lui. Il a mis son cachet au genre ; il a *scellé* le *testament*.

Une vie exacte de Villon ne saurait se refaire ; on n'a sur lui aucun témoignage contemporain qui donne rien de précis, et l'on est à peu près réduit à ce qu'on peut apprendre de lui-même dans ses œuvres. M. Campaux a induit et conjecturé là-dessus tout ce que l'on peut raisonnablement. Suivant lui, *François*, d'abord surnommé *Corbueil*, serait né en 1431 (l'année même de la mort de Jeanne d'Arc) à Auvers, près Pontoise, ce qui ne l'empêchait pas de se dire Parisien, sans doute parce qu'il était venu de bonne heure à Paris et y avait été élevé. « Rien d'ailleurs dans ses œuvres n'indique une enfance passée aux champs, absolument rien ; au contraire, tout y trahit l'enfant de la Cité et le polisson du ruisseau. » Le nom de *Villon*, sous lequel il se fit ensuite connaître, n'était probablement qu'un surnom d'emprunt qu'il dut à un Guillaume Villon, lequel n'était ni son père, comme on l'a avancé, ni son oncle, mais seulement son maître. La mère de Villon était pauvre, ignorante et très-pieuse. Un érudit allemand a essayé, dans ces derniers temps, de déterminer au juste quelle était la part du père et de la mère de Villon dans le caractère de leur fils, et leur double influence sur son œuvre. Ces érudits allemands, à force d'étudier, ne doutent de rien. Celui-ci a donc découvert et imaginé que toute la veine satirique, railleuse, irrévérente et sensuelle de Villon lui venait de son père, et que la veine tendre et religieuse qu'on lui suppose par moments, ses velléités du moins et ses retours de mélancolie venaient de sa mère. Il passa, à un certain jour, de l'échoppe paternelle (si échoppe il y a) aux bancs de

l'Université ; il fut écolier, et de cette race immortelle, célèbre dès le temps de Rutebeuf et que nous décrivait hier encore Henri Murger. A la tête des plus spirituels entre les mauvais sujets, il usa et abusa de toutes les licences de son quartier et de son temps. Il était boute-en-train et un vrai chef de bande. Ses espiègleries, qui nous sont racontées dans *les Repues franches*, ne peuvent nous donner que du dégoût : « Ne soyons pourtant pas trop sévères, nous dit
« M. Saint-Marc Girardin. *Les Repues franches* ne
« sont autre chose que l'art de vivre aux dépens
« d'autrui ; c'est ce qu'on appelle aujourd'hui l'art de
« faire des dettes et de ne pas les payer. Voilà le pro-
« blème que se propose Villon, et c'est le même que
« travaillent à résoudre les enfants de famille du dix-
« neuvième siècle…. En fait de joyeuse vie, le fond
« des traditions ne change pas. A cette époque, faute
« de civilisation, il n'y avait point encore ces maximes
« d'honneur et de délicatesse sociale qui nous ap-
« prennent à faire la différence entre ce qui est une
« bassesse et ce qui n'est qu'une espièglerie. De nos
« jours, Villon aimerait encore la bonne chère et la
« joyeuseté, mais il serait honnête homme. De son
« temps, le libertinage allant jusqu'à l'escroquerie,
« il ne sut pas s'en préserver. » L'aimable jésuite Du Cerceau, qui s'est occupé de Villon, pensait à peu près de même. A la bonne heure ! je ne demande pas mieux ; mettons sur le compte du temps tout ce que nous pouvons à la décharge du poëte. La littérature est le lieu le plus fait pour admettre les circonstances atténuantes.— On a les noms de quelques-uns des garnements, ses compagnons et *sujets*, qu'il n'a eu garde d'oublier dans l'un ou l'autre de ses *Testaments*. Leurs plus innocentes occupations se passaient

à en conter aux belles du quartier, marchandes ou autres, la *belle Heaulmière,* la *belle Gantière,* la *gente Saulcissière, Blanche la Savatière,* etc. Cette *belle Heaulmière* paraît avoir été chef d'école en son genre et celle qui les endoctrinait toutes au plaisir. Villon ne s'en tint pas là : il vint un moment où il descendit jusqu'à une *Margot,* dont il nous ouvre le bouge, et il s'y montre installé comme chez lui, — mieux que chez lui. Il résulte de cet aveu cynique qu'il fit bien des métiers, jusqu'au plus dégradant de tous, et qu'il s'en vantait. Un jour, du milieu de ces ignominies, qui ne laissaient pas de fournir matière à sa verve, Villon eut un accent de patriotisme, et il lança contre les ennemis de l'*honneur français* une ballade dont l'énergique refrain aurait encore son écho ; il maudit et honnit, sur tous les tons, *qui mal vouldroit au royaume de France!* « Chose étrange, dit à ce sujet M. Campaux, surtout en un siècle où le sentiment de patrie était encore si peu commun ; il y avait un Français dans ce vagabond qui n'avait ni feu ni lieu. » Admirons moins : il faut bien que Villon, puisqu'il nous occupe, ait eu quelque chose en lui et qu'il soit quelquefois sorti de sa vie de taverne et de crapule ; sans quoi nous l'y laisserions tout entier. Au train qu'il menait jour et nuit, on devinerait, si on ne le savait de reste, qu'il eut souvent affaire aux gens du roi : il connut le Châtelet, peut-être la Bastille.— Un tel écolier, croisé de bandit, avait-il eu le temps d'acquérir un grade académique? Le docte Allemand de tout à l'heure, qui sait si bien ce que le père et la mère de Villon lui avaient transmis dans le sang, a conclu, de ce que Villon a dit qu'il n'était pas *maître en théologie* (je le crois bien), qu'il était, au moins, *maître* en quelque chose. M. Campaux, plus prudent, n'ose affirmer qu'il ait dépassé dans la Faculté des Arts le grade de *licencié*. On a recherché, d'après les noms d'auteurs que cite le poëte, quelle pouvait être sa *librairie*, sa bibliothèque (si tant est qu'il en ait eu jamais une), celle même qu'il léguait, en un couplet du *Grand-Testament*, à son maître Guillaume de Villon. Mais ce legs, comme tant d'autres, m'a tout l'air d'avoir été quelque peu dérisoire et imaginaire : l'étudiant Villon dut ressembler de bonne heure à cet écolier du vieux fabliau qui avait joué aux dés tous ses livres et les avait dispersés à tous les coins de la France. Cependant, à vivre de la sorte, Villon avait atteint ses vingt-cinq ans (1456). Une affaire d'amour où il apporta, ce semble, plus de cœur qu'à l'ordinaire et qui se termina par une éclatante disgrâce, par je ne sais quelle perfidie notoire qui le faisait montrer au doigt et qui le rendit la fable de la Cité, le décida tout d'un coup à quitter Paris et à partir pour Angers :

« Mais auparavant il voulut, nous dit M. Campaux (un peu plus sérieux et plus ému que nous sur le compte de Villon), il voulut faire ses adieux au monde qu'il quittait, et laisser de lui un souvenir, d'abord à celle qui était la cause de son départ, et que, par un reste d'espoir si naturel aux malheureux, il ne désespérait peut-être pas de toucher par l'expression de sa douleur si navrante et si résignée ; ensuite à son maître Guillaume de Villon, auquel il devait tant, ainsi qu'au petit nombre d'amis qui lui étaient restés fidèles ; enfin aux nombreux compagnons qui n'avaient pas épargné sans doute les railleries à sa disgrâce, et sur lesquels il était bien aise de prendre sa revanche. De là les *Lays* ou *legs*, comme il les appelle, et qui reçurent de son vivant, mais non de son fait, le nom de *Petit-Testament*. »

Il préférait le titre de *Legs*, probablement à cause du jeu de mots et de la double entente qui leur convenait parfaitement.

Ayant ainsi réglé ses comptes avec Paris, que devint l'exilé Villon? Il paraît qu'il ne demeura guère à Angers, et que, revenu vers décembre 1457 dans les environs de Paris, il se serait porté, avec une demi-douzaine de ses compagnons, à quelque attentat hardi dont on ignore la nature précise, mais qui n'était guère moins qu'un vol à main armée sur un grand chemin. Arrêté pour ce méfait, mis en prison au Châtelet et appliqué à la question, il se vit même condamné à mort : c'est alors qu'il se hâta de répondre par un *J'en appelle* (au Parlement), et il en fit une ballade piquante, montrant ainsi sa liberté d'esprit à toute épreuve et badinant jusque sous le gibet. Très-heureusement pour Villon, il naquit vers ce temps-là une princesse qu'on croit être Marie d'Orléans, fille de Charles d'Orléans le poëte : le prisonnier, pour qui l'appel n'était qu'un répit, saisit l'occasion aux cheveux, célébra l'illustre naissance et obtint sa grâce. Il dut cependant quitter Paris, et pendant quatre ans entiers il mena une vie errante et en France et aux frontières de France : l'idée de suicide lui traversa un instant l'esprit. Faut-il croire qu'en passant à Blois il y connut Charles d'Orléans, et qu'il fut accueilli un moment à la Cour de cet aimable prince, son rival et son associé en renom dans l'avenir? Il est plus certain qu'il fut très-mal accueilli sur le territoire de l'évêque d'Orléans, Thibault d'Aussigny, et qu'y ayant commis, par suite de cette même nécessité qui *fait saillir le loup hors du bois*, quelque nouveau méfait, quelqu'une de ces peccadilles dont il était si fort coutumier, il fut jeté dans les prisons de Meung-sur-Loire, y languit tout un été au fond d'un cul-de-basse-fosse, et ne dut sa grâce qu'à Louis XI, nouvellement roi, qui vint à passer en cette ville de Meung dans l'automne de cette année 1461. En vertu du don de joyeux avénement, leur peine était remise à tous les prisonniers d'une ville où le roi entrait après son sacre, et par le seul fait de la présence de Louis XI à Meung dans ces circonstances, Villon obtenait sa grâce et se trouvait libre (1). M. Campaux établit très-bien tout cela ; et comme heureux lui-même de cette délivrance :

« Il était donc échappé une seconde fois à la mort, nous dit-il d'un accent touché, mais dans quel état! Qu'on s'imagine sur la tête d'un homme l'effet de cinq années d'un exil aggravé par la misère et suivi d'une longue et dure prison. Sa santé, sa santé de *bohême*, si longtemps à l'épreuve des plus dures privations, y avait succombé, et aussi la gaieté vivace qui faisait toute sa philosophie. Vieilli avant l'âge, sans en être devenu plus fort contre les vices de sa jeunesse, le cœur encore mal guéri de l'amour dont il avait tant souffert, sans ressource, sans espoir, dénoncé au mépris public par son passé et par sa prison récente ; — dans de pareilles circonstances, croyant en avoir fini avec la vie, et comme s'il eût déjà été étendu sur son lit de mort, il dicta le poëme qui porte le titre de *Grand-Testament*... Le *Petit-Testament* contenait les adieux et les legs de Villon à ses amis en 1456 : le *Grand-Testament* renferme aussi une longue suite de legs satiriques ; mais ces legs, au lieu de constituer le fond même du poëme, comme ils constituent celui du *Petit-Testament*, n'en sont en réalité que le prétexte et que la partie accessoire. Le fond du *Grand-Testament*, ce sont les plaintes, les regrets, les remords et les confessions qui remplissent le préambule et la plus grande partie du *Codicille*, et par où le poëte répand comme par autant de blessures tout le sang de son cœur ; ce sont, avec les leçons saisissantes que le poëte y donne, çà et là, au commencement et à la fin, les véritables legs de Villon à la Postérité ; c'est là le vrai testament de son âme et de son génie, celui qu'elle a accepté religieusement et qu'elle n'oubliera pas, tant qu'il y aura une langue française. Le tout est entremêlé de ballades et de rondeaux, dont il n'est pas un qui ne se rattache étroitement aux diverses parties du poëme où ils figurent, et qui sont, si je puis dire, comme l'épanouissement et le jet lyrique des sentiments du poëte. »

(1) Au reste il n'est pas mal que Villon ait été délivré de prison par Louis XI. Un peu plus rangé, il eût été digne d'être un de ses compères.

Je laisse volontiers parler M. Campaux qui a veillé et pâli sur cette œuvre gothique bizarre, et qui a pu y saisir un secret et un art de composition qui n'y paraît pas d'abord; il va même jusqu'à y remarquer trois inspirations bien distinctes et comme trois époques. Pour moi, sans me faire plus indifférent ni plus sévère qu'il ne me convient sur Villon, je me contenterai, après cette lecture, de reconnaître en lui un des plus frappants exemples de ces natures à l'abandon, devenues étrangères à toute règle morale, incapables de toute conduite, mais obstinément douées de l'étincelle sacrée, et qui sont et demeurent en dépit de tout, et quoi qu'elles fassent, des merveilles, presque des scandales de gentil esprit, et, pour les appeler de leur vrai nom, des *porte-talents*; car ne leur demandez pas autre chose, elles ne sont que cela.

On ne sait rien de la vie du poëte après le *Grand-Testament*. Revint-il à Paris pour y mourir? Passa-t-il ses derniers jours en Poitou, comme on peut l'inférer de l'anecdote qu'on lit dans Rabelais et qui nous découvre un dernier tour pendable de l'incorrigible mauvais sujet? A quel âge mourut-il enfin? M. Campaux conjecture que ce dut être vers 1484. Il aurait eu cinquante-trois ans.

J'en suis toujours à choisir dans Villon et à ne m'arrêter complaisamment que sur quelques-unes des choses exquises qui se détachent aisément du cadre artificiel où il les a placées. Une des pièces qui me le présentent avec le plus de franchise par un de ses aspects tout littéraires, c'est celle qu'il fit contre les amateurs du genre pastoral et champêtre, alors à la mode comme depuis. Nous savons, pour l'avoir mainte fois observé, combien l'invention est rare en poésie, combien la gent versifiante est moutonnière, et qu'une forme, une veine, une seule note, une fois trouvée, se copie et se répète ensuite à satiété jusqu'à ce qu'une autre ait succédé, qu'on épuise à son tour. Une voie neuve à peine ouverte et indiquée, si étroite qu'elle soit, appelle aussitôt le troupeau des imitateurs qui foule et ravage ce qui n'était d'abord qu'un vert sentier : ce n'est bientôt plus qu'une route poudreuse. Ainsi la seule pièce de Millevoye, *la Chute des feuilles*, a produit toute une postérité de mélancoliques et d'infirmes gémissants; *la Pauvre Fille* de Soumet a eu aussi sa génération malingre et plaintive. Les plaignards et les niais suivent de près les sensibles. *Le Lac* de Lamartine a eu ses cascades à l'infini, et a formé quantité de petits lacs au-dessous, avec des couples d'amants soupirant leurs barcaroles. C'est par impatience de toutes ces fades copies et de ces répétitions serviles qu'Alfred de Musset, dans le préambule de *la Coupe et les Lèvres*, au milieu de cet admirable développement où il s'ouvre à cœur joie sur l'infinie variété et la riche contrariété de ses goûts, s'écriait :

> Vous me demanderez si j'aime la nature.
> Oui, — j'aime fort aussi les arts et la peinture.
> Le corps de la Vénus me paraît merveilleux...
> . . . . . . . . . . . .
> Mais je hais les pleurards, les rêveurs à nacelles,
> Les amants de la nuit, des lacs, des cascatelles,
> Cette engeance sans nom qui ne peut faire un pas
> Sans s'inonder de vers, de pleurs et d'agendas.
> La nature, sans doute, est comme on veut la prendre ;
> Il se peut, après tout, qu'ils sachent la comprendre ;
> Mais eux, certainement, je ne les comprends pas.

Eh bien! du temps de Villon, il y avait eu une mode et un travers du même genre. Une idylle, composée, il y avait quatre-vingts ans environ, par un ancien évêque de Meaux, Philippe de Vitry, sur le bonheur de la vie champêtre, continuait de faire fureur, et le bûcheron *Franc-Gontier* et dame *Hélène* sa femme (un Philémon et une Baucis plus jeunes) recrutaient, parmi les badauds de la Cité, bien des admirateurs à froid de la vie des forêts, louant la médiocrité *non dorée*, l'eau pure du ruisseau et le gland du chêne. Villon, qui savait par expérience et pour en avoir pâti, ce que c'est que la pauvreté, le cri de la faim, qui avait bu souvent de l'eau claire, faute de mieux, et y avait trempé sa croûte sèche, fit à sa manière sa pièce du *Mondain*, par laquelle il rompait en visière à toute cette école de bûcherons amateurs; il opposa à leur félicité rustique imaginaire, à ces délices plus que douteuses de la vie agreste, toutes les aises et les petits soins de la vie commode et vraiment civilisée, telle qu'il la rêvait et telle qu'il ne l'avait jamais entrevue, hélas! que par le trou de la serrure :

> Sur mol duvet assis un gras chanoine,
> Lez un brasier, en chambre bien nattée;
> A son costé gisant dame Sydoine...

avec ce refrain naturel et facile :

> Il n'est trésor que de vivre à son aise.

Relisez toute la pièce. Voilà de l'excellent Villon. M. Campaux, qui en juge comme nous, a tiré de cette jolie ballade plus d'une conséquence sur les goûts, sur l'éducation première et les habitudes du poëte. La page de critique conjecturale où il se répand à ce sujet, et où il se laisse aller à quelques regrets sur son auteur favori, est trop heureuse de développement et d'une trop bonne venue pour que nous en privions le lecteur :

« On ne peut, nous fait-il remarquer, afficher plus de mépris pour la campagne que n'en montre Villon dans cette pièce. L'innocence des champs, il faut le dire aussi, devait peu sourire aux goûts qu'on lui connaît; il ne la pouvait souffrir par les mêmes raisons que le fermier d'Horace. Ce n'était pas seulement chez lui dégoût instinctif des fadeurs pastorales, et manque absolu peut-être, extinction, causée par la misère, du sens des beautés de la nature; c'était encore répugnance profonde pour un cadre où toutes ses habitudes se trouvaient désorientées; répugnance constante et qui ne se dément pas une seule fois dans son œuvre. Chose curieuse! il n'est pas de poëte en général, si étranger que soit son genre aux descriptions naturelles et à la peinture des champs, chez lequel ne se rencontre quelque échappée de paysage, quelque coin de nature qui, de temps à autre, rafraîchit le lecteur. Horace et Juvénal, jusque dans leurs Satires, ont de temps en temps de ces surprises charmantes; Régnier et Boileau lui-même, ces chantres exclusifs des rues et de la vie de Paris, en offrent çà et là des exemples. Rien de pareil chez Villon; pas l'ombre d'un arbre, pas le plus petit reflet de ciel, ne fût-ce que dans le ruisseau; jamais rien qui ressemble au cri d'Horace : *O rus, quando ego te aspiciam!* Et pourtant, dans sa jeunesse, ne s'était-il donc jamais arrêté par quelque jour de printemps devant le frais et verdoyant spectacle que présentait dans toute sa longueur, sur son revers méridional, la montagne Sainte-Geneviève? Après une nuit passée, en dépit de la cloche du couvre-feu, dans quelque taverne du voisinage, la tête encore lourde de l'orgie de la veille, ne lui était-il jamais arrivé sur le seuil de se sentir renaître au souffle matinal qui lui arrivait, tout frais, à la figure, de ces champs de blé, de ces vergers et de ces pampres échelonnés le long de la pente qui regardait Gentilly, Fontenay et Meudon! Plus tard enfin, banni de Paris, lorsque, *chevauchant sans croix ni pile* par tous les chemins de France et de Navarre, il promenait son exil et sa misère d'une frontière à l'autre, méditant déjà dans sa tête et dans son cœur les confessions et les plaintes douloureuses du *Grand-Testament*, l'arbre et le buisson de la route ne lui avaient-ils donc jamais parlé et fait oublier un instant ses douleurs, comme ils devaient un jour, plus d'une fois, calmer celles de Jean-Jacques vagabond? Ou bien, le spectacle de la nature, par son innocence même, n'avait-il plus de quoi le toucher, et avait-il fini par ne respirer à l'aise que dans l'atmosphère des mauvais lieux? Je voudrais croire le contraire. Quoi qu'il en soit, cela suffirait pour me confirmer dans l'idée qu'il n'a pas été élevé à la campagne. Il a pu naître sur les bords de l'Oise; il n'y a certainement pas grandi : autrement, à défaut de son cœur, ses yeux en eussent gardé le souvenir, et ses rêves au moins lui eussent plus d'une fois rapporté le parfum des herbes et des fleurs de la rive natale. »

La perle de Villon est la ballade des *Dames du temps jadis*. Il était préoccupé de l'idée de la mort : il avait de bonnes raisons pour cela, des raisons très-particulières, sans compter que le Moyen-Age tout entier en avait l'imagination frappée. Il se plaît donc à faire défiler devant nous le cortége des beautés illustres, des reines puissantes, des héroïnes, et il se demande : Où sont-elles ? — *Mais où sont les neiges d'antan* (les neiges de l'an passé)? c'est toute sa réponse. — On a cherché quelle était au juste l'originalité de Villon dans cette charmante pièce qui, seule, suffirait à assurer son renom. Bien des poëtes avant lui avaient employé cette forme : *Où est Arthus? Où est Hector de Troie? Où est Hélène? Où est la beauté de Jason, d'Absalon?...* M. Campaux a pris le soin de nous les citer : « Il semble, d'ailleurs, dit-il, que cette
« idée mélancolique fût dans l'air, du temps de Vil-
« lon. Ainsi, dans *le Chevalier délibéré*, Olivier de La
« Marche, un poëte et un historien de ce temps-là,
« passe en revue, dans vingt-huit stances successives,
« les Princes et les Seigneurs morts de son temps; et
« dans l'*Exemple du Mirouer d'entendement par la*
« *mort*, après avoir raconté la mort de quantité de
« dames d'un haut rang et d'une naissance distin-
« guée, il demande ce que chacune de ces dames est
« devenue. » Menot enfin, le célèbre prédicateur, né vers 1450. aurait imité dans un de ses sermons, selon M. Campaux, les deux ballades de Villon, celle des *Dames* et celle des *Seigneurs du temps jadis :* « Où

« est le roy Louis, naguère si redoubté? Et Charles
« qui, dans la fleur de sa jeunesse, faisoit trembler
« l'Italie? Hélas! la terre a déjà pourri son cadavre.
« Où sont toutes ces demoiselles dont on a tant
« parlé?... Mélusine et tant d'autres beautés célè-
« bres? »

J'en demande pardon à M. Campaux, mais ici la source première est plus haut que chez Villon : elle est dans saint Bernard et dans d'autres auteurs de la grande époque du Moyen-Age. Un homme de mérite qui s'est occupé des anciens poëtes chrétiens, au point de vue de la musique et de la littérature, M. Félix Clément a recueilli quantité de passages qui prouvent que ce mouvement d'interrogation si naturel a été trouvé de bonne heure (1). Saint Bernard notamment, dans une Psalmodie *sur le Mépris du monde* (*Rhythmus de Contemptu Mundi*), qui se compose de quatrains formés eux-mêmes d'espèces d'alexandrins à césure marquée et se suivant sur quatre rimes plates, s'était dès longtemps demandé : *Où est le noble Salomon? Où est Samson l'invincible*, etc.?

> Dic ubi Salomon, olim tam nobilis?
> Vel ubi Samson est, dux invincibilis?
> Vel pulcher Absalon, vultu mirabilis?
> Vel dulcis Jonathas, multum amabilis!

Et il continuait sa question pour les Païens : *Où est*

---

(1) Voir *les Poëtes chrétiens depuis le IV<sup>e</sup> siècle jusqu'au XV<sup>e</sup>*, par M. Félix Clément, qui, après avoir donné les textes en 1854, en a publié une traduction en 1857 (Gaume frères). La remarque qui nous intéresse est à l'article de *Tyro Prosper*, poëte du cinquième siècle. — Voir aussi à la page 126 du savant ouvrage de M. Édélestand du Méril, les *Poésies populaires latines du Moyen-Age* (1847).

César? Où est Lucullus (ou Crassus, ou peut-être Crésus)? Où est Cicéron, etc.?

> Quo Cæsar abiit, celsus imperio?
> Vel Dives splendidus, totus in prandio!
> Dic, ubi Tullius, clarus eloquio!
> Vel Aristoteles, summus ingenio?

Je ne saurais, je l'avoue, admirer beaucoup cette prose symétrique dans laquelle la rime donne le mot, de gré ou de force, et tire tout à soi; mais enfin le premier mouvement, l'accent et, pour ainsi dire, le geste sont là. L'honneur de Villon, son originalité et sa gentillesse d'esprit (M. Rigault l'avait déjà remarqué), est donc principalement dans ce refrain si bien trouvé, si bien approprié à la beauté fugitive et qui s'écoule en si peu d'heures : *Mais où sont les neiges d'antan?* Pour que Villon perdît à nos yeux quelque chose de son avantage, comme paraît le désirer M. Clément, il faudrait que saint Bernard eût terminé sa kyrielle de noms par un vers tel que celui-ci, ou approchant :

> Ast ubi nix vetus, tam effusibilis?

ce qu'il n'a pas fait. Tant qu'on ne produira pas un exemple ancien de cette façon de réplique qui donne ici tout l'agrément, et qui a surtout son à-propos quand il s'agit de femmes et de beautés célèbres, Villon reste en possession de son titre; il garde en propre son plus beau fleuron.

Trêve maintenant à toutes ces discussions critiques! Laissons-nous faire à la poésie; relisons, redisons-nous tout haut la pièce entière... Heureux celui qui a su ainsi trouver un accent pour une situation immortelle et toujours renouvelée de la nature humaine! Il a chance de vivre aussi longtemps qu'elle, aussi longtemps du moins que la nation et la langue dans laquelle il a proféré ce cri de génie et de sentiment. Toujours, quand il sera question de la rapidité et de la fuite des générations des hommes qui ressemblent, a dit le vieil Homère, aux feuilles des forêts ; toujours, quand on considérera la briéveté et le terme si court assigné aux plus nobles et aux plus triomphantes destinées :

> Stat sua quæque dies, breve et irreparabile tempus
> Omnibus est vitæ. . . . . . . . . . . . . . . . . ;

mais surtout lorsque la pensée se reportera à ces images riantes et fugitives de la beauté évanouie, depuis Hélène jusqu'à Ninon, à ces groupes passagers qui semblent tour à tour emportés dans l'abîme par une danse légère, à ces femmes du *Décaméron*, de l'*Heptaméron*, à celles des fêtes de Venise ou de la Cour de Ferrare, à ces cortéges de Diane, — de la Diane de Henri II, — qui animaient les chasses galantes d'Anet, de Chambord ou de Fontainebleau ; quand on évoquera en souvenir les fières, les pompeuses ou tendres rivales qui faisaient guirlande autour de la jeunesse de Louis XIV :

> Ces belles Montbazons, ces Châtillons brillantes,
> Dansant avec Louis sous des berceaux de fleurs ;

quand, plus près encore, mais déjà bien loin, on repassera ces noms qui résonnaient si vifs et si frais dans notre jeunesse, les reines des élégances d'alors, les Juliette, les Hortense, ensuite les Delphine, les Elvire même et jusqu'aux Lisette des poëtes, et quand on se demandera avec un retour de tristesse : « Où sont-elles ? » que trouve-t-on à répondre de plus naturel et de plus vrai que ce refrain chantant et qui vole déjà sur toutes les lèvres :

Mais où sont les neiges d'antan?

Dans la ballade des *Seigneurs du temps jadis*, Villon a aussi son refrain heureux et approprié au sujet. Après une série de questions où il énumère les Papes, Rois et puissants du jour récemment disparus, il répond, à la fin de chaque couplet, par cette autre question : *Mais où est le preux Charlemaigne?* — Puisque Charlemagne, ce dernier grand type héroïque en vue à l'horizon, et qui domine tout le Moyen-Age, avait lui-même payé le tribut mortel, les moindres que lui, les rois et princes du siècle présent, avaient bien pu mourir.

Il y a dans Villon bien d'autres pièces dignes d'étude et qui demanderaient un peu d'effort pour être goûtées : je renvoie à M. Campaux qui est un excellent guide. Je ne veux que mettre en garde sur un point : c'est de ne pas prêter à Villon plus de mélancolie qu'il n'en a eu, ni une tristesse plus amère. Ne venons pas prononcer, à son sujet, le nom de Bossuet, ni même celui de Byron et des *Don Juan* modernes. Villon a dit quelque part que *quand nous aimons ordure, elle nous aime* (c'est le sens), et que *quand nous fuyons honneur, il nous fuit;* mais il m'est impossible de découvrir là-dedans un *cri de damné*. Villon n'a pas de ces cris; il est de ce bon vieux temps où l'on s'accommodait mieux de son vice, et où on ne le portait pas avec de si grands airs, ni d'un front si orageux. Il n'est pas homme à s'écrier avec un poëte moderne (1), maudissant les passions que l'on continue à subir sans qu'elles nous plaisent :

(1) Celui même dont il a été si bien parlé tout récemment (sep-

> Je bois avec horreur le vin dont je m'enivre.

Pour lui, je le crains fort, il but avec plaisir jusqu'à la fin le vin dont il s'enivrait.

Si l'on rabat un peu en ce sens du travail de M. Campaux, on aura pour tout le reste un commentaire aussi ample qu'utile, et conçu dans un esprit mieux encore que littéraire, je veux dire sympathique et presque filial. — Il a dû y avoir, je m'imagine, du temps de Villon, quelque écolier un peu plus jeune que lui, aussi laborieux, aussi bon sujet que l'autre était mauvais et dérangé, mais grand admirateur du poëte, sachant ses premières chansons, récitant à tous venants ses plus jolies ballades, en étant amoureux comme on l'est à cet âge de ce qu'on admire. Cet écolier aura fait, un jour, à Villon sa déclaration d'enthousiasme, et Villon l'aura reçue avec plus de sérieux qu'il n'en gardait d'ordinaire en pareil cas ; il aura même, en voyant sa candeur, ménagé assez le jeune homme pour ne pas l'initier à ses tromperies et pour n'essayer, à aucun moment, de l'embaucher dans sa troupe de mauvais garçons. Il l'aura respecté et même un peu craint, comme un frère enfant, comme un bon Génie qu'il ne faut offenser et effaroucher que le moins possible : il aura eu quelque pudeur avec lui. Et le jeune homme, logé un peu loin du centre, loin des bruits de la rue, sur la pente la plus champêtre de la montagne Sainte-Geneviève, aura ignoré bien des tours de Villon, et les pires, ou il n'y aura pas cru : il aura conservé pour lui son culte. Plus d'une fois, le soir, Villon en fuite, traqué par les gens du Guet, se sera souvenu tout d'un coup,

---

tembre 1859) dans *le Moniteur* dans un article de M. Jules Levallois, M. Lacaussade.

en voyant la lampe briller à la fenêtre du studieux jeune homme, qu'il avait là un admirateur, un ami, et il lui aura demandé abri et gîte pour une nuit ou deux, en prétextant quelque belle et galante histoire; et, toute la nuit durant, pour le payer de son accueil, il l'aura charmé de ses récits, ébloui de ses saillies et de sa verve. Il aura même poussé l'amitié, en partant le matin, jusqu'à accepter tout l'argent, toutes les épargnes de son généreux hôte, trop heureux de se dépouiller et de se mettre à la gêne pour *le Poëte*, comme il le nommait par excellence. Cette chambrette, aussitôt, sera devenue plus chère à celui qui l'habitait, et pendant quelques jours elle lui aura paru presque un sanctuaire (ô puissance des premières illusions!), pour avoir reçu et logé le dieu. En un mot, le jeune homme aura connu assez Villon pour l'admirer encore plus, et il l'aura fréquenté assez peu pour continuer de l'estimer et de l'aimer. Eh bien! cet écolier que je me figure, qui a respiré la bonne âme de Villon et non la mauvaise, et pour qui le poëte, même complétement connu plus tard, était demeuré une passion, il revit de nos jours, il est devenu maître et de la meilleure École, et c'est lui qui a été, cette fois, le commentateur, l'apologiste (là où c'était possible), l'interprète indulgent et intelligent de Villon par-devant la Faculté, et aussi devant le public.

Lundi, 28 novembre 1859.

## SOUVENIRS ET CORRESPONDANCE

TIRÉS DES PAPIERS

# DE MADAME RÉCAMIER [1]

Voici un livre dont j'aurais dû parler depuis longtemps, d'abord parce qu'il est consacré à la mémoire d'une femme qui est restée charmante et unique dans la pensée de tous ceux qui l'ont connue et qu'elle a honorés de sa bienveillance, ensuite parce que c'est le livre qui, le mieux fait pour la rappeler fidèlement aux amis qui l'ont regrettée et qui la regrettent encore, est le plus propre à donner d'elle une juste idée, une idée approchante du moins, aux générations curieuses qui n'avaient su jusqu'ici que son nom. Ces volumes renferment pourtant très-peu de choses écrites par madame Récamier elle-même; elle aimait peu à écrire, ne fût-ce que de simples lettres, et ce qu'elle avait pu rédiger de ses Souvenirs, elle a ordonné en mourant qu'on le détruisît. On n'a donc d'elle qu'un très-petit nombre de pages, quelques récits et de petits billets. Mais si elle se tait volontiers, tous ses amis parlent et viennent tour à tour lui dire ce qu'ils pensent, ce qu'elle inspire,

[1] Deux volumes in-8°, Michel Lévy, rue Vivienne, 2 *bis*

et témoigner de leurs sentiments avec une conformité profonde, avec un accord fondamental sous la variété des tons; c'est tout un concert autour d'elle. Il est impossible après cela de ne pas être persuadé que madame Récamier était une personne distinguée par l'esprit presque autant que par le cœur. Sa beauté d'abord avait pu éclipser son esprit; on n'y songeait pas en la voyant. Cette beauté faisant retraite avec les années, — une retraite bien lente, — et se voilant insensiblement, l'esprit avait apparu peu à peu, comme à certains jours, bien avant le soir, *l'astre au front d'argent* se dessine dans un ciel serein du côté opposé au soleil. Tous ces hommages d'élite dont elle est environnée en font foi et sont des suffrages. On entend donc successivement sur elle, et s'adressant à elle-même dans une suite de lettres confidentielles, M. de Montmorency, M. Ballanche, M. de Laval, Benjamin Constant, M. de Chateaubriand, bien d'autres encore. J'allais (tant l'art de l'arrangeur est parfait, et tant il a mis d'attention à se dérober), — j'allais oublier d'avertir que le tout est lié par un récit biographique rapide, par des transitions indispensables, par des fils adroits et légers; que toutes les explications nécessaires au lecteur lui sont agréablement et brièvement données, qu'elles viennent à propos au devant de lui; que tous les petits faits, toutes les anecdotes qui se rattachent au cercle de madame Récamier, celles qu'elle aimait à raconter elle-même, nous sont rendues avec ce tour net et dans cette nuance qui était le ton particulier de son salon; qu'une fine critique, toujours convenable, corrige et relève, par-ci par-là, le trop de douceur dans les portraits. Enfin ces *Mémoires de Madame Récamier* (comme diraient les Anglais, qui excellent à ces sortes de livres) sont aussi fidèlement et habilement construits qu'on le peut désirer, et ce n'est pas être indiscret que d'en nommer ici l'auteur et rédacteur, la nièce de madame Récamier et sa fille adoptive, madame Lenormant : on doit la remercier d'avoir su tirer un aussi heureux et aussi ingénieux parti de tout ce qu'elle avait entre les mains. On dit et l'on croit reconnaître que l'*Introduction* est de M. Lenormant lui-même.

Il y a quelques lacunes, sans doute, dans ces volumes : au nombre des correspondants les plus habituels et les plus intimes de madame Récamier, madame de Staël fait défaut; elle brille par son absence. Des convenances rigoureuses ont pu retarder, ajourner seulement, nous l'espérons, la publication de cette branche notable de Correspondance, que l'intention de madame Récamier n'a jamais été de faire disparaître ni de supprimer. Tout ce que j'en ai lu autrefois (car j'ai dû cette lecture à sa gracieuse confiance), en introduisant plus avant dans le cœur des deux amies et en ouvrant des jours sur les orages qui les agitaient alors, était de nature à faire honneur à toutes deux. Mais il ne faudrait pas s'exagérer non plus ces lacunes de l'ouvrage, ces omissions qui étaient commandées à l'éditeur par les bienséances contemporaines. L'existence de madame Récamier, si brillante, si entourée, si entrelacée de toutes parts, n'a point cependant de mystères, ou ces mystères, s'il y en a (et il y en a dans la vie de toute femme), sont assez simples et n'ont rien d'effrayant : ce ne sont pas des profondeurs. Madame Récamier, en définitive, n'avait rien à cacher; et dans ce qu'on nous donne aujourd'hui au nom de la famille, nous possédons véritablement ce qui était l'habitude aimée et préférée, la manière d'être constante et suivie, l'extérieur et l'intérieur de cette femme aimable et célèbre.

Le trait distinctif et caractéristique de madame Récamier est d'avoir inspiré de l'amour, un amour très-vif, à tous ceux qui la virent et la cultivèrent, et, en ne cédant à aucun, de les avoir conservés tous, ou presque tous, sur le pied d'amis. « Il n'y a guère que vous dans le Royaume, écrivait Bussy à sa charmante cousine, qui puissiez réduire un amant à se contenter d'amitié. » Madame Récamier, plus belle, et d'une beauté plus irrésistible, que madame de Sévigné, peut-être aussi un peu plus coquette et plus irritante au temps de ses élégances, eut bien plus à faire qu'elle pour réduire ensuite au devoir et à la douceur d'un commerce uni ceux qu'elle enflammait. Il lui fallut un art, un effort savant et continuel, toute une tactique composée d'adresse et de bonté, tempérée de froideur et de compassion ; et c'est où nulle autre, je crois, ne l'a surpassée. Quelques-uns lui en voudront et trouveront qu'il est disproportionné, vraiment, d'avoir mis un art si accompli et si raffiné au service d'une destinée si virginale. Mais il est assez, depuis Ariane et Didon jusqu'à mademoiselle de Lespinasse et au delà, — bien assez de lamentables victimes d'une passion délirante et sacrée : laissons sous sa couronne pure une figure unique, la plus savante des vierges dans l'art de dompter et d'apprivoiser les cœurs. Madame Récamier avait le secret d'y réussir, et tout ce livre en est la preuve parlante, — sans compter tout ce qu'il est permis de deviner dans les intervalles ; car ce ne fut pas toujours envers des natures aussi apaisées que celle de M. Ballanche ou de M. de Montmorency qu'elle eut à s'exercer (on ne peut même dire en parlant d'eux, à se défendre); mais d'autres, que nous voyons à la fin soumis et sous le joug, combien ils ont récalcitré auparavant!

De toutes les lettres publiées dans les différentes parties de ces volumes, et qui offrent un ensemble et une suite, les plus intéressantes, selon moi, sont celles de M. de Montmorency, de M. Ballanche et de M. de Laval : M. de Chateaubriand n'y gagne pas, et sans doute ici, et sur ce seul point, la tendresse délicate de madame Récamier aurait eu à souffrir, à s'inquiéter, de l'effet de la publication présente. M. de Montmorency, encore jeune et déjà converti au commencement de cette liaison, paraît d'abord un peu monotone. Il aime madame Récamier purement, platoniquement ; il tremble pour elle de la voir mêlée sans garantie à tant de mondanités, à tant d'orages, de la voir, comme une imprudente enfant, se jouer en riant sur l'écume des flots. Il voudrait l'amener à Dieu, l'enchaîner par quelque promesse formelle, par quelque vœu préservatif : il n'ose pas tout à fait lui proposer de porter sous sa robe de bal (comme madame de Longueville) un petit cilice; mais, s'il osait, je ne répondrais pas qu'il ne le fît. Il l'avertit sans cesse; chaque lettre de lui a sa conclusion, son petit coup de cloche, tôt ou tard, qui ne manque jamais. On finit par s'y attendre ; on le voit venir de loin et s'y préparer. Un prédicateur disert n'est pas plus attentif à ménager la fin et la chute heureuse de son sermon, — un grand lyrique moderne n'est pas plus préoccupé de clore brusquement chacune de ses pièces par un coup de tonnerre ou par un coup de fouet éclatant, — madame des Ursins, dans sa Correspondance récemment publiée, n'est pas plus ingénieuse à introduire, à varier le compliment obligé et la noble révérence qui termine chacune de ses lettres à la maréchale de Noailles, — le général Bernadotte, dans les billets même qu'il adresse à madame Récamier, n'est pas plus jaloux d'amener de bonne grâce et de tourner galamment son salut final chevaleresque, — que lui, M. de Montmorency, ne se montre attentif et ingénieux, dans chaque lettre, à insérer et à glisser son petit bout d'homélie. L'excellent homme nous fait quelquefois sourire; nous lui reprochons presque comme un tic ce qui n'est que l'idée fixe de sa très-chrétienne amitié. Mais que surviennent des circonstances délicates et difficiles qui mettent tout l'homme à l'épreuve, comme on s'aperçoit que le caractère de M. de Montmorency gagne à ce point d'appui intérieur! comme il nous apparaît solidement fondé en équité, en noblesse! Et dans la politique, par exemple, lorsqu'il se trouve en présence de M. de Chateaubriand, en rivalité sourde avec lui, et qu'il est, le premier, évincé du ministère, quelle supériorité morale il garde sur ce brillant et orageux émule! Madame Récamier était, en 1823-1824, leur confidente à tous deux; elle entrait bien pour quelque chose dans leur jalousie, dans leur rivalité déguisée; elle penchait d'inclination, je le crains, pour le moins sage (les meilleures même des femmes sont ainsi); pourtant elle savait tenir la balance assez indécise encore : chacun était écouté, chacun lui parlait de l'autre; *tout le monde était content, personne n'était trahi.* Mais dans cette double confidence dont on la faisait dépositaire, de quel ton différent l'un et l'autre lui parlaient! et quand ils furent tous deux sortis du pouvoir, quelle différence de conduite et d'attitude! d'un côté, des accents de rage vengeresse, et une personnalité implacable; de l'autre, le calme, la sérénité et l'élévation! On me dira que M. de Montmorency n'avait pas les mêmes raisons que M. de Chateaubriand d'être irrité au vif et ulcéré, que ses talents ne le dévoraient pas, qu'il n'avait pas la conscience d'être le plus habile et le seul capable de mener à bien la monarchie. Mais cette idée-là et cette prétention étaient-elles donc bien fondées chez l'autre? Quoi qu'il en soit, l'impression que laisse la lecture parallèle de ces lettres de M. de Montmorency et de M. de Chateaubriand est toute favorable au premier; sa belle et bénigne figure ressort à nos yeux par le contraste; et dans les générations modernes, ceux qui auront quelque souci encore de ces choses pourront dorénavant se faire une idée de ce dernier homme de bien des grandes races, de ce dernier des *prud'hommes* (comme on disait du temps de saint Louis), dont la renommée de vertu avait été jusqu'ici renfermée dans un cercle aristocratique tout exclusif.

M. Ballanche aussi tient une grande place et a un beau rôle dans cette Correspondance. C'était un singulier personnage que l'excellent M. Ballanche : il avait des parties vagues, nuageuses, inintelligibles, je le crois, même pour lui, et qu'il ne parvint jamais à éclaircir, qu'il ne débrouilla jamais aux yeux du monde ni aux siens; il avait des puérilités et des enfances, des bégayements sans fin dans l'entretien habituel, et, tout à côté de cela, il lui sortait de la bouche, et surtout de la plume, des paroles d'or. Tous ceux qui ont écrit sur lui l'ont loué; je le crois bien : c'était déjà une distinction présumée que de paraître l'entendre. Génie plus qu'à demi voilé, on n'y entrait qu'en y mettant du sien ; on ne le comprenait qu'en l'achevant. Écrire sur lui, c'était devenir à quelque degré son collaborateur. Sous ses airs de naïveté et de bonhomie, ne le jugez pas trop modeste : il avait une haute idée de sa supériorité ; il ne pardonna jamais à l'Académie française de l'avoir fait attendre. Au fond, malgré l'admiration extérieure et une familiarité de chaque jour, il goûtait assez peu M. de Chateaubriand, lequel, de son côté, ne le prenait pas très au sérieux et l'appelait *l'hiérophante*. « Monsieur, me disait un jour le bon Ballanche, le lendemain de l'une des dernières brochures de M. de Chateaubriand, ne pensez-vous pas que le règne de la *phrase* est près de finir ? » Il comptait bien que le règne de l'*idée*, c'est-à-dire le sien, allait succéder. Vers la fin, et bien que *l'Abbaye* fût toujours pour lui « le centre du monde, » il avait son petit cercle d'adorateurs à lui et d'admiratrices, son petit cénacle, une petite chapelle succursale à domicile, dont il était le pontife et l'oracle. « M. Ballanche, y disait-on, est *l'homme le plus avancé* de l'Abbaye-au-Bois. » Il n'en doutait pas lui-même, et se considérait comme ayant sa destinée particulière et grandiose, toute une mission d'initiateur à remplir. Avant ces excroissances de l'orgueil individuel, il était le plus doux et le plus placide des rêveurs, un innocent sublime. C'est dans les lettres qu'il écrit à madame Récamier que l'on trouverait le plus de traits exquis pour la peindre sous la forme idéale et symbolique qu'il ne cessa de lui prêter. Par exemple, se plaignant doucement qu'elle ne rendît point amour pour amour, et supposant qu'elle luttait en cela contre sa destinée naturelle et sa vocation secrète, il lui disait :

« Ce qu'il y a eu de séparé dans votre existence n'est pas ce qui vous eût le mieux convenu, si vous en aviez eu le choix. Le Phénix, oiseau merveilleux, mais solitaire, s'ennuyait beaucoup, dit-on. Il se nourrissait de parfums et vivait dans la région la plus pure de l'air ; et sa brillante existence se terminait sur un bûcher de bois odoriférants, dont le soleil allumait la flamme. Plus d'une fois, sans doute, il envia le sort de la blanche Colombe, parce qu'elle avait une compagne semblable à elle.

« Je ne veux point vous faire meilleure que vous n'êtes ; l'impression que vous produisez, vous la sentez vous-même ; vous vous enivrez des parfums que l'on brûle à vos pieds. Vous êtes Ange en beaucoup de choses, vous êtes femme en quelques-unes... »

Insistant sur cette nature première, toute de dévouement, qu'il se plaisait à contempler en elle et que la société, selon lui, méconnaissait en n'y voulant voir que désir de plaire et coquetterie, il lui disait encore :

« Vous étiez primitivement une *Antigone*, dont on a voulu, à toute force, faire une *Armide*. On y a mal réussi : nul ne peut mentir à sa propre nature. »

Dans ses idées littéraires un peu naïves et qui se sentaient encore un peu de la province, il aurait désiré que madame Récamier écrivît, qu'elle prît rang à son tour parmi les femmes qui aspirent à la double couronne ; il essaya, à un moment, de l'enhardir à faire preuve de talent, à devenir *poëte*, c'est-à-dire à traduire et à interpréter un poëte, comme si ce n'est pas la même chose que de devenir auteur. Mais il le lui conseillait en des termes d'un bien beau choix, et avec une poésie digne de son objet :

« Comment voulez-vous, en effet, lui disait-il, que j'aie quelque confiance en moi, si vous n'en avez pas en vous, vous que je regarde comme si éminemment douée ! Le genre de mon talent, je le sais, ne présente aucune surface : d'autres bâtissent un palais sur le sol, et ce palais est aperçu de loin ; moi, je creuse un puits à une assez grande profondeur, et l'on ne peut le voir que lorsqu'on est tout auprès. Votre domaine à vous est aussi l'intimité des sentiments ; mais, croyez-moi, *vous avez à vos ordres le génie de la musique, des fleurs, des longues rêveries et de l'élégance. Créature privilégiée, prenez un peu de confiance, soulevez votre tête charmante, et ne craignez pas d'essayer votre main sur la lyre d'or des poëtes.*

« Ma destinée à moi, tout entière, consiste peut-être à faire qu'il reste quelque trace sur cette terre de votre noble existence. Aidez-moi donc à accomplir ma destinée. Je regarde comme une chose bonne en soi que vous soyez aimée et appréciée lorsque vous ne serez plus. Ce serait un vrai malheur qu'une si excellente créature ne passât que comme une Ombre charmante. A quoi servent les souvenirs, si ce n'est pour perpétuer ce qui est beau et bon ! »

Madame Récamier laissa à d'autres, et à l'ami même que l'on vient d'entendre, le soin de consacrer son souvenir; elle ne fit point ce qu'aurait souhaité M. Ballanche; elle se défia d'elle-même, et peut-être se dit-elle qu'une femme qui écrit donne trop exactement sa mesure : il est mieux, en cela comme en tout, qu'elle laisse à deviner. Dans le peu qu'on lit d'elle, il y a une netteté, une finesse, une correction élégante, une urbanité naturelle, qui mettent en goût le lecteur délicat. Le joli récit qu'elle a fait de ses courses à Rome avec une noble et bien gracieuse Reine, alors exilée, la nuance d'affection et d'espièglerie mystérieuse qui anime ces pages, donnent le regret d'en voir si vite la fin. C'est toujours Galatée qui vous jette une seule pomme d'or, et qui s'enfuit en se faisant désirer.

Un des amis et des correspondants de madame Récamier, qui se montre le plus à son avantage, et qui est tout à fait nouveau pour le public, est le duc de Laval, cousin de M. de Montmorency. C'est lui qui, amoureux longtemps de madame Récamier, comme l'avait été son cousin et comme l'était son fils, disait que c'était dans la destinée des Montmorency, et ajoutait agréablement : *Ils n'en mouraient pas tous, mais tous étaient frappés.* C'était donc un homme d'esprit, mais qui, à première vue, payait peu de sa personne : un peu bègue, très-myope, toujours questionnant comme s'il n'était pas au fait, il lui fallait quelque temps avant d'être apprécié à sa valeur. D'abord ambassadeur à Madrid, on l'avait desservi, comme peu capable, dans l'esprit du roi Louis XVIII. Ce fut M. Pasquier, alors ministre des Affaires étrangères qui, en lisant sa Correspondance, la trouva aussi spirituelle que sensée, et fit revenir le roi de l'impression qu'on lui avait donnée. M. de Laval, depuis ambassadeur à Rome, à Vienne, à Londres, se montra partout au niveau, sinon au-dessus de ces hautes fonctions. Il ne cessa, dans aucun temps, d'être pour madame Récamier un ami fidèle, constant, attaché, non exigeant, se plaignant à peine d'être rejeté au second ou au troisième plan (car il y avait une hiérarchie marquée dans ce monde d'amis), mais prouvant par la délicatesse et la suite de son affection qu'il eût été digne d'être mieux traité, d'être avancé au moins d'un cran. « Il n'y a de doux, de consolant, et je dirais même d'honorable, lui écrivait-il après trente années de liaison, que la suite et la persévérance des sentiments. On m'arracherait plutôt le cœur que le souvenir de vous avoir tant et si longtemps aimée. » M. de Chateaubriand a jeté une fois à son adresse, en un jour de mauvaise humeur, le mot de *médiocrité* : les lettres de M. de Laval nous montrent un homme d'une politesse, d'une sociabilité parfaites, et dont le cœur n'était pas *médiocre* à sentir l'amitié. Loyales et galantes natures qui, nées et nourries dans les sphères oisives, s'appliquaient du moins à donner de nobles cadres à leur vie!

Le duc de Laval avait de la gaieté dans l'esprit; c'est lui qui disait d'une grande femme qui avait un grand nez : « Il faut beaucoup la ménager, car si on la fâchait, elle vous passerait son nez au travers du corps. » Le mot a été relevé comme spirituel et original; mais je ne saurais admettre, avec l'écrivain distingué qui en a fait la remarque, qu'il n'y ait que ce mot-là à retenir dans les deux volumes. Et ici il faut bien s'entendre et ne pas demander au rédacteur des Mémoires sur madame Récamier de dire plus ni autrement qu'il n'y avait en réalité. Chaque salon, chaque monde a comme son diapason d'entretien : celui du monde de madame Récamier était, avant tout, modéré. Il se disait assez peu de ces mots d'un ton *voyant* et que l'on peut citer, dans le salon de l'Abbaye-au-Bois. Il y avait plus de nuances que d'éclat; l'esprit y était fin et doux, — couleur *gris de perle*, si l'on voulait à toute force lui trouver une couleur. Ce n'était pas du tout, comme on le croirait d'après le renom extérieur, un salon de bel esprit : rien de précieux, rien de guindé; on y était naturel et à l'aise. Un art et une grâce de madame Récamier, c'était de faire valoir la personne avec qui elle causait; elle s'y appliquait, en s'effaçant volontiers; elle n'était occupée que de donner des occasions à l'esprit des autres, et on lui savait gré même de ses demi-mots, de ses silences intelligents. L'esprit de ses amis courait donc et jouait devant elle, mais sans affectation, sans effort. Si elle intervenait, c'était discrètement, pour glisser une remarque fine, pour placer une anecdote choisie et dont le trait d'ordinaire amenait un sourire. La plupart de ces anecdotes que nous lui avons entendu raconter ont trouvé place dans les présents volumes;

je les y reconnais, et je crois l'entendre. Ainsi elle racontait gaiement ce voyage de Rome à Naples, dans lequel, sur toute la route, elle prit, sans s'en douter, les relais préparés pour le duc d'Otrante. Elle racontait encore très-bien qu'en 1815, comme elle s'étonnait devant le duc de Wellington que les Bourbons rentrant s'appuyassent sans répugnance sur ce même personnage, et que Louis XVIII, cédant à une prétendue nécessité de circonstance, prît pour ministre l'homme si fameux par tant d'actes révolutionnaires, le duc de Wellington, après s'être fait expliquer ce que c'étaient que ces actes (les horreurs de Lyon), lui dit, en se méprenant sur la valeur du mot français : « Oh! ce sont des *frivolités!* » — On souriait, et la conversation, animée et non déroutée comme il arrive par de trop vives saillies, continuait son cours. Si j'osais me permettre aujourd'hui une espèce de jugement sur une société à jamais regrettable, dont j'ai été, et dont l'auteur des *Mémoires* veut bien m'assurer que j'aurais pu être encore davantage, je dirais qu'en admettant qu'il y eût péril et inconvénient par quelque endroit dans ce monde gracieux, ce n'était pas du côté du goût; il s'y maintenait pur, dans sa simplicité et sa finesse; il s'y nourrissait de la fleur des choses : s'il y avait un danger à craindre, c'était le trop de complaisance et de charité ; la vérité en souffrait. On ne s'y gâtait pas le goût, on le perfectionnait plutôt; on l'aiguisait ainsi que le tact : on s'amollissait un peu le caractère. L'amour-propre, le sien et celui des autres, y étaient trop caressés. L'esprit et l'agrément y trouvaient leur compte : l'originalité et l'indépendance y couraient des risques. Le charme, à la longue, pouvait être énervant.

Voilà ce que les plus misanthropes auraient eu à

dire; voilà la seule réserve qu'on pourrait faire, en parlant de ce coin de monde si orné et si délicieux. Pour celui qui y entrait, ne fût-ce qu'une fois, il n'y avait pas à s'y méprendre : le roi de céans, le Dieu du petit temple, durant toutes les dernières années, c'était M. de Chateaubriand. On le voit assez, aujourd'hui encore, à la place qu'il tient dans ces volumes : l'impression des lecteurs les plus favorables est qu'on a un peu trop mis de lui; il remplit trop de pages de son impérieuse et inévitable personnalité. Ce serait pourtant être ingrat, à ceux qui ont eu l'honneur de le rencontrer souvent dans ce cercle de son choix, de ne pas se rappeler et de ne pas dire à tous combien de fois ils l'y virent naturel, aimable, facile, éloquent, bonhomme même; mais, dès que le public intervenait, dès que les passions du dehors entraient par la moindre fente, et que le plus léger souffle de contrariété se faisait sentir, tout changeait aussitôt; le visage se pinçait, l'humeur s'altérait : la Correspondance accuse trop ces variations et ces susceptibilités excessives. Le Chateaubriand politique, que nous avons autrefois essayé de peindre, achève de s'y dessiner tout entier, jamais content, toujours prêt à rompre, en ayant, dès le second jour, *de cent pieds par-dessus la tête*, voulant tout et ne se souciant de rien, n'ayant pas assez de pitié et de dédain pour ses *pauvres amis*, ses *pauvres diables d'amis* (comme il les appelle), croyant que de son côté sont tous les sacrifices, et se plaignant de l'ingratitude des autres, comme si seul il avait tout fait.

Madame Récamier, le voyant, depuis sa rentrée aux affaires et son triomphe de la guerre d'Espagne, plus ardent, plus exalté et enivré que jamais, moins maniable probablement dans l'intimité, prit le parti d'aller à Rome, sur la fin de 1823 : dans son système d'amitié constante, mais d'amitié pure et non orageuse, elle jugea prudent, à cette heure critique, de s'éloigner pendant un certain temps, et de lui laisser jeter, avec ses fumées de victoire, ses derniers feux, — madame Cornuel aurait dit, sa dernière gourme de jeunesse (1).

Il essayait de se justifier auprès d'elle, en lui écrivant à la date du 3 avril 1824 :

« ..... Pardonnez-moi, et si vous souffrez, songez aussi que je souffre beaucoup. C'est déjà bien assez que l'on ne me reproche que ma *perfidie* envers Mathieu (M. de Montmorency). Vous savez ce qu'il en est et ce qu'il en pense lui-même; il a dîné hier chez moi à mes côtés. Mais un homme dans ma position devait être exposé à bien d'autres calomnies. On vous a dit que l'encens m'était monté à la tête; venez, et vous verrez; il m'aurait fait un tout autre effet. Mon grand défaut, c'est de n'être enivré de rien; je serais meilleur, si je pouvais prendre à quelque chose. Je ne suis pas insensible à voir la France dans un tel état de considération au dehors et de prospérité au dedans, et de penser que la gloire et le bonheur de ma patrie datent de mon entrée au ministère; mais, si vous m'ôtez cette satisfaction d'un honnête homme, il ne me reste qu'un profond ennui de ma place, de la lassitude de tout, du mépris pour les hommes beaucoup augmenté, et l'envie d'aller mourir loin du bruit, en paix et oublié dans quelque coin du monde : voilà *l'effet de l'encens* sur moi. »

Ce refrain est perpétuel chez lui; ce vœu de retraite lui revient toujours, à tout propos, et jure singulièrement avec ses âpres désirs et ses accès d'ambition mal dissimulée. Au fond, trop poëte toujours pour la politique, il est désormais trop homme d'État et trop politique pour la retraite, pour l'inno-

(1). Il y eut bien aussi pour motif, à ce départ de madame Récamier en 1823, une petite pointe de jalousie au sujet d'une fort jolie et très-spirituelle dame, madame de C..., qui était alors très-fêtée au ministère des Affaires étrangères.

cent et studieux loisir du poëte : il porte en lui l'inconciliable. — Lorsqu'il est renvoyé du ministère, en cette crise violente et décisive qui déchira en deux sa vie de royaliste, ses lettres à madame Récamier manquent et font défaut; elles n'ont pas été retrouvées, nous dit-on, avec les autres papiers; elles devaient renfermer trop d'éclats de colère et de haine vengeresse, ce qui sans doute les aura fait dès longtemps supprimer.

Ambassadeur à Rome en 1828 et 1829, il écrit de là à madame Récamier des lettres qui ont de beaux passages, et qui, à travers les infirmités de caractère désormais trop en vue, montrent le talent encore dans tout son plein et dans sa plus grande manière :

« Rome, mercredi 15 avril 1829.

« Je commence cette lettre le mercredi-saint au soir, au sortir de la Chapelle Sixtine, après avoir assisté à Ténèbres et entendu chanter le *Miserere*. Je me souvenais que vous m'aviez parlé de cette belle cérémonie, et j'en étais, à cause de cela, cent fois plus touché. C'est vraiment incomparable : cette clarté qui meurt par degrés, ces ombres qui enveloppent peu à peu les merveilles de Michel-Ange ; tous ces Cardinaux à genoux, ce nouveau Pape prosterné lui-même au pied de l'autel où, quelques jours avant, j'avais vu son prédécesseur ; cet admirable chant de souffrance et de miséricorde, s'élevant par intervalles dans le silence et la nuit ; l'idée d'un Dieu mourant sur la Croix pour expier les crimes et les faiblesses des hommes ; Rome et tous ses souvenirs sous les voûtes du Vatican : que n'étiez-vous là avec moi ! J'aime jusqu'à ces cierges dont la lumière étouffée laissait échapper une fumée blanche, image d'une vie subitement éteinte. C'est une belle chose que Rome pour tout oublier, pour mépriser tout et pour mourir. »

Si sévères que nous puissions être envers celui qui s'est trahi à nous dans toutes ses contradictions morales et ses misères personnelles, n'oublions jamais ce qu'on doit d'admiration à un tel peintre, à celui qui, à ce titre, est et demeure le premier de notre âge : car c'est le même homme exprimant comme on vient de le voir toute la poésie de la Rome catholique, qui a su peindre avec un égal génie et une variété d'imagination toujours sublime la forêt vierge américaine, le désert d'Arabie, et les ruines historiques de Sparte (1) !

Il est fâcheux que les défauts de sa manière se marquent trop avec les années, et je regrette qu'on nous ait donné, dans la dernière moitié du second volume, un trop grand nombre de ces pages qui sont des certificats de décadence. Ainsi la Description du château de Maintenon, malgré l'intérêt qui s'attache à un si noble séjour, méritait d'être supprimée : la plume de M. de Chateaubriand, en ces derniers écrits, n'est plus elle-même. — L'observation faite, il n'en est pas moins vrai que ces deux volumes nous offrent sur une femme qui fut un modèle de beauté et de bonté, et sur le monde qu'elle eut le charme et l'art de grouper jusqu'à la fin autour d'elle, une quantité de pièces intimes, agréables, imprévues, qui permettent aux nouveaux venus, s'ils en sont curieux, de vivre pendant quelques soirées dans une intimité inespérée et des plus choisies. Madame Récamier a désormais sa place assurée, et l'une des meilleures, dans le rayon de bibliothèque consacré aux femmes françaises; elle vit, et, pour reprendre une expression de M. Ballanche, elle n'aura point passé *comme une Ombre charmante.*

(1) C'est ce double sentiment d'admiration persistante pour l'écrivain et de vérité entière sur l'homme, que j'ai essayé de rendre dans mon ouvrage, *Chateaubriand et son Groupe littéraire;* la plupart des critiques n'ont voulu y voir qu'une chose, qui n'y est pas, le désir de rabaisser Chateaubriand; les lecteurs français sont si pressés et si inattentifs qu'ils n'admettent guère qu'une idée à la fois.

Lundi, 26 mars 1860.

# CORRESPONDANCE DE BUFFON

PUBLIÉE

Par M. NADAULT DE BUFFON (1).

On n'avait point jusqu'ici un Recueil des lettres de Buffon; on n'en avait que des extraits qui avaient servi de pièces à l'appui dans des biographies ingénieuses et savantes; mais le lecteur aime, en fait de correspondance, à se former lui-même un avis; il prend plaisir, quand il le peut, à aborder directement les hommes célèbres et à les saisir dans leur esprit de tous les jours. Ce qu'était Buffon dans l'habitude de la vie, dans le train et le ton ordinaire de sa pensée, on le sait à présent, et l'on peut s'en faire une idée exacte, sans exagération, sans caricature.

Les quatre grands personnages littéraires du dix-huitième siècle ont écrit des lettres fort inégalement et avec des différences qui sont bien celles de leur caractère, de leur physionomie. Voltaire est le premier, et il demeure incomparable : vif, naturel, facile, toujours prêt, donnant au moindre compliment un tour aisé, une grâce légère, exprimant au besoin des pensées sérieuses, mais les déridant bientôt, et toujours attentif à plaire, à *faire rire l'esprit*.

(1) 2 vol. in-8. Maison Hachette, rue Pierre-Sarrazin, 14.

Rousseau est aussi dans son genre un grand épistolaire; mais quel travail, quelle lenteur de lime, que de soin ! 1 a des lettres bien éloquentes, mais des lettres faites, refaites, dont il garde évidemment des copies. Quand il écrit à M. de Malesherbes ou même à madame d'Houdetot, ce ne sont plus des lettres, ce sont des ouvrages.

Montesquieu écrit peu (autant du moins qu'on en peut juger par ce qu'on a), et il écrit sans prétention : son grand esprit, sa forte et haute imagination, sa faculté élevée de concevoir et son talent de frapper médaille ou de graver, sont tout entiers tournés et employés à ses compositions savantes et rares. Dans le *tous-les-jours* il se relâche, il se détend, il est bonhomme; bref, saccadé, un peu haché, avec des traits vifs, des images brusques. Ce n'est point un improvisateur perpétuel comme Voltaire, ni un coquet sérieux, un limeur et un polisseur de tous les instants, comme Rousseau : il ne prend aucune peine quand il écrit à ses amis, et l'on s'en aperçoit, bien que son style garde du bel air et de l'épigramme.

Buffon, aux saillies près, et avec plus d'égalité dans la façon ou dans le sans-façon, serait assez, comme épistolaire, du même genre que Montesquieu. Ne lui demandez pas, quand il prend la plume pour écrire une lettre, de songer à vous plaire, à vous égayer, à faire qu'on dise dans le monde autour de soi : « Il m'a écrit une belle ou une jolie lettre. » Buffon ignore le joli; il a l'ambition et l'art de dire les grandes choses; il n'a ni l'art ni le souci de dire les petites. Il n'a pas ce tour qui est indépendant du fond, le secret de l'élégant badinage : il aime assez la joie, la jovialité, ce qui est tout différent. Si cela n'avait l'air d'une plaisanterie à force d'être vrai, je dirais qu'il est le contraire des Marot, des Sarrasin, des Voiture, de Voltaire dans le genre léger. Il est de niveau avec les grands sujets qui s'offrent à sa vue, mais il aime peu à se baisser pour cueillir des fleurs. Il a de l'orgueil, c'est lui qui le dit, mais *sans coquetterie.*

Pour écrire des lettres excellentes et durables en tant que pièces littéraires, je ne sais que deux manières et deux moyens : avoir un génie vif, éveillé, prompt, *à bride abattue*, et de tous les instants, comme madame de Sévigné, comme Voltaire; ou se donner du temps et prendre du soin, écrire à main reposée, comme Pline, Bussy, Rousseau, Paul-Louis Courier : — en deux mots, improviser ou composer. (On vient de publier un Recueil très-amusant de lettres qui sont entre les deux manières, qui tiennent à la fois de l'étude et de la libre causerie, de la préméditation et de la verve, celles de Béranger.)

Les lettres de Buffon n'appartiennent ni à l'un ni à l'autre genre; elles n'ont rien de l'improvisation animée ni de la rédaction curieuse. Il est manifeste qu'en les écrivant (à part un petit nombre de cas solennels qui tranchent sur le sans-gêne ordinaire), il n'avait aucune arrière-pensée de publicité non plus qu'aucune recherche d'agrément : il croyait n'écrire que pour l'ami à qui il s'adressait, sur ce qui l'occupait dans le moment, sur ses affaires, ses intérêts, ses affections. Aussi cette Correspondance nous rend-elle le plus sincère et le plus véridique témoignage de ses mœurs, de ses habitudes d'esprit, de sa manière d'être et de sentir. Littéralement, Buffon n'avait pas à grandir ni à déchoir; le grand écrivain en lui est dès longtemps hors de cause et ne saurait dépendre de ce qu'il peut y avoir d'un peu commun dans ses lettres : moralement, sa Correspondance nous le montre partout, et dans toute la teneur de sa vie, sensé et digne. Elle lui fait honneur par bien des côtés; elle ne le diminue en rien.

Les lettres de jeunesse (1729-1740) sont peu nombreuses, mais suffisantes pour faire apprécier le goût, les mœurs, les jugements et le ton de Buffon en ces années antérieures à sa grande carrière. Elles sont écrites la plupart à des compatriotes, au président de Ruffey, au président Bouhier, à Daubenton, à un abbé Le Blanc qui est assez à Buffon ce que l'abbé de Guasco était à Montesquieu. Buffon leur parle à ventre déboutonné, comme on dit; c'est franc, naturel, mais nullement distingué. Il dit crûment ce qu'il aime, il appelle volontiers les choses par leur nom. On a bien fait de ne pas supprimer ces crudités qui sont une marque de l'esprit bourguignon en général, et aussi du ton particulier de Buffon quand il était en pleine familiarité. Les jugements littéraires qui viennent parfois se mêler à ces détails d'existence provinciale sont justes, mais assez en gros. Buffon n'ira jamais beaucoup plus à fond, et il négligera le menu; s'il sait et si, par hasard, il cite un jour une épigramme de Piron contre le petit Poinsinet, c'est que Piron est de Dijon et que l'épigramme sent la moutarde. D'ailleurs, il s'intéresse peu aux querelles d'auteurs; il est lui-même et sera toujours très-peu auteur dans sa vie, dans ses lettres. Il n'entrera pas plus dans les raffinements que dans les coteries de son siècle. De bonne heure il déclare son goût pour la campagne, pour la résidence rurale et sa noble tranquillité; il ne vient à Paris que pour affaires, à son corps défendant : il ne paraît en aucun temps avoir pris plaisir à se plonger dans le tourbillon.

Buffon ne commence à devenir celui que l'on connaît et que nous admirons que du moment qu'il est placé à la direction du Jardin et du Cabinet du Roi : jusque-là c'était un génie expectant, et à qui manquait son objet. La Correspondance nous montre bien ce moment décisif de son entrée et de sa pleine installation dans la grande voie qu'il a ouverte et illustrée. Pourtant le cercle de ses correspondants ne semble guère d'abord s'élargir ni se varier beaucoup. Je sais qu'il faut faire la part de ce qui a été perdu, de ce qui ne s'est point transmis; mais des hommes célèbres du siècle avec lesquels on le compare d'ordinaire, il en est peu avec qui Buffon paraisse avoir été en commerce habituel de lettres. Il n'est même question d'eux qu'en passant. Rien de Fontenelle; peu de chose sur Montesquieu. Voltaire est jugé à trois moments : d'abord comme « un très-grand homme, et aussi un homme très-aimable; » puis, pendant la brouille, comme un diseur de *sottises* qu'on doit éviter de lire, un atrabilaire qui vise à tort et à travers à l'*universalité*. Enfin, à l'heure de la réconciliation (novembre 1774), il y a une lettre à Voltaire qui est à la fois d'une haute emphase et d'une extrême modestie. Buffon lui accorde le génie créateur qui tire tout de sa propre substance : « Il n'existera jamais, lui dit-il, de *Voltaire second;* » c'était une réplique au compliment de Voltaire qui avait appelé Archimède de Syracuse *Archimède premier*, pour donner à entendre que Buffon était *Archimède second;* et faisant ainsi à son rival de Ferney les honneurs du *génie*, Buffon ne se réserve pour lui que le *talent*, lequel, si grand qu'il soit, dit-il, « ne peut produire que par imitation et d'après la matière. » Cette lettre à Voltaire, comme plus tard celles qui seront adressées à l'impératrice Catherine, passe la mesure; Buffon y est deux fois solennel; il y fait de la double et triple hyperbole, et l'homme qui, à son époque, avait le plus de sens et de jugement, nous fait sentir par là que ces qualités solides d'une éminente intelligence ne sont pas du tout la même chose que le tact et le goût.

Duclos est très-bien apprécié, et assez amicalement, par Buffon qui lui passait volontiers son peu de modestie à raison de sa franchise. Les Encyclopédistes et leur entreprise, au début, sont de même jugés par lui favorablement; mais il se liera peu avec les personnes, et n'entrera point dans les passions et les excès de la coterie. Il se tient à distance et hors de portée des entraînements; il suit sa propre voie; il ne s'enrôlera jamais, et il dédaignerait d'avoir la moindre action sur ce qu'il appelle l'*escadron encyclopédique*. Aussi le goûtait-on médiocrement dans ce monde-là. Diderot, qui venait de causer avec Buffon et de l'entendre se louer, disait de lui un peu ironiquement : « J'aime les hommes qui ont une grande confiance dans leurs talents. » D'Alembert faisait plus; il raillait Buffon, il le méconnaissait, n'appréciant ni ses talents ni sa personne. Il ne l'appelait que *le grand phrasier, le roi des phrasiers*; il le contrefaisait même dans l'intimité, car D'Alembert excellait aux parodies et caricatures. Buffon haussait les épaules d'apprendre que le grand géomètre faisait ainsi le singe à ses dépens, et il méprisait ses attaques. « Nous n'avons pas assez d'amour-propre pour dédaigner le mépris d'autrui, » a dit

Vauvenargues. Buffon était une exception; il avait assez d'amour-propre pour cela; il possédait au plus haut degré la faculté du dédain contre l'offense; il l'avait bien autrement que Montesquieu. Celui-ci, attaqué par le Gazetier janséniste au sujet de l'*Esprit des Lois,* avait cru devoir répondre par une brochure qui réussit : « Malgré cet exemple, disait Buffon, également attaqué, et par le même Gazetier, je crois que j'agirai différemment et que je ne répondrai pas un seul mot. Chacun a sa délicatesse d'amour-propre : la mienne va jusqu'à croire que de certaines gens ne peuvent pas même m'offenser. » Il pratiqua toujours cette méthode de se taire et de laisser dire les ennemis. Ainsi encore, à propos des attaques dernières dont les *Époques de la Nature* furent l'occasion, et de je ne sais quel manuscrit de Boulanger qu'on l'accusait d'avoir pillé : « Il vaut mieux, disait-il, laisser ces mauvaises gens dans l'incertitude, et comme je garderai un silence absolu, nous aurons le plaisir de voir leurs manœuvres à découvert... Il faut laisser la calomnie retomber sur elle-même. » A M. de Tressan qui s'était, un jour, ému et mis en peine pour lui, il répondait : « Ce serait la première fois que la critique aurait pu m'émouvoir; je n'ai jamais répondu à aucune, et je garderai le même silence sur celle-ci. »

Ainsi pensait-il, et il ne se laissait pas détourner un seul jour du grand monument qu'il édifiait avec ordre et lenteur, et dont chaque partie se dévoilait successivement à des dates régulières et longtemps à l'avance assignées. Un spirituel écrivain a essayé d'établir une mesure entre la sensibilité plus ou moins grande des auteurs à la critique et leur plus ou moins de croyance et de religion; il est allé jusqu'à dire, et ici même (1), que « le génie sans croyance n'est que le plus vulnérable des amours-propres. » C'est joli, mais il me semble que la vraie mesure n'est pas où la met cet homme d'esprit, et de doctrine un peu trop idéale : Racine, par exemple, était un génie religieux et croyant, et nul n'a été plus que lui sensible et susceptible; il était un *amour-propre* plus vulnérable que Molière ou Shakspeare. Buffon reste impassible là où Montesquieu se pique et où Voltaire enrage, et ils se valent à peu près tous les trois pour le fond des croyances. Cette disposition du plus ou moins d'indifférence à la critique dépend donc non de la croyance en général, mais de l'humeur, du caractère, ou, si l'on veut, de la croyance et confiance qu'on a en soi. Buffon avait l'amour-propre haut et tranquille, d'un équilibre stable : il se jugeait lui et ses œuvres comme la postérité elle-même l'allait faire, comme ses contemporains le faisaient déjà. Lorsque Frédéric, le roi de bon sens par excellence, disait de Buffon : « C'est l'homme qui a le mieux mérité la grande célébrité qu'il s'est si justement acquise, » Buffon transcrivait l'éloge dans une lettre à madame Necker; il l'avait déjà pensé auparavant, et là-dessus il dormait paisible.

Il aimait la gloire, mais pas si naïvement que l'ont bien voulu dire ceux qui ne peuvent marquer un trait saillant d'un grand homme sans pousser aussitôt à la caricature. Lorsqu'on lui érigea de son vivant cette statue à laquelle il consentit sans l'avoir désirée, et qu'il aurait souhaité qu'on ne fît placer qu'après sa mort : « J'ai toujours pensé, écrivait-il à son vieil ami le président de Ruffey, qu'un homme

(1) C'est une allusion à un article de M. Caro dans *le Moniteur* (25 février 1860).

sage doit plus craindre l'envie que faire cas de la gloire, et tout cela s'est fait sans qu'on m'ait consulté. » Cette statue, notez-le bien, lui fut érigée en manière de consolation et de dédommagement honorifique par ceux qui lui avaient fait un tort réel en obtenant sous main la survivance de sa charge d'intendant du Jardin du Roi. Il disait encore, et du ton de la sincérité, au terme de sa carrière : « Je ne cherche point la gloire; je ne l'ai jamais cherchée, et, depuis qu'elle est venue me trouver, elle me plaît moins qu'elle ne m'incommode. Elle finirait par me tuer, pour peu qu'elle augmente. Ce sont des lettres sans fin et de tout l'univers, des questions à répondre, des mémoires à examiner... » Il ressort de cette Correspondance qu'il y avait quelque chose qu'il aimait encore mieux que ses ouvrages ou du moins autant : vivre avec ses amis, les posséder, vaquer à ses devoirs et à ses relations de père de famille, de bon voisin, de propriétaire, d'administrateur et d'homme. Je note les choses dans le pêle-mêle où elles s'offrent quand on parcourt ce Recueil.

Mais que parlé-je de *pêle-mêle?* c'est un mot qui jure avec l'habitude et avec l'essence même de Buffon. N'oublions pas qu'un excellent témoin qui l'avait vu à Montbard dans les dernières années, Mallet-Dupan, a dit : « Buffon vit absolument en philosophe; il est juste sans être généreux, et toute sa conduite est calquée sur la raison; il aime l'*ordre*, il en met partout. »

Pour en revenir à ses jugements littéraires, après Voltaire poëte, Buffon ne paraît guère estimer qu'un autre poëte en son temps, *Pindare*-Le Brun, comme il l'appelle, celui qui l'a si noblement célébré lui-même et en qui il reconnaît avec impartialité *le pin-*

*ceau du génie*. Quant à ses jugements sur Delille, Saint-Lambert et Roucher, ils sont curieux à recueillir de la part d'un homme qui a si bien connu la nature et qui habitait comme dans son sein : « Je ne suis pas poëte ni n'ai voulu l'être, écrivait-il, mais j'aime la belle poésie; j'habite la campagne, j'ai des jardins, je connais les saisons, et j'ai vécu bien des mois; j'ai donc voulu lire quelques chants de ces poëmes si vantés des *Saisons*, des *Mois* et des *Jardins*. Eh bien! ma discrète amie (c'est à madame Necker qu'il écrit cela), ils m'ont ennuyé, même déplu jusqu'au dégoût, et j'ai dit, dans ma mauvaise humeur : *Saint-Lambert, au Parnasse, n'est qu'une froide grenouille, Delille un hanneton, et Roucher un oiseau de nuit.* Aucun d'eux n'a su, je ne dis pas peindre la nature, mais même présenter un seul trait bien caractérisé de ses beautés les plus frappantes. » Là encore, à ceux même qui n'aimeraient ni la *grenouille* ni le *hanneton,* je dirai : « Je passe condamnation sur le peu d'élégance de l'expression, mais trouvez-moi dans le siècle un jugement de plus de bon sens. Voltaire, cet homme de goût, s'est trompé du tout au tout sur Saint-Lambert : Buffon a mis le doigt, — que dis-je? il a mis les quatre doigts et le pouce sur la vérité. »

Buffon, dans ses jugements, n'obéit en rien à la mode. Lui qui rend si pleine justice à Voltaire, il reste fidèle à ses connaissances et à ses admirations du bon cru : le président de Brosses demeure pour lui jusqu'à la fin « le plus digne de ses amis comme *le plus savant de nos littérateurs.* »

L'homme qui a le plus fait pour Buffon en ce temps-ci, en commentant ses idées, en rééditant ses œuvres et en conférant ses manuscrits, M. Flourens, a longuement parlé des collaborateurs de Buffon et de la part que chacun d'eux avait eue dans la rédaction de l'*Histoire naturelle*. Il a paru croire que Buffon ne leur avait pas fait toujours cette part assez belle devant le public, et qu'il y avait lieu, à leur égard, à quelque réparation. Autant qu'il m'est permis d'avoir un avis en telle matière, je ne trouve pas que Buffon ait en rien manqué à la reconnaissance ni à l'hommage qu'il leur devait, et que, ce me semble, il leur a très-équitablement payés en temps et lieu convenable : ce qui n'empêche pas qu'après coup il ne soit intéressant de se rendre mieux compte des services qu'il a dus à chacun d'eux. Buffon avait essentiellement besoin d'auxiliaires, de collaborateurs. Nommé, à trente-deux ans, intendant du Jardin du Roi, physicien et géomètre jusqu'alors, il est mis en demeure de s'improviser naturaliste, ce à quoi il n'avait guère songé auparavant; il le devient, comme le grand Frédéric, quand il le fallut, devint général, par l'application d'un bon et haut esprit et d'une opiniâtre volonté. Buffon, dès l'entrée, ordonnateur par vocation, reconstructeur auguste de la nature, sent le besoin d'agir en grand, de commander à des masses de faits; mais tous les faits n'étaient pas prêts, tant s'en faut! tous n'étaient pas rassemblés, toutes les levées décrétées, pour ainsi dire, n'étaient pas sous le drapeau. Et cependant il ne saurait se contraindre à être le collecteur, l'investigateur minutieux, l'observateur de détail; ses sens même y faisaient obstacle; ses yeux étaient mauvais; sa taille droite et haute était d'un maréchal de France, on l'a dit, plus que d'un homme de laboratoire ou de cabinet. Entre les faits et lui, pour peu qu'il y eût retard, son imagination était sujette à projeter des systèmes : combien de fois à ses débuts, quand il voulait découvrir trop de choses, et trop vite, avec les seuls yeux de l'esprit, le sourire fin de Daubenton, l'homme du scalpel, l'avertit et l'arrêta ! C'est M. Cuvier qui nous le dit et nous le croyons sans peine. — « Corvisart, pourquoi n'avez-vous pas « d'imagination ? » demandait brusquement Napoléon, un jour qu'il sortait de causer avec Mascagni, un de ces savants italiens à qui l'imagination ne faisait pas faute. — « Sire, répondit Corvisart, c'est que « l'imagination tue l'observation. » — L'imagination ne tue pas toujours l'observation ; bien souvent aussi elle l'éveille, elle la provoque et la stimule ; elle la devance. Daubenton, lui, n'était pas facile à stimuler, et il n'allait jamais plus vite que le pas ; Buffon, parlant de ces frères et neveux Daubenton, se plaint souvent de leur lenteur, de leur peu d'ardeur. Quand Daubenton se sépara de lui, il laissa pourtant un grand vide, un vide irréparable dans la continuation de l'*Histoire naturelle ;* il ne fut point remplacé. Mais pour ce qui est des collaborateurs littéraires, Buffon s'en était pourvu, et il eut auprès de lui son école descriptive dans les Gueneau de Montbéliard, mari et femme, et dans l'abbé Bexon. M. Flourens, et la Correspondance aujourd'hui publiée, nous apprennent là-dessus de curieuses choses. Prenez garde de trop admirer les *Oiseaux* chez Buffon ; n'allez pas vous écrier que le grand peintre n'a rien écrit de plus beau : ô la plaisante méprise ! vous feriez justement ce que fit un jour tout Paris, venant féliciter M. de Chateaubriand sur un article non signé qu'on croyait de lui et qui était de M. de Salvandy. Ce serait, jusque dans l'œuvre et la maison de Buffon, faire infraction et injure à ce fameux axiome : « **Le** style, c'est l'homme même. » Car ces *Oiseaux* sont d'une autre plume que la sienne : le *Paon* est de Gueneau, le *Rossignol* aussi ; le *Cygne*, ce *Cygne* tant vanté, pourrait bien être du pur Bexon ; ce petit abbé l'a beaucoup peigné, en effet, avant qu'il passât sous la main du maître qui lui donna seulement son dernier lustre. On a les pièces probantes, les canevas en manuscrit (non pas celui du *Cygne*, mais ceux des autres oiseaux), on a les brouillons ; les retouches se peuvent compter et mesurer. L'avouerai-je? j'ai quelque regret d'assister à ces menus détails, je ne blâme point qu'on s'y livre, et même il le faut bien, puisqu'on les exige aujourd'hui et qu'une étude n'est pas censée complète sans cela : mais je regrette qu'ils soient devenus possibles ; je regrette qu'on n'ait pas brûlé, une bonne fois, tous ces brouillons, aussitôt employés, que tous ces copeaux tombés à terre n'aient pas été jetés au feu. Avis aux grands écrivains quand il en viendra! Brûlez, messieurs, tout ce qui vous est devenu inutile. Votre édifice est fait et superbe, votre monument est debout : à quoi bon laisser à d'insatiables neveux les moyens d'en refaire un jour industrieusement l'échafaudage et de masquer de nouveau la façade? Hélas! pour le style même, voilà qu'il nous faut repasser par les tâtonnements du laboratoire. Nous avons l'histoire des *ratures* de Buffon.

Buffon, grand écrivain et homme de génie, a son genre, sa manière, ses disciples. Il y eut à l'origine de la littérature classique une École homérique : tel Rhapsode qui, sans Homère, n'aurait jamais rien été ni rien laissé, a fait, grâce à Homère, telle description, je ne sais laquelle, mais qui figure très-dignement, je me l'imagine, dans l'œuvre homérique. Ainsi pour Buffon : sans lui qu'eussent été, comme écrivains, Gueneau et Bexon? Il les a distingués, électrisés, appliqués et mis en valeur chacun dans son emploi ; en se les associant il les a adoptés, l'un comme frère et l'autre comme fils, dans sa famille spirituelle ; jamais la question d'amour-propre ne s'est élevée entre eux et lui : que lui demandons-nous de plus? allons-nous être plus susceptibles pour eux qu'ils ne l'ont été? Honneur à eux, je le veux bien, mais au nom de Buffon! honneur à lui jusque dans leur personne encore!

Parmi les lettres qui se distinguent par une intention d'agrément comme par une affection véritable et des plus tendres, il y a celles qui sont adressées à madame Daubenton, la nièce par alliance du grand anatomiste; c'est à elle que Buffon écrit, parlant de l'oncle et peut-être du mari : « Il paraît que MM. Daubenton seraient bien aises de vous voir en ce pays-ci ( à Paris où elle habitait ; elle était allée faire un voyage en Bourgogne ) ; mais vous savez, bonne amie, qu'ils ne sont ni l'un ni l'autre bien ardents sur rien. » C'est dans la même lettre qu'on lit encore : « Dites-moi, jour par jour, bonne amie, votre marche et les lieux que vous habitez ; je donnerais toute ma science pour savoir seulement où vous êtes, et tous mes papiers pour un billet de vous *où serait tout ce qui ne s'écrit pas.* » Dans cette branche toute particulière et la plus fleurie de la Correspondance, Buffon, qui n'a guère moins de soixante-six ans, paraît un peu amoureux de la jeune dame, si l'on ose bien hasarder (en tout bien, tout honneur) une telle conjecture ; il est galant, il fait l'aimable, il y réussit.

La série de lettres adressées à madame Necker et

tirées des archives de Coppet est sur un autre ton, et paraîtra des plus singulières, sinon des plus agréables. Tout s'y passe dans la région la plus haute et comme dans le voisinage de l'Empyrée ; c'est une élévation continue, un culte, une adoration réciproque ; des deux côtés, c'est *le sublime ami ; la sublime amie, l'adorable, la céleste, la divine amie ;* ils ne s'en lassent pas. Ces deux esprits éminents avaient, évidemment, rencontré l'un dans l'autre la forme d'idéal qui leur était la plus chère, et ils y abondent ; ils s'en donnent à cœur joie ; ils sont si naturellement à leur hauteur, qu'ils ne semblent pas se douter qu'ils se guindent. Le noble vieillard était flatté de se voir si compris et si adoré par une femme d'esprit et de vertu, qui avait encore des restes de beauté, et dont le mari, ne l'oublions point (car Buffon était sensible à ces choses), tenait une si grande place dans l'État : « Mon âme, lui écrivait-il galamment, prend des forces par la lecture de vos lettres sublimes, charmantes, et toutes les fois que je me rappelle votre image, mon adorable amie, *le noir sombre se change en un bel incarnat.* » Il a *le cœur en presse*, dit-il, la veille du jour où il doit l'aller voir ; mais s'il l'attend chez lui, elle, en visite, à Montbard, que sera-ce ? les expressions lui manquent, et la langue elle-même, qu'il possède si bien, lui fait défaut :

« Je n'écris jamais de sang-froid, s'écrie-t-il, dès qu'une fois mon cœur a prononcé le nom de ma grande amie ; mais aujourd'hui c'est une émotion, un transport, par l'espérance qu'elle me donne d'une faveur prochaine qui mettrait le comble à mon bonheur. « *J'irai en pèlerinage à cette tour.* » Mais quand, mon adorable amie ? Bientôt, sans doute. Fixez de grâce mon âme incertaine qui vole au-devant de votre volonté. Je voudrais, par ma prière ardente, vous dédommager un peu de ma froide gazette de lundi dernier. Je vous supplie donc à genoux, ma divine amie, de venir en effet illuminer de vos rayons célestes de gloire et de vertu cette voûte antique où je réside et rêve huit heures chaque jour. Elle n'a rien de recommandable que sa situation et la pureté de l'air; mais elle deviendra le plus noble des temples, si vous daignez vous y arrêter. »

Il nous est impossible de ne pas voir dans ces lettres à madame Necker, qui sont toutes sur ce ton, bien de la sincérité, de la candeur, comme aussi une totale absence du sentiment du ridicule. Buffon y est resté un peu provincial, et jamais la distance de Montbard à Paris ne m'a paru plus grande. Il faudrait aller en Allemagne pour rencontrer de semblables Correspondances d'un enthousiasme continu.

Mais une partie du Recueil, qui n'est pas moins neuve et qui est toute à l'honneur de Buffon, ce sont ses lettres à son fils : il s'y montre père, et le plus tendre père, le plus cordialement attentif, le plus rempli de sollicitude. Ce fils, jeune officier aux Gardes, qui paraît avoir été assez aimable et gracieux, et d'un bon naturel sans rien de supérieur, l'occupe constamment; il veille sur son avancement, sur sa santé, sur ses plaisirs. Quand il l'envoie en Russie, auprès de l'impératrice Catherine II, pour porter son buste et ses hommages, que de conseils et de recommandations le suivent, l'accompagnent! Et l'inquiétude qu'il aura sur son retour va « lui ôter le sommeil et la force de penser. » Puis, quand ce fils est marié à une jeune femme, qui paraît d'abord douée de simplicité et de candeur, mais qui bientôt s'émancipe et devient la maîtresse avouée d'un prince du sang, colonel du régiment dans lequel le jeune mari était alors capitaine, quelle noble lettre du père à son fils, au premier éclat qui lui en arrive, quelle suite rigide de prescriptions sans réplique! Le père de famille antique et presque romain se lève ici de toute sa hauteur et commande avec l'autorité de ses cheveux blancs. Voici en entier cette admirable lettre; tout ce qu'elle a d'impérieux est puisé dans la tendresse même, dans l'amour paternel le mieux entendu, qui n'est pas séparable du sentiment de l'honneur et de la dignité :

« Au Jardin du Roi, le 22 juin 1787.

« M. de Faujas, par amitié pour moi et pour vous, mon cher fils, a bien voulu vous porter mes ordres, auxquels il faut vous conformer.

« 1° L'honneur vous commande avec moi de donner votre démission et de sortir de votre régiment (*le régiment de Chartres*) pour n'y jamais rentrer.

« 2° Vous quitterez tout de suite en disant que les circonstances vous y obligent, et vous ferez cette même réponse à tout le monde sans autre explication.

« 3° Vous n'irez point à Spa, et vous ne viendrez point à Paris avant mon retour.

« 4° Vous irez voyager où il vous plaira, et je vous conseille d'aller voir votre oncle à Bayeux. Vous le trouverez instruit de mes motifs.

« 5° Ces démarches, honnêtes et nécessaires, loin de nuire à votre avancement, y serviront beaucoup.

« 6° Conformez-vous en entier, pour tout le reste, aux avis de M. de Faujas, qui vous fera part de toutes mes intentions et vous remettra vingt-cinq louis de ma part ; et si vous avez besoin des trois mille livres que vous devez recevoir le 4 août, je les donnerai à M. Boursier dès à présent. Vous savez qu'il doit remettre quinze cents francs dans ce même temps à *feu votre femme*.

« Ce sont là, mon très-cher fils, les volontés absolues de votre bon et tendre père. »

En suivant à la lettre de tels ordres, le fils de Buffon ne courut risque ni d'avoir à rougir de l'éclat de celle qui portait son nom, ni encore moins de paraître en profiter (1).

(1) Comme il faut être juste envers tout le monde, je me permets d'indiquer un témoignage qui est en faveur et à la décharge de

La Correspondance que nous annonçons est publiée et annotée par M. Nadault de Buffon qui appartient, comme son nom l'indique, à la famille du grand écrivain, et qui est son arrière-petit-neveu. Le jeune magistrat, fort instruit des choses littéraires, a pris à cœur cette gloire domestique dont il relève, et s'est fait une piété et une ambition d'y ajouter. Il aura du moins réussi à faire valoir en Buffon et à mettre de plus en plus en lumière l'honnête homme, l'homme de cœur, de sagesse et de sens. Les Notes et Éclaircissements qu'il a joints à l'édition sont assez considérables et mériteraient un examen à part. M. Lesieur, ancien chef de division au ministère de l'Instruction publique, et qui ne fait que revenir à ses origines et à ses goûts en s'occupant de littérature, a également donné des soins bien utiles à cette publication importante.

madame de Buffon (*Mémoires secrets* du comte d'Allonville, 1838, tome I, page 269). Les mœurs privées, sur l'article des femmes, ne paraissent pas avoir été le beau côté de Buffon. Mais, quels qu'aient pu être les faits antérieurs, et quand même les graves allégations de M. d'Allonville ne seraient pas tout à fait imaginaires, il n'est pas moins vrai qu'une fois l'éclat produit avec un prince du sang, la conduite que Buffon prescrivit à son fils est un modèle de dignité.

Lundi, 9 avril 1860.

# HISTOIRE
# DU CONSULAT ET DE L'EMPIRE

PAR M. THIERS (1).

(TOME XVIIᵉ)

Le monument historique que M. Thiers a commencé d'élever il y a quinze ans, qu'il n'a cessé d'édifier depuis avec ardeur et constance, à travers les vicissitudes de sa vie publique, comme dans sa retraite si noblement remplie, peut être considéré comme terminé. Son dix-septième volume, qui est peut-être le plus beau de tous, et qui est certainement le plus émouvant, le plus poignant d'intérêt pour tout cœur français, comprend les événements des deux derniers mois de 1813 et des quatre premiers de 1814 : il ne reste plus à l'auteur, pour clore entièrement son œuvre, qu'à écrire l'histoire des Cent-Jours, cette histoire pénible, où d'autres, avides de désastres, se sont jetés avant lui, où lui il n'arrive qu'à regret et comme par nécessité, et où, venant le dernier, il saura apporter, sur des points encore controversés, des lumières, à quelques égards nouvelles.

(1) Paulin, rue Richelieu, 60.

et peut-être décisives. Mais il n'est que juste, au moment où son dix-septième volume paraît, de le saluer au moins d'un hommage, pour le sentiment patriotique profond dont ces pages sont tout entières animées. Un jugement de détail, avec les discussions qu'il introduirait, ne saurait être porté ici, par nous du moins; mais il nous est possible, et il nous est particulièrement précieux, à nous qui, depuis 1827, n'avons cessé d'aimer et d'honorer en M. Thiers un historien qui parle au cœur de la France, de lui rendre une fois encore ce témoignage au terme de sa plus belle production. Et n'a-t-il pas mérité que le plus auguste et le plus glorieux des patriotes, Celui qui a reporté plus haut qu'il n'avait été placé depuis quarante-cinq ans le drapeau de la France, le désignât du nom auquel on le reconnaît d'abord, en l'appelant un *historien national?*

Le 21 décembre 1813, « jour de funeste mémoire, » les Coalisés passent le Rhin ; l'Empire est envahi : il faut recommencer une campagne d'hiver et en terre de France. Pour y suffire, Napoléon n'a en main que d'héroïques débris, auxquels il va joindre de hâtives recrues, bientôt héroïques elles-mêmes. Deux armées envahissantes, l'une l'ancienne armée de Silésie sous Blucher, l'autre l'ancienne armée de Bohême sous Schwarzenberg, s'avancent, la première de Mayence à Metz, la seconde de Bâle, en longeant le Jura, et de Besançon sur Langres. Sans s'arrêter à des siéges, tournant nos défenses, elles se sont donné rendez-vous sur la Haute-Marne, entre Chaumont et Langres, d'où, réunies, elles doivent se porter en masse vers Paris, droit au cœur et à la tête de l'Empire. Sur cette vaste portion de circonférence entamée de toutes parts à la fois, nos maréchaux Victor, Marmont, Ney,

Mortier, avec des corps réduits et refoulés qu'ils ralliaient à grand effort, faisaient face en reculant. Napoléon, au centre, à Paris, crée à toute force des ressources, hâte la réorganisation, l'armement des recrues : les fusils manquaient encore plus que les bras. Enfin, parti le 25 janvier au matin de Paris, il arrive le même jour à Châlons-sur-Marne, où il a appelé ses maréchaux : les renforts ne sont pas prêts encore, il n'apporte que lui-même, mais lui tout entier, lui redevenu soldat, plus actif, plus confiant que jamais, plus fertile en combinaisons et en ressources, ayant comme laissé à Paris tous les soucis amers, serein de visage et l'étoile au front, et, pour tout dire, le général de l'armée d'Italie.

Il y a dans l'ordre de la nature de ces moments de retour et de ces reprises de jeunesse : il y a, au déclin de l'automne, de ces journées encore si brillantes, qu'on est tenté de se demander si c'est le printemps qui revient. De même dans la vie et la destinée des hommes, — des grands hommes, — quand les circonstances y prêtent, il est de ces heures où ils paraissent tout d'un coup se retrouver tels qu'au début pour les qualités les plus vives, pour celles même que l'âge et la fatigue avaient nécessairement diminuées. 1814 fut pour Napoléon général une de ces merveilleuses saisons de rajeunissement. Au milieu des plus formidables difficultés et dans une situation extrême, la netteté des vues, leur promptitude, leur multiplicité (chaque jour et chaque heure en demandant de nouvelles), l'à-propos et la perfection de l'exécution avec des moyens tels quels, tronqués et insuffisants ; le nerf et la vigueur dans leur dernière précision, une célérité qui suppléait au nombre; une vigilance de tous les instants ; l'infatigable prodigalité de lui-même ; non-seulement la constance, cette vertu des forts, mais l'espérance, ce rayon de la jeunesse, tout cela lui était, je ne dirai pas revenu (car tout cela appartenait de tout temps à sa nature), mais rendu au complet et à la fois, s'était renouvelé, réexcité en lui, et se couronnait d'une suprême flamme. Il faut voir tout d'abord comme il expose à ses maréchaux fatigués et déconcertés, bien que toujours intrépides, le plan et les chances de la campagne, les fautes prochaines nécessaires, immanquables, des assaillants, les occasions certaines d'en profiter, les ressources de tout genre sur un terrain connu, entre des rivières fréquentes, au milieu de populations auxiliaires et unanimes, avec les secours et les diversions que les lieutenants lointains, accourus au signal, ne pouvaient manquer d'apporter bientôt :

« Tout n'était donc pas perdu, s'écriait Napoléon ; on aurait quelque bonne journée encore. La guerre présentait tant de chances diverses quand on savait persévérer ! Il n'y avait de vaincu que celui qui voulait l'être ! Sans doute on aurait des jours difficiles ; il faudrait quelquefois se battre un contre trois, même un contre quatre ; mais on l'avait fait dans sa jeunesse, il fallait bien savoir le faire dans son âge mur. D'ailleurs, de tous les débris de l'ancienne armée, on avait conservé une excellente et nombreuse artillerie, au point d'avoir cinq ou six pièces par mille hommes. Les boulets valaient bien les balles. On avait eu toutes les gloires ; il en restait une dernière à acquérir qui complète toutes les autres et les surpasse, celle de résister à la mauvaise fortune et d'en triompher ; après quoi on se reposerait dans ses foyers, et on vieillirait tous ensemble dans cette France qui, grâce à ses héroïques soldats, après tant de phases diverses, aurait sauvé sa vraie grandeur, celle des frontières naturelles, et de plus une gloire impérissable. » — « En disant ces nobles paroles, Napoléon se montrait serein, caressant, rajeuni.... »

Il n'y avait, malheureusement, de vrai dans sa conclusion que la gloire. Cette dernière campagne, en effet, est restée peut-être la plus glorieuse de toutes pour le général. On l'avait dit souvent, mais M. Thiers nous le fait comprendre. Il n'était pas possible de nous initier davantage à toutes les difficultés, et à toutes les opérations de guerre imaginées pour les vaincre. C'est un problème qui se déplace, qui se pose à chaque instant en des termes nouveaux; et chaque fois il s'improvise, dans la tête militaire la plus inventive qui ait jamais été, une manière de solution nouvelle. Pour moi, et, je pense, pour la plupart des lecteurs, la campagne de France, si louée, était auparavant, et malgré d'intéressants mais incomplets récits, un merveilleux poëme écrit plus ou moins dans une langue étrangère que je ne comprenais qu'en gros, à peu près, que j'admirais un peu sur la foi des gens du métier : M. Thiers me l'a traduit, expliqué point par point; il me fait assister à tout, non-seulement aux actions, mais aux conseils, aux idées rapides qui illuminent, à chaque incident imprévu, cette imagination de feu, si ardente à la fois et si positive; il me donne l'intelligence et le secret de chaque solution. Le livre LII$^e$, notamment, qui s'intitule *Brienne et Montmirail*, ces 170 pages qui embrassent moins d'un mois, qui développent surtout ces huit brillantes journées (10-18 février) de victoires arrachées coup sur coup, de succès enchaînés, Champaubert, Montmirail, Château-Thierry, Vauchamps, jusqu'à Montereau où le temps d'arrêt recommence, ces bonnes journées dans lesquelles Napoléon put croire au retour de son soleil et sourire aux dernières faveurs de la fortune, n'ont rien qui les égale, et M. Thiers lui-même y a retrouvé comme son héros (avec tous les mérites acquis) ce je ne sais quoi de rapide et de svelte qui caractérisait ses premiers récits de 1796, ces anciennes pages un peu trop oubliées maintenant, effacées par ses derniers écrits, mais qui étaient d'une si fraîche inspiration et comme enlevées et légères. Ce n'est plus en Italie pourtant, si l'on a retrouvé tout entier le jeune général d'Italie, c'est en France que l'on combat, sur un sol plus cher encore, plus sacré et tout palpitant : et c'est ce qui fait que même ces dernières journées de gloire sont déchirantes, en ce que l'on sent qu'elles sont fugitives et qu'elles vont finir.

Après le combat de Brienne, qui n'est qu'une entrée en matière, la plus acharnée des reconnaissances, une manière de tâter vigoureusement l'une des deux armées de la Coalition, on a la bataille de la Rothière livrée par les Coalisés réunis, acceptée par Napoléon, qui, cette fois, n'attaque plus, mais résiste, résiste avec 32,000 hommes contre 170,000, dont 100,000 engagés. Cette journée d'énergique résistance, que M. Thiers appelle un *grand acte militaire*, un vrai *phénomène de guerre*, montre tout ce qu'on peut et jusqu'où l'on peut, et sert à couvrir une retraite devenue nécessaire devant des forces si démesurées ; elle nous laissait dans un immense péril. Napoléon, qui découvre des ressources là où les autres n'en soupçonnent pas, n'a rien perdu de sa confiante certitude pendant les jours suivants. « Point troublé, point déconcerté, point amolli surtout, supportant les fatigues, les angoisses, avec une force bien supérieure à sa santé, toujours au feu de sa personne, l'œil assuré, la voix brusque et vibrante, » il porte fièrement son fardeau ; il attend, il espère une faute des ennemis qui ne peuvent manquer d'en faire. Les Coalisés, en effet, même après leur jonction, peuvent difficilement rester réunis. Des inégalités d'ardeur et d'humeur, des rivalités, des nécessités stratégiques, doivent les séparer et rompre leur marche en commun. Car si cette masse compacte, ce noir nuage « qui offusquait tous les yeux et terrifiait tous les cœurs » ne s'entr'ouvrait pas, si l'ennemi assemblé s'obstinait à refouler étape par étape Napoléon, chacun se voyait réduit à recommencer deux et trois fois peut-être, et en nombre de plus en plus disproportionné, cette glorieuse, mais désespérée, mais accablante bataille de la Rothière, qui finirait fatalement sous les murs de Paris et serait tôt ou tard perdue.

Dans une telle situation, là où personne autre n'entrevoyait de ressources possibles que dans le résultat des négociations engagées, Napoléon, lui, ne cherchait et ne voyait d'issue que par quelqu'un de ces grands coups comme il en avait tant de fois frappé, et comme le jeu de la guerre en offre volontiers aux grands capitaines.

Il a l'œil aux aguets. Blucher, à ce qu'il pressent, ne peut rester si près de Schwarzenberg ; laissant celui-ci opérer sur la Seine, l'ardent général prussien doit désirer de se porter lui-même sur la Marne, afin d'être plus libre d'agir à sa guise, et pour arriver, s'il se peut, le premier au but. La prévision se justifie. Les armées des Coalisés, d'ailleurs, en se portant d'une rivière à l'autre, et en étendant leurs bras de manière à pouvoir se donner la main dans les intervalles, ne croyaient pas se diviser, mais se déployer seulement ; elles se flattaient de n'opérer qu'un plus large mouvement de pression, un refoulement alternatif, en débordant l'armée française tantôt sur une aile, tantôt sur l'autre. Napoléon a vu la faute ; il suit de l'œil l'écartement de Blucher ; il en ressent une vive joie, une joie croissante, « la seule qu'il lui fût encore donné d'éprouver. » Se décidant aussitôt à se placer entre Schwarzenberg et Blucher, il laisse quelques corps et divisions échelonnés sur la Seine, et il se porte en secret, en toute diligence, vers la Marne, où il compte bien (car de son coup d'œil supérieur il a tout deviné) tomber en plein à travers les corps en marche de Blucher, dispersés et distants, et faire bombe au milieu d'eux. Forçant les difficultés de terrain, perçant par des marais dits impraticables, d'où son artillerie se débourbe à force de bras, il arrive en droite ligne et débouche sur Champaubert, surprend le corps d'Olsouvieff, qu'il coupe de Blucher, resté en arrière à Étoges; il le détruit en partie et le rabat sur Montmirail. Première faveur de la fortune, premier mouvement de joie depuis le commencement de la campagne ! « Si demain je suis aussi heureux qu'aujourd'hui, disait-il le soir en soupant dans une auberge de village en compagnie de ses maréchaux, dans quinze jours j'aurai ramené l'ennemi sur le Rhin, et du Rhin à la Vistule il n'y a qu'un pas ! » — Le lendemain (11 février), il est aussi heureux; il pousse à gauche, vers Montmirail, sur le général Sacken, isolé à son tour, mais qui a avec lui 20,000 hommes. Cette journée, dite de Montmirail, est encore plus brillante que celle de la veille. Sacken y a perdu 8,000 hommes, Napoléon de 7 à 800. Les jours suivants promettent plus encore, et Napoléon va leur faire rendre ce qu'ils promettaient. Sacken s'est replié sur le général d'York. Napoléon, tenant toujours Blucher en respect par un de ses maréchaux, pousse à fond sur les lieutenants séparés de leur chef; c'est le combat de Château-Thierry (12 février). Un pont détruit sur la Marne dérobe trop tôt les ennemis et les met à l'abri d'une dernière poursuite; il emploie le reste de la journée du 12 et celle du 13 à le réparer. Mais, apprenant que Blucher en personne s'avance pour avoir raison de l'affront de ses lieutenants, il revient sur Montmirail; le 14 au matin, rejoignant Marmont qui tient tête à Blucher, il prend à l'instant l'offensive et fait perdre au généralissime prussien de 9 à 10,000 hommes; c'est la journée dite de Vauchamps. « Ainsi, presque sans bataille, en quatre combats livrés coup sur coup, Napoléon avait entièrement désorganisé l'armée de Silésie, lui avait enlevé environ 28,000 hommes sur 60,000, plus une quantité immense d'artillerie et de drapeaux, et avait puni cruellement le plus présomptueux, le plus brave, le plus acharné de ses adversaires. Il y avait de quoi être fier et de son armée et de lui-même, et des derniers éclats de sa miraculeuse étoile, miraculeuse jusque dans le malheur! »

Mais, pendant ce temps-là, Schwarzenberg a fait des progrès, et s'est avancé le long de la Seine; il est grand temps de l'arrêter et de le refouler à son tour. Laissant donc Marmont à Étoges pour observer Blucher, qui a assez à faire de ramasser et de rejoindre comme il peut ses débris, il se porte lui-même en arrière et à la traverse pour rallier les autres maréchaux qui ont dû rétrograder. Il reprend l'offensive sur cette autre ligne le 17 (à Nangis, trois jours après Vauchamps), et le 18 se livre le combat de Montereau, dont une lenteur de Victor rendra le résultat incomplet, mais qui couronne si glorieusement ces huit jours de prodiges.

C'est le matin même de Montereau que Napoléon écrivait à M. de Caulaincourt afin de lui retirer la *carte blanche* qu'il lui avait donnée pour les conférences de Châtillon; et, lui exprimant le changement de la situation, il la jugeait ainsi : « Ma position est certainement plus avantageuse qu'à l'époque où les Alliés étaient à Francfort ; ils pouvaient me braver, je n'avais obtenu aucun avantage sur eux, et ils étaient loin de mon territoire. Aujourd'hui c'est bien différent. J'ai eu d'immenses avantages sur eux, et *des avantages tels qu'une carrière militaire de vingt années et de quelque illustration n'en présente pas de pareils.* »

Et trois jours après, mécontent d'Augereau qui, chargé d'organiser un corps d'armée à Lyon et d'opérer une diversion qui aurait pu être décisive, trouvait des difficultés à tout, Napoléon lui écrivait cette lettre mémorable, où sous la sobriété et la sévérité impériale il perce quelque chose de l'accent familier du général d'autrefois, qui fait appel à son vieux compagnon d'armes de 1796 :

« Nogent-sur-Seine, 21 février 1814.

« Le ministre de la guerre m'a mis sous les yeux la lettre que vous lui avez écrite le 16. Cette lettre m'a vivement peiné. Quoi ! six heures après avoir reçu les premières troupes venant d'Espagne, vous n'étiez pas déjà en campagne ! six heures de repos leur suffisaient. J'ai remporté le combat de Nangis avec la brigade de dragons venant d'Espagne, qui de Bayonne n'avait pas encore débridé. Les six bataillons de Nîmes manquent, dites-vous, d'habillement et d'équipement, et sont sans instruction ? Quelle pauvre raison me donnez-vous là, Augereau ! J'ai détruit 80,000 ennemis avec des bataillons composés de conscrits n'ayant pas de gibernes et étant à peine habillés. Les gardes nationales, dites-vous, sont pitoyables. J'en ai ici 4,000 venant d'Angers et de Bretagne, en chapeaux ronds, sans gibernes, mais ayant de bons fusils : j'en ai tiré bon parti. — Il n'y a pas d'argent, continuez-vous. Et d'où espérez-vous tirer de l'argent ? Vous ne pourrez en avoir que quand nous aurons arraché nos recettes des mains de l'ennemi. Vous manquez d'attelages : prenez-en partout. Vous n'avez pas de magasins ; ceci est par trop ridicule ! — Je vous ordonne de partir douze heures après la réception de la présente lettre pour vous mettre en campagne. Si vous êtes toujours l'Augereau de Castiglione, gardez le commandement ; si vos soixante ans pèsent sur vous, quittez-le, et remettez-le au plus ancien de vos officiers généraux. — La patrie est menacée et en danger ; elle ne peut être sauvée que par l'audace et la bonne volonté, et non par de vaines temporisations. Vous devez avoir un noyau de plus de 6,000 hommes de troupes d'élite ; je n'en ai pas tant, et j'ai pourtant détruit trois armées, fait 40,000 prisonniers, pris 200 pièces de canon et sauvé trois fois la capitale. L'ennemi fuit de tous côtés sur Troyes. Soyez le premier aux balles. Il n'est plus question d'agir comme dans les derniers temps, mais il faut reprendre ses bottes et sa résolution de 93. Quand les Français verront votre panache aux avant-postes, et qu'ils vous verront vous exposer le premier aux coups de fusil, vous en ferez ce que vous voudrez.

J'ai pris plaisir (le seul plaisir qu'on puisse prendre dans cette émouvante et douloureuse lecture) à circonscrire cet intervalle lumineux des belles journées de février, à détacher cette magnifique éclaircie dans le ciel le plus sombre, — ce qu'on peut appeler une dernière *campagne d'Italie* dans celle de France. Il est encore un point sur lequel j'aime à rendre hommage, et en ce lieu même, à M. Thiers : c'est pour le soin qu'il prend, au milieu de toutes les réserves politiques qu'il a dû faire, de marquer, de relever le sentiment patriotique et national de Napoléon, voulant tout, même la ruine et la perte du trône, plutôt que la mutilation de la France et l'abdication de ce qu'il considère comme son propre honneur. « Vous parlez toujours des Bourbons, disait-il à Caulaincourt, j'aimerais mieux voir les Bourbons en France avec des conditions raisonnables, que de subir les infâmes propositions que vous m'envoyez, » c'est-à-dire de garder une France réduite au-dessous d'elle-même. — « Si je me trompe, eh bien nous mourrons ! nous ferons comme tant de nos vieux compagnons d'armes font tous les jours, mais nous mourrons après avoir sauvé notre honneur. » — Et à Fontainebleau, à la dernière heure, et quand son destin va se

consommer : « Vous avez bien fait de ne rien signer.
Je n'aurais pas souscrit aux conditions qu'on vous
aurait imposées. Les Bourbons peuvent les accepter
honorablement; la France qu'on leur offre est celle
qu'ils ont faite. Moi, je ne le puis pas. Nous sommes
soldats, Caulaincourt; qu'importe de mourir, si c'est
pour une telle cause? » Ce sont là des accents qui
parlent d'eux-mêmes, mais que M. Thiers, qui les
sent autant que personne, n'a nulle part négligé de
faire ressortir.

C'est le même sentiment d'honneur héroïque et
royal, et du noble orgueil invincible qu'on n'en saurait séparer, qui faisait dire au grand Frédéric, au
moment le plus désespéré de la guerre de Sept ans
et dans les heures terribles où il songeait à se donner la mort, plutôt que de signer son déshonneur et
celui de sa patrie (juillet-octobre 1757) : « J'ai cru
qu'étant roi, il me convenait de penser en souverain,
et j'ai pris pour principe que la réputation d'un
prince devait lui être plus chère que la vie... Je suis
très-résolu de lutter encore contre l'infortune; mais
en même temps suis-je aussi résolu de ne pas signer
ma honte et l'opprobre de ma maison... Si vous prenez la résolution que j'ai prise (la sœur généreuse à
laquelle il écrit, la margrave de Baireuth, avait résolu de mourir en même temps que lui), nous finissons ensemble nos malheurs et notre infortune, et
c'est à ceux qui restent au monde à pourvoir aux
soins dont ils seront chargés, et à porter le poids que
nous avons soutenu si longtemps. » Frédéric ne veut
pas que la Prusse soit moindre qu'il ne l'a faite,
qu'elle soit refoulée dans ses sables; si d'autres doivent signer cette mutilation et cette déchéance, ce ne
sera pas lui du moins, après qu'il l'a agrandie par

l'épée. **Peut-on s'étonner que les nations s'identifient avec les figures de héros qui ont ainsi vécu et lutté jusqu'à l'extrémité pour leur grandeur, et qu'elles disent dans leur enthousiasme d'instinct et par une de ces raisons du cœur, supérieures à la raison même** : *Eux, c'est moi !*

Dans les dernières combinaisons stratégiques imaginées jusqu'à la fin de la lutte par Napoléon et qui consistent à enfermer plus ou moins les Coalisés, à opérer sur leurs flancs et sur leurs communications, à les étreindre dans un cercle fatal d'où ils ne sortiront pas, il y a toujours une supposition et un sous-entendu qui frappe même les profanes comme nous et les ignorants dans l'art de la guerre : c'est que Paris, pendant ce temps, tiendra ferme, c'est que le point d'appui de tout l'effort, la clef de voûte ne cédera pas. Or, pour que cette clef fût solide, il eût été nécessaire que Paris fût fortifié. C'est ce souvenir toujours présent de 1814 et de l'endroit faible par où toutes les énergiques combinaisons de l'Empereur avaient manqué, c'est la leçon cruelle de l'expérience qui a amené, vingt-six ans plus tard, la détermination de fortifier Paris. M. Thiers, qui revient plus d'une fois sur ce noble et patriotique ouvrage, et qui en fait honneur à qui de droit, nous permettra de lui en attribuer à lui-même, à lui le grand promoteur, une très-bonne part. Je ne pense jamais à ce temps où se discutait et s'agitait si vivement parmi nous le plus ou moins d'utilité des onze ou douze lieues de murailles et des seize citadelles dominantes, sans me rappeler les sentiments divers et soudains qui, dès le premier jour, partagèrent à ce sujet le monde politique et qui séparèrent des hommes habitués jusque-là à se croire unis. C'est que chacun, comme par enchantement, était revenu de 1840 à ses anciens sentiments de 1814 et jugeait de la nouvelle mesure par ses dispositions d'autrefois. Quand un gros nuage chargé de foudre passe dans l'air, tous les corps s'en ressentent aussitôt et reprennent chacun le genre d'électricité qui leur est propre, bien souvent une électricité contraire : ainsi arriva-t-il en 1840 dans le conflit des opinions sur la grande mesure : *Faut-il, ou ne faut-il pas fortifier Paris?* Chacun était subitement revenu à ses origines : les *blancs* étaient redevenus *blancs*, les *bleus* étaient *bleus*. Tous ceux qui en 1814 étaient à quelque degré pour la paix, pour la reddition et la capitulation, pour qu'on ne luttât point à outrance contre l'étranger, tous ceux-là allaient répétant : « A quoi bon ? pourquoi des murailles ? la partie est déjà perdue quand on en est là. » Et il y avait de belles, de spécieuses raisons de civilisation, d'humanité, à l'appui de leur thèse. Tous ceux, au contraire, qui voulaient à tout prix l'inviolabilité du cœur de la nation ; aux yeux de qui le triomphe de la double invasion avait été la plaie saignante dont on ne s'était pas relevé encore, la plaie intestine qui, même guérie et fermée en apparence, continuait de gêner les mouvements, de paralyser la force et la pleine action de la France ; tous ceux qui, en 1814, avaient pensé comme les soldats de Fontainebleau, et comme aujourd'hui encore M. Thiers, qu'une dernière bataille livrée et gagnée jusque dans Paris, une victoire qui eût rétabli d'un seul coup la France dans sa juste grandeur, n'eût pas été trop payée, même au prix des splendeurs du Paris d'alors; tous ceux qui, l'année suivante, avaient saigné et pleuré de douleur à la nouvelle de Waterloo, ceux-là étaient tous pour qu'on *fortifiât*. Je ne suis pas de ces esprits qui ne comprennent qu'une chose ; je n'ai pas le goût de diviser en deux camps mes compatriotes ; il y a, je le sais, le point de vue très-plausible, très-légitime à bien des égards, du bon sens et de la prudence, comme il y a le parti de l'exaltation intrépide et généreuse ; mais, si large qu'on fasse la part de la civilisation générale, de la raison humaine et de la philosophie, il est des moments où l'honneur l'emporte sur tout ; où, si adouci qu'on soit, si éclairé qu'on se flatte d'être, il convient d'être peuple, de sentir comme le peuple, si l'on veut rester nation. Et la question alors est toute tranchée.

Cette fibre nationale qu'on a senti vibrer dans l'œuvre de M. Thiers dès l'origine, dans ce qu'il écrivait sur la Révolution française, sur la Convention, ne s'est point amollie ni usée chez lui avec les années, et elle donne à ce dernier volume de son *Histoire de l'Empire*, au milieu de ses autres mérites, une vie singulière. Jointe à cette prodigieuse intelligence qu'il possède et dont il a prétendu faire la qualité essentielle et même unique de l'historien, elle la redouble et l'aiguise sur quelques points ; elle est comme un sens de plus que toutes les intelligences n'ont pas et qui lui inspire des jugements d'une rare délicatesse (ainsi dans les différences qu'il établit, page 679, entre les différents moments de la résistance de Napoléon à la paix). Avec sa lucidité sans pareille, elle constitue son originalité comme historien, et son cachet même entre les hommes politiques de son temps. C'est par elle qu'on est sûr, bien que de loin et à travers tout ce qui sépare, de rester en sympathie et, jusqu'à un certain point, à l'unisson avec lui en de certaines occasions majeures et décisives. Et s'il est arrivé que, lui sorti de la scène politique, la France n'ait point dépéri; que cet être collectif, cet être idéal et redoutable qu'on appelait la Coalition, et qui est demeuré pendant tant d'années un grand spectre dans l'imagination des gouvernants, ait été conjuré enfin par un Enchanteur habile et puissant; que la France soit redevenue elle-même tout entière sur les champs de bataille anciens et nouveaux et dans les conseils de l'Europe; si, à cette heure même où nous écrivons, une province, une de ses pertes, est recouvrée par elle et lui est acquise, moins à titre d'accroissement que de compensation bien due, et aussi comme un gage manifeste de sa pleine et haute liberté d'action, on est sûr qu'en cela du moins le cœur de l'historien du *Consulat* et de l'*Empire* se réjouit; que si une tristesse passe sur son front, c'est celle d'une noble envie et de n'avoir pu, à son heure, contribuer pour sa part à quelque résultat de cet ordre, selon son vœu de tous les temps; mais la joie généreuse du citoyen et du bon Français l'emporte. N'est-ce pas, lui dirais-je, si j'avais encore l'honneur de le rencontrer, qu'on ne vous fait point injure en pensant ainsi?

En lisant cette belle Histoire qui sans doute a ses défauts, ses redites et ses longueurs, mais où rien n'est oublié; où toutes les sources contemporaines se sont versées dans un plein et vaste courant; où se déploie, sous air de facilité, une si grande puissance de travail; où tout est naturel, — naturellement pensé, — naturellement dit; si magnifique partout de clarté et d'étendue, et qui offre dans le détail des touches de la plus heureuse finesse; où le style même, auquel ni l'historien ni le lecteur ne songent, a par endroits des veines rapides et comme des venues d'autant plus charmantes ; — en achevant de lire cette Histoire, à laquelle il ne manque plus qu'un ou deux volumes de complément et de surcroît, je dirai encore ce que diront à distance tous ceux qui la liront : c'est que, quelque regret qu'ait droit d'avoir l'historien dans l'ordre de ses convictions politiques, la postérité trouvera qu'il n'eût pu employer les années fécondes de son entière maturité à rien de mieux qu'à édifier un tel monument. Le pouvoir est beau ; il est peut-être supérieur à tout, quand il est réellement le pouvoir ; l'action n'a rien qui la vaille. Mais qu'on mette en regard, d'un côté ce livre si souverainement conduit et si harmonieusement terminé, et, de l'autre, quelques années d'un pouvoir semblable à ce qu'on voyait trop souvent par le passé, — d'un pouvoir partagé, disputé, insulté, parfois calomnié d'en bas, parfois déjoué d'en haut et du côté où l'on devait le moins s'y attendre, — d'un pouvoir le plus souvent aussi paralysé dans l'action que magnifique et brillant par le discours, mais par un discours encore qui s'envolait et ne se fixait pas en des pages durables : — et qu'on me dise, au point de vue de la gloire solide, ce qui vaut le mieux !

Lundi, 21 mai 1860.

# HISTOIRE DE LA RESTAURATION

### Par M. Louis de Viel-Castel (1).

Nous sommes avec un esprit sage, prudent, modéré, doué des qualités civiles ; il a ses préférences, ses convictions ; il ne les cache pas, il les professe ; mais nous sommes aussi avec un esprit droit qui ne procède point par voies obliques ; lui du moins, en écrivant l'histoire, il ne songe à faire de *niches* à personne (ce qui est indigne d'esprits éclairés et mûrs, ce qui fait ressembler des hommes réputés graves, des hommes à cheveux gris et à cheveux blancs, à de vieux écoliers malins tout occupés à jouer de méchants tours à leur jeune professeur) ; il ne pense pas sans cesse à deux ou trois choses à la fois, il ne regarde pas toujours le présent ou l'avenir dans le passé : il étudie ce passé avec scrupule, avec étendue et impartialité, et il nous permet de faire avec lui, ou même sans lui, toutes sortes de réflexions sur le même sujet.

Chaque régime qui a ses raisons d'être amène à sa suite et fait plus ou moins surgir son cortége naturel, les générations nées en même temps, éveillées

(1) Les deux premiers volumes en vente chez Michel Lévy, rue Vivienne, 2 *bis*.

au même signal, qui en ont l'esprit, le sentiment, l'intelligence, les espérances d'abord avec les ambitions, et plus tard, s'il tombe, les regrets. M. de Viel-Castel était de ces jeunes esprits, éclos non pas au début, mais sur le déclin de la Restauration, qui en avaient reçu pleinement le souffle politique et l'influence, qui en auraient voulu le succès sans les fautes ; il en a gardé le goût sans en avoir le culte, sans en porter le deuil ; il la connaît à fond, hommes et actes ; il la juge. Il est très-propre à en être aujourd'hui l'historien.

Le gouvernement de la Restauration était-il né viable ? ou portait-il en lui-même, dès ses premiers jours, le principe de la catastrophe qui le renversa après seize années de durée ? L'auteur se pose tout d'abord ces questions dans la préface de son Histoire : « Ce qui est étrange, dit-il, c'est que ce lan-
« gage (le langage de ceux qui répondent à ces
« questions-là dans un sens défavorable à la Res-
« tauration) est tenu également par ses amis les plus
« ardents et par ses plus violents adversaires. On
« dirait que les uns veulent s'excuser de l'avoir per-
« due par la direction qu'ils lui ont imprimée dans
« les derniers temps de son existence, et les autres
« de lui avoir fait une guerre acharnée et mortelle,
« qui ne peut trouver sa justification que dans l'im-
« possibilité avérée de la redresser et de la mener à
« bien. » M. de Viel-Castel, tout en estimant que ces deux points de vue, celui des libéraux exagérés et celui des ultra-royalistes, sont également faux, ne se laisse cependant pas dominer par un système en racontant les faits, et au contraire il les expose de telle manière et si véridiquement qu'à ne prendre d'autre guide que lui, à n'écouter que son témoi-

gnage, on arrive de soi-même à une première conclusion provisoire. Si la Restauration n'avait fait dans toute sa durée et dans sa seconde carrière que ce qu'elle a fait dans la première et pendant l'année 1814, la question serait évidemment résolue pour tous les lecteurs de son livre, et elle le serait dans un sens tout autre que celui que l'historien paraît désirer.

Je ne prétends pas ici traiter la question dans son étendue, ni même l'effleurer, n'étant pas de ceux qui se plaisent à soulever de telles discussions rétrospectives, et je n'ai pas oublié d'ailleurs qu'à défaut d'un gouvernement alors selon nos vœux, il y a eu pour les esprits des saisons bien brillantes : mais ce qu'il faut bien dire quand on vient de parcourir le tableau fidèle de cette première Restauration, c'est que je ne crois pas qu'il se puisse accumuler en moins de temps plus de fautes, de maladresses, d'inexpériences, d'offenses choquantes à la raison, à l'instinct, aux intérêts d'un pays, ni qu'on puisse mieux réussir (quand on y aurait visé) à établir dans les esprits, au point de départ, la prévention de l'incorrigibilité finale des légitimités caduques et déchues, de leur incompatibilité radicale avec les modernes éléments de la société, et de leur impuissance, une fois déracinées, à se réimplanter et à renaître.

Dès les premiers jours d'avril 1814, un parti exagéré et qui n'était que l'organe le plus fidèle, le plus selon le cœur de l'ancienne race royale, prétendait forcer la main aux pouvoirs intermédiaires et encore arbitres de la situation, et obtenir la rentrée *de plein droit* et sans condition aucune. Monsieur, comte d'Artois, qui avait précédé son frère, était à peine installé aux Tuileries, qu'il avait (indépendamment du ministère officiel, dès lors constitué) ses conseillers à part, son comité intime, sa police secrète : « Il y avait donc, nous dit M. de Viel-Castel, deux « gouvernements, l'un officiel, connu de tous, con- « duisant les affaires, composé en général d'hommes « sages et expérimentés, mais pour qui le Prince « n'éprouvait ni confiance ni sympathie, bien qu'il « les ménageât beaucoup ; l'autre, occulte, formé « pour la plus grande partie de courtisans sans lu- « mières et d'intrigants sans conscience, n'agissant « qu'indirectement sur l'administration, mais sur- « veillant et contrariant par des voies souterraines « ceux qui en étaient chargés, se préoccupant beau- « coup plus des personnes que des choses, et régnant « d'une manière absolue sur l'esprit du Lieutenant « général. » Ce que l'historien dit là des premiers jours de la Lieutenance générale du comte d'Artois en 1814, il pourra le redire, avec de bien légères variantes, des derniers temps de son règne en 1829 : tant ce que j'appelle le principe d'*incorrigibilité*, du premier au dernier jour, et sauf de bien courtes trêves, a persisté et prévalu!

Cependant le roi sage (et réputé plus sage encore qu'il ne l'a été), Louis XVIII, se met en marche avec lenteur. Il était encore à Hartwell quand M. de Talleyrand lui envoyait un personnage de l'ancienne Cour, celui-là même qui avait répondu à Louis XVI le jour de la prise de la Bastille : « Ce n'est pas une révolte, Sire, c'est une révolution. » Ce personnage (M. de La Rochefoucauld-Liancourt) envoyé à Louis XVIII pour s'entretenir avec lui de la situation et l'éclairer de vive voix sur les difficultés, ne parvient pas à être reçu par le roi qui avait contre lui un ancien grief personnel; il n'est reçu que par le favori (M. de Blacas) et revient sans avoir pu être admis. Louis XVIII passe par Londres, mais ce n'est pas sans y être félicité par le Prince-régent d'Angleterre, et sans lui avoir répondu publiquement : « C'est aux conseils de Votre Altesse Royale, à ce « glorieux pays et à la confiance de ses habitants « que j'attribuerai toujours, après la divine Provi- « dence, le rétablissement de notre maison sur le « trône de ses ancêtres. » Ainsi c'est l'Angleterre, après Dieu, qui le rétablit roi de France; le plus sage, le plus politique de la race s'exprime hautement ainsi, le premier jour où la parole lui est rendue et où chaque mot sorti de sa bouche va retentir par le monde. Étonnez-vous après cela que le chêne de saint Louis, arrosé et rebaptisé de la sorte par l'eau de la Tamise, n'ait pu reverdir ! — Les chefs des anciennes maisons royales qui, dans les jours décisifs, sont devenus capables de ces quiproquos et de ces absences, ont à jamais perdu le fil du courant sympathique qui jadis identifia les héros de leur race avec la nation. Le sursis qui leur est accordé peut être de plus ou moins courte durée, mais ils ont proclamé eux-mêmes leur déchéance.

La Déclaration de Saint-Ouen, « malgré les lacunes et les ambiguïtés calculées du texte » qui échappèrent alors à tous ceux qui n'étaient pas dans le secret, suffisait pourtant et ouvrait carrière à tout un régime nouveau qui allait avoir son cours et son développement. Comment sera-t-elle interprétée et exécutée? M. de Viel-Castel a ici des pages fort justes, et où il tient compte de toutes les nécessités, de toutes les conditions de ce régime qu'il s'agissait de fonder :

« Le rétablissement d'un pouvoir renversé, dit-il, d'une dynastie déchue, ce qu'on appelle une Restauration, n'est pas un accident rare ; l'histoire en offre de nombreux exemples. Ce qui l'est beaucoup plus, c'est la consolidation et la durée du pouvoir ainsi réintégré dans son ancienne existence. La raison en est simple : un hasard, une surprise, une catastrophe imprévue suffit pour reporter sur le trône des princes dont le nom parle encore à bien des imaginations qui se tournent naturellement vers eux dans un jour de crise ; mais, pour s'y maintenir, pour faire une juste part entre les intérêts et les principes dont ils sont les représentants et ceux qui se sont créés sans eux ou contre eux, pour se concilier, pour rassurer la masse de la population qui, s'étant momentanément attachée à un autre drapeau, ne peut les voir revenir qu'avec crainte et défiance, il faut un mélange d'intelligence, de sagacité, de fermeté et d'adresse que bien peu d'hommes ont possédé, comme Henri IV, au degré suffisant (1).

« Ses descendants étaient en présence d'obstacles bien plus difficiles encore à surmonter que ceux qu'il avait vaincus. La Révolution française, en effet, n'avait pas été, comme tant d'autres, la substitution d'une dynastie à une autre dynastie, et la modification plus ou moins profonde de quelques institutions ; elle avait complètement renouvelé le pays. Tout y avait changé de face, organisation politique et religieuse, législation civile, classification sociale. La propriété même avait en grande partie passé en d'autres mains, et les débris de l'ancien régime étaient si complètement dispersés qu'un aveuglement extrême pouvait seul concevoir la pensée de les rassembler pour le reconstruire. »

L'historien, sans songer à être peintre, fait à cet endroit un portrait fort ressemblant de Louis XVIII, le grand modérateur, sur lequel reposait l'exécution du pacte tant bien que mal contracté. Il y rend justice aux qualités réelles et apparentes de ce monar-

(1) L'exemple de Henri IV ne me paraît pas répondre exactement à la situation des Bourbons restaurés en 1814. Ce serait bon s'il eût été un quatrième ou cinquième frère des derniers Valois. Henri IV était le chef d'une autre branche. C'était comme qui dirait un d'Orléans, un Louis-Philippe légitime. Il y avait d'ailleurs analogie, en effet, avec la rentrée de ses descendants en 1814, si l'on ne considère, des deux parts, que le gros des complications et des difficultés.

que, mais il indique avec raison un trait de caractère en lui, essentiel, invétéré et bien nuisible, contraire à la dignité des hommes comme au sérieux des choses, le besoin d'un *favori*, c'est-à-dire ce qui devait compromettre, même aux meilleurs moments, la politique de ce roi. Il avait la vanité de vouloir qu'on s'attachât à lui, à lui seul, à sa personne encore plus qu'au monarque; il lui fallait, à toute heure, être adoré, adulé pour son esprit, cajolé pour son érudition, pour sa mémoire, pour l'irréfragabilité de son goût, échanger de petits soins, des confidences, de perpétuels témoignages, jusqu'au moment où il rejetait une habitude si chère pour une autre qui, à l'instant, la lui faisait oublier. Notez que c'était bien affaire d'État chez lui, non pas récréation ni divertissement pur; et cette marque de favori, inscrite au front, frappera de discrédit, d'odieux ou de ridicule aux yeux de plusieurs, l'homme de son choix, même quand plus tard cet homme sera un ministre bienveillant et habile. L'abbé de Montesquiou le dit un jour très-vivement au roi, à propos de M. de Blacas : « Votre Majesté ne doit pas oublier que, si les Français ont passé à leurs souverains toutes leurs maîtresses, ils n'ont jamais pu supporter un favori. » La politique de Louis XVIII, à son meilleur temps, fut viciée au cœur par le favoritisme. On a essayé de déguiser cela depuis. M. Molé, M. Royer-Collard en souffraient et s'en révoltaient en 1818, tout comme l'abbé de Montesquiou en 1814 (1).

(1) Dans une indisposition de M. Decazes, qui était alors, je crois, ou à Ville-d'Avray ou à Madrid, le Conseil se tint chez lui, et pendant la durée de ce Conseil qui ne fut guère que de deux heures, il arriva jusqu'à trois ou quatre messages empressés de Louis XVIII, exprimant pour le cher ami ses attentions, son inquiétude, avec le tutoie-

Ce besoin d'un *Narcisse* (1), que Louis XVIII rapportait de l'exil, et qui s'afficha jusque dans les plus belles heures de son règne, n'est pas plus séparable de l'idée qu'on se peut faire de la politique de ce roi, que l'habitude d'un ministère occulte, confidentiel, en opposition avec celui qu'il acceptait extérieurement pour la forme, n'est séparable de l'idée qu'on se doit faire de la politique de Monsieur, comte d'Artois. Avec des lumières fort inégales, chacun de ces deux princes eut un procédé politique en accord surtout avec son caractère. On peut raisonner tant qu'on le voudra sur l'esprit des choses et la nature des institutions, mais, en fait, on ne peut séparer la Restauration de la personne des Princes restaurés. Et en tout, je ne conçois pas d'exacte solution politique sans qu'on y fasse entrer cette considération pratique et précise : *les hommes étant ce qu'ils sont,... les hommes étant donnés.*

Retranché pour tous derrière l'étiquette, ne vivant familièrement qu'avec son favori (alors M. de Blacas), Louis XVIII forme un ministère où des hommes d'esprit, et quelques-uns des plus habiles, se trouvent joints à d'autres des plus incapables et des plus malencontreux ; le tout sans lien, le suranné côte à côte avec le neuf ; de plus, sans aucune impulsion d'en haut, sans aucune direction d'ensemble. Dans la formation de la Maison civile du roi et de la Maison militaire, l'ancien régime ressuscité s'étale et se pavane dans tout son beau ; vingt-cinq ans de notre

ment de l'extrême familiarité ; et le ministre favori ne put s'empêcher de laisser voir négligemment à ses collègues ces petits billets qui se succédaient de si près et si caressants. Il 'oubliait que son amour-propre en devait être plus flatté que celui des autres.

(1) Le mot est de M. Royer-Collard.

histoire sont supprimés et comme non avenus. Les costumes, les uniformes, les appellations étonnent les oreilles comme les yeux; la vieille armée humiliée et grondeuse ne se peut empêcher de rire. Si, dans les actes publics, le roi semble accepter franchement quelques-unes des conditions de la société nouvelle, Monsieur s'empresse de rassurer ses amis plus impatients et qui réclament l'ancien régime tout pur : « Jouissons du présent, Messieurs, leur dit-il, je vous réponds de l'avenir. »

Chaque ministre fonctionne à part sans s'inquiéter de ses collègues, sans se concerter avec eux. Un ou deux au plus font bien, tous les autres font mal et vont imprudemment, sans se douter du danger, taillant en pleine France à tort et à travers. L'esprit public est choqué, à tout instant, par des mesures dont ceux même qui les ont prises n'ont point calculé ni soupçonné l'effet. A voir cette singulière mise en train de l'année 1814, vous diriez de vieux ressorts automates, depuis longtemps rouillés, qui se remettent à marcher chacun dans son sens, à tout hasard et sans se correspondre. Comme dans une *moralité* satirique de la fin du Moyen-Age, le vieux Monde qui se réveille, et qui, mal éveillé encore, se frotte les yeux, fait toutes sortes de maladresses et de balourdises, et *cogne* à tout coup le nouveau Monde, qu'il croit absent, évanoui, et qu'il rencontre à chaque pas sans vouloir le reconnaître.

Je sais qu'il faut faire la part du tâtonnement nécessaire, de l'apprentissage en tout régime qui recommence; et pour ce qui est des Chambres particulièrement, pour l'éloquence et la discussion parlementaire, j'admets toute l'inexpérience première sans qu'il y ait lieu de s'en étonner. Peu d'orateurs alors improvisaient ; on arrivait avec son discours écrit, on le lisait ou on le récitait par cœur : d'où il résultait que, de part et d'autre, on se contredisait sans précisément se répondre. Aussi a-t-on pu comparer la double série des orateurs qui se succédaient à la tribune à deux corps d'armée qui auraient défilé l'un devant l'autre, chacun en sens inverse, tirant et faisant feu en l'air, sans se viser ni s'atteindre. Il y avait pourtant des commencements ou des recommencements d'orateurs. Un des plus en vue, et qui se prodiguait sur toute question avec une facilité de parole dont il usait et abusait complaisamment, était M. Dumolard, membre des anciennes Assemblées depuis 1791, et qui se dédommageait du silence contraint des dernières années par un flux de rhétorique intarissable. Il était, vu la disette des hommes dans l'Assemblée, le chef de la petite Opposition. Sa verbosité déclamatoire et sentimentale est relevée, à mainte reprise, par M. de Viel-Castel et qualifiée comme elle le mérite. Je suis fâché seulement que l'historien applique la même qualification de *déclamatoire* à l'éloquence étudiée et fiévreuse, mais sincèrement émue, de M. Laîné : je voudrais des nuances à part pour distinguer, même dans ses défauts, le vrai talent (1). C'est dans le cours de cette première session que M. Ferrand, un des membres du minis-

---

(1) Je dois dire pourtant, que M. Royer-Collard disait de M. Laîné pour toute définition : « *Un académicien de province, l'académicien de Bordeaux*. Une ou deux fois, dans les grandes occasions, quelque chose d'élevé et d'éloquent, — et c'est tout. » C'est le même juge sévère en matières d'éloquence comme en tout, qui disait encore à propos de M. Guizot : « Il a la force, mais M. de Serre avait la grandeur ; son éloquence à lui se passait dans une région supérieure, — que vous dirai-je ? non pas la région où se forment les orages ; mais quelque chose d'élevé et de grand. »

tère, et l'esprit certainement le plus à contre-temps, le plus fermé à toute idée saine, venant présenter à la Chambre des Députés un projet de loi relatif aux biens non vendus des Émigrés, s'avisa de partager tous les Français en deux catégories : 1° la portion des sujets du roi désignés par le nom d'Émigrés, et 2° ceux qui n'avaient pas émigré et qu'il embrassait sous la dénomination de *Régnicoles*. Il voulait bien, d'ailleurs, ne point parler trop injurieusement de ceux-ci, des 25 millions d'hommes qui formaient la masse de la nation : « Il est bien reconnu, disait-il, que les *Régnicoles*, comme les Émigrés, appelaient de tous leurs vœux un heureux changement, lors même qu'ils n'osaient pas encore l'espérer. » Ainsi, Français de 1792 qui couriez à la frontière, vous qui sauviez la patrie menacée, vous qui, à la suite des armées refoulées de la Coalition, passiez le Rhin et l'Escaut et les Alpes, qui combattiez à Rivoli, à Zurich, aux Pyramides et autres lieux, vous étiez des *Régnicoles*; il est bon de savoir le nom qu'on a. Et l'on daignait de plus vous amnistier, et reconnaître que vous en étiez venus avec le temps au même point que les Émigrés, bien que par le chemin le plus long, tandis que ceux-ci avaient suivi *la ligne droite*. En récompense de l'habileté et du tact dont il avait fait preuve dans la discussion de cette loi, M. Ferrand recevait le titre de *comte*.

On se demande, la Charte une fois promulguée, et dans les choses du gouvernement proprement dit, ce que faisait pendant toute cette année la prudence, la sagesse de Louis XVIII qui en a montré, en effet, depuis, et qui n'était pas alors affaibli de santé comme on l'a trop vu sur la fin : retranché derrière M. de Blacas et comme invisible, il disparaît profondément dans son fauteuil. On se demande encore ce que c'est que cette singulière forme de sagesse et d'expérience qui n'est pas mûre à cinquante-neuf ans, après vingt-cinq années d'épreuves, et qui a besoin d'un nouveau malheur, d'une nouvelle crise stimulante, pour être mûre à soixante et un ans. Montaigne aurait appelé cela une sagesse traînarde et goutteuse (1).

Les Ordonnances émanées directement du roi n'étaient pas moins *au rebours* que les paroles de ses conseillers : par l'une, il modifiait l'organisation de la Légion d'honneur et supprimait plusieurs des établissements consacrés à l'éducation gratuite des orphelines des membres pauvres de cet Ordre; par une autre, il déclarait supprimées les Écoles militaires de Saint-Cyr, de Saint-Germain et de La Flèche, qui devaient être remplacées par une École unique, analogue à celle que Louis XV avait fondée en 1751. Dans le préambule de cette Ordonnance, le roi disait « qu'elle avait pour but de faire jouir la *Noblesse* des avantages que lui avait accordés l'Édit de son aïeul. » Ainsi, après vingt-cinq ans de guerres très-démocratiques, au moins par le résultat et par l'avancement, on allait redemander avant tout de la naissance pour faire des officiers. L'impression du public fut si forte contre ces deux Ordonnances qu'elles restèrent sans exécution.

(1) Et encore il ne la garda pas jusqu'au bout. Je demandais un jour à M. Royer-Collard si Louis XVIII, vers la fin, lorsqu'il accepta et subit les royalistes *ultra* (Villèle, Corbière), auxquels il avait résisté tant qu'il avait pu, avait bien toute sa tête. — « Il avait un peu baissé, me répondit M. Royer-Collard ; vers la fin il n'y avait plus en lui que ce qu'il était tout d'abord, le bel-esprit, le petit esprit du dix-huitième siècle. Tout ce que l'expérience lui avait donné d'acquis dans l'intervalle s'en était allé. »

« Dès la fin de l'année 1814, nous dit M. de Viel-Castel, dont l'opinion compte d'autant plus qu'il ne se montre point favorable au régime impérial antérieur, il était évident pour tout le monde que les gouvernants n'étaient pas en accord avec le sentiment public, que les lois, les institutions qu'ils appliquaient avec plus ou moins de fidélité n'avaient pas leurs sympathies, et qu'un penchant irrésistible les entraînait, sinon à les violer, au moins à en éluder l'esprit. On était frappé de leur aveuglement, de leur incapacité, de leur faiblesse. Le sentiment qu'ils inspiraient n'était pas celui d'une haine vive et passionnée que leurs actes n'auraient pas justifiée, mais d'une aversion profonde, mêlée de dédain et de dérision. On ne se sentait pas gouverné. Chacun disait que les choses ne pouvaient durer ainsi, et, bien qu'il fût encore impossible de prévoir de quel côté viendrait l'orage, les esprits étaient déjà en proie à cette agitation fébrile qui précède presque toujours les grands mouvements. »

Ainsi conclut M. de Viel-Castel à la veille des Cent-Jours. Malgré le budget déjà équilibré et les justes combinaisons financières du baron Louis, malgré les succès diplomatiques de M. de Talleyrand à Vienne, les deux côtés honorables de 1814, et qu'il nous fait si bien connaître; malgré ces compensations qui n'étaient pas sensibles aux yeux du public, l'historien nous montre la situation intérieure comme s'étant peu à peu *délabrée* d'elle-même et comme étant devenue par degrés désespérée. La sécurité manquait à ce régime; on en avait conscience; l'opinion publique était démoralisée, et les conspirations (même sans se lier entre elles) s'essayaient déjà de toutes parts.

Pour moi, après cette lecture patiente, suivie, instructive, lorsque j'arrive aux événements du 1$^{er}$ mars, au débarquement de Napoléon à Cannes, quand j'entends vibrer les paroles aiguës, vengeresses, de sa Proclamation, de son Adresse à l'armée, j'éprouve un soulagement, un sentiment de délivrance, coûte que coûte, après tant d'affronts et d'inepties; je suis entraîné, je suis peuple, je sens comme le peuple, et, sans plus de théorie, 1815 m'est expliqué. Il était devenu nécessaire, inévitable.

Un sage a souhaité qu'il fût accordé à l'homme de bien par le Ciel de recommencer sa vie, comme on donne une seconde édition d'un premier ouvrage, afin de pouvoir le retoucher et le corriger, en effacer toutes les fautes. Pareille faveur fut accordée à la Restauration : elle aura, en effet, sa seconde édition,— revue, augmentée et développée, très-illustrée à coup sûr et très-embellie, ornée de toutes sortes d'images et de figures brillantes, — mais, au fond et en définitive, une édition nullement corrigée (1).

(1) Une petite querelle que je veux faire à M. de Viel-Castel, et qui retombe en partie sur son imprimeur, c'est de ne pas soigner les noms propres; ils sont véritablement trop maltraités et en trop d'endroits de ces deux premiers volumes. M. Bédoch n'a jamais été un nom illustre, mais où apprendra-t-on à bien prononcer ce nom estimable, sinon dans les comptes rendus de la session de 1814? pourquoi l'écrire *Redoch* (t. II, p. 4)? De même pour M. Clausel de Coussergues qu'on fait passer par toutes sortes d'orthographes (t. I, p. 408, 426, 430); et M. Flaugergues donc, qui est partout déguisé en *Flangergues* (t. I, p. 459, 461, etc.)! En revanche, M. de Gentz, le célèbre publiciste viennois, est écrit M. de *Geuz* (t. II, p. 175). M. de Stassart n'était pas le *comte*, mais le baron de Stassart (t. II, p. 486). M. de Barbé-Marbois n'a jamais été premier président de la Cour de *Cassation* (t. I, p. 438), et l'historien le sait bien, puisqu'il le replace ensuite à la tête de la Cour des Comptes. — Ces soins de détail sont indispensables, et M. de Viel-Castel est si scrupuleux dans ses analyses, si impartial dans ses exposés, si judicieux dans ses réflexions, qu'il doit absolument à son œuvre cette dernière surveillance.

Lundi, 23 juillet 1866.

# MÉMOIRES DU DUC DE LUYNES

### SUR LA COUR DE LOUIS XV,

#### Publiés par MM. L. DUSSIEUX et E. SOULIÉ (1).

Ce furent des curieux de tout temps que les de Luynes; non que je veuille remonter, pour retrouver en lui ce trait caractéristique, au chef même de leur race, à l'auteur de leur illustration historique, et insister sur les talents ornithologiques par lesquels il gagna, dit-on, la faveur de Louis XIII. Le Connétable était curieux d'oiseaux et de beaucoup d'autres choses. Mais la curiosité proprement dite, la curiosité ouverte, amusée, désintéressée, sans autre but qu'elle-même, se marque à la seconde génération. Le fils du Connétable est un savant, un amateur de la philosophie nouvelle, un traducteur de Descartes; non-seulement on discutait autour de lui, et à son exemple, dans son petit château de Vaumurier, mais on y disséquait des animaux, des chiens, pour s'assurer si les bêtes étaient ou n'étaient pas de pures horloges et des automates. Son fils, le duc de Chevreuse, l'élève de Lancelot et l'ami de Fénelon, est une autre espèce de curieux, toujours dans les pro-

---

(1) Librairie de Firmin Didot. Les quatre premiers volumes sont en vente. — (La publication a continué depuis.)

jets, dans les mémoires, dans le travail du cabinet, dans les entreprises nouvelles, dont il s'engoue, qu'il étudie à fond, mais qu'il ne mène pas toujours pour cela à bonne fin : on peut voir, sur son compte, ce que Saint-Simon et Fénelon, tous deux d'ailleurs pleins de respect pour lui, s'accordent à dire. Son petit-fils, le duc de Luynes, celui dont on nous donne aujourd'hui les Mémoires, aussi pieux que son aïeul, mais plus apaisé d'imagination, vivait en homme de grande naissance à la Cour dans la familiarité de la Reine Marie Leczinska, dont la duchesse, sa seconde femme, était dame d'honneur. Avec des goûts sérieux, il paraît s'être demandé de bonne heure comment il pourrait remplir de quelque occupation suivie cette existence toute d'étiquette ou de loisir, et il pensa qu'un Journal dans le genre de celui de Dangeau, mais dressé et digéré avec plus de soin, pourrait avoir son utilité. Il se mit donc à enregistrer et noter tout ce qui se passait sous ses yeux, s'abstenant de toute réflexion, et ne s'appliquant qu'à relever les faits avec toute l'exactitude possible. Ces sortes de Journaux qui, à quelques années de distance, deviennent nécessaires aux contemporains eux-mêmes, s'ils veulent apporter de l'ordre et de la précision dans leurs souvenirs, augmentent de prix, au bout d'un siècle, pour la postérité qui y apprend quantité de choses qu'on ne sait plus, et que presque personne n'a songé à écrire. C'est ainsi qu'à la suite de la publication complète du Journal de Dangeau, dont ils se sont si bien et si consciencieusement acquittés, MM. L. Dussieux et Eudore Soulié ont eu l'idée de mettre au jour ces Mémoires du duc de Luynes, dont ils connaissaient l'existence, et ils ont été secondés dans leur désir par l'obligeance du duc actuel, qui a donné le dernier lustre à cette curiosité héréditaire dans sa famille par son amour éclairé des arts, par ses collections célèbres, et par le goût aussi bien que par la munificence qu'il y a portés. On pardonne à la fortune du Connétable, quand on voit le noble usage qu'en ont fait ses descendants.

Le duc de Luynes, l'auteur des Mémoires, s'était donc proposé un travail bien minutieux, bien peu élevé, ce semble, et sans haute portée : il ne visait qu'à être (incognito) un collecteur d'anecdotes, — pas même d'anecdotes, — de faits quelconques journaliers se passant à la Cour et sous ses yeux. Mais ici le complet et la parfaite exactitude rachètent la minutie. Imaginez un observateur exact et patient qui, habitant une contrée sujette à de grandes variations de température, consulte deux ou trois fois dans les vingt-quatre heures le baromètre, le thermomètre, l'hygromètre; qui, pendant plus de vingt ans, note et mesure la quantité d'eau qui tombe chaque semaine, chaque mois; qui dresse de tout cela des tables météorologiques sur les chiffres desquelles on peut compter : il aura rendu service au savant futur qui en tirera des inductions, des résultats peut-être et des lois. C'est précisément ce genre de service que le duc de Luynes aura rendu à l'historien du dix-huitième siècle. On peut aujourd'hui, grâce aux Mémoires de d'Argenson, aux Mémoires (malheureusement si mal donnés) du président Hénault, grâce surtout à ce Journal quotidien de la Cour rédigé par M. de Luynes, écrire de la première moitié du règne de Louis XV une histoire précise, qui n'eût pas été possible il y a quelques années. Cette histoire sera encore mieux pourvue de ses éléments et instruments essentiels quant à l'époque de la Régence, lorsqu'on aura donné les Mémoires du duc d'Antin qu'a connus Lemontey, et qui sont rentrés depuis dans de jalouses ténèbres. Sachons donc gré à l'auteur des présents Mémoires d'avoir rempli son dessein, même au prix de tant de détails qui sont de pure étiquette, de nous avoir tenus au courant de tous les pas et démarches du Roi, de la Reine, du principal ministre, de livrer ces faits tout secs et nus à notre critique, à nos réflexions : à voir le soin et le scrupule de ponctualité qu'apporte dans les moindres circonstances de son narré le noble chroniqueur, je suis tenté de l'appeler (toute proportion gardée) le Tillemont de la Cour.

Je voudrais donner idée, par quelques extraits, de l'intérêt qu'offrent ces Mémoires pour ceux même qui, sans être historiens, se contentent de les feuilleter et savent bien y discerner du coin de l'œil les pages qu'on peut passer et celles qu'il faut lire. Sur le cérémonial de Louis XV, sur les questions de *révérences*, de *tabourets*, de *pliants*, de *carreaux*, qui reviennent à tous moments, — sur le droit que prétendent avoir les Ducs d'avoir à l'église des *carreaux*, non pas *devant* le Roi, mais *derrière*; — sur tout cela, je passe. Cependant, quand il s'agit de Louis XIV et de l'importance qu'avaient alors ces grâces d'entrées, ces permissions de suivre, ces faveurs singulières si fort recherchées du courtisan, il y a lieu de s'arrêter avec M. de Luynes, et de les relever comme des traits de mœurs qui ont leur signification et leur physionomie. Causant avec un homme de la vieille Cour, M. de Luynes, qui aimait ainsi à interroger chacun sur son coin d'histoire, tirait de lui cette jolie anecdote :

« Du temps du feu Roi, toutes les petites circonstances par où on pouvait lui faire sa cour étaient des grâces importantes. M. de

Nangis m'en contait aujourd'hui un exemple. Étant à la chasse avec le feu Roi dans la forêt de Marly, il imagina, pour lui faire sa cour, de lui demander la permission de le suivre à la chasse à tirer; mais étant fort embarrassé de demander *une si grande grâce* au Roi (M. de Nangis n'avait alors que vingt-cinq ou vingt-six ans), le Roi lui dit qu'il était bien jeune pour lui demander *une pareille grâce*, et qu'il verrait. Quelques moments après, ayant trouvé M. de Nangis et l'ayant appelé, il lui dit qu'il avait pensé à ce qu'il lui avait demandé, qu'il lui en savait bon gré parce que ce n'était pas une chose amusante, qu'il lui accordait cette grâce à deux conditions : la première, qu'il n'en parlerait point qu'il ne l'eût permis, la seconde qu'il en userait modérément. Plusieurs jours se passèrent sans que M. de Nangis osât faire usage de cette permission; enfin, dans le même voyage, s'étant trouvé auprès de Bontemps (le valet de chambre) dans le salon de Marly, Bontemps lui dit qu'il savait quelqu'un qui irait bientôt à la chasse à tirer avec le Roi. M. de Nangis fit l'ignorant et le pressa extrêmement de lui dire qui c'était. Bontemps l'assura qu'il pouvait donner cette bonne nouvelle à celui que cela regardait; enfin, ils s'expliquèrent plus clairement, et M. de Nangis, fort embarrassé de savoir si, sur cette conversation, il devait profiter de la permission, dit à Bontemps qu'il irait dès le lendemain, et que, si le Roi le trouvait mauvais, il le citerait. Bontemps en convint, et dès le lendemain M. de Nangis, ayant laissé partir le Roi pour la chasse, monta à cheval pour l'aller joindre. M. le duc de Berry (le petit-fils de Louis XIV), qui avait beaucoup d'amitié pour lui, le voyant arriver et ne doutant pas que ce fût une étourderie, fit tout ce qu'il put pour l'engager à s'en retourner. M. de Nangis n'avoua jamais qu'il eût la permission et continua son chemin, répondant de mauvaises raisons à tout ce que lui dit M. le duc de Berry, et ensuite à M. le Premier (le premier écuyer) qui était venu lui parler, étant persuadé que cette démarche déplairait au Roi. M. de Nangis se mit derrière tout le monde; le Roi, ayant tourné, l'aperçut, et, lui adressant la parole, lui dit : « Que dites-vous de ma chienne, trouvez-vous qu'elle chasse bien? » Ce discours étonna extrêmement tous les spectateurs, et dès le soir même toute la Cour vint faire des compliments à madame la maréchale de Rochefort (grand'mère de M. de Nangis) et à M. de Nangis. »

**N'est-ce pas là un récit charmant, qui donne juste le ton et qui en dit plus que toutes les réflexions ne pourraient faire? Le cérémonial monarchique, en moins de cent ans, avait certes fait du chemin depuis**

les chasses de Henri IV jusqu'à celles de Louis XIV ; c'est à croire qu'on n'avait plus affaire à la même espèce et à la même nature de monarchie.

Il y avait cependant, alors même, de singulières infractions à cette étiquette, et telles qu'on ne le croirait pas, si un narrateur aussi véridique que M. de Luynes ne nous les certifiait en nous citant ses garants et auteurs :

« Madame la Duchesse mère (fille naturelle de Louis XIV) me contait à Marly, il y a quelques jours, que dans les soupers du feu Roi avec les princesses et des dames à Marly, il arrivait quelquefois que le Roi, qui était fort adroit, se divertissait à jeter des boules de pain aux dames et permettait qu'elles lui en jetassent toutes. M. de Lassay, qui était fort jeune et n'avait encore jamais vu ces soupers, m'a dit qu'il fut d'un étonnement extrême de voir jeter des boules de pain au Roi ; non-seulement des boules, mais on se jetait des pommes, des oranges. On prétend que mademoiselle de Viantais, fille d'honneur de madame la princesse de Conti, fille du Roi, à qui le Roi avait fait un peu de mal en lui jetant une boule, lui jeta une salade tout assaisonnée. »

Qui donc s'attendrait à ces débauches de gaieté de Marly, au sortir des majestueuses symétries de Versailles ?

Il y a des usages qui disparaissent insensiblement : mais à quelle date ont-ils disparu ? tout le monde a oublié de le dire. On dînait autrefois avec le chapeau sur la tête, c'était la règle. Dans le dîner burlesque de la Satire de Boileau, on voit à un certain moment l'un des campagnards *relevant sa moustache*

Et son feutre à grands poils ombragé d'un panache :

il dînait donc le chapeau sur la tête, bien qu'on fût dans une salle fort chaude et en plein été. Quarante ans plus tard, cet usage subsistait encore. L'abbé Le Dieu, ancien secrétaire de Bossuet, étant allé visiter

Fénelon à Cambrai en septembre 1704, fut invité à dîner et à souper avec le prélat, et il nous a laissé un détail minutieux de tout ce dont il fut témoin en ce palais où régnait la politesse : « M. l'archevêque, dit-il, prit la peine de me servir de sa main de tout ce qu'il y avait de plus délicat sur sa table ; je le remerciai chaque fois en grand respect, *le chapeau à la main*, et chaque fois aussi il ne manqua jamais de *m'ôter son chapeau*, et il me fit l'honneur de boire à ma santé. » Du temps de M. de Luynes, il paraît que l'usage ordinaire de dîner le chapeau sur la tête subsistait encore, puisqu'il remarque qu'on se découvre quand on dîne avec le Roi. Voici, du reste, le passage duquel on peut tirer cette conséquence

« On sait, dit-il (août 1738), qu'il y a longtemps qu'il est en usage, lorsqu'on a l'honneur de manger avec le Roi, d'ôter son chapeau ; ce n'était pas autrefois le respect, et madame la maréchale de Villars m'a dit que dans le temps qu'elle suivait M. le maréchal dans ses campagnes, les officiers qui mangeaient avec elle et M. le maréchal, même les ordonnances de la maison du Roi, le gendarme, le chevau-léger, etc., qui ont toujours l'honneur de manger avec le général, y mangeaient avec leurs chapeaux sur la tête. J'ai vu aussi cet usage, et il n'y a pas grand nombre d'années qu'il est supprimé. Cependant il faut qu'il ait varié, car M. de Polastron m'a dit qu'à une des campagnes de M. le duc de Bourgogne, à la table de M. le duc de Bourgogne, on mangeait sans chapeau, et quand quelqu'un, ignorant cet usage, gardait son chapeau, on l'en avertissait ; et M. le maréchal de Boufflers, dans la même campagne, disait à ceux qui dînaient chez lui d'ôter leurs chapeaux parce qu'il faisait chaud, ce qui prouverait que la règle était de l'avoir. »

Ce passage ne semble-t-il pas indiquer qu'à cette date de 1738 et autre part qu'à la Cour, lorsqu'on n'était pas en cérémonie, on dînait encore avec le chapeau sur la tête ? — C'est au reste une simple question que je propose : Aristote a oublié de la traiter dans son fameux chapitre *des Chapeaux*.

Il y a une jolie histoire sur le cuisinier du maréchal de Tessé, qui mystifia un jour son maître et le Roi (Louis XIV) et toute la Cour. C'était à l'un des bals masqués que donnait la duchesse de Bourgogne, et où naturellement on se trouvait affranchi des formalités régulières. Tout le monde y était admis, pourvu que, dans chaque troupe de masques qui se présentait, un d'eux se démasquât et, s'étant fait connaître, répondît de tous ceux de sa troupe. Un masque de contrebande put ainsi s'introduire et se faufiler dans le bal; mais je laisse conter M. de Luynes, qui tenait le récit du bailli de Froulay, qui disait le tenir du cuisinier lui-même :

« Il (le cuisinier) était fort bien masqué en Don Quichotte; il était bien fait, avait de l'esprit et parlait espagnol à merveille. Le Roi le remarqua et eut curiosité de savoir qui il était; il donna ordre au maréchal de Tessé de questionner cet homme. M. de Tessé alla à lui, et voyant qu'il parlait aussi bien espagnol, il crut que c'était un Espagnol effectivement. Le cuisinier, bien loin de chercher à le détromper, lui répondit toujours avec esprit et légèreté, lui dit qu'il avait eu l'honneur de *lui donner à dîner* plusieurs fois en Espagne, lui cita même un tel jour où tels et tels étaient à dîner avec M. de Tessé, lui ajouta même que M. de Tessé, à Madrid, *n'avait guère fait de dîners sans lui*. Le maréchal, plus persuadé que jamais, vint dire au Roi que c'était un seigneur espagnol vraisemblablement, mais qu'il ne le connaissait pas. Le Roi eut curiosité de lui parler : le maréchal de Tessé l'amena; le cuisinier parla au Roi *mauvais français;* le Roi lui trouva de l'esprit et dit à madame la Dauphine de le prendre pour danser. Il ne fut ni démasqué ni connu. Un mois ou six semaines après M. de Tessé étant prêt de se coucher, et son cuisinier étant dans sa chambre dans ce moment, il lui demanda s'il ne pourrait donc point lui faire découvrir le seigneur espagnol à qui il avait tant fait de questions. Le cuisinier lui dit qu'il pouvait lui en dire des nouvelles, pourvu que cet Espagnol fût sûr de ne lui avoir pas déplu, mais qu'il fallait qu'il lui parlât en particulier. M. de Tessé fit sortir tous ses gens, et il lui avoua ce qu'il avait fait. »

Parmi les historiettes rétrospectives qui se glissent

dans les nouvelles courantes et dans le menu du jour, il en est une des plus piquantes sur Colbert; mais comme, ici, M. de Luynes ne la tient que de seconde ou de troisième main, il y aurait à vérifier si tout ce récit concorde en effet avec les circonstances auxquelles il se rattache : tel qu'il est, je le livre à l'exacte critique de l'historien de Colbert, M. Pierre Clément.

« On me contait aujourd'hui ce qui se passa dans le temps du grand Carrousel que Louis XIV donna en 1662. C'était M. de Louvois qui avait proposé au Roi de donner ce Carrousel; la proposition aurait assez plu à Louis XIV sans la dépense, qu'il regardait comme considérable et qu'il n'était pas en état de faire alors. M. de Louvois avait compté embarrasser M. Colbert par cette idée; le Roi en parla à M. Colbert, mais comme d'une chose impossible. M. Colbert répondit au Roi qu'il ne pouvait assez approuver le conseil que M. de Louvois avait donné à Sa Majesté; que c'était un projet digne d'un aussi grand Roi. Le Roi lui demanda à combien il estimait qu'irait la dépense, si ce serait un objet de trois ou quatre cent mille livres. M. Colbert dit au Roi qu'il ne fallait point le flatter sur cette dépense, qu'il fallait que la fête fût digne de celui qui la donnerait, et qu'elle coûterait au moins un million. Le Roi crut alors la chose impossible, et demanda à M. Colbert comment il imaginait pouvoir trouver cette somme. M. Colbert pria le Roi de ne se point mettre en peine de l'argent, et lui dit qu'il ne lui demandait qu'une seule grâce, qui était de vouloir bien en garder le secret pendant huit jours. C'était dans le temps que l'on venait de donner les fermes générales; les fermiers craignaient fort qu'on ne leur retirât le domaine de Paris. M. Colbert les envoya quérir aussitôt après la conversation qu'il eut avec le Roi, et leur demanda pour quel prix ils mettaient le domaine de Paris dans les fermes générales. Comme leur intérêt était d'y donner une moindre valeur, ils dirent à M. Colbert un prix fort au-dessous de ce qu'il savait être la valeur réelle; M. Colbert leur répondit qu'il était persuadé que le domaine de Paris rapportait davantage, mais que, pour en être plus certain, le Roi le retirait pour six mois; il convint avec eux d'un prix dont le Roi leur tiendrait compte et dont ils furent contents : même le prix étant plus fort que leur estimation, ils furent obligés de lui en faire des remercîments. M. Colbert alla rendre compte au Roi de ce qu'il venait de faire, et lui dit que Sa Majesté pouvait déclarer le Carrousel, qu'il était même convenable qu'il fût annoncé dans toutes les Cours étrangères et indiqué pour dans trois ou quatre mois. Ce conseil fut suivi exactement; il vint de toutes parts un prodigieux nombre d'étrangers. Trois semaines ou un mois avant le jour destiné pour le Carrousel, M. Colbert représenta au Roi que tout n'étant pas encore arrangé pour cette fête, il était plus convenable de la remettre pour quinze jours ou environ. Ce court intervalle ayant obligé ceux qui étaient venus de rester à Paris, la consommation extraordinaire que cette affluence attira dans la ville augmenta considérablement les revenus de Sa Majesté par rapport aux entrées, et lorsque la fête eut été donnée avec toute la magnificence possible et que le Roi voulut savoir ce qu'elle lui coûtait, M. Colbert lui montra que, bien loin de lui avoir coûté, elle lui avait valu plus d'un million, tous frais faits. »

C'est un joli tour de finances, un joli coup joué au profit de l'État (1). On en peut tirer une leçon d'économie politique, et M. de Luynes n'y manque pas; car il cite à ce propos la réponse du roi de Pologne, Auguste le Magnifique, à l'avare roi de Prusse, qui s'étonnait qu'il pût suffire aux dépenses de son camp de plaisance à Muhlberg, et qui lui demandait son secret. Le roi Auguste tira un ducat de sa poche et lui dit : « Si vous aviez ce ducat, vous le garderiez, et moi, je le donne; il me revient cinq ou six cents fois dans ma poche. »

Mais le véritable intérêt des Mémoires du duc de Luynes est moins dans les histoires d'autrefois, qui en relèvent de temps en temps l'apparente monotonie, que dans ces faits mêmes du jour, minutieusement enregistrés, et à travers lesquels il faut savoir lire. Dans les volumes publiés jusqu'ici, je vois se dérouler dans toute sa lenteur et sa débilité, comme un fleuve dormant dont on aperçoit à peine le cours, cette époque de transition, la fin du ministère du Cardinal Fleury. Singulier spectacle, singulier jeu

---

(1) M. de Louvois n'était guère en mesure, en 1662, de faire pièce à Colbert. On a supposé que ce fut à l'occasion des fêtes pour la Paix de Nimègue que le tour fut joué.

auquel nous assistons : un vieillard de plus de quatre-vingts ans qui ne peut se décider à n'être plus ministre ; un Roi de près de trente ans qui ne peut se décider à devenir homme et maître ! Toutes les phrases du monde nous en diraient moins là-dessus que le bulletin de chaque jour et le va-et-vient des principaux personnages. Je recommande, sur ce chapitre du Cardinal, les mois de septembre et d'octobre 1738. Son Éminence a besoin de repos ; elle a l'estomac dérangé : M. de Luynes sait dans la dernière exactitude tous les détails de santé qui font rire quand Molière nous les étale, mais qu'on n'écrit plus ; il les note ; on a le compte, le chiffre exact des coliques du Cardinal dans les vingt-quatre heures ; et « d'ailleurs, les différentes situations de la santé de M. le Cardinal se remarquent aisément, — se reflètent — sur le visage du roi. » Quant au Cardinal, il continue de s'occuper d'affaires dans ses intervalles de répit ; il reçoit le viatique, mais il ne songe pas à lâcher le ministère ; il n'a pas l'idée qu'il puisse s'en aller déjà, et il le dit même assez agréablement à l'adresse de ceux qui attendent. A l'occasion du renvoi de M. Chauvelin, il disait : « Il s'ennuyait de ce que je vivais trop longtemps ; c'est un défaut dont je n'ai pas envie de me corriger si tôt. » Rencontrant dans un de ses salons, au milieu de trente personnes, M. de Bissy, dont on lui avait apparemment rapporté quelque propos, il va droit à lui. et le regardant en face : « Monsieur, vous voyez que je me porte bien ; cependant je ne mets point de rouge pour me donner un bon visage. » M. de Puységur, qui avait quatre-vingt-quatre ans (1), demandait

(1) C'est l'âge que lui donne le duc de Luynes ; il paraît qu'il n'avait guère, en effet, que quatre-vingts ans.

depuis longtemps d'être chevalier de l'Ordre, et il pressait là-dessus le Cardinal, qui lui répondit tout naturellement : « Monsieur, il faut un peu attendre. » L'archevêque de Paris, M. de Vintimille, fort âgé, mais un peu moins que le Cardinal, sollicitait un régiment pour son neveu, et faisait remarquer au Cardinal qu'il importait de l'obtenir promptement, d'autant plus que, quand lui, oncle, ne serait plus là, ce serait pour le jeune homme un grand appui de moins : « Soyez tranquille, répondait le Cardinal, je m'engage à lui servir de père et de protecteur. » Sur quoi M. de Vintimille, malgré toute sa politesse, ne put s'empêcher d'éclater : « Pour moi, Monseigneur, je sens bien que je suis mortel, mais je me recommande à Votre Immortalité. » Jamais on n'a mieux compris qu'en lisant les présents Mémoires cette lente et coriace ténacité, ce doux et câlin acharnement au pouvoir qui caractérise l'ancien précepteur de Louis XV.

Le Roi a des velléités de révolte, mais que c'est peu, et que c'est court! Un jour qu'il est allé masqué au bal de l'Opéra en compagnie du comte de Noailles, il en parle au Cardinal et lui dit que c'est M. de Noailles qui, pour dépister les curieux, a fait le rôle du Roi et a fort bien joué tout le temps son personnage. « Oui, Sire, reprend le Cardinal; mais j'ai ouï dire qu'il avait fait Votre Majesté un peu trop galante. » Le Roi piqué fut un moment sans répondre, et il dit ensuite d'un ton sec : « J'en suis content, il n'a fait que ce que je lui ai ordonné. » Et il tourna le dos à son ancien précepteur qui croyait l'être toujours. Le Cardinal rougit et se tut. — Une autre fois, pendant un voyage à Compiègne (juin-juillet 1739), une petite circonstance paraît digne de remarque au duc de Luynes; c'est encore une légère velléité d'indépendance :

« M. le cardinal de Fleury était dans l'usage d'entrer dans les Cabinets du Roi par une porte de derrière dont il avait la clef. Ayant été averti pour le travail, il donna à Barjac (son valet de chambre) sa clef pour lui ouvrir la porte; Barjac n'ayant pu en venir à bout, M. le Cardinal crut que c'était sa faute et y essaya lui-même; le bruit fut entendu du Cabinet, et l'on vint ouvrir. M. le Cardinal ayant conté au Roi ce qui venait de lui arriver, Sa Majesté lui dit qu'il avait fait changer les gardes (les gardes ou garnitures de la serrure). »

Vers ce même temps (1739), il est curieux de voir comment le marquis d'Argenson, dans son Journal, s'exalte en espérances, d'après les *on dit* qui transpirent et qui lui reviennent des Cabinets; il se flatte que le Cardinal, dont on se moque dans les soupers de La Muette ou de Bagatelle, est à bout de crédit; que le Roi est las de lui, qu'il en est *saoul* et le déteste; qu'il n'y a plus qu'un peu de honte qui le retienne encore à la veille de le renvoyer (1); mais bientôt il s'aperçoit que c'est aller trop vite en besogne; que M. Chauvelin, s'il comptait pour son retour sur ces batteries qu'il a dressées, mais qu'il ne dirige pas, se méprendrait étrangement; que tout ce parti de mademoiselle de Charolais et de madame de Mailly n'a pas de force ni de consistance, et que, de ce côté aussi, tout se passe en velléités d'ambition, en désirs sans suite et non concertés. Le rusé Cardinal, dans sa demi-retraite et ce qu'on appelait sa Cour d'Issy, n'avait qu'à faire semblant de bouder, il les déjouait tous.

Les Mémoires du duc de Luynes nous découvrent

---

(1) *Journal et Mémoires du Marquis d'Argenson*, publiés pour la Société de l'Histoire de France, par M. Rathery, tome II, page 137.

une chose assez neuve, le règne très-prolongé de madame de Mailly comme maîtresse, et nous fixent sur son étendue *chronologique;* ils le font, en effet, remonter avec certitude jusqu'à 1733, c'est-à-dire à un temps où personne n'en avait le soupçon. Boisjourdain l'avait dit, je le sais bien, dans ses Mémoires historico-satiriques; mais ce n'était pas une autorité. De la sorte, ce règne de madame de Mailly n'aurait guère duré moins de neuf ans, jusqu'en 1742. Il est vrai que cette première maîtresse de Louis XV n'abusa point de sa faveur, ne l'afficha point trop hautement, qu'elle n'en parut surtout point jalouse, et que, sauf quelques petits accès d'humeur et de caprice qu'on lui entrevoit, elle était la plus accommodante des femmes. Aussi s'accommodait-on d'elle du côté de la Reine, et même du côté du Cardinal. Les amis de la Reine, et lui-même le duc de Luynes, s'expriment sur son compte avec assez d'éloges. Elle a pour elle, à la longue, le parti des honnêtes gens; elle est devenue avec le temps, si l'on peut ainsi parler, une maîtresse légitime. Il est amusant, quand on sait de quoi il retourne, de suivre de l'œil jour par jour le train de cette Cour et de ses plaisirs, ces continuelles parties à La Muette, à Madrid, à La Rivière, à Choisy, ces voyages intimes du Roi et des *quatre sœurs*, ainsi qu'on les appelle, c'est-à-dire des deux princesses du sang, mademoiselle de Charolais et mademoiselle de Clermont, et des deux sœurs, madame de Mailly et madame de Vintimille; car madame de Mailly, à un certain moment, s'était adjoint une de ses sœurs, avec laquelle elle paraît avoir vécu en parfaite intelligence, quoique celle-ci fût d'une humeur plus hardie et plus inégale. La mort subite de madame de Vintimille à

Versailles, à la suite de sa première couche, vient tout confondre et porter un coup bien rude au cœur de madame de Mailly comme à sa fortune ; et quand une autre sœur (car on ne sort point d'abord de cette famille de Nesle) se présente pour disputer l'héritage de madame de Vintimille, cette fois c'est une rivale qui s'annonce, une ambitieuse véritable, non plus une femme à rien partager : madame de La Tournelle, la future duchesse de Châteauroux, veut et impose des conditions *éclatantes*, qui vont mettre fin au règne traînant de son aînée. M. de Luynes, tout homme pieux qu'il est et de morale sévère, est bien obligé de nous initier à tout ce manége et à cet imbroglio d'intrigues qu'il lui est plus facile de traduire à l'extérieur, jour par jour et successivement, qu'il ne l'est à nous de le résumer avec convenance. Par madame de La Tournelle, la politique va s'introduire décidément dans l'alcôve ; il y a un dessein arrêté : elle prétend faire de son royal amant un monarque véritable et, s'il se peut, un héros. Jusque-là il n'y avait eu que de vains projets et des pourparlers contradictoires, une coterie plutôt qu'une cabale. Madame de Vintimille, liguée avec madame de Mailly, ne s'était jamais senti de force à faire ce coup d'État dans l'âme du Roi, et un jour qu'en une circonstance critique madame de Mailly et elle avaient essayé de lutter directement contre l'influence du Cardinal, au moment même de réussir sur l'objet en question, elles virent en définitive qu'il fallait céder, et madame de Vintimille dit fort sensément à sa sœur : « Nous pourrions peut-être l'emporter aujourd'hui sur le Cardinal, mais il est absolument nécessaire au Roi, et nous serions renvoyées dans trois jours. » Madame de La Tournelle tenta hardiment l'aventure : l'eût-elle emporté si le Cardinal eût vécu?... Elle se brisa peu après sur d'autres écueils.

— Ce sont ces graves événements de l'intérieur des Cabinets et des petits appartements, dont les premiers volumes du duc de Luynes nous donnent le fil continu et comme le canevas tout uni : il n'y a plus qu'à broder là-dessus des fleurs, si l'on veut, et à semer des couleurs. C'est affaire à messieurs de Goncourt, qui sont si bien informés d'ailleurs et si friands de toutes ces choses du dix-huitième siècle.

En résumé, les Mémoires du duc de Luynes renferment sans doute bien des futilités de pur cérémonial, mais aussi beaucoup de particularités curieuses, et quelques-unes même d'importantes.

Lundi, 30 juillet 1860.

# LE JOURNAL DE CASAUBON [1]

Je parlais l'autre jour d'un Journal, de celui du duc de Luynes ; en voici un d'un genre tout différent. Il ne se peut rien de plus opposé : c'est un Journal tout intime, écrit par un savant pieux, qui vit dans l'étude et dans la continuelle présence de Dieu, qui s'interroge à chaque heure sur toutes ses actions, sur ses sentiments les plus secrets, et qui se confesse, à vrai dire, — mêlant à tout, à ses traverses de fortune, à ses joies et à ses tribulations domestiques, comme à ses éruditions profanes, la pensée chrétienne la plus vigilante et la prière. — « Avez-vous lu le Journal de Casaubon ? Si vous ne l'avez pas lu, lisez-le, » me disait l'un des hommes qui se plaisent le plus aux saines lectures (M. de Sacy). J'ai obéi à l'excellent conseil, j'ai lu, je suis édifié et je ne puis m'en taire.

Casaubon est un des savants les plus solides, les plus substantiels de son temps, un des derniers de cette grande race du seizième siècle qui en compte de si prodigieux; mais en même temps il n'a rien, pour l'emphatique et le farouche, de ces grands

[1] *Ephemerides Isaaci Casauboni*, publié à Oxford (imprimerie de l'Université, 1850) par les soins de Jean Russell, chanoine de Cantorbéry.

*preux de pédanterie*, comme on a pu appeler les Scaliger. Excellent critique, incomparable pour le grec, et ne le cédant à aucun pour le latin, ses remarques sur les anciens auteurs sont des trésors. Au savoir, il unit le sens et le jugement. Il a eu récemment chez nous un appréciateur très-compétent en M. Charles Nisard, et je ne viens pas refaire une Étude qui a été bien faite (1). Je ne veux parler que de son Journal, et montrer l'homme au naturel, tel que plusieurs de ses contemporains l'avaient indiqué déjà, modeste, droit, sincère, plein de scrupule et de candeur, humble chrétien, père de famille éprouvé, le plus humain des doctes; le digne ami de De Thou : — d'un seul mot, c'est tout dire.

Casaubon, né à Genève de parents français réfugiés, y professait le grec depuis l'âge de vingt-trois ans; il était gendre de Henri Estienne, et sa femme, la plus féconde des mères, lui donnait chaque année un enfant; il y avait quatorze ans déjà qu'il enseignait, et il s'était fait connaître au dehors par des ouvrages de première qualité en leur genre, notamment par ses travaux sur Strabon, sur Théophraste, lorsque le président de Thou eut l'idée, sur sa réputation, et l'estimant le premier des critiques, de l'attirer en France et de le rendre à sa patrie : après les ravages des guerres civiles, les études y étaient comme détruites, et l'on avait bien besoin d'un tel restaurateur des Belles-Lettres. Il suggéra son dessein au président Philippe Canaye du Fresne,

---

(1) Dans le volume qui a pour titre : *Le Triumvirat littéraire au XVI<sup>e</sup> siècle*. — Pour connaître avec une entière précision les faits de la vie de Casaubon et voir au juste la place qu'il tient entre les Réformés, on doit lire aussi l'article qui le concerne, au tome II. de *la France protestante* de MM. Haag.

qui ménagea si bien les choses que Casaubon accepta les offres de la ville de Montpellier pour une chaire de littérature ancienne. Le voilà donc qui dit adieu à Genève, et sans trop de regrets. Mais ce n'était qu'un premier pas : De Thou estimait n'avoir rien fait pour un homme de cette valeur, s'il ne le plaçait au foyer des études et en vue de tous, à Paris, et il s'aida pour cela d'un de ses amis, M. de Vic, qui attira Casaubon à Lyon, et de là, sur l'ordre du Roi, l'amena à la Cour. Henri IV, averti de son mérite, lui dit qu'il le voulait à Paris. Mais le Journal, à cette date, est déjà commencé; nous avons un guide sûr, un témoin confidentiel de chaque jour : profitons-en pour pénétrer dans le cabinet et dans le cœur du plus honnête des savants.

Le Journal, en effet, commence le 18 février 1597; ce jour-là Casaubon entre dans sa trente-neuvième année. Il est nouvellement arrivé et à peine établi à Montpellier, et dès lors, après une transplantation qui lui a fait sentir plus que jamais combien il est, lui et les siens, entre les mains de Celui qui peut tout, il tient à se rendre un compte exact de l'emploi de son temps, « afin que si cet emploi est bon, il se réjouisse et rende grâces à Dieu, et que, s'il en perd quelque chose par distraction ou par sa faute, il le sache aussi et reconnaisse son malheur ou son imprudence. » C'est donc sous l'invocation souveraine et après s'être agenouillé qu'il prend la plume; c'est dans une pensée de recueillement et de piété qu'il entreprend ce compte rendu quotidien, continué pendant dix-sept ans entiers, et qui ne cessera que seize jours avant sa mort. Le manuscrit (dont un cahier malheureusement s'est perdu) légué par Méric ou Émery Casaubon, son fils, à la Bibliothèque de l'Église de Cantorbéry, s'y était conservé et n'a été mis en lumière qu'il y a dix ans; on ne le connaissait jusqu'alors que par des fragments. C'est toute une âme qui sort de l'obscurité et qui se révèle pleinement à nous après plus de deux siècles.

Casaubon pensait en latin, et c'est aussi en latin qu'il écrit. Le chancelier Daguesseau, félicitant Rollin de son *Traité des Études*, dont le français est excellent, quoique jusqu'alors le savant recteur et professeur n'eût composé que des opuscules latins, lui disait agréablement : « Vous parlez le français comme si c'était votre langue naturelle. » Ce n'est certes pas à Casaubon qu'on aurait pu faire le même compliment : quand il parlait le français, on aurait dit que c'était un *paysan*, et le peu qu'il en met dans son Journal est tout à fait informe; c'est seulement quand il parlait latin qu'il semblait parler sa langue. Mais son latin a cela de particulier qu'il est farci de grec, dont l'auteur était tout rempli également; et il y a même çà et là des pointes d'hébreu : de sorte qu'une seule et même phrase, commencée dans une langue, continuée dans une autre, peut s'achever dans une troisième. Cela fait le tissu le plus singulier, et cette bigarrure, qu'il portait jusque dans ses autres écrits, lui a été reprochée dans le temps même : elle est faite pour nous étonner bien plus encore aujourd'hui. Elle n'a d'ailleurs d'effrayant que le premier aspect; avec un peu d'habitude des langues anciennes, on en vient bientôt à bout, sauf quelques mots qu'on peut négliger. Le latin de Casaubon est en général aisé, naturel, et le grec de son Journal se compose en grande partie de locutions proverbiales, de centons de morale, ou de phrases du Nouveau Testament. N'allons pas cependant, passant d'un premier effroi à la superstition, et pour nous payer de notre peine, nous mettre à admirer des choses très-simples et des plus ordinaires, uniquement parce qu'elles sont revêtues de ces formes devenues pour nous un peu étranges. Démasquons-les, voyons-les à nu. Ainsi ferai-je pour mes citations; je traduirai tout uniment, et si l'on y perd la broderie, on aura du moins l'étoffe, je veux dire la pensée courante, le sentiment ému, l'effusion, ce qui fait réellement le prix de cet écrit sincère.

Casaubon est donc à Montpellier, dans son cabinet : il s'est levé à cinq heures du matin, en février; pour lui, c'est bien tard! Après sa prière, il s'est mis à lire du saint Basile; ce mot de *saint* est de moi; car, en sa qualité de protestant, Casaubon s'interdit ces mots de *sanctus*, de *divus*, ce qui ne l'empêche pas de se nourrir avec délices de ces écrits des Pères. Il lui en viendra de grands doutes, en avançant, et plus que des doutes, sur la légitimité de certaines réformes et de trop absolus retranchements opérés dans l'antique tradition par les Calvinistes. Son bonheur serait d'étudier sans dérangement jusqu'à l'heure du dîner : les jours où il peut le faire sont des jours heureux, silencieux, et, par là même, ceux qui tiennent le moins de place en son Journal; il les exprime en deux lignes : « Le matin, (saint) Basile; après le dîner, préparation de ma leçon, puis la leçon (Casaubon *est* professeur); ensuite un repas léger, Basile; le reste à l'ordinaire. » Voilà le cercle où il aimerait à tourner sans cesse. Après saint Basile vient Chrysostome; après Chrysostome, c'est le tour d'Hippocrate; puis Tertullien, Sénèque, Athénée, Polybe... : toujours un auteur ancien qu'il lit, qu'il s'explique à lui-même, qu'il répare pour le texte, qu'il éclaire de ses notes, de ses commentaires, et à propos duquel il amasse non-seulement une science de mots, mais une grande abondance et richesse de pensées. En lisant Sénèque, il en tire surtout des applications pratiques ; par exemple :

« 11 avril (1597). Mes prières, Sénèque et autres études : après le dîner, ma leçon, le reste à l'ordinaire. Dans la lecture de Sénèque, ce passage surtout m'a souri (épître XII) : *Pacuvius, qui s'appropria la Syrie à titre de prescription, célébrait tous les soirs ses obsèques par des flots de vin et des repas funéraires : de la salle du festin ses compagnons de débauche le portaient en pompe dans sa chambre, et un chœur de mille voix chantait autour de lui :* IL A VÉCU, IL A VÉCU ! *Il ne passait pas un seul jour sans cette cérémonie funèbre. Ce qu'il faisait par dépravation, faisons-le par principe, et, prêts à nous livrer au sommeil, disons avec allégresse :* J'AI VÉCU... — Je loue (continue Casaubon) l'art du sage Stoïcien qui sait tourner à si bon usage les mauvais exemples, et faire son remède d'un poison. Au reste, pour que quelqu'un, chaque jour avant de s'endormir, puisse dire avec la paix d'une bonne conscience : *J'ai vécu, j'ai vécu !* il ne faut pas, celui-là, qu'il sorte de ton école, mon cher Sénèque, mais bien de l'école de Celui qui seul peut enseigner excellemment et changer les âmes de ses disciples, et les *former* selon qu'il le veut. Et c'est toi, ô Dieu tout-puissant, qui par les miséricordes de ton Fils, etc. (suit une prière). »

Et le lendemain il écrit :

« 12 avril. Je me suis levé un peu tard pour cause d'indisposition, et j'ai perdu la meilleure partie des heures du matin. J'ai mis le nez dans Sénèque, et je me suis profondément pénétré de ce précepte (l'endroit est dans l'épître XIII) : *Entre autres maux, la folie a cela de particulier ; elle est toujours à commencer à vivre. O Lucilius, mon vertueux ami, pénétrez-vous de cette maxime, et vous rougirez de la légèreté des hommes qui changent tous les jours la base de leur vie, et qui, prêts à la quitter, ébauchent encore des projets. De toutes parts, que voyez-vous ? des vieillards qui s'évertuent, qui se préparent à l'intrigue, aux voyages, au commerce. Et pourtant, qu'y a-t-il de plus honteux qu'un vieillard qui commence à vivre ?* — O grand Philosophe (s'écrie à son tour Casaubon), je suis bien de ton avis, et je te prendrai plutôt pour conseil que ces miens amis, gens d'ailleurs de vertu et de prudence, qui m'engagent à changer de genre de vie et à embrasser si tard la profession d'enseigner le Droit. Je conviens que j'y gagnerais pour mes affaires domestiques, et encore plus du côté de la réputation. Car aujourd'hui nos Muses trouvent à peine quelque part où se glisser et se *tapir*. Mais que me fait, à moi, le bruit du vulgaire? et en ce qui est de mes enfants si chers, Celui-là en aura soin, qui a veillé sur moi jusqu'ici. Je suivrai donc ton conseil, ô mon cher Docteur, et je ne me hasarderai point à ce qu'on puisse penser que j'ai écourté ma vie par mon inconstance : et certes la vie entière est si courte qu'elle nous interdit d'entamer les longues espérances. S'il n'en était ainsi, et si quelque raison plausible pouvait me décider à faire le transfuge, tu sais, ô mon Dieu, quelles études me seraient le plus à cœur : car il y a longtemps qu'un violent désir m'a saisi de m'adonner tout entier à ces Lettres dans lesquelles seules toute vérité est contenue, et qui seules *immortalisent* ceux qui s'y vouent et les unissent à Dieu. Et lié comme je le suis de plus en plus envers la divine Bonté par tant de bienfaits de chaque jour, qu'ai-je à lui donner en retour, si ce n'est moi-même? Car voilà que, dans le temps même où je me livre à ces pensées, je suis l'objet d'un nouveau don du Père très-clément. Aujourd'hui ma très-chère épouse est accouchée sur les cinq heures et a augmenté ma famille d'une petite fille : puisse-t-elle grandir et vivre un jour de telle sorte, ô mon Dieu, qu'elle règle toutes ses actions, ses paroles et ses pensées d'après les préceptes de ta sainte parole! *Ainsi soit-il, ainsi soit-il!* »

Père de vingt enfants (ce qui ne laisse pas d'être une distraction et une charge pour un savant et un pur homme de Lettres), Casaubon, on le voit, ne considère chaque nouveau-né qui lui arrive que comme un présent du Ciel. — Et c'est ainsi que tout en lisant Sénèque et les Stoïciens, il s'emparait de leurs maximes pour leur donner le vrai sens, et il les détournait, il les accommodait, par une *parodie* d'une genre nouveau, disait-il, à la piété véritable. Sa santé délicate l'avertit cependant de ne pas trop s'écarter des travaux commencés, s'il veut les mener à bonne fin; il fait donc, un matin, le vœu formel, en présence de Dieu, et en implorant son aide, de se livrer dorénavant sans distraction à l'achèvement de son Commentaire d'*Athénée;* il en prend l'engagement devant Celui qui incline à son gré le ciel et la terre, comme si cet *Athénée* de plus ou de moins pouvait être pesé dans la souveraine balance! Et du moment qu'il y a balance, tout n'y doit-il pas être pesé en effet? — Naïveté touchante! alliance étroite et bien rare, chez un savant du seizième siècle et un homme de la Renaissance, de ce culte des Lettres profanes avec le culte du Dieu toujours présent et vivant!

Le Journal de Casaubon, dans sa sincérité, offre de singuliers contrastes : à la fin et au commencement de chaque année, le pieux auteur récapitule ce qui s'y est passé, ce qui lui est advenu, et il se répand en bénédictions reconnaissantes et en actions de grâces; mais si vous prenez le détail des journées l'une après l'autre, vous croiriez que ce ne sont pour lui que chagrins, ennuis, tribulations, petites ou grandes misères. Convenons-en, il y a même un peu trop, par moments, de ce qu'on appellerait (s'il écrivait en français) des *jérémiades*. Et le premier de ses chagrins, le plus fréquent et, j'allais dire, le plus sensible! presque chaque jour il est dérangé; les affaires, les amis lui prennent ses heures, — les *amis*, dites plutôt les *ennemis*. Les devoirs de famille sont aussi de grands ennemis de l'étude : de ceux-ci, il n'ose se plaindre; il est l'homme des devoirs et des tendresses. Pendant qu'il lit saint Basile, le jour où il va l'achever, et quand il touche à la fin, un cri soudain se fait entendre; il se lève et s'élance hors de son cabinet : c'est sa chère petite Élisabeth qui est tombée dans le feu. Par bonheur, par un coup de la Providence, elle y est tombée à la renverse et non la face la première, ce qui a permis de la retirer sans que le feu ait endommagé autre chose que son bonnet et sa coiffure. Mais cette chère enfant, ainsi échappée au danger, — cette enfant, l'unique soin de sa mère et la joie de la maison, — meurt quelques mois après, et elle laisse dans l'âme du père une douleur qui s'épanche en plus d'une page. Ce jour-là les études ont tort, ce jour-là et les jours suivants; et pendant bien du temps encore, l'image de cette aimable et gentille petite créature viendra passer et repasser devant les yeux paternels, et se placer entre lui et son *Athénée* qu'il a rouvert.—Que sera-ce quand il perdra par la suite une autre de ses filles, sa bien-aimée Philippe, âgée de dix-huit ans et demi? C'est alors son *Polybe* qui aura tort, et qui, les premiers jours qu'il s'y remettra, sera plus d'une fois mouillé de ses larmes.

Mais tout cela est bien naturel, dira-t-on, et tout homme de science, qui en même temps est père, l'a pu éprouver. Je le sais bien, et c'est précisément ce qui me touche en Casaubon : il est resté le plus naturel des hommes sous son latin bariolé de grec et d'hébreu.

Une phrase a dû nous frapper dans le passage de Casaubon que j'ai donné : il se plaint que les Lettres, les Muses trouvent à peine quelque part un asile, un coin où se caser; et ce n'est pas là une plainte banale. Il est très-vrai que les études étaient fort tombées en France après les saturnales de la Ligue; elles n'avaient pas moins besoin de réparation alors qu'elles n'en eurent besoin plus tard sous l'Empire au sortir des désastres de la Révolution : « Les fureurs de Mars, écrivait en ces années Casaubon à Scaliger, ont presque entièrement éteint dans les âmes le culte et l'amour des Muses. Au lieu de la vraie science, ce qui domine aujourd'hui dans le royaume, c'est la sophistique, la casuistique, la polémique, — l'amour de la dispute et le *culte de l'argent*. » Je ne fais qu'étendre ses paroles sans y rien ajouter pour le sens. Que de peine n'a-t-il pas à trouver dans tout le Midi un imprimeur qui ait des caractères grecs pour son *Athénée?* — Et plus tard à Paris, et ensuite à Cantorbéry ou à Londres, ne croyez pas que Casaubon puisse se livrer en paix et selon son cœur à ses études chéries; non, ce qu'on demande de lui, ce que désirent les puissants du siècle, c'est autre chose : et qui donc, en aucun temps, excepté quelques esprits atteints d'une douce manie, va s'occuper uniquement des morts, des livres d'autrefois, des chastes et pures Belles-Lettres? Non, ce qu'on veut de Casaubon, c'est de l'amener sur le terrain de la théologie, qui est alors le terrain de la passion brûlante, de l'intérêt en jeu, de la politique; ce que lui veut le cardinal Du Perron dans ces fréquents entretiens qu'il a avec lui et pour lesquels il le mande sans cesse, ce n'est pas de causer avec désintéressement des belles choses inutiles, d'un sens de Virgile ou d'Homère, ou d'un usage transmis par Athénée, de ces doux riens qui occupent pendant des journées les âmes innocentes : ce qu'il veut, c'est de l'ébranler, de le convaincre à l'aide de passages des Pères, et, s'il se peut, de le convertir. Quelle belle conquête, en effet, ce serait à opposer aux hérétiques que celle du premier des doctes parmi eux, de l'illustre Casaubon! — Et en Angleterre où il ira de guerre lasse et où il finira ses jours, que lui veut le Roi Jacques? De quoi l'entretient-il de préférence? De quels travaux le charge-t-il, et sur quels sujets nouveaux va-t-il diriger cette érudition dont le champ bien assez vaste, ce semble, était tout trouvé? « Force m'est bien, écrira de là Casaubon à De Thou, de renoncer une fois pour toutes à tout ce que j'avais élaboré jusqu'à ce jour pour l'utilité des amis des Lettres, à ces chers travaux auxquels le monde me croit un peu propre, et par lesquels j'ai mérité votre estime à vous-même, très-illustre et très-docte Président ; il faut bien qu'ici je m'applique avant tout à satisfaire à la volonté du maître : et comme son esprit royal est tout entier aux controverses théologiques du jour, il a y nécessité que nous qui lui appartenons et sommes *de sa suite* nous entrions dans les mêmes études, dans les mêmes inquiétudes que lui. » Et c'est ainsi que comme un fleuve qu'on saigne tant qu'on peut à droite et à gauche, jusqu'à ce qu'à la fin on parvienne à lui faire changer de cours, le pauvre Casaubon, qui, de loin, nous apparaît comme la personnification de l'étude heureuse de l'Antiquité dans une époque faite exprès pour lui et toute favorable, suivait péniblement sa voie à travers les obstacles et luttait pour maintenir sa vocation.

Il a quitté Montpellier, il est à Paris : Henri IV s'est chargé de sa subsistance, de sa fortune. Il a été présenté au Roi qui lui a fait un très-bon accueil. Quelques semaines après, il reçoit une missive royale ainsi conçue :

« Monsieur Casaubon, je désire vous veoir et vous communiquer
« ung affaire que j'ay fort à cueur : c'est pourquoy vous ne faudrez,
« incontinent la présente receue, de vous acheminer en ce lieu et
« vous y rendre pour le plus tard dimanche au soir, et m'asseurant
« que vous n'y manquiez, je ne feray celle-cy plus longue que pour
« prier Dieu qu'il vous ait en sa sainte garde. — Ce soir, de Fon-
« tainebleau, ce 28me jour d'avril 1600. HENRY. »

Cette affaire que Henri IV avait tant à cœur n'était

pas la plus agréable pour Casaubon à son début en Cour : il s'agissait d'assister, en qualité de juge commissaire, à la fameuse Conférence qui était appointée par-devant le Roi et le Chancelier, entre le cardinal Du Perron et Du Plessis-Mornay, au sujet de nombreux passages allégués par celui-ci dans son traité de l'*Eucharistie,* et que Du Perron arguait de faux : c'était un défi, un vrai cartel théologique qui devait se vider en champ clos. Il était bien entendu, d'ailleurs, qu'on n'y devait discuter en rien ni aborder le fond des doctrines : c'était de simples questions de faits à éclaircir, une expertise et une vérification solennelle des textes, par une espèce de jury composé d'hommes notables de l'une et de l'autre Communion. On sait le résultat de l'unique séance qui eut lieu, le 4 mai. Le récit qu'en donne Casaubon dans son Journal concorde avec celui que De Thou, également présent et l'un des juges, a consigné dans son Histoire. Le célèbre Du Plessis eut le désavantage sur tous les points, et il refusa, le lendemain et les jours suivants, de recommencer l'épreuve, soit qu'il fût réellement trop malade pour cela, soit qu'il *saignât du nez,* comme on dit. Casaubon, à la veille de cette séance et quand il en sut l'objet, était dans les transes, et il nous a laissé un tableau fidèle de ses fluctuations douloureuses :

« Mon esprit est en proie à une incroyable inquiétude, ne sachant que faire, ne voulant point offenser Dieu, ni, sans de graves raisons, paraître refuser obéissance au Roi. A quoi me résoudre? Irai-je donc siéger parmi ceux qui se préparent à condamner un livre où la pieuse et sainte doctrine est renfermée? Ajoutez que l'Église de Paris m'a envoyé tout exprès Dumoulin pour s'opposer à ce que je vinsse ici (à Fontainebleau), dussé-je souffrir tous les supplices! Que faire?... Tout le jour s'est passé pour moi dans cette angoisse. O Seigneur Dieu, délivre-moi de cette agitation et de cet assaut. Dieu éternel, mets fin à cette tempête de mon âme! »

Casaubon, en homme sincère, n'avait pu se dispenser, sur les points proposés à son examen, de s'unir à la Déclaration de ses collègues et de rendre un *verdict* conforme à l'évidence des faits. Il était contraint de confesser dans l'intimité que le *grand* Du Plessis n'avait rien fait ce jour-là de digne de lui, que l'affaire avait été entamée à la légère, conduite à l'aventure, et avait eu une honteuse conclusion. Il faut l'entendre au retour mêler dans un confus épanchement ses joies, ses tristesses et mortifications, ses espérances :

« J'écris ceci à mon retour, remerciant Dieu de ce qu'il a permis que je revinsse de là sain et sauf (il craignait apparemment quelque guet-apens), et de ce qu'il m'a accordé de trouver grâce auprès du Roi, lequel m'a dit de compter sur sa bienveillance ; mais triste néanmoins et gémissant au dedans que la chose ait si mal tourné pour un ami et un homme de piété. Et qui ne s'étonnerait en effet qu'un personnage si excellent, au moment même où il défendait la cause de la Religion, ait pu s'attirer la condamnation d'hommes pieux et droits ? J'en demeure stupéfait quand j'y pense. Mais puisque rien de ce qui est arrivé n'est arrivé *sans la permission de Dieu*, je me tairai, ô Dieu éternel, j'implorerai ton nom, et je le demanderai pour moi, pour tous les miens, des sentiments d'humilité profonde, etc.

C'est un honnête homme que Casaubon, un homme de bonne foi, ce n'est pas un héros, et il n'a pas en lui l'étoffe d'un martyr. Il se trouve du premier jour, à cette Cour de Henri IV, placé *entre l'enclume et le marteau*, comme on dit ; entre Du Perron qui le convie, qui le presse, qui le travaille, et le ministre Du Moulin qui le chapitre, qui le remonte et le semonce. Depuis qu'il a assisté à cette Conférence de Fontainebleau, les zélés Protestants l'accusent, le soupçonnent, et la solidité de sa foi est à tout instant mise en question : il se voit obligé de se justifier, il est sur l'apologie et la défensive. Ce Journal lui fait beaucoup d'honneur en ce que, sans que l'auteur vise à aucun effet ou songe à aucun lecteur futur, on y voit clairement, naïvement, l'état perplexe de sa croyance et la force de conscience qu'il lui fallut, modéré et timide comme il était, pour résister à des assauts aussi répétés que ceux qu'on lui livrait. Le siége de sa conscience, mené et suivi de très-près par l'habile et persuasif Du Perron, ne dura pas moins de dix ans (1600-1610); c'est plus long que le siége de Troie, et Casaubon n'a point capitulé. Or, il avait tout intérêt à capituler. Il subsistait, lui et sa nombreuse famille, des bienfaits et des gages du Roi; il était son bibliothécaire; dans ses peines et ses surcroîts d'embarras domestiques (et il avait une sœur qui lui en donna), il était obligé de solliciter par Du Perron la faveur et l'appui du Roi : « Tu sais, ô mon Dieu, s'écriait-il, que c'est bien à contre-cœur que je m'y résous, de peur que le monde ne répande des bruits sur mon compte. » En effet, recevoir et demander toujours, et ne rien accorder jamais, est chose difficile : il y avait des moments où Casaubon avait peur de fléchir, et il se retrempait alors par la prière : « O mon Dieu, affermis-moi contre ceux qui, profitant de mes embarras et de mes ennuis de famille, cherchent à tenter mon âme et à me *subtiliser* ma foi. » Notez qu'il n'était qu'un demi-protestant, ou du moins un demi-réformé: ses conversations continuelles avec Du Perron et ses lectures assidues des Pères grecs l'avaient conduit à ce résultat, où plus d'un de ses coreligionnaires de bonne foi est arrivé depuis. Le ministre Du Moulin lui paraissait en bien des articles un novateur, un contempteur outré de l'ancienne Église : une fois, en sortant de l'entendre prêcher, Casaubon estima qu'il avait dit bien des choses *nouvelles plutôt que vraies* Contradiction singulière et pourtant assez naturelle! lorsque Casaubon allait entendre à Saint-Paul ou ailleurs (car il se laissait mener volontiers aux églises catholiques) quelqu'un des prédicateurs du temps si détestables de goût, le célèbre Valladier, par exemple, faisant le panégyrique de la Vierge, célébrant les louanges de Marie, il se sentait redevenir très-protestant, et il avait quantité de réponses toutes prêtes à opposer à Du Perron; au contraire, il y avait des jours où quand il sortait d'un prêche, d'un sermon protestant de Du Moulin, il se sentait rejeté vers les Catholiques. Sur le sacrement de l'Eucharistie en particulier il hésite, il est tenté de revenir en arrière : il a là-dessus une bien belle page, pleine d'onction, d'humilité, de candeur :

« 1er janvier 1611. Que je commence bien ce jour et l'année, c'est ce que je te demande avec prière et supplication, Dieu éternel! Et certainement heureux sera le jour, heureuse sera l'année, heureux tout le temps que je vivrai pour toi et que je consacrerai à ta Loi divine et à ton Écriture véritablement inspirée; quoique cependant sans ton secours, ô Père céleste, sans une aide particulière venue d'en haut, cela même ne me réussisse pas. Ce n'est pas tout de lire, il faut comprendre, et non-seulement comprendre, mais faire ce qui est écrit; cela seul ouvre les Cieux. O souverain Maître du monde, tu m'as donné, il est vrai, la volonté de diriger ma vie selon tes préceptes; mais, au moment où je cherche ton propre vouloir, quelquefois je me sens incertain entre les variétés merveilleuses des opinions des hommes. Et sur ce seul sujet du saint mystère de l'Eucharistie, les choses en sont venues à ce point que les pieux et les sincères ont peine à fixer leur sentiment. *Ce n'est point à de simples particuliers, en effet, à expliquer l'Écriture;* et en ce qui est des docteurs du jour, ils ne nous enseignent point de voie certaine, mais ils nous conduisent comme au *rond-point* des chemins dans une forêt : quand on les a entendus, ils nous laissent plus incertains qu'auparavant. En une chose de cette importance, qui suivrons-nous, Dieu éternel? qui suivre en **d'autres** difficultés du même genre? Il nous paraît dur de condamner ton ancienne Église comme coupable d'une telle ignorance, qu'il nous faille aujourd'hui croire le contraire de sa foi pour entrer dans le chemin de la vie. Or, sur un si grand mystère et sur quelques autres articles de grande importance, je suis certain, ou du moins je crois l'être, que l'ancienne Église a pensé tout autrement que ceux de doctrine toute récente. *Où donc se tourner? quelle route prendra-t-il, celui qui veut marcher droit?* Voilà ce qui me tourmente depuis des années déjà, et me tient en inquiétude les jours et les nuits. Je désire, ô Seigneur Jésus, te servir fidèlement; je désire être trouvé dans ta barque, et que les miens et tout ce qui est à moi y soient trouvés également; c'est mon plus ardent désir. Mais le poids des raisons différentes me tire étrangement par accès et m'entraîne en des sens contraires. Je vois les uns, sous prétexte d'antiquité, soutenir des erreurs grossières; les autres, en voulant fuir des erreurs qu'ils croient nouvelles, inventer eux-mêmes des nouveautés; et, pour retrancher des abus, je les vois condamner et supprimer de leur autorité privée l'usage de beaucoup d'institutions des plus saintes, je le pense du moins. Enfin ces auteurs et chefs d'une réformation, à d'autres égards nécessaire, je les vois s'accorder si peu entre eux qu'ils sont l'un pour l'autre comme des loups dévorants. (Il en dit ici plus long encore pour et contre l'antique Église et l'Église romaine, et il ajoute en gémissant (1) : ) O Dieu qui lis dans les cœurs, tu vois les plaies de mon âme, sois mon médecin! Dans cette ambiguïté de routes, sois mon guide sûr, celui de ma compagne et des miens!... »

**Lorsque Casaubon écrivait cette page touchante,**

(1) Voici le passage que j'avais cru devoir supprimer d'abord, et qui complète la pensée :

« C'est déjà une grande recommandation dans mon esprit que le nom seul de ton ancienne Église, ô Christ Jésus! et je suis persuadé que ce qu'elle a approuvé, ce qu'elle a réglé et consenti, et qui n'est point d'ailleurs en contradiction avec ton Écriture, ne peut être rejeté ou changé indifféremment; mais je suis, d'autre part, effrayé de cette tyrannie ouverte et tout à fait *anti-chrétienne* de l'Évêque de Rome. Car ce n'est plus seulement *au son des flûtes et les hautbois*, c'est *à pleines fanfares et avec accompagnement de cymbales*, que *l'homme de la ville aux Sept-Collines* fait des siennes, tellement que sans une impiété manifeste on ne peut lui donner les mains dans la revendication d'une pareille tyrannie. O Dieu, qui lis dans les cœurs, etc. » — On a très-nettement les deux extrémités de la pensée de Casaubon, ses limites en sens opposé. Mais, il était depuis quelques mois en Angleterre : la mort de Henri IV son bienfaiteur, l'incertitude de l'avenir en France, les avances réitérées et pressantes du Roi Jacques l'avaient décidé à se transplanter encore une fois; il avait cinquante et un ans, et pendant les trois ou quatre années qu'il vécut encore, il n'eut qu'à se féliciter du parti qu'il avait pris. Non-seulement il rencontra un bon et flatteur accueil auprès d'un Roi qui ne craignait point de paraître savant jusqu'au pédantisme, et avec qui il conversait en français ou en latin (Casaubon ne savait pas l'anglais), non-seulement il fut gratifié d'une pension et de deux prébendes à Cantorbéry et à Westminster, mais il trouva une sorte d'apaisement à ses inquiétudes morales et un point d'appui à ses tendresses de conscience dans le culte anglican qui était comme fait à sa mesure, tant pour la part de réforme introduite que pour celle d'antique tradition conservée. Casaubon était, si je puis dire, un protestant de juste-milieu. La vue de cette Église bien ordonnée rendit un peu de repos à son esprit inquiet : surtout personne ne le tourmentait plus sur sa foi : il cessa d'être, comme il disait, *sur le tranchant du rasoir.* Il est vrai qu'il n'avait pas également sauvé tous les siens, et, avant de quitter la France, il avait eu le chagrin de voir son fils aîné converti, et qui se fera même Capucin. « *O race de vipères!* s'écrie-t-il (en grec), ils me l'ont pris, ils me l'ont gâté; » et il se

---

si odieuse que lui paraisse la tyrannie pontificale, il dit ailleurs que s'il lui fallait absolument choisir, il la trouverait encore préférable à la licence effrénée qui innove sans cesse dans le dogme, et à l'horrible anarchie qui en est la suite. — Casaubon, dans sa haine et sa peur des excès, était en religion ce que bien des honnêtes gens de notre connaissance sont en politique.

lamente. Sa femme cependant accouche toujours, et comme pour remplacer Jean, cet aîné que le père n'a pas pour cela cessé d'aimer, elle lui donne un petit *Jacques*, qu'on nomme ainsi parce que le Roi veut bien faire aux parents l'honneur de le tenir au baptême. Madame Casaubon ou, comme on disait alors pour les femmes de la bourgeoisie, *mademoiselle* Casaubon, d'une santé délicate (on le serait à moins), au milieu de ces fatigues et des voyages qu'elle entreprend pour les affaires de la famille, avait peine à s'acclimater en Angleterre. Il y avait donc du pour et du contre à cet établissement, bien que le pour l'emportât, et qu'il n'y eût point de regret à avoir de la France sans Henri IV. Le plus grand inconvénient pour notre savant dans cette nouvelle et dernière patrie, c'est que le goût du Roi le dirigea sur la théologie et le poussa à écrire contre Baronius. Casaubon entra en campagne un peu trop vite, et y laissa quelque chose de sa réputation. Il avait d'ailleurs le plaisir de trouver à qui parler, dans la familiarité de ce Roi homme de Lettres et quasi confrère. Le second jour qu'il le vit, l'entretien tomba sur Tacite, Plutarque et Commynes : « Le Roi ayant dit que c'est se tromper que de faire de Tacite le maître unique de la prudence *civile*, l'historien politique par excellence, je m'empressai de remarquer (c'est Casaubon qui parle) qu'il n'y avait pas un an que j'avais porté le même jugement dans ma Préface du *Polybe;* et le docte monarque me témoigna qu'il était charmé de cette rencontre de sentiments. Il blâmait dans Plutarque son injustice envers Jules César; dans Commynes, la légèreté des jugements et un malicieux éloge du peuple anglais. Enfin je n'en revenais pas de voir un si grand Roi prononcer si pertinemment en matière de littérature. » A propos de cette critique de Commynes dans la bouche de Jacques I<sup>er</sup>, faisons pourtant remarquer nous-même que, loin d'être léger dans son jugement des Anglais et des institutions anglaises, Commynes est bien informé, plein de sens, de prévoyance, et que dans la différence qu'il établit entre la manière dont les choses se passaient de son temps en France et en Angleterre, il devance tout à fait les publicistes modernes et Montesquieu. Mais Commynes est pour l'impôt librement consenti, pour le droit des Communes, et non pour ce droit divin, pour ces prérogatives absolues que revendiquait Jacques, et dont la chimère obstinément poursuivie perdit sa race. Il était donc naturel que ce Roi estimât Commynes léger et *malicieux*. Cette critique est un suffrage de plus tout à l'honneur du sage historien.

Toutes les prétentions et les éruditions de Jacques I<sup>er</sup> ne sauraient me faire oublier un admirable mot de Henri IV, ce prince qui, pour être peu fort sur les livres, n'en paraît que plus grand de cœur et d'esprit. Un jour que Casaubon l'était allé visiter (c'était dans le temps du procès du maréchal de Biron), l'aimable Roi se mit d'abord à badiner avec lui en lui disant qu'il le croyait complice de la trahison de Biron; puis tout d'un coup prenant un visage sérieux : « Vous voyez, lui dit-il, combien j'ai de peine, moi, afin que vous puissiez étudier en paix. » Un tel mot rachète bien des ignorances (1).

---

(1) Ce mot de Henri IV, de ce roi vraiment tutélaire et qui sentait à quel point il l'était, rappelle les belles paroles de Richelieu, en son *Testament politique,* sur la vigilance nécessaire au chef d'un État et sur la gravité de la charge dont il porte le poids à toute heure, la ressentant d'autant plus qu'il est plus habile : « Il faut

On aurait à relever bien d'autres choses dans le Journal de Casaubon; on y apprend bien des particularités sur les hommes célèbres du temps avec lesquels il est en relation, et sur son beau-père Henri Estienne, devenu le plus bizarre des hommes en vieillissant, qui avait si bien commencé et qui a si mal fini, et sur Théodore de Bèze dont la vieillesse, au contraire, est merveilleuse; et sur des personnages considérables de la Cour de France, le duc de Bouillon et d'autres; mais le personnage intéressant, c'est lui-même, lui, à toutes les pages, nous faisant l'histoire de son âme : aussi, pour ceux qui aiment ce genre de littérature morale intime qui nous vient de saint Augustin, on peut dire qu'il existe maintenant un livre de Confessions de plus.

dormir comme le lion, sans fermer les yeux... Une administration publique occupe tellement les meilleurs esprits, que *les perpétuelles méditations qu'ils sont contraints de faire pour prévoir et prévenir les maux qui peuvent arriver les privent de repos et de contentement*, hors de celui qu'ils peuvent recevoir *voyant beaucoup de gens dormir sans crainte à l'ombre de leurs veilles et vivre heureux par leur misère.* »

Lundi, 13 août 1860.

## POÉSIES INÉDITES

DE MADAME

# DESBORDES-VALMORE [1]

Le premier Recueil imprimé de madame Desbordes-Valmore est de 1819; le dernier Recueil posthume, celui que nous annonçons, est de 1860. Le tendre et délicat poëte s'est éteint, il y a un an, le 23 juillet 1859. Ainsi, à quarante ans de distance, le même poëte a chanté; cette voix de femme, si émue dès le premier jour, si pleine de notes ardentes, éplorées et suaves, ne s'est pas brisée durant cette longue épreuve de la vie, épreuve qui cependant a été plus rude pour elle que pour d'autres; elle a gardé jusqu'à la fin ses larmes, ses soupirs, ses ardeurs. Le dernier Recueil de madame Desbordes-Valmore peut se placer à côté du premier; il y a des choses aussi belles, aussi tristes, aussi passionnées, aussi jeunes : rare privilége, et qui ne saurait appartenir qu'à une âme intimement poétique et qui était la poésie elle-même!

[1] Publiées par les soins (et, comme on disait autrefois, *sumptu et impensis*) de M. Gustave Revilliod, de Genève; Paris, chez Dentu, libraire au Palais-Royal.

Ce dernier Recueil est comme une urne funéraire où la piété d'un fils et celle d'un ami ont rassemblé ce qui restait d'elle. On ne juge pas de telles œuvres, on ne les critique pas. Et en général je dirai que des poëtes véritables, et du moment qu'ils ont disparu, il n'y a plus que les qualités qui doivent compter. Les défauts, on les sait, mais on ne peut plus espérer d'en avertir utilement, ni de les corriger. Écartons les défauts, extrayons les beautés. Ces poëtes que nous avons connus vivants et que nous avons aimés, ils ont souffert, ils ont eu leurs fautes, leurs faiblesses, des plis à leurs ailes, leurs taches de poussière et leurs ombres; ils se sont consumés sur le bûcher : il n'y a plus que la flamme qui monte.

Dans une première division du Recueil où se lit cette inscription, *Amour*, il se trouve de bien jolis motifs de chants, des mélodies pures, et qui rappellent l'âge, déjà bien ancien, où la poésie se nourrissait encore toute de sentiment :

### LES ROSES DE SAADI.

J'ai voulu ce matin te rapporter des roses ;
Mais j'en avais tant pris dans mes ceintures closes
Que les nœuds trop serrés n'ont pu les contenir.

Les nœuds ont éclaté : les roses envolées,
Dans le vent, à la mer s'en sont toutes allées;
Elles ont suivi l'eau pour ne plus revenir.

La vague en a paru rouge et comme enflammée :
Ce soir ma robe encore en est tout embaumée...
Respire-s-en sur moi l'odorant souvenir.

### LA JEUNE FILLE ET LE RAMIER.

Les rumeurs du jardin disent qu'il va pleuvoir;
Tout tressaille, averti de la prochaine ondée;
Et Toi, qui ne lis plus, sur ton livre accoudée,
Plains tu l'absent aimé qui ne pourra te voir?

Là-bas, pliant son aile et mouillé sous l'ombrage,
Banni de l'horizon qu'il n'atteint que des yeux,
Appelant sa compagne et regardant les cieux,
Un Ramier, comme toi, soupire de l'orage.

Laissez pleuvoir, ô Cœurs solitaires et doux !
Sous l'orage qui passe il renaît tant de choses !
Le soleil sans la pluie ouvrirait-il les roses ?
Amants, vous attendez, de quoi vous plaignez-vous ?

Ce dernier vers n'est-il pas un vers oublié de La Fontaine ?

Il y a des âmes qui apportent dans la vie comme un besoin de souffrances et une faculté singulière de sentir la peine : elles sont d'ordinaire servies à souhait. Les vers de madame Desbordes-Valmore, les plaintes et les cris exhalés en ses précédents Recueils, ont assez montré que telle était sa nature et que la destinée n'avait pas manqué non plus à cette douloureuse vocation. On en retrouve trace et témoignage dans le présent volume ; cette âme semble tout à fait vouée à aimer sans être aimée, sans trouver de juste réponse dans l'objet de son erreur. Une émule, une héritière de madame Desbordes-Valmore en poésie comme aussi en souffrance, a dit : « L'amour est une grande duperie : il lui faut toujours une victime, et la victime est toujours la partie aimante et vraie. Vous aimez, donc vous n'êtes pas aimé ; vous êtes aimé, donc vous n'aimez pas. Et voilà l'éternelle histoire... » Non, cela n'est pas aussi nécessaire que le croient certaines âmes sous le coup de l'orage ; il est des félicités douces, permises, obscures ; celles-là, il est vrai, ne se chantent pas : elles se pratiquent en silence. Mais la poésie, de tout temps, a plus profité des orages que du calme, et des infortunes que du bonheur. Voici quelques notes de plus à ajouter à ces accents de la passion, ou plaintifs, ou déchirants. — Et la plainte d'abord :

### TROP TARD.

Il a parlé. Prévoyante ou légère,
Sa voix cruelle et qui m'était si chère
A dit ces mots qui m'atteignaient tout bas :
« Vous qui savez aimer, ne m'aimez pas !

« Ne m'aimez pas si vous êtes sensible ;
« Jamais sur moi n'a plané le bonheur.
« Je suis bizarre et peut-être inflexible ;
« L'amour veut trop : l'amour veut tout un cœur.
« Je hais ses pleurs, sa grâce ou sa colère ;
« Ses fers jamais n'entraveront mes pas. »

Il parle ainsi, celui qui m'a su plaire...
Qu'un peu plus tôt cette voix qui m'éclaire
N'a-t-elle dit moins flatteuse et moins bas :
« Vous qui savez aimer, ne m'aimez pas !

« Ne m'aimez pas ; l'âme demande l'âme ;
« L'insecte ardent brille aussi près des fleurs :
« Il éblouit, mais il n'a point de flamme ;
« La rose a froid sous ses froides lueurs.
« Vaine étincelle échappée à la cendre,
« Mon sort qui brille égarerait vos pas. »

Il parle ainsi, lui que j'ai cru si tendre !
Ah ! pour forcer ma raison à l'entendre,
Il dit trop tard, ou bien il dit trop bas :
« Vous qui savez aimer, ne m'aimez pas ! »

Mais voici le déchirement, le réveil en sursaut, **la révolte d'une âme délicate** et confuse, qui s'agenouille et se cache entre ses deux ailes, et qui ne sait à qui s'en prendre d'avoir trop reconnu par elle-même, et à son détriment, cette fatale vérité, **qu'il n'y a point d'orgueil quand on aime** :

> Fierté, pardonne-moi!
> Fierté, je t'ai trahie!...
> Une fois dans ma vie,
> Fierté, j'ai mieux aimé mon pauvre cœur que toi :
> Tue, ou pardonne-moi!
>
> Sans souci, sans effroi,
> Comme on est dans l'enfance,
> J'étais là sans défense;
> Rien ne gardait mon cœur, rien ne veillait sur moi :
> Où donc étais-tu, — toi?
>
> Fierté, pardonne-moi!
> Fierté, je t'ai trahie!...
> Une fois dans ma vie,
> Fierté, j'ai mieux aimé mon pauvre cœur que toi :
> Tue, ou pardonne-moi!

L'âme qui a senti de la sorte court risque de ne jamais guérir et de rester inconsolable en effet, dans une attitude de Suppliante, avec sa blessure non fermée, et implorant toujours son pardon :

### LE SECRET PERDU.

> Qui me consolera? — « Moi seule, a dit l'Étude;
> « J'ai des secrets nombreux pour ranimer tes jours. » —
> Les livres ont dès lors peuplé ma solitude,
> Et j'appris que tout pleure, et je pleurai toujours.
>
> Qui me consolera? — « Moi, m'a dit la Parure;
> « Voici des nœuds, du fard, des perles et de l'or. » —
> Et j'essayai sur moi l'innocente imposture,
> Mais je parais mon deuil, et je pleurais encor.
>
> Qui me consolera? — « Nous, m'ont dit les Voyages;
> « Laisse-nous t'emporter vers de lointaines fleurs. » —
> Mais, tout éprise encor de mes premiers ombrages,
> Les ombrages nouveaux n'ont caché que mes pleurs.
>
> Qui me consolera? — Rien, plus rien.; plus personne.
> Ni leurs voix, ni ta voix; mais descends dans ton cœur;
> Le secret qui guérit n'est qu'en toi. Dieu le donne :
> Si Dieu te l'a repris, va! renonce au bonheur!

Humiliée, anéantie, pitoyable dans tous les sens du mot et charitable, sévère à elle-même, indulgente aux autres, cette âme a pour ses compagnes en douleur des conseils pleins d'une douceur infinie et d'une résignation toute persuasive :

### CROIS-MOI.

Si ta vie obscure et charmée
Coule à l'ombre de quelques fleurs,
Ame orageuse mais calmée,
Dans ce rêve pur et sans pleurs,
Sur les biens que le Ciel te donne,
  Crois-moi,
Pour que le sort te les pardonne,
  Tais-toi !

Mais si l'amour d'une main sûre,
T'a frappée à ne plus guérir ;
Si tu languis de ta blessure
Jusqu'à souhaiter d'en mourir ;
Devant tous et devant toi-même,
  Crois-moi,
Par un effort doux et suprême,
  Tais-toi !

Vois-tu, les profondes paroles
Qui sortent d'un vrai désespoir
N'entrent pas aux âmes frivoles,
Si cruelles sans le savoir !
Ne dis qu'à Dieu ce qu'il faut dire,
  Crois-moi ;
Et couvrant ta mort d'un sourire,
  Tais-toi !

Quant à elle-même, portant et cachant son mal, ce mal, dit-elle, *dont on n'ose souffrir*, dont on n'ose *ni vivre ni mourir*, elle découvre tout au fond de son cœur, un jour, qu'il n'y a qu'un remède, un consolateur ; et comme elle a en elle de cette flamme et de cette tendresse qui transportait les Thérèse et les

Madeleine, comme elle a sucé la croyance avec le lait, elle regarde enfin là où il faut regarder, et elle s'écriera dans des Stances qui se peuvent lire, ce me semble, après certain sermon de Massillon :

### LA COURONNE EFFEUILLÉE.

J'irai, j'irai porter ma couronne effeuillée
Au jardin de mon Père où revit toute fleur ;
J'y répandrai longtemps mon âme agenouillée :
Mon Père a des secrets pour vaincre la douleur.

J'irai, j'irai lui dire, au moins avec mes larmes :
« Regardez, j'ai souffert... » Il me regardera ;
Et sous mon front changé, sous mes pâleurs sans charmes,
Parce qu'il est mon Père il me reconnaîtra.

Il dira : « C'est donc vous, chère âme désolée !
La terre manque-t-elle à vos pas égarés ?
Chère âme, je suis Dieu : ne soyez plus troublée ;
Voici votre maison, voici mon cœur, entrez ! »

O clémence ! ô douceur ! ô saint refuge ! ô Père !
Votre enfant qui pleurait, vous l'avez entendu !
*Je vous obtiens déjà, puisque je vous espère*
Et que vous possédez tout ce que j'ai perdu.

Vous ne rejetez pas la fleur qui n'est plus belle ;
Ce crime de la terre au Ciel est pardonné.
Vous ne maudirez pas votre enfant infidèle,
Non d'avoir rien vendu, mais d'avoir tout donné.

Je n'oserai répondre de l'exacte théologie et de la parfaite orthodoxie de cette prière ; on a le *Pater* de M. Nicole, c'est-à-dire expliqué et commenté par lui ; le *Pater* de madame Valmore, qu'on vient de lire, ne saurait tout à fait lui ressembler ; mais du moins c'est de la touchante poésie.

Nulle plus que madame Desbordes-Valmore n'a été sensible à l'amitié et n'en eut le culte fidèle. Un ami poëte, qui l'avait souvent entourée de ses soins, mais dont l'absence s'était fait remarquer un jour, dans un des deuils trop fréquents qui enveloppèrent ses dernières années, devint l'occasion, l'objet de ce cordial et vibrant appel :

### LA VOIX D'UN AMI.

Si tu n'as pas perdu cette voix grave et tendre
Qui promenait ton âme au chemin des éclairs
Ou s'écoulait limpide avec les ruisseaux clairs,
Éveille un peu ta voix que je voudrais entendre.

Elle manque à ma peine, elle aiderait mes jours.
Dans leurs cent mille voix je ne l'ai pas trouvée.
Pareille à l'espérance en d'autres temps rêvée,
Ta voix ouvre une vie où l'on vivra toujours !

Souffle vers ma maison cette flamme sonore
Qui seule a su répondre aux larmes de mes yeux.
Inutile à la terre, approche-moi des cieux.
Si l'haleine est en toi, que je l'entende encore !

Elle manque à ma peine, elle aiderait mes jours.
Dans leurs cent mille voix je ne l'ai pas trouvée.
Pareille à l'espérance en d'autres temps rêvée,
Ta voix ouvre une vie où l'on vivra toujours !

Est-ce d'elle qu'il est besoin de remarquer qu'elle était la plus étrangère aux vanités de l'amour-propre? Elle accueillait chaque louange avec étonnement, avec reconnaissance; je n'ai jamais vu de talent aussi vrai qui ressemblât davantage à l'humilité même. Elle aimait les femmes poëtes, celles qui sont dignes de ce nom; elle les louait volontiers, elle les préférait à elle, et cela non pas seulement tout haut, mais aussi tout bas, sincèrement. Quand la belle et brillante Delphine, madame Émile de Girardin, fut enlevée avant l'heure, madame Desbordes-Valmore, qui l'avait vue commencer et qui s'attendait si peu à la voir finir, eut un hymne de deuil digne de son noble objet, et dans lequel cependant elle prête un peu, je le crois, de sa mélancolie à l'éblouissante muse disparue ; mais le mouvement est heureux, le ton général est juste et d'une belle largeur :

> La mort vient de frapper les plus beaux yeux du monde :
> Nous ne les verrons plus qu'en saluant les cieux.
> Oui, c'est aux cieux, déjà ! que leur grâce profonde,
> Comme un aimant d'espoir, semble attirer nos yeux.
>
> Belle Étoile aux longs cils qui regardez la terre,
> N'êtes-vous pas Delphine enlevée aux flambeaux,
> Ardente à soulever le splendide mystère
> Pour nous illuminer dans nos bruyants tombeaux ?
>
> . . . . . . . . . . . . .
>
> Son enfance éclata par un cri de victoire.
> Lisant à livre ouvert où d'autres épelaient,
> Elle chantait sa mère, elle appelait la gloire,
> Elle enivrait la foule... et les femmes tremblaient.
>
> Et charmante, elle aima comme elle était : sans feinte,
> Loyale avec la haine autant qu'avec l'amour.
> Dans ses chants indignés, dans sa furtive plainte,
> Comme un luth enflammé son cœur vibrait à jour !
>
> Elle aussi, l'adorable ! a gémi d'être née.
> Dans l'absence d'un cœur toujours lent à venir,
> Lorsque tous la suivaient, pensive et couronnée,
> Ce cœur, elle eût donné ses jours pour l'obtenir.
>
> Oh ! l'amour dans l'hymen ! Oh ! rêve de la femme !
> O pleurs mal essuyés, visibles dans ses vers !
> Tout ce qu'elle faisait à l'âme de son âme,
> Doux pleurs, allez-vous-en l'apprendre à l'univers !
>
> Elle meurt ! presque reine, hélas ! et presque heureuse,
> Colombe aux plumes d'or, femme aux tendres douleurs ;
> Elle meurt tout à coup d'elle-même peureuse,
> Et, douce, elle s'enferme au linceul de ses fleurs.
>
> O beauté ! souveraine à travers tous les voiles !
> Tant que les noms aimés retourneront aux cieux,
> Nous chercherons Delphine à travers les étoiles,
> Et ton doux nom de sœur humectera nos yeux.
>
> 1855.

Il y avait en madame Desbordes-Valmore la mère : comment ceux qui l'ont connue ou qui la lisent pourraient-ils l'oublier? Mère, elle aurait pu goûter toutes les satisfactions et tous les orgueils, si elle n'avait pressenti, même avant de les épuiser, toutes les douleurs. Des deux filles qu'elle perdit, l'une, l'aînée, personne d'un rare mérite, d'une sensibilité exquise jointe à une raison parfaite, était poëte aussi; dans des vers d'elle sur le Jour des Morts, je me souviens de celui-ci qui s'adressait aux êtres chers qui nous ont été ravis :

Vous qui ne pleurez plus, vous souvient-il de nous?

La seconde fille de madame Desbordes-Valmore, poëte également si l'on peut appeler de ce nom la sensibilité elle-même, avait plutôt en elle la faculté de souffrir de sa mère, cette faculté isolée, développée encore et aiguisée à un degré effrayant; pauvre enfant inquiet, irritable, malade sans cause visible, elle se consumait, elle se mourait lentement, et par cela seul qu'elle se croyait moins regardée et favorisée, moins aimée; devenue l'objet d'une sollicitude continuelle et sans partage (car elle était restée seule au nid maternel), rien ne pouvait la rassurer ni apprivoiser sa crainte, et la plus tendre chanson de sa mère ne faisait que bercer son tourment sans jamais réussir à l'apaiser ni à l'endormir :

### INÈS.

Je ne dis rien de toi, toi la plus enfermée,
Toi, la plus douloureuse, et non la moins aimée!
Toi, rentrée en mon sein, je ne dis rien de toi
Qui souffres, qui te plains, et qui meurs avec moi!

> Le sais-tu maintenant, ô jalouse adorée,
> Ce que je te vouais de tendresse ignorée?
> Connais-tu maintenant, me l'ayant emporté,
> Mon cœur qui bat si triste et pleure à ton côté?

Il faut lire encore la pièce qui suit et qui a pour titre : *la Voix perdue*. — Rapprochement singulier et qui est un lien entre ces natures poétiques, mystérieuses! Cette mère qui avait tant souffert du silence de sa charmante et sauvage enfant et de la voir ainsi mourir sans épanchement et sans plainte, arrivée elle-même aux dernières années et aux derniers mois qui précédèrent sa fin, s'enveloppa dans un silence résigné et profond, admettant à peine la lueur du jour, les soins du médecin ami, et les soulagements passagers par lesquels s'entretient l'illusion des mourants : elle s'éteignit elle-même, lentement, muette et sans illusion.

J'ai omis jusqu'ici, j'ai trop laissé dans l'ombre une partie bien essentielle d'elle et de son âme : c'était sa charité active pour tous les souffrants, les faibles, les vaincus, les prisonniers. Elle ne songeait pas à être une héroïne politique quand elle allait ainsi les chercher à travers les barreaux, pas plus qu'elle n'était une théologienne quand elle épanchait avec confiance ses pleurs et ses parfums devant Dieu; elle n'avait que des instincts de miséricorde et de fraternité humaine, mais elle les avait pressants, irrésistibles. C'est à l'un de ces prisonniers, à un ardent apôtre d'une réformation future, qu'un jour, en des vers qu'elle lui adressait, elle montrait, pour le consoler, l'image du Christ, et rencontrait ce vers sublime, digne d'être à jamais retenu :

> Lui dont les bras cloués ont brisé tant de fers!

La mort de cette personne bienfaisante, annoncée

à l'un de ceux qu'elle avait ainsi consolé, amena l'éloge suivant que je ne puis résister à transcrire, et qui, sorti d'une veine austère, a tout son prix. La lettre d'où je tire ces lignes est adressée au pieux fils de madame Desbordes-Valmore : « Vous êtes, lui disait cet ami au cœur reconnaissant, vous êtes, monsieur, le fils d'un ange : la patrie des Lettres et de la poésie n'en produit que bien rarement de tels. Dans ce monde d'intrigues, de dissimulation, de faux amours et de haines mercenaires, où tout se vend jusqu'au génie, elle a conservé son génie pur de toute atteinte, sa renommée toujours jeune, et son cœur exempt d'occasions de haïr. Ses émules l'ont adorée; ses lecteurs l'ont toujours bénie. Elle a été plus qu'une Muse, elle n'a jamais cessé d'être la bonne Fée de la poésie; et dans mes nombreux souvenirs du cœur, mon titre le plus doux est d'avoir conservé sa sympathie qui m'a suivi à travers tous mes barreaux. Je l'aurais aimée comme une mère et à vous en rendre jaloux, si mon âge ne m'avait permis de l'aimer comme une sœur. Elle m'a écrit en vers, elle m'a écrit en prose, et toutes ses lettres ont le même charme pour moi. Je crois que madame votre mère était poëte jusque dans le moindre signe, jusque dans le moindre soin. Son dernier silence était un pressentiment qu'elle ne voulait communiquer à personne, tant elle craignait d'être la cause d'une affliction (1). »

Nous aimons à finir sur un éloge si délicat. Pour nous, nous n'avons voulu ici que détacher quelques-unes de ces fleurs encore humides de larmes, qui se nuisent quand elles sont un peu trop pressées, et les offrir au lecteur, nouées à peine d'un simple fil.

(1) Cette lettre est de M. Raspail.

Lundi, 27 août 1860.

# CHARLES-VICTOR DE BONSTETTEN

ÉTUDE BIOGRAPHIQUE ET LITTÉRAIRE

Par M. AIMÉ STEINLEN (1).

Le vrai titre que j'aimerais à donner à cette Étude, en la résumant au point de vue moral, ce serait : *Bonstetten ou le Vieillard rajeuni*. Bonstetten, disons-le bien vite pour nos Français qui savent si bien ignorer et sitôt oublier (quand ils l'ont su un moment) tout ce qui ne figure pas chez eux, sous leurs yeux et sur leur théâtre, était un aimable Français du dehors, un Bernois aussi peu Bernois que possible, qui avait fini par adopter Genève pour résidence et pour patrie, esprit cosmopolite, européen, qui écrivait et surtout causait agréablement en français, et qui semblait n'avoir tant vécu, n'avoir tant vu d'hommes et de choses que pour être plus en veine de conter et de se souvenir. Né en 1745, il mourut en 1832, à quatre-vingt-sept ans. Mais ce qu'il eut de particulier et de vraiment original entre tant de personnages ses contemporains, qui eurent également une longue vie et qui furent ainsi que lui *à cheval* sur deux siècles, ce fut d'être plus jeune

(1) Lausanne, chez George Bridel.

dans la seconde moitié de sa vie que dans la première. Et en parlant ainsi, je n'abuse pas des mots, comme on le fait trop souvent. C'est un lieu commun maintenant, qu'il n'y a plus de vieillards, et le premier compliment que l'on fait à quelqu'un qui vieillit est de lui dire qu'il n'a jamais été plus jeune. Ce n'est pas en ce sens banal de complaisance et de courtoisie qu'on doit le dire de Bonstetten. Il n'était pas non plus de ceux qui, en effet, sont restés et n'ont jamais cessé d'être jeunes d'esprit, de vivacité, de goûts, comme on l'a dit du prince de Ligne, qui semblait avoir toujours ses vingt ans. Bonstetten, en son premier temps, aux belles années du dix-huitième siècle, avait eu, il est vrai, une jeunesse fervente, enthousiaste, engouée, selon la forme d'idées et de sentiments qui régnaient alors, avec des teintes de Jean-Jacques et des reflets de Werther; mais cela lui avait passé : il s'était rassis; il était devenu vieux; vers l'âge de trente-cinq à quarante ans, il était redevenu Bernois ou avait tâché de le redevenir, de se faire un homme sérieux, un homme politique, un bailli, un syndic ou *syndicateur* (comme ils disent), un aspirant au Conseil souverain de son Canton; il s'acclimatait petit à petit à l'ennui; en un mot, à l'exemple du commun des hommes, il était en train de vieillir, et il y réussissait par le cours naturel des ans et des choses, quand les événements qui, à la suite du grand mouvement de 89, bouleversèrent son pays, vinrent le secouer lui-même et le déranger, le déconcerter et l'affliger d'abord; mais bientôt il se remit, il voyagea, il trouva des oasis et des asiles, des cercles heureux où l'amitié lui vint rendre la joie, l'espérance et l'harmonie de sentiments à laquelle il aspirait par sa nature : et c'est alors qu'il rajeunit tout de bon. Ce n'est pas une verte vieillesse qu'il eut, mais une jeune, une allègre vieillesse. Le phénomène moral qu'il nous offre est là, dans toute sa singularité. On a fait souvent l'éloge de l'esprit, et de sa vivacité conservée ou augmentée dans la vieillesse ; bien avant notre savant et ingénieux confrère M. Flourens, Sénèque s'y est surpassé : « Je suis vieux, écrivait-il à son jeune ami Lucilius, je suis plus que vieux, ce mot de vieillesse est lui-même trop jeune pour moi, pour ce que je suis avec cette machine usée et délabrée ; mais l'injure de l'âge que je sens dans le corps, je ne la ressens point dans l'esprit. Il n'y a de vieilli en moi que les vices et les passions, et leurs organes : mon âme est dans sa vigueur et se réjouit de ce qu'elle a peu à faire avec le corps ; elle a déposé une grande partie de son fardeau ; elle se sent légère, et me fait mainte chicane sur la vieillesse ; à l'en croire, c'est sa belle saison à elle, c'est sa fleur... » Telles sont les spirituelles consolations d'un stoïcien qui essaye de se donner le change ; mais encore une fois, ce n'est point le cas de Bonstetten ; car il était alerte et dispos de corps comme d'esprit. C'est aux approches de la soixantaine qu'il se mit décidément à rajeunir ; il atteignait à soixante-dix ans sa fleur, il s'y maintenait durant une douzaine d'années, et jusqu'à quatre-vingt-deux ans et même au delà il fut dans tout son vif. L'ancien Bonstetten, celui qui avait eu cinquante ans, ne lui paraissait plus en effet que de l'histoire ancienne. Comme d'autres, en se rappelant leur temps passé, disent naturellement : *Quand j'étais jeune...*, lui, il disait naturellement : *Quand j'étais vieux.*

M. Rossi, qui savait si bien son Bonstetten, et qui jeune, et dans ses années de séjour à Genève, avait été si bien apprécié par lui, racontait à merveille l'anecdote suivante. Un jour, dans un salon, abordé par un ennuyeux, Bonstetten tâcha d'esquiver; l'ennuyeux, qui était de l'espèce active et opiniâtre et de ceux qui s'acharnent, se prit à lui : Bonstetten allait toujours reculant et tâchant de rompre les chiens. L'ennuyeux, tout en continuant son discours, l'avait saisi par un bouton de son habit : Bonstetten reculait toujours. Enfin, rencogné dans un coin du salon et au moment où l'autre, se croyant sûr de lui, venait de lâcher le bouton, l'homme d'esprit aux abois, qui vit une fenêtre ouverte (on était à un rez-de-chaussée un peu élevé), n'hésita pas à sauter dans le jardin, malgré ses soixante-dix ans passés. M. Rossi n'avait jamais oublié la façon leste dont il lui avait vu faire ce saut désespéré, et cela pour éviter ce que tant de gens se résignent si aisément à subir et à prendre ou même à communiquer, — l'ennui.

Et ce n'est pas seulement en sautant par la fenêtre que Bonstetten, en cet âge avancé, fait acte de jeunesse; il en donne de meilleures marques par son esprit libre, ouvert, affranchi de tout lien rétrograde. Il ne dénigre pas le présent, il ne voit pas l'avenir en noir, il ne loue pas le temps passé; il n'est nullement esclave des habitudes; il repousse ces lâches maximes qui viennent en aide à l'inertie trop naturelle de l'âge et à la paresse des organes : *A quoi bon?* — *Il est trop tard!* Il faut l'entendre là-dessus; son imagination aimable se déploie : « Rien ne désole et ne flétrit la vie, se dit-il, comme la crainte de la mort. Que de gens la portent dans la vie même, en se disant : *Ce n'est plus la peine d'entreprendre telle étude, tel travail, parce que je suis trop vieux pour l'achever.* Comme si l'on achevait jamais quelque chose, comme si la vie entière était autre chose qu'espérance, projet, activité, confiance en l'avenir et courage dans le présent!... Que me fait l'espace grand ou petit qui me sépare de la mort? Tant qu'elle ne me touche pas, elle n'est rien... Je place au nombre des pensées inutiles toutes celles sur la brièveté de la vie, qui ne sont en réalité que la crainte déguisée de l'avenir. Il faut prendre la destinée humaine dans son superbe ensemble et dans toute sa grandeur. Il faut avoir confiance dans l'avenir et se plaire dans le nuage où la vie est suspendue. » Il insistait vivement, et en homme pénétré, sur le *courage d'esprit* qui manque presque toujours là où il est le plus nécessaire, dans cette saison extrême de la vie, « qui n'a plus de prix que celui que nous savons lui donner. — Mais ce courage de l'esprit, où le trouver, vous tous qui n'avez jamais exercé votre âme par la lutte, je dirai presque la *gymnastique de la pensée?* » Bonstetten est un des exemples les plus évidents des bons effets de cette gymnastique constante, variée, et diligemment pratiquée jusqu'au dernier jour.

Mais, si je n'y prends garde, je vais achever le portrait avant d'avoir commencé à esquisser la vie. Prenons donc Bonstetten dès le début, en profitant de l'excellente et complète Étude que M. Steinlen vient de lui consacrer, et parcourons les principales phases de cette longue carrière, toute semée d'épisodes, et à laquelle il n'a manqué qu'un monument.

Charles-Victor de Bonstetten, né à Berne le 3 septembre 1745, descendait de l'une des familles les plus anciennes de l'Helvétie et qu'on voit poindre dès le onzième siècle. Les barons de Bonstetten que l'histoire rencontre assez souvent à la fin du treizième et au commencement du quatorzième siècle, étaient d'abord établis dans leur branche principale à Zurich; c'est au quinzième siècle seulement que l'un d'eux vint se fixer à Berne et fut agrégé à la bourgeoisie de cette ville. Les Bonstetten devinrent ainsi un des six grands et vieux lignages du patriciat bernois. Braves chevaliers, prodiguant leur vie sur les champs de bataille, il semble pourtant qu'un caractère de douceur et de modération ait été le trait distinctif de la famille : selon la remarque de M. Steinlen, « on en retrouve toujours des membres dans les maisons religieuses d'hommes et de femmes, tandis que les autres, restés dans le monde, sont souvent choisis comme arbitres dans les différends. »

Le père de Bonstetten, qu'on désignait du nom de sa charge le trésorier de Bonstetten, ne démentait pas en lui ce caractère; c'était un homme instruit qui, dans sa jeunesse, avait étudié en Allemagne sous le philosophe Wolf, et il s'occupa avec sollicitude de l'éducation de son fils. Le puissant Canton de Berne, on le sait, était une république fortement aristocratique, qu'on a pu rapprocher pour la sagesse de celle de Venise et qui se régissait en vertu de maximes et de pratiques héréditaires conservées avec un soin jaloux dans un certain nombre de familles habituées à se considérer comme partie intégrante du Souverain. Bonstetten était appelé par sa naissance à ce rôle politique, et il le manqua. Il le manqua (indépendamment même des grands événements qui vinrent à la traverse) par l'éducation qu'il reçut et qu'il se donna, par son esprit novateur, ses lumières trop libérales, par ses goûts et ses vues de philosophie, de littérature et de poésie qui le promenaient en tous sens, et qui faisaient de lui un patricien bernois par trop infidèle à l'esprit du vieux sénat cantonal.

En France, vers le même temps, combien de jeunes héritiers de la noblesse se comportaient plus ou moins de même ! les La Fayette, les La Rochefoucauld, les Broglie, les Montmorency étaient atteints de la philosophie du siècle et touchés de l'esprit nouveau. Bonstetten fut au dehors de la France un de ces jeunes nobles, et des plus précoces, que l'esprit du dix-huitième siècle enflamma et transforma. Ceux qui l'ont bien connu prétendent pourtant que, malgré sa conversion, il restait du patricien en lui. Avec des républicains, me dit un de ceux qui ont été le mieux à même de l'apprécier (le comte de Circourt), Bonstetten était gentilhomme; avec des gentilshommes il devenait républicain. Son ambition, quand il en avait une, eût été de jouer dans un État aristocratique le rôle de magistrat populaire; mais la vie publique dans une démocratie effective lui aurait été plus désagréable que dans une Cour, même absolue. Cette contradiction entre les mœurs et les idées, entre les manières et les doctrines, ne nous est pas nouvelle; nous l'avons vue en France et chez La Fayette lui-même et chez Benjamin Constant. Mais Bonstetten à la fois sérieux et mobile, qui, en matière de politique, avait plus que des goûts et n'avait pas tout à fait des doctrines, ne rencontra guère d'occasions où il pût souffrir de ce désaccord : son dernier établissement dans une république polie, à l'abri des contradictions et loin des mécomptes, laissait le champ libre à ses seuls instincts, à ses bienveillantes et incorrigibles espérances.

Après les premières années passées à Berne, dans un état de contrainte et de souffrance due à la rudesse des mœurs domestiques, et à la grossièreté des mœurs scolaires, le jeune Bonstetten, vers l'âge de quatorze ans, fut placé à la campagne près d'Yverdun, dans une famille composée de trois sœurs et de deux frères, « tous aimables, bons, tous le chérissant comme leur enfant. » Il s'y forma de lui-même : « Je n'avais à peu près aucune leçon, nous dit-il, j'étais l'heureux enfant de la nature, livré à mon bonheur et à ma pensée personnelle. J'avais seulement une vingtaine de bons livres que je relisais sans cesse, comme *le Spectacle de la Nature* (de Pluche), Batteux, quelques poëtes allemands, latins et français, surtout les Œuvres philosophiques de Cicéron. Né dans une ville où l'on ne savait ni l'allemand ni le français, je ne savais aucune langue ni même le latin, qu'il me fallut apprendre tout seul, quoiqu'une première éducation eût été, comme c'était l'usage, employée à ses tristes et inutiles rudiments. »

Ces quelques mots nous indiquent déjà le tour d'esprit de Bonstetten et un léger défaut dont son talent plus tard se ressentira. Il croit peu à la règle, il se fie beaucoup aux inclinations, il aime à se passer de discipline. Ces années d'heureuse adolescence à Yverdun, où il était « roi de son temps et seigneur de ses heures, » où il déchiffrait ses auteurs sans dictionnaire et lisait tant bien que mal Horace en parcourant la campagne ou perché entre les branches d'un vieux cognassier, lui laissèrent dans l'imagination un tableau d'âge d'or ineffaçable. Dans ses promenades vagabondes il lui arriva plus d'une fois de rencontrer un homme « dont l'air pensif et le regard de feu le frappaient singulièrement; » il apprit plus tard que c'était Jean-Jacques Rousseau, une de ses futures idoles. A dix-huit ans, le père de

Bonstetten le tira de cette vie d'idylle et le plaça à Genève chez le ministre Prévost, père de celui qui devint le célèbre professeur Pierre Prévost. Il trouva moyen d'y conserver sa liberté d'études, sa *spontanéité* d'éducation. « Le peu de leçons qu'on me donnait, dit-il, n'avaient pas d'attrait pour moi; mais, comme on me voyait sans cesse occupé et que ma conduite était irréprochable, on me laissait faire. » Genève possédait alors, comme toujours, un grand nombre d'hommes de mérite, parmi lesquels des étrangers illustres et des visiteurs de haute distinction. Bonstetten jeune, aimable, instruit déjà et surtout curieux d'instruction, fut bien accueilli de tous et séduisit chacun par sa spirituelle candeur. Puisqu'il eut la vieillesse si sympathique, que ne devait-il pas être dans sa jeunesse! « J'étais très-souvent invité, dit-il, chez Voltaire, chez lord Stanhope, chez la duchesse d'Anville (cette grande dame française qui, pour changer, allait de temps à autre se faire un salon sérieux à Genève)... Je visitai le sage Abauzit dont l'heureuse pauvreté et l'âme sereine me remplissaient d'enthousiasme; il avait trente louis de revenu; avec cela il vivait plus heureux qu'un roi... Je n'ai point oublié le sentiment de gloire que j'éprouvai quand lui, qui ne faisait de visite à personne, vint me voir dans ma pension... Le syndic Jalabert eut la bonté de me donner des leçons de physique; j'étais lié avec Moultou, l'ami intime de Rousseau; mes véritables maîtres étaient ces hommes distingués. Ma pensée était dans une activité perpétuelle, mais je n'avais aucune connaissance solide, lorsqu'à un souper (chez le syndic Jalabert) je me trouvai à côté de Bonnet: cet heureux hasard fit la destinée de ma vie intellectuelle. M. Bonnet me prit en amitié, m'invita à l'aller voir, s'informa de mes études, et s'empara de toute mon âme (1765). »

Il était temps. Bonstetten, qui avait horreur d'un maître, avait grand besoin d'un guide. Sa jeune tête était enflammée. J'estimerais peu un jeune homme qui resterait insensible aux grandes idées, aux beaux fantômes qui traversent l'air et planent sur les têtes de vingt ans, aux saisons fécondes. Il est bien de connaître, de partager les nobles fièvres de son temps, car ce sont souvent des fièvres de croissance pour l'humanité, cette éternelle enfant qui n'a jamais fini de grandir. L'important et le difficile, c'est de s'apaiser ensuite à un degré convenable, de guérir sans trop se refroidir, de ne pas s'égarer dans la déraison, de ne pas se fixer dans un fanatisme, de ne pas revenir non plus en sens contraire jusqu'à se jeter dans la négation et la haine de ce qu'on a trop aimé. Charles Bonnet, philosophe chrétien, psychologue et naturaliste éminent, homme d'observation et de principes, eut à entreprendre cette cure délicate sur l'esprit du jeune Bonstetten que l'enthousiasme de Rousseau avait saisi, qui prenait hautement parti pour lui, pour sa profession de foi condamnée à Genève; qui, dans les troubles de cette petite république, penchait pour les démagogues (ô scandale!), lui le patricien de Berne; qui voyait une tyrannie naissante dans le gouvernement de la cité de Calvin au dix-huitième siècle, et pour qui l'aristocratie de Berne n'était ni plus ni moins qu'une tyrannie consommée. Bonnet essaya peu à peu de le ramener à la réalité, et il y réussit en partie; il essaya de le convaincre que la *liberté* n'est pas une pure *sensation*, une *exaltation* vague; qu'elle est une véritable *science*, et que le citoyen qui veut s'en rendre digne a tout autant de devoirs que de droits. Il essaya aussi, mais infructueusement, de le ramener du déisme au Christianisme positif; le résultat le plus net de tous ses efforts fut de lui donner le goût de l'observation intérieure et de lui transmettre quelque chose de ses procédés ingénieux pour cette fine analyse des phénomènes de l'imagination et de la sensibilité, où il était maître. Bonstetten s'en ressouviendra et renouera le fil de ces études trente ans après, dans les mêmes lieux.

Cependant le père de Bonstetten était alarmé; il craignait pour son fils ainsi exposé au contact des idées et des passions genevoises, absolument comme un père aurait craint pour son fils exposé dans le Paris de 89 à la contagion révolutionnaire. Malgré les observations que lui adressa Bonnet et les garanties qu'offrait ce sage curateur, lui faisant remarquer que « Genève avait ses propres antidotes et offrait le remède à côté du mal, » il résolut de le rappeler et de le transplanter (1766). Ce fut un rude coup pour le jeune homme, de qui Bonnet se plaisait à dire : « Il a du génie, un cœur droit, la passion de la vertu et du savoir. » On brisait sa vocation au moment où il croyait l'avoir rencontrée; on intervenait brusquement dans sa crise morale au moment où elle allait trouver sa solution intérieure. Il fut froissé; son âme se révolta; il s'ensuivit une mélancolie aussi profonde que le comportait cette nature beaucoup trop vive pour ne pas être un peu légère. C'est ce que j'appelle la période *werthérienne* de Bonstetten. On put craindre par moments qu'il n'attentât à ses jours, et il paraît y avoir en effet songé.

Que serait-il advenu si son père l'avait laissé tranquillement se développer et mûrir à Genève? Peut-être, et c'est la solution qui nous sourit le plus, eût-il fini par se livrer entièrement aux Lettres et par se fixer dès lors dans cette cité qui devint plus tard sa dernière patrie : « Mais au moins, remarque M. Steinlen, concentrant dans cette carrière littéraire toutes les forces de son esprit, il y aurait conquis une place bien autrement distinguée qu'il ne put le faire dans la suite; » car il glissa dans la littérature plus qu'il n'y marqua. Peut-être aussi n'eût-il fait que se préparer avec lenteur et par un long détour, mais avec plus de sûreté, à la vie publique et au rôle politique influent que sa naissance lui réservait à Berne et qu'il négligea trop de remplir. Quoi qu'il en soit, il fut arrêté alors dans son jet et coupé dans son essor. Il a exprimé, dans une page heureuse et que je veux citer, l'idéal de l'éducation libre comme il l'entendait et comme il avait commencé de la recevoir :

« On croit la jeunesse indomptable, parce qu'on se fait une fausse idée de l'autorité. L'adolescence est l'âge où la volonté, l'âge où le *moi* s'éveille; c'est par cette volonté même qu'il faut la dompter. Cela n'est pas aisé, je le sais; mais si l'éducation de l'enfance est une science que les siècles n'épuisent pas, celle de l'adolescence, qu'à peine on a ébauchée, est plus difficile encore.

« Le véritable maître du jeune homme, c'est l'opinion de ce qu'on appelle *le monde*, et dans le monde celle de ses contemporains. Plus l'éducation de l'enfance a été commandée et plus l'adolescent s'empresse de la rejeter. Le moment de l'éveil de sa volonté est un moment critique qu'il faut suivre avec attention. Il y a une éducation à faire à cette volonté naissante; il faut surtout ne pas la choquer. C'est dans ce germe d'un nouvel être que sont placées toutes les vertus. Rien de plus rare qu'une âme naturellement vicieuse. La direction de nos facultés morales tend à la vertu, comme celle de nos facultés physiques à la santé; et *l'âme du jeune homme, que la première éducation n'a pas flétrie, s'élève d'elle-même vers le ciel comme la tige d'une plante vigoureuse.* »

Il est optimiste, sans doute, en parlant ainsi; il

juge des autres d'après lui-même; mais cela reste vrai des belles âmes, des belles natures morales comme des beaux corps, et le divin Aveugle l'a dit :

> Qu'aimable est la vertu que la grâce environne !
> Croissez, comme j'ai vu ce Palmier de Latone,
> Alors qu'ayant des yeux je traversai les flots ;
> Car jadis, abordant à la sainte Délos,
> Je vis près d'Apollon, à son autel de pierre,
> Un Palmier, don du ciel, merveille de la terre :
> Vous croîtrez comme lui. . . . . . . . .

Après avoir tenté inutilement de l'acclimater à Berne, le trésorier de Bonstetten permit à son fils de se rendre en Hollande à l'Université de Leyde, mais sous la condition expresse qu'il n'y étudierait pas la *philosophie* : il craignait que ce regard aux choses du dedans ne nuisît à l'observation des faits du dehors ; mais Bonstetten était assez éveillé pour suffire aux deux sortes de vue. Il observa très-bien la Hollande, et pourtant s'y ennuya. Nature communicative, il avait besoin de mouvement autour de lui et de réponse. Il obtint de son père la permission de visiter l'Angleterre, et là du moins il devait trouver un monde à son gré, une de ses patries intellectuelles. Il avait vingt-quatre ans, d'aimables dehors, de la naissance ; il parlait l'anglais avec facilité et aimait même à l'écrire : « Car cette langue, disait-il, se prête à tout, au lieu qu'en français il faut toujours rejeter dix pensées avant d'en rencontrer une qu'on puisse bien habiller. » Il y contracta tout d'abord d'étroites amitiés, y vit le grand monde, fut présenté à la Cour, et, ce qui nous intéresse davantage, fut admis, à Cambridge, dans l'intimité du charmant poëte Gray. « Jamais, disait-il, je n'ai vu personne qui donnât autant que Gray l'idée d'un *gentleman* accompli. »

Nous avons un récit de ces mois de séjour à Cambridge, par Bonstetten, qui s'est plu à mettre en contraste le caractère mélancolique de Gray avec la sérénité d'âme de son autre ami, le poëte allemand Matthisson, qu'il posséda plus tard chez lui comme hôte en son château de Nyon, dans le temps qu'il y était bailli. Je crois qu'on m'excusera de donner ici dans tout son détail cette page aussi agréable que peu connue :

« Dix-huit ans avant mon séjour à Nyon, j'avais passé quelques mois à Cambridge avec le célèbre poëte Gray, presque dans la même intimité qu'avec Matthisson, mais avec cette différence que Gray avait trente ans de plus que moi et Matthisson seize de moins. Ma gaieté, mon amour pour la poésie anglaise, que je lisais avec Gray, l'avaient comme subjugué, de manière que la grande différence de nos âges n'était plus sentie par nous. J'étais logé à Cambridge dans un café, voisin de Pembroke-Hall ; Gray y vivait enseveli dans une espèce de cloître, d'où le quinzième siècle n'avait pas encore déménagé. La ville de Cambridge, avec ses colléges solitaires, n'était qu'une réunion de couvents, où les mathématiques et quelques sciences ont pris la forme et le costume de la théologie du Moyen-Age. De beaux couvents à longs et silencieux corridors, des solitaires en robe noire, de jeunes seigneurs travertis en moines à bonnets carrés, partout des souvenirs de moines à côté de la gloire de Newton. Aucune femme honnête ne venait égayer la vie de ces rats de livres à forme humaine. Le savoir prospérait quelquefois dans ce désert du cœur. Tel j'ai vu Cambridge en 1769. Quel contraste de la vie de Gray à Cambridge avec celle de Matthisson à Nyon ! Gray, en se condamnant à vivre à Cambridge, oubliait que le génie du poëte languit dans la sécheresse du cœur.

« Le génie poétique de Gray était tellement éteint dans le sombre manoir de Cambridge, que le souvenir de ses poésies lui était odieux. Il ne me permit jamais de lui en parler. Quand je lui citais quelques vers de lui, il se taisait comme un enfant obstiné. Je lui disait quelquefois : *Voulez-vous bien me répondre ?* Mais aucune parole ne sortait de sa bouche. Je le voyais tous les soirs de cinq heures à minuit. Nous lisions Shakspeare qu'il adorait (1),

---

(1) Dans une lettre écrite dans le même temps (6 janvier 1770),

Dryden, Pope, Milton, etc.; et nos conversations, comme celles de l'amitié, n'arrivaient jamais à la dernière pensée. Je racontais à Gray ma vie et mon pays, mais toute sa vie à lui était fermée pour moi ; jamais il ne me parlait de lui. Il y avait chez Gray entre le présent et le passé un abîme infranchissable : quand je voulais en approcher, de sombres nuées venaient le couvrir. Je crois que Gray *n'avait jamais aimé*, c'était le mot de l'énigme ; il en était résulté une misère de cœur qui faisait contraste avec son imagination ardente et profonde qui, au lieu de faire le bonheur de sa vie, n'en était que le tourment. Gray avait de la gaieté dans l'esprit et de la mélancolie dans le caractère. Mais cette mélancolie n'est qu'un besoin non satisfait de la sensibilité. Chez Gray elle tenait au genre de son âme ardente, reléguée sous le pôle arctique de Cambridge. »

Je ne sais si Bonstetten avait deviné juste et si le secret de la mélancolie de Gray était dans ce manque d'amour ; je le chercherais plutôt dans la stérilité d'un talent poétique si distingué, si rare, mais si avare. Oh ! comme je le comprends mieux, dans ce sens-là, le silence obstiné et boudeur des poëtes profonds, arrivés à un certain âge et taris, cette rancune

Bonstetten rendait compte ainsi de ses études à un ami : « Je suis dans l'agitation du matin au soir. A huit heures je suis éveillé par un jeune bonnet carré (un étudiant), avec lequel je me mets à suivre Satan à travers le chaos et la nuit (lecture de Milton). Il m'explique en grec et en latin « les doux, résistants et amoureux délais » de notre grand'mère Ève. Nous finissons nos voyages par un copieux déjeuner de *muffins* et de thé. Alors apparaissent Shakspeare et le vieux Linné (Gray s'occupait beaucoup de botanique et de Linné) luttant ensemble comme feraient deux Esprits pour l'âme d'un damné : tantôt c'est l'un qui a le dessus, tantôt c'est l'autre. M. Gray est assez bon pour me montrer Macbeth avec tout son cortége de sorcières, fées, démons, esprits, dont je n'aurais jamais entendu le langage sans lui. J'en suis maintenant à essayer d'habiller tout ce monde à la française, ce qui est un rude labeur... »
— Je le crois bien. Voilà près de cent ans qu'on essaye, sans y réussir, d'accommoder ces génies d'une langue plus brave que la nôtre et de leur faire une toilette *à la française*. On n'ose les montrer tels quels que depuis peu ; c'est Chateaubriand le premier qui a donné l'exemple pour Milton, — avec bien des fautes et des achoppements, mais dans la bonne voie.

encore aimante envers ce qu'on a tant aimé et qui ne reviendra plus, cette douleur d'une âme orpheline de poésie et qui ne veut pas être consolée! Gray et Ulhand!

On a la contre-partie du récit de Bonstetten, le témoignage de Gray lui-même sur ce jeune ami, et un témoignage tout vif donné dans le temps de son séjour. Sur une lettre de Bonstetten (1), écrite de Cambridge le 6 janvier 1770 à son ami Nicholls qui l'avait lié avec Gray, celui-ci avait ajouté en *Postscriptum :* « Je n'ai jamais vu un tel enfant, les nôtres ne sont pas faits sur ce moule-là. Il est en action du matin au soir ; il n'a d'autre récréation que de passer d'une étude à l'autre ; il n'aime rien de ce qu'il voit ici, et cependant il désire rester plus longtemps, quoiqu'il ait passé déjà toute une quinzaine avec nous. Sa lettre n'a pas été corrigée du tout, et elle est de moitié plus agréable que si elle était d'un Anglais. » Mais s'il donnait à Gray bien du plaisir par ses vivacités, Bonstetten lui donnait pour le moins *autant* d'inquiétude. Le poëte ne s'explique pas là-dessus très-nettement ; si Bonstetten croyait à un mystère pour la tristesse de Gray, celui-ci en retour paraît avoir cherché avec quelque anxiété le secret de la bizarrerie de Bonstetten, qui est, dit-il, « la personne la plus extraordinaire qu'il ait jamais rencontrée. » L'aimable Bernois l'avait tout à fait ensorcelé, et Gray ne pouvait parler d'autre chose. Sur un point il reste mystérieux et n'ose se confier par lettre. Il paraît avoir craint qu'un si grand mouvement d'idées ne finît par quelque dérangement d'esprit. Au moment du départ de son jeune ami pour la

(1) Celle même qui est citée dans la note précédente.

France, il écrit à leur ami commun Nicholls : « C'est pour le coup que mes soirées solitaires vont me paraître moins légères à passer qu'avant de l'avoir connu. Aussi c'est votre faute. Tâchez, je vous en prie, que le premier que vous m'enverrez soit écloppé, aveugle, lourd, bouché, dur de tête. Car pour celui-ci, comme dit lady Constance (dans *le Roi Jean*), *il n'y a jamais eu une aussi gracieuse créature née sous le soleil*. Et cependant...— mais n'importe. Brûlez ma lettre... Vous allez croire que j'ai pris de lui la folie (car il est certainement fou), et peut-être vous aurez raison. » La dernière fois qu'il est question de Bonstetten dans une lettre de Gray (3 mai 1771), c'est avec un sentiment d'inquiétude bien légitime ; Bonstetten était alors retourné dans son enfer de Berne :

« Il y a trois jours j'ai reçu une si étrange lettre de Bonstetten, que je ne sais comment vous en rendre compte, et je désire que vous n'en parliez à personne. Il dit qu'il est *le plus malheureux des hommes*, qu'il est *décidé à quitter son pays*, c'est-à-dire à venir passer le prochain hiver en Angleterre, qu'il ne peut supporter *la morgue de l'aristocratie et l'orgueil, armé des lois*; bref, dans l'expression de son ennui et de sa confusion d'esprit, il va jusqu'à parler de *pistolet* et de *courage*, et le tout sans ombre de raison précise à l'appui. Il faut ou bien qu'il ait l'esprit dérangé (ce qui est trop possible), ou qu'il ait fait quelque étrange chose qui aura exaspéré toute sa famille et ses amis de là-bas, ce qui (je le crains) est également possible. Je ne sais absolument qu'en penser ; c'est à vous de voir et d'en savoir davantage ; mais n'épargnez aucun moyen pour soumettre au frein ces imaginations capricieuses et vagabondes, s'il y a place pour un bon conseil.... »

Ce Bonstetten wertherien, hâtons-nous de le dire, excède et dépasse de beaucoup le Bonstetten naturel, habituel, celui qui va durer, fleurir et se renouveler jusqu'à la fin, et qui, après avoir été un si séduisant jeune homme, parut à tous un si agréable vieillard. En regard du Bonstetten de vingt-quatre ans que Gray vient de nous montrer dans toute sa fougue et sa gentillesse, et dont il a peur en même temps qu'il en est charmé, représentons-nous celui que Zschokke a dépeint à bien des années de là, « d'une taille un peu au-dessous de la moyenne, mais fortement constitué, trahissant par la grâce et la noblesse de ses manières l'habitude d'une société choisie, le visage plein d'expression, d'un coloris frais et presque féminin, le front élevé et d'un philosophe, les yeux pleins d'une souriante douceur, tout à fait propre à captiver, et tel, en un mot, qu'après l'avoir vu une fois, on ne l'oubliait plus. » C'est à celui-ci que nous allons avoir affaire.

Lundi, 3 septembre 1860.

# CHARLES-VICTOR DE BONSTETTEN

ÉTUDE BIOGRAPHIQUE ET LITTÉRAIRE.

Par M. AIMÉ STEINLEN

(SUITE.)

Cependant, avant de considérer Bonstetten sous sa forme dernière et définitive (si tant est qu'il y ait jamais eu rien de définitif en lui), nous avons à le mener, à l'accompagner rapidement à travers ses âges intermédiaires. Il n'a que vingt-cinq ans, il quitte l'Angleterre après quelques mois de séjour, il vient à Paris et y retrouve quelques-unes de ses connaissances et de ses meilleures amies de Genève, madame Necker, reine d'un salon, les duchesses d'Anville et de La Rochefoucauld. Le voilà au cœur de la plus belle société et du plus grand monde. C'était le moment où la nature était à la mode, où la Suisse allait le devenir : Tronchin la mettait en honneur pour le régime, et Jean-Jacques pour le paysage. L'heure de Florian et de ses Idylles approchait. Le moment n'est pas loin où une jeune dame bien apprise et convenablement sentimentale devra se choisir pour ami de cœur un des beaux officiers suisses de Versailles, et faire au moins une fois le pèlerinage de Zurich pour visiter

Gessner. Bonstetten, déjà aguerri au monde, qui avait vu du pays et beaucoup comparé, ne se laissa point prendre à ces caresses et à ces flatteries : il s'en raille agréablement. Le caractère français, parisien, en tant qu'il diffère essentiellement du génie anglais, est parfaitement saisi et présenté par lui. Ce n'est pas le lieu d'insister sur ces comparaisons où il y a du pour et du contre, et qui se font plus à l'aise les portes fermées. Mais voici une jolie page datée de Paris même et qui en est digne :

« Une nouvelle pièce a-t-elle paru, l'on va chez madame Geoffrin, madame Necker ou mademoiselle de Lespinasse ; on retient ce qu'en ont dit Diderot, d'Alembert, Marmontel, Thomas ; on fait des visites ce même soir, on voit au moins soixante personnes, à qui l'on répète la même chose. Ces soixante personnes en font autant de leur côté, de sorte que le lendemain l'arrêt se trouve promulgué dans tout Paris et la pièce jugée. Ces décisions des hommes de goût ne sont dans le fond que la voix publique que les hommes d'un tact supérieur devinent par instinct (1) ; elles se modifient et se perfectionnent (2) en passant de bouche en bouche. La nécessité dans laquelle on se trouve chaque jour de porter un jugement sur ce qui a paru de nouveau dans les arts, oblige chaque maison d'avoir un bel esprit, c'est-à-dire un homme qui la fournisse de décisions sur tout ce qui se présentera. Ces beaux esprits font entre eux une aristocratie invisible qui va finir dans le peuple par des gradations imperceptibles. Les chefs ont leurs tribunaux,... les subalternes ont leurs départements. Rien ne peint mieux ces illustres assemblées qui se tiennent chez mesdames Necker et Geoffrin qu'un mot d'un étranger. Quelqu'un lui proposa d'assister à un dîner où il trouverait assemblés tous les hommes célèbres dont les noms sont connus en Europe. L'étranger, enchanté de cette proposition, y alla ; il trouva un grand cercle établi ; il s'assit, bien résolu de faire son profit dans une société aussi illustre. Il regarda beaucoup, il écouta ; on ne disait rien, on s'entre-regardait, ou l'on parlait de pluie et de beau temps. Les chefs ne disaient presque mot ; les subalternes approuvaient en silence et selon les personnes qui avaient parlé. Tout le monde avait un air contraint,

(1) Oui, mais seulement dans des genres déterminés, convenus.
(2) Pas toujours.

et l'on mourait d'ennui. Enfin l'étranger, impatienté de leur maussaderie, tira par la manche celui qui l'avait amené, et lui demanda : « *Quand est-ce qu'ils commenceront ?* »

Convenez que ce n'est pas mal pour un Suisse qui n'a encore que quelques semaines de Paris. Bonstetten y obtenait du succès ; les hommes les plus sérieux de ces salons littéraires, Thomas, l'abbé de Mably, s'attachaient à lui et s'étaient mis dans la tête de lui faire faire une Histoire de la Suisse, — cette même Histoire dont l'honneur était réservé à l'illustre ami de Bonstetten, Jean de Muller. — Bonstetten, dont ce n'était pas la vocation, éludait, les laissait dire, et les entendait pendant des heures développer leurs plans patriotiques, emphatiques ; lui, qui craignait déjà les ennuyeux, il ne savait bientôt plus comment fuir ces prédicateurs acharnés qui voulaient faire de lui un Raynal suisse ; il en était poursuivi jusque dans le parc de Saint-Ouen, chez madame Necker ; jusque dans le château de La Rocheguyon, chez ses amies les duchesses de La Rochefoucauld, qui elles-mêmes se mettaient de la partie et devenaient complices :

« Ce qui ajoute à l'envie de me retrouver chez moi, écrivait-il de La Rocheguyon, c'est que voilà quatre jours que je me trouve avec l'abbé de Mably. « Et quand verrons-nous cette Histoire de « la Suisse ? et quand commencerez-vous ? » Et puis le voilà qui s'échauffe sur ce sujet ; enfin il nous en a tant parlé, que toutes les duchesses sont à épousseter les vieux bouquins et toutes les Histoires de Suisse qu'il y a dans la bibliothèque. La duchesse d'Estissac meurt d'envie de faire le voyage des Cantons ; madame d'Anville a déjà tracé sur sa carte la route qu'elle prendra ; la duchesse de La Rochefoucauld fait rapiécer un château ruiné qu'elle a sur les frontières ; l'abbé se désole de ce qu'il est né Français. Quand je dis à madame d'Estissac qu'on peut se consoler d'être né en France quand on a six ou sept cent mille livres de rentes, elle se met dans une colère terrible. « Ne suis-je pas esclave de mon

« rang ? ne suis-je pas obligée à faire malgré moi de la dépense ?
« M'aperçois-je jamais que je suis riche, sinon par la contrainte
« que ma condition m'impose ? Et puis c'est qu'ils ont du lait dé-
« licieux dans leurs montagnes. Monsieur, combien êtes-vous dans
« votre Conseil ? Vous êtes tous aristocrates, donc ! Oh ! mais voilà
« qui est infâme.... Madame de La Rochefoucauld, vous avez du
« tabac qui est le plus noir du monde.... Vous n'êtes donc pas
« libres dans votre pays ? Portez-vous de l'or chez vous ? » — Ces
femmes parlent de notre condition avec autant d'ignorance que
ceux d'une condition inférieure parlent de celle d'une duchesse ou
d'une princesse. »

De retour à Berne, et en attendant son entrée dans la vie publique, Bonstetten passa quelques années de fin de jeunesse, très-animées encore et très-variées, qu'on suit à la trace dans ses Correspondances. Il s'était lié, en 1773, d'une amitié fraternelle avec un jeune homme de sept ans plus jeune que lui, destiné à une noble gloire, Jean de Muller, de Schaffhouse, le prochain historien national de la Suisse. L'amitié qui unit à l'instant ces deux hommes, l'un déjà si distingué et l'autre tout à l'heure illustre, cette alliance presque sacrée qu'ils se jurèrent et dont une Correspondance publiée en allemand a immortalisé le souvenir, avait quelque chose de solennel et de théâtral qui est bien du temps; mais elle garde, aux yeux même d'une postérité plus froide, de l'élévation, de la grandeur, une vraie beauté morale, je ne sais quoi d'antique, un cachet de Pline le Jeune et de Tacite avec une teinte de l'enthousiasme du Nord. L'influence de Bonstetten sur son jeune ami fut salutaire et bienfaisante : il contribua à le confirmer dans cette courageuse entreprise d'une Histoire de la Suisse, à laquelle lui-même, convié il y avait peu d'années, il ne s'était pas jugé suffisant. Et notez jusque dans cette œuvre tout helvétique, tout allemande, un contrecoup de l'impulsion française! Bonstetten, dans son court séjour à Paris en 1770, est prêché, chapitré, tourmenté, mis presque à la question sur l'Histoire de la Suisse par Thomas, Mably, tous ces sublimes ennuyeux dont il s'est plaint. — Oui, ennuyeux tant que vous voudrez; ils parlaient de ce qu'ils ne savaient pas bien, ils entreprenaient un jeune homme qui y était peu propre, ils allaient comme sont allés si souvent nos théoriciens prêcheurs, tout droit devant eux et à tort et à travers; mais l'idée pourtant, l'idée française d'une Histoire suisse à faire, — du besoin qu'on avait d'une Histoire suisse, — restait attachée à l'imagination et enfoncée dans l'esprit de Bonstetten; il emportait sans y songer l'aiguillon; et lorsque trois ans après, il rencontre Jean de Muller au seuil de sa magnanime entreprise, mais encore incertain sur la forme, sur l'étendue, sur la plénitude du dessein, Bonstetten se souvient à l'instant et se sert de l'aiguillon qu'il a reçu, et, devenu prêcheur à son tour, il pousse, excite et soutient son ami dans la grande carrière.

Un voyage d'Italie en 1773 et 1774 l'initia au monde des arts et au sentiment de la vraie beauté : il y vit et y connut, chemin faisant, tout ce qu'il y avait de distingué et de célèbre, depuis le pape Ganganelli auquel il fut présenté, jusqu'au comte Firmian, premier ministre de l'Autriche dans le Milanais et en réalité vice-roi de la Lombardie, qui l'accueillit avec amitié. Malgré les vertus et les lumières du comte Firmian qui le faisaient aimer et respecter des Milanais, Bonstetten discerna l'incompatibilité radicale qu'il y avait entre le régime allemand et le génie italien; il s'explique là-dessus très-nettement. Il vit beaucoup à Rome l'héritier des Stuarts, le Prétendant, et sa belle épouse, la *Reine des cœurs*, la comtesse d'Albany, dont il devint même amoureux. Mais les amours de Bonstetten paraissent avoir été d'agréables distractions plutôt que des orages : il réservait son culte le plus fervent pour l'amitié (1).

Ramené encore une fois à Berne après tous ces retards et tous ces longs tours, déjà averti de mûrir par la mort de son excellent père qui, en disparaissant, lui laissait ses recommandations plus présentes avec l'exemple de ses vertus, il se résigne enfin à cette vie publique dont l'heure pour lui a sonné. Il allait avoir trente ans; il est élu membre du Grand-Conseil; il se marie; il entre dans les années ternes. Il est pris dans l'engrenage de la machine, et devient lui-même un des rouages. En vain son ami Muller le prêche à son tour, essaye de le piquer d'honneur, de le rappeler à la *vertu*, comme disent les Italiens, à l'idéal, comme disent les autres, à la religion de l'art, à la spéculation et à l'accomplissement d'une œuvre immortelle :

« Pourquoi, mon ami, vous consumer dans une oisiveté pleine de fatigues? Vous avez en vous un trésor de connaissances, vous avez un ami; pourquoi ne pas jouir d'un bonheur qui est en votre puissance, au lieu de passer votre vie dans des intrigues sans intérêt, auxquelles nous sommes, vous et moi, moins propres que personne au monde? Pourquoi rechercher des dignités qui dépendent de mille hasards, et ne vous empêcheraient pas de mourir d'ennui? Tout cela, pour être utile dans trente ans d'ici, quand vous et moi n'existerons peut-être plus, à un fils qui ne naîtra peut-être

(1) Bonstetten resta en correspondance avec la comtesse d'Albany, et la Bibliothèque de Montpellier, où sont déposés les papiers de la princesse légués par le peintre Fabre, son troisième *mari* (*mari* ou peu s'en faut, le mot d'ailleurs est de Bonstetten), possède plusieurs lettres de Bonstetten à elle adressées, sans compter des lettres de Sismondi à la même, dans lesquelles il est souvent question de lui. M. Steinlen, en y puisant, aura à enrichir sa seconde édition.— M. Saint-René Taillandier en a, depuis, donné d'intéressants extraits dans la *Revue des Deux Mondes* (15 février 1861).

jamais, qui peut-être mourra jeune...! Et de plus, il y a tout lieu de croire, si l'on considère les progrès de la raison, que dans trente ans d'ici, ce même fils trouvera vos sollicitudes bien ridicules. Et cependant, toi, l'ami et l'élève éclairé des sciences ; toi, mon ami, tu cherches avec plus d'ardeur à te faire confondre dans la foule des *grands* d'un petit État, qu'à obtenir par tes travaux l'estime et l'amitié des véritables grands de la terre! Toi, le concitoyen et l'ami d'un Haller, un bonnet de Conseiller flatte plus ton orgueil que les larmes de la patrie versées sur ta tombe et les monuments honorables que t'élèverait la postérité!

« Éveille-toi, mon ami ! rappelle-toi nos anciens amis, les grands hommes que nous avons lus, que nous avons adorés ensemble, le siècle où nous vivons, tes premiers penchants, le caractère de ton esprit, et l'espèce de bonheur qui était l'objet de tes désirs. Choisis ! car, en vérité, je suis las de ta demi-existence. Veux-tu être M. le Conseiller, M. le Trésorier, Son Excellence de Berne, et comme Son Excellence un tel, mourir d'ennui toute l'année et subir mille mortifications? alors encore notre amitié sera éternelle, mais il y aura quelques hommes que j'estimerai autant que toi, parce qu'ils sauront non-seulement suivre le même plan avec une habileté très-supérieure, mais encore le concilier avec leur bonheur personnel. Si au contraire, au lieu de te traîner lentement sur la route du bonheur et de la gloire, chargé d'un lourd costume d'Avoyer, et escorté d'une troupe d'huissiers à baguette, tu veux, dans toute la vigueur de ton esprit, *cursu contingere metam*, cesse de regarder derrière toi, à droite, à gauche, en haut, en bas, et tiens constamment les yeux fixés sur le but qui t'est offert. »

Ainsi écrivait Muller à son ami. Le voisinage et l'influence littéraire de Rousseau se font sentir dans ces exhortations chaleureuses où se dresse à tout moment l'apostrophe. On croit entendre mylord Édouard morigénant un peu fastueusement Saint-Preux. Il ne laisse pas d'être singulier de voir un historien, et l'historien d'un pays libre, faire fi à ce point de la pratique politique, comme si les Anciens qu'il invoque n'avaient pas dû à l'exercice des charges publiques et au maniement des affaires le sens et l'intelligence supérieure qu'ils portaient ensuite dans leurs livres; comme si Thucydide, Salluste et Cicéron n'avaient fait dans toute leur vie qu'une seule chose,—écrire.

Il y avait donc à dire pour et contre ; c'est au fond l'éternelle opposition de la théorie et de la pratique, de la spéculation et des affaires, de l'art et de la vie. Cependant Bonstetten, sans trop raisonner son choix, était engagé, et il dut suivre jusqu'au bout cette carrière publique jusqu'à ce que des événements impérieux vinssent le délivrer. Seulement il ne la suivit, cette carrière, qu'en homme à demi convaincu ; il avait des regrets, de fréquents soupirs vers une vie plus agréable, plus conforme à la délicatesse de ses goûts. Il se raillait (ce qui est un signe de légèreté) des choses même auxquelles il prenait part ; il n'entrait pas dans l'esprit de ce ferme et stable Gouvernement bernois, et il ne commença à le respecter, à l'apprécier et à en reconnaître les vertus qu'au moment où il le vit s'écrouler sous le choc de la Révolution : jusque-là il n'en avait guère aperçu que les défauts.

Trois fois, dans le cours de vingt années, il eut à quitter Berne pour administrer des pays sujets de ce Canton. Une première fois (1778), nommé bailli ou préfet à Gessenai, contrée pastorale et l'une des plus belles des Alpes suisses, il aimait à raconter les instructions qu'il reçut de l'Avoyer d'Erlach à la veille de son départ. Mandé chez l'Avoyer, il s'attendait à ce que celui-ci lui parlât affaires et s'ouvrît avec lui des secrets d'État : il repassait en idée, au moment de l'audience, son Machiavel et son Montesquieu. Mais à peine entré : « Ah ! bonjour, mon cousin, lui dit l'Avoyer en le faisant asseoir, vous voilà donc bailli. Je ne sais si vous connaissez les usages ; on vous enverra des notes. On donne par an un fromage à chaque Conseiller, et *tant* (un chiffre, je ne sais lequel) de fromages à l'Avoyer. Votre prédécesseur était un sot; il ne m'envoyait que de petits fromages, qui ne valent pas les grands. Souvenez-vous, mon cousin, de m'en envoyer de grands. Adieu, mon cher cousin, je vous souhaite un bon voyage.—Ma cousine se porte bien? » ajouta-t-il en se levant. Telles furent les instructions secrètes que recevait du premier magistrat de son pays ce bailli de trente-trois ans. Il racontait cela, il l'écrivait et tournait ainsi en ridicule un patriciat qui, pour s'en tenir à des recommandations si simples, n'en était peut-être pas moins sage.

Bonstetten ne passa guère qu'une année dans ce curieux pays primitif où son ami Muller le vint voir et qu'ils explorèrent en tous sens pendant la belle saison : Bonstetten en fit une description intéressante, que Muller emporta avec lui pour la traduire en allemand (Bonstetten n'osant encore se risquer à écrire en cette langue), et qu'il publia deux ans après dans le *Mercure allemand,* dirigé par Wieland. Ainsi l'homme de Lettres en Bonstetten profitait de l'administrateur déjà, de même que l'administrateur en lui profita et s'inspira sans cesse de l'homme de Lettres éclairé, bienveillant et ami sincère de l'humanité.

Nous avons vu Bonstetten, dès le principe, écrire comme naturellement en français, et même en anglais; il fallut bien pourtant qu'il se remît à l'allemand qu'il savait mal, qu'il ne savait plus; il s'y appliqua durant cette période bernoise de sa vie, et il devint par la suite un auteur distingué dans les deux langues. Ceux qui sont à même de comparer les ouvrages de lui qui appartiennent à chacune des deux littératures, ont cru remarquer qu'il s'était fait une espèce de compensation dans sa manière de dire; que sa phrase allemande avait gagné à son habitude du français d'être plus rompue et plus aisée qu'elle ne l'est d'habitude chez de purs Germains ; et que, dans sa dernière période toute française, son style épistolaire, en revanche, était un peu moins court et moins alerte que d'abord. Quoi qu'il en soit de ces distinctions qui m'échappent un peu, Bonstetten resta toujours, en tant qu'écrivain français, vif, rapide, naturel, un causeur qui trouve son expression et qui ne la cherche jamais : en quoi il diffère du tout au tout des autres écrivains bernois, du respectable et savant Stapfer, par exemple, qui ne put jamais désenchevêtrer sa phrase française, et qui, avant d'écrire une seule ligne, se demandait toujours dans un embarras inextricable : *N'est-ce pas un germanisme? n'est-ce pas un gallicisme?* sans parvenir jamais à s'en démêler. Bonstetten, lui, n'a rien de cette ambiguïté, de cette odieuse condition d'amphibie ; il écrit comme il parle, et il parle en même temps qu'il pense ; je laisse aux Allemands le soin de le qualifier par le côté qui leur appartient, mais en tant qu'il nous regarde et qu'il s'adresse à nous, il est, comme Grimm, un des nôtres.

Comment n'en eût-il pas été, l'aimable et hospitalier bailli de Nyon (car ce fut le second gouvernement de Bonstetten) qui, aux belles années finissantes de Louis XVI et aux premières années de la Révolution (1787-1792), eut l'occasion de recevoir, d'accueillir la meilleure compagnie française, le monde élégant des Émigrés, et de leur adoucir la première étape de l'exil? A deux pas de Coppet, au bord de ce beau lac, dans cette Suisse romande que Voltaire avait tant goûtée, Bonstetten, avant que les événements menaçants lui fissent la position trop difficile et vinssent mettre à une trop forte épreuve son caractère, avait trouvé le moyen de concilier tous ses goûts de curiosité, d'universalité, de philanthropie, de cosmopolitisme. Préposé à l'administration et (si le mot n'était trop pompeux) à la vice-royauté d'un pays sujet, qui voyait dans la Révolution d'un grand pays voisin un signal pour sa propre émancipation, Bonstetten sut, par son ascendant moral, maintenir jusqu'au bout sans violence le régime dont il était le représentant. A toutes les tentatives qu'on faisait pour ébranler son autorité, il n'opposait qu'une défense : le soin qu'il prenait de la faire aimer. Jamais bailli n'avait été si fêté, si applaudi : il unissait le désintéressement bernois et la franchise helvétique à la politesse française et à la condescendance philosophique. Sa dépense était celle d'un seigneur, ses manières celles d'un magistrat populaire. Les théories de bien public trouvaient, en tout ce qui dépendait de lui, leur prompte et loyale application. Aussi, pendant que le reste du Pays de Vaud se mettait en rumeur d'abord, puis en rébellion ouverte, le bailliage de Nyon demeura jusqu'à la fin de l'administration de Bonstetten parfaitement calme; aussitôt après son départ, il suivit le mouvement général. Ce qui ne veut pas dire que Bonstetten, incapable de réprimer, eût été de force, plus longtemps, à contenir.

Comme adoucissement et consolation à ce qui ne laissait pas de lui donner bien des ennuis, Bonstetten avait la société et l'amitié. Il s'était fait en ces années un nouvel ami intime, moins héroïque et moins épique que Muller; c'était l'aimable et sensible poëte Matthisson. Il nous en a tracé un portrait charmant; ne lui a-t-il point prêté un peu? Leur correspondance allemande publiée permet l'étude et la comparaison à qui la voudra faire. Il l'avait logé chez lui, au bout d'une longue galerie, dans le plus beau coin du château, d'où l'œil embrassait toutes les beautés du lac, le mouvement du port et de la ville, et un horizon immense terminé par la vaste étendue des Alpes : « tout cela était au service de sa poésie. » Il l'y posséda durant deux années, et il ne parlait jamais de ce temps de réunion qu'avec fraîcheur et ravissement :

> « Quel bonheur, écrivait-il, de sentir à ses côtés un ami, et un ami tel que Matthisson, avec lequel je pouvais sortir de la prose de la vie pour entrer quelquefois dans la poésie de l'enfance qu'il avait si bien su chanter ! Dans nos promenades solitaires nous allions quelquefois courir après les eaux d'un ruisseau où nous nous plaisions à lire nos destinées futures. — Vois-tu là-bas le calme des eaux, lui disais-je ; est-ce bonheur ou ennui ? — Oh ! là-bas, disait Matthisson, c'est mieux encore : un cours paisible suivi d'un vif entraînement. — Ce sera joli, lui dis-je ; et plus loin, vois-tu ces chutes d'eau sur de durs cailloux ? C'est du malheur, mais cela passera ; et tout là-bas est le beau lac où les ondes des torrents auront de plus nobles destinées. »

Cette mélancolie, chez Bonstetten, ne se montre que rapide et par éclairs : c'est l'esprit avec lui qui court le plus fréquemment. Il disait encore de son ami, en laissant voir bien ingénument toute la différence qu'il y avait de sa façon de vivre à celle de Gray :

> « L'humeur de Matthisson variait du sérieux au gai ; plus souvent il était sérieux... Il avait des journées entières où je ne pouvais lui arracher une parole, pas même une réponse. Ces journées de fermentation poétique étaient toujours suivies de quelque beau poëme. Le matin, en s'éveillant dans son cabinet, mon ami jouissait de la belle vue ; puis il travaillait jusqu'à une heure avant le dîner qu'il passait le plus souvent à se promener seul avec moi. Après dîner il s'évadait furtivement pour faire de la poésie d'amour avec quelque aimable et jeune personne. Il était si mystérieux que jamais il ne m'en a fait la moindre confidence. »

Le seul reproche fondé qu'on pût faire à l'aimable

bailli de Nyon était d'apporter dans l'exercice de ses fonctions officielles une distraction souvent prodigieuse, dont il était ensuite le premier à rire, et que ses administrés attribuaient respectueusement à la variété, à la profondeur de ses études économiques, métaphysiques, historiques, tandis qu'elle tenait surtout à son humeur. Cela lui fournissait matière, sur la fin de sa vie, à quelques-unes de ces anecdotes qu'il contait si bien et que sans doute il arrangeait tant soit peu. Lorsqu'on le mettait sur ce chapitre de l'Émigration française, à laquelle il fut si généreusement secourable : « Ma conscience, disait-il gaiement, ne me reproche que deux méfaits pendant cette importante et difficile période de mon gouvernement. Une fois, mon salon était rempli d'hôtes de condition, d'Émigrés nouvellement arrivés qui devaient dîner avec moi; je suis appelé pour une affaire imprévue; en sortant du salon pour passer dans mon cabinet, je ferme étourdiment la porte à double tour, et mets la clef dans ma poche. L'affaire qui me réclamait était grave; il fallait aller sur-le-champ en personne dans un lieu assez éloigné. Je fais atteler; j'oublie mon dîner et mes hôtes. La nuit se passe en courses, et quelle est ma stupéfaction, en rentrant chez moi le lendemain matin, de trouver la fatale clef dans ma poche! Mes prisonniers affamés, supposant à mon absence et à leur réclusion quelque grave motif qui les concernait, étaient demeurés cois pendant toute la nuit, mais en proie aux alarmes les plus folles et les plus excusables eu égard aux circonstances. Ils maudissent encore, j'en suis sûr, l'étourderie de leur amphitryon. » Le second méfait que se reprochait Bonstetten avait pour objet de pauvres religieuses de Thonon qui, fuyant devant les premières colonnes de M. de Montesquiou, s'étaient décidées à traverser le lac et à chercher un asile sur l'autre rivage. On vint demander à M. le bailli un passeport pour ces bonnes filles, afin qu'elles pussent en toute sûreté gagner Fribourg, une terre catholique. « Précisément dans ce moment-là, racontait Bonstetten, j'expédiais la permission d'exporter pour les besoins de l'armée française une certaine quantité de bétail. Des deux papiers je pris l'un pour l'autre ; je donnai gravement au fondé de pouvoir des religieuses le *laissez-passer* préparé pour les veaux. La bévue se reconnut à la frontière ; on voulut absolument y voir une pasquinade philosophique, et tous mes efforts pour justifier de mes distractions incurables n'ont pu jusqu'à cette heure rétablir ma réputation auprès des couvents savoyards. » — On voit que si Bonstetten avait des distractions et des absences, il avait beaucoup de présence d'esprit pour les raconter et s'en ressouvenir.

Il n'avait pas attendu d'être si proche voisin de Coppet pour devenir un ami particulier des Necker et pour connaître familièrement madame de Staël. Il était inépuisable sur elle en anecdotes, très-gaies pour la plupart. Une seule ici suffira. Bonstetten déjeunait un jour chez eux en famille; il n'y avait que M. et madame Necker, et leur fille non encore mariée et dans sa première jeunesse. Le déjeuner, jusque-là, avait été sérieux; mademoiselle Necker, qui avait essayé quelque espièglerie avec son père, et qui avait dû se borner à des clins d'œil, était visiblement contenue par la présence de sa mère qui lui imposait et qui même la grondait : elle craignait sa mère autant qu'elle adorait son père. A un moment, on appelle madame Necker, qui se lève de la table et sort de la chambre. A peine est-elle dehors que sa fille, comme délivrée, bondit sur sa chaise, roule sa serviette, y fait un nœud et la lance à la tête du grave personnage qui s'y prête comme s'il n'avait attendu que le signal, et toute une partie entre eux commence; elle le prend dans ses bras et lui fait danser une ronde. Mais le pas régulier de madame Necker qui revient se fait entendre; mademoiselle Germaine a repris sa place; tout redevient cérémonieux; rien n'indique le moindre dérangement dans les attitudes, — rien si ce n'est la perruque de M. Necker, qui est à l'envers, et qui trahit la coupable. Bonstetten brodait là-dessus une historiette avec embellissements et variantes chaque fois qu'il la racontait.

Nous ne disons que les légèretés, mais il y avait l'observateur sérieux chez Bonstetten et qui jugeait très-sainement et sans trouble des choses considérables, des événements définitifs qui se passaient sous ses yeux. Dans un spirituel chapitre écrit plus tard et qui a pour titre : *Ce que nous avons été et ce que nous sommes, ou l'an 1789 et 1824*, il se reporte à ses souvenirs d'alors; il montre la ligne de démarcation précise qui sépare deux mondes, *cette grande Cordillière placée entre deux siècles*, ainsi qu'il appelle la Révolution : « Elle sépare, dit-il, des hommes si différents d'eux-mêmes que ceux qui, comme moi, ont vécu dans les deux époques sont étonnés d'être les mêmes hommes. » Il ne se fâche pas, il ne s'insurge pas contre l'irréparable, comme de Maistre; il ne monte pas sur la montagne pour prophétiser; mais il la traverse en voyageur de bonne volonté par les cols et les passages qui sont devant lui, et il se plaît à en comparer ensuite les versants opposés et les pentes. On ne s'est jamais mieux rendu compte du monde des Émigrés, de leurs qualités et de leurs défauts :

« Les emplois qu'au temps de la Révolution j'occupais dans ma patrie m'ayant mis en rapport avec quelques milliers d'Émigrés, j'ai pu les observer d'assez près pour être étonné de voir combien il y avait de vertus utiles dans les mœurs aimables des Français. L'habitude de paraître content des autres, qui fait une partie essentielle de l'art de plaire, leur donnait le talent de se plaire à tout. Ils plaçaient leur amour-propre à paraître contents dans un exil qu'heureusement ils croyaient ne devoir durer que peu. L'absence de toute humeur, leur gaieté naturelle, quelquefois au sein de la pauvreté, en les rendant aimables pour les autres, les rendaient eux-mêmes moins malheureux. J'ai vu M. Le Noir, autrefois lieutenant de Police à Paris, se mettre gaiement sur quelque char de paysan pour arriver à la ville prochaine. Ses promenades étaient rarement sans instruction pour lui-même ou pour les autres. Chose singulière ! les Émigrés jugeaient très-bien les étrangers avec qui ils étaient appelés à vivre, et ne comprenaient jamais les hommes de leur propre pays. Les sentiments de regret de tout ce qu'ils avaient perdu renforçaient tellement leurs souvenirs qu'ils devenaient incapables de voir autre chose que ce qu'ils avaient quitté dans leur patrie. Il en résultait le singulier contraste de gens très-clairvoyants dans ce qui leur était étranger, et toujours aveugles dans ce qui les touchait eux-mêmes. Un phénomène tout semblable se faisait remarquer alors chez les hommes en place de presque tous les pays de l'Europe. Tous jugeaient mal la Révolution, tous étaient clairvoyants dans les choses passées, et plus ou moins aveugles pour les choses présentes ! Le don de voir ce qui est mobile, celui de juger sainement ce qui est imprévu, serait-il refusé à qui voit de trop haut, ou le sentiment de la puissance de l'homme lui ferait-il croire qu'il commandera au temps de s'arrêter devant lui ? »

A propos de cet aveuglement si remarquable alors chez ceux qui auraient dû voir de plus haut, Rivarol disait une belle parole de royaliste irrité : « Autrefois les Rois avaient leur couronne sur le front, ils l'ont aujourd'hui sur les yeux. » Bonstetten n'a jamais de ces mots qui gravent ; mais il a le crayon fin, juste et léger.

Au sortir de son bailliage de Nyon et revenu à Berne où fermentaient des passions politiques très-animées, Bonstetten y resta le moins qu'il put, et, après quelque temps passé à sa belle terre de Valeyres près d'Orbe, il accepta la mission de Syndic dans les pays italiens sujets, dans ce qui forme aujourd'hui le Canton du Tessin. C'était là un genre d'expérience qui manquait à son éducation morale et philosophique. Cette Suisse italienne, conquise peu à peu et par portions, et sujette de la Suisse libre, mais sujette non d'un seul, mais de plusieurs États souverains, offrait alors l'assemblage monstrueux de toute les corruptions et de tous les abus. Il ne se pourrait imaginer de pire administration, plus enchevêtrée, moins contrôlée, moins responsable, plus vénale. C'était une administration en commun et par un Collége, où chacun des États co-souverains envoyait un fondé de pouvoir. L'agent d'un État considérable, tel que Berne ou Zurich, était d'ordinaire probe, mais indolent; l'agent d'un petit Canton était presque toujours rapace, insolent, insatiable. Ce Collége ou Syndicat, placé au-dessus du bailli, était destiné à reviser les procès, à contrôler les comptes : véritable tribunal en seconde instance, et duquel on pouvait encore appeler aux douze Cantons; mais on conçoit qu'un appel à douze Souverains et à douze pays était à peu près illusoire. La plupart de ces juges et Syndics, qui étaient des citoyens assez estimés et peut-être d'assez honnêtes gens dans leur Suisse libre, et qui observaient la morale de ce côté-ci des Alpes, s'en croyaient dispensés de l'autre côté du versant, et ils se conduisaient comme des pachas au petit pied. On ne leur parlait qu'à genoux :

« Je me souviens, raconte Bonstetten, qu'une des premières informations que j'eus chez moi comme juge fut celle d'une dame accompagnée de ses deux filles. A peine ces dames furent-elles entrées dans mon appartement qu'elles se placèrent toutes trois à genoux devant moi ; elles allaient faire leur information dans cette attitude. Je les relevai bien vite et les tançai sur ce qu'elles venaient de faire. Quand elles furent parties, je me dis qu'il fallait sans doute que de plaider sa cause à genoux fût un usage admis chez quelques députés, et je me rendis bientôt chez celui de mes collègues chez qui ces dames ensuite étaient entrées. Je les trouvai à genoux devant le député d'un Canton démocratique, faisant paisiblement leur information à cet homme. »

Cet homme était quelque gros paysan de Schwytz qui se donnait de la souveraineté tout son saoul, et tranchait du satrape pendant son Syndicat.

Chez la plupart des baillis et chez la majorité des juges du Syndicat la justice était vénale. Quelques juges prenaient de l'argent de l'une et de l'autre partie; d'autres plus délicats vendaient de bonne foi et ne recevaient que d'une main. On faisait durer les procès tant que les parties avaient de quoi payer. L'usage presque continuel de la torture devenait quelquefois un moyen de finance. Un homme fut accusé par son camarade de lui avoir volé un louis; il avoua le vol et restitua la pièce d'or; mais les juges se dirent : *S'il a volé un louis, il peut bien en avoir volé deux,* et ils le mirent à la question. Le second louis dut être pour eux. Le peuple opprimé se faisait à ce régime comme on se fait à un mauvais climat. « Là seulement, disait Bonstetten, j'appris à connaître l'ignorance. Il y avait chez ces hommes une fécondité d'idées, d'absurdités et de croyances superstitieuses de toute espèce : tout cela se croisait et s'enlaçait si bizarrement ensemble, que je me croyais dans les déserts de l'Amérique où de superbes forêts rendues inaccessibles par les lianes recèlent d'impénétrables ténèbres... Je certifie qu'avec les meilleures intentions je n'ai pu, pendant les trois années de ma charge (1795, 1796, 1797), faire le bien de personne. J'ai vu cent occasions où j'aurais pu faire le mal à mon profit, et jamais celle où j'aurais pu venir à bout de faire quelque bien. »

Bonstetten eut pourtant un succès, il réussit à vaincre un préjugé : il introduisit dans la vallée de Locarno l'usage de la pomme de terre. Le grand préjugé contre l'usage de la pomme de terre comme aliment pour l'homme, venait de l'idée qu'elle était *per le creature,* c'est-à-dire pour les porcs. Bonstetten, sachant le cas que le peuple faisait des Anglais à cause de leur grande dépense en voyage, imagina de faire lire dans les églises du bailliage de Locarno une exhortation à cultiver les pommes de terre, en ajoutant que la pomme de terre était chaque jour servie à la table du roi des Anglais. Neuf ans après, à Genève, un habitant de ces pauvres vallées vint le remercier de l'effet qu'avait produit *sa predica,* son prône. La pomme de terre, grâce à la recommandation, avait prospéré.

La Révolution, que l'aristocratique Berne ne put éviter et qui brisa l'ancienne Confédération, approchait avec les armées françaises : elle s'accomplit en 1798. Bonstetten, qui y assista, n'était point l'homme de ces luttes. « Ces temps d'enfer, disait-il, ne sont pas faits pour moi. — Voici ma devise, disait-il encore, je ne suis né pour aucun combat. » Bienveillant, modéré, ami d'un sage progrès et des lumières graduelles, pressé entre deux partis contraires, il semblait aux uns un bien pâle démocrate, aux autres un patricien infidèle. Il se retira des affaires. Sa carrière était brisée; il avait cinquante-trois ans. Il n'avait pour perspective que de voir sa vie s'éteindre tristement « dans Berne révolutionnée et pleine de haine et de ténèbres. » Il n'y rencontrait à chaque pas que des visages mauvais et durs, qui consternaient sa bienveillance. Un moment il pensa à s'expatrier pour toujours, lui et les siens, à quitter l'Europe pour l'Amérique. C'est alors qu'il trouva dans l'amitié un refuge, et que par elle il fut ramené aux Lettres, à la philosophie, au rajeunissement intérieur.

Lundi, 10 septembre 1860.

# CHARLES-VICTOR DE BONSTETTEN

ÉTUDE BIOGRAPHIQUE ET LITTÉRAIRE.

Par M. AIMÉ STEINLEN.

(FIN.)

« Inutile à mon pays, englouti sous les flots révolutionnaires, assourdi par les sons discordants de mille intérêts blessés, sans amis, entouré de haine et d'humeur, je quittai un pays qui, ne vivant que de souvenirs, était blessé à la fois dans sa gloire passée et dans ses intérêts présents et à venir. » Ainsi parlait Bonstetten de cette Berne où il s'était toujours senti dépaysé, mais qui dès lors n'était plus tenable après les événements de 1798. La voix de l'amitié qui l'appelait lui vint du Nord, de Copenhague où il avait une amie, madame Brun, sœur de l'érudit et pieux évêque de Seeland, le poëte Munter. Munter occupait, dans ce pays éclairé et sous ce gouvernement sage, une position élevée, comparable à celle de Goethe à Weimar, d'Ancillon à Berlin. Sa sœur Frédérique Brun, femme d'un riche banquier, était elle-même un écrivain distingué, sentimental; c'était Matthisson qui l'avait liée avec Bonstetten, dans un voyage de cette dame en Suisse. Pendant que Bonstetten était Syndic dans le Tessin, ils s'étaient retrouvés tous trois et avaient passé ensemble une journée délicieuse à la campagne de Pline près du lac de Côme. Madame Brun en a fait une description exaltée, qui nous paraîtrait aujourd'hui fort ridicule, et qui n'était que dans le goût du temps : « Les mains serrées dans les mains, nous vous promîmes fidélité, — à toi, ô Nature, — à toi, ô Amitié ; — et à Toi, reconnaissance filiale, Arbitre suprême de nos destinées ! Villa Pliniana, jamais sans doute des cœurs n'ont ainsi sacrifié sur ton autel ! » Bonstetten aussi touché, mais moins théâtral, s'est contenté de dire : « Quel rare bonheur que la réunion de trois amis auprès du monument du plus aimable sage de l'Antiquité ! »

Pendant deux années il trouva en Danemark dans la famille Brun le degré et comme la température d'affection qui lui convenait le mieux, et il eut aussi devant les yeux tout un monde nouveau qui se découvrait à son intelligence. En traversant l'Allemagne il s'était arrêté assez pour la bien comprendre. Nulle âme n'était plus faite que celle de Bonstetten pour sentir et pour exprimer avec fraîcheur la douceur de la société, pour respirer la fleur de *sociabilité* dans son parfum et l'esquisser avec ses différentes nuances. « En passant d'une nation à l'autre, disait-il, on distingue bien vite le sentiment par lequel on est abordé. On remarque d'abord en France le désir de tout le monde de briller en se distinguant de tout le monde. Dans le Midi on rencontre des âmes plus ou moins languissantes ou passionnées. En Angleterre la bonté nationale fait souvent sentir le tranchant de la réflexion. Ce n'est qu'en Allemagne que la bonté est toujours bonne... » A mesure qu'il s'avançait vers le Nord proprement dit, il sentait le calme descendre en lui, sa gaieté prête à renaître, même au milieu de la mélancolie légère que lui apportait l'aspect des landes uniformes et des horizons voilés : « l'atmosphère brumeuse était partout embellie par le caractère et la bonté des habitants. » Sortant d'un pays où il laissait ses biens en séquestre, sa réputation calomniée, où il avait entendu siffler de toutes parts l'envie, et vu se dresser la haine, il entrait dans des régions paisibles où la bienveillance venait au-devant de lui : « Les hommes, dit-il spirituellement, qui ne témoignent leur bienveillance qu'après y avoir bien pensé, me font l'effet de ces Juifs besogneux qui ne livrent leur marchandise qu'après en avoir reçu le payement. »

Je ne puis ici raconter tout ce qu'il apprit et découvrit dans ces régions du Nord. « Pour écrire sur l'histoire de ce pays, il faut vivre aux bords de la Baltique, avec les hommes distingués et les livres que l'on ne trouve que là. » Il ne s'en tint pas au Danemark; il fit une petite excursion en Scanie, et en reçut des impressions vives : « Quand j'eus passé la Baltique, je me sentis dans un pays nouveau : le ciel, la terre, les hommes, leur langage, n'étaient plus les mêmes pour moi. Les décorations de mes idées étaient changées... » Il observa la contrée en géologue amateur; il prêta grande attention aux pierres, aux blocs erratiques dont le sol est régulièrement semé, et qui semblent avoir été versés par les courants uniformes d'une mer profonde dans le dernier grand déplacement des eaux. Il entra aussi dans la poésie, dans la légende et dans l'histoire, dans le cercle des *Eddas* mythologiques et des *Sagas* héroïques de ce monde scandinave. Le grand historien du Nord, Suhm, vivait encore; il le visita un jour d'automne; et le trouva à sa campagne, vieillard de 73 ans à côté de sa jeune épouse : « Son esprit brillant, sa conversation animée et toujours spirituelle me rappelait celle de Voltaire. Comme Voltaire, Suhm ne pouvait dire vulgairement des choses même vulgaires. Il était toujours poëte dans sa conversation. » Mais les images familières de Suhm étaient presque toujours prises de la mythologie des Scandinaves et des Eddas; et pour l'étranger, même le plus alerte et le plus intelligent, il s'en perdait quelque chose.

Bonstetten, devenu tout à fait littérateur en ces années et auteur en allemand, pensait à se fixer pour toujours à Copenhague; il avait obtenu l'indigénat, et invitait même son ami Muller à le venir rejoindre; car il n'avait que relâché un peu ses liens d'amitié avec l'illustre historien; en acquérant de nouveaux amis, il ne renonçait pas aux anciens, et il justifiait ce joli mot de lui et qui lui ressemble : « Ce qui est léger n'est pas toujours infidèle. »

Dès que l'établissement du Consulat eut procuré une trêve à la Suisse, et qu'elle rentra, à l'exemple de la France, dans la voie des gouvernements réguliers, Bonstetten se sentit rappelé vers elle; il y revint en 1804, non sans donner au bon pays hospitalier qu'il quittait des larmes sincères. Madame Brun, d'ailleurs, délicate de santé et fuyant l'âpreté du Nord, venait elle-même à Genève, où elle engagea Bonstetten, encore incertain du lieu où il se fixerait, à se rendre pour une saison; ce séjour, devenu résidence, qui décida de la suite de sa vie intellectuelle, dura trente ans.

Il le variait par des voyages. Le plus remarquable fut celui d'Italie qu'il refit en 1802-1803, en compagnie de madame Brun, dans des conditions et des circonstances bien différentes de celles de sa première visite trente ans auparavant. Cette fois, c'était l'érudit, l'économiste, l'antiquaire, qui se préoccupait encore plus de l'état des choses que des plaisirs de la société, et qui s'attacha surtout à l'étude de Rome et de ses environs. Il s'était logé dans le magnifique désert de la *Villa di Malta*, sur la « Colline des jardins, » où l'on n'avait point encore tracé la promenade élégante du Pincio. De ce poste élevé il porta son investigation sur toutes les régions de la cité, sur tous les cantons de l'*Agro romano*, cette ceinture lugubre et splendide qui l'entoure.

Rome, à cette date, avait une physionomie bien faite pour frapper d'une impression ineffaçable ceux qui la virent. Elle sortait d'une tempête qui l'avait ébranlée profondément, et était à la veille d'une nouvelle tempête. Dans l'intervalle, elle reprenait peu à peu confiance dans sa force morale, et croyance dans sa propre éternité. Le successeur de Pie VI y régnait avec une résignation souriante sur un peuple réduit de moitié, sur des temples dépouillés de leurs richesses, et sur des provinces qu'un signe parti d'au delà des monts pouvait lui ravir le lendemain. C'eût été le moment sans doute pour un gouvernement d'une autre nature de songer à tirer parti de ses propres ressources et de redemander à un sol fertile ses richesses trop oubliées. Tout au contraire, plus morne et d'un aspect plus désolé que jamais, Rome s'enfonçait de jour en jour dans le désert. Le commerce achevait d'en disparaître, l'agriculture d'y périr. Les étrangers partaient et ne revenaient plus. Le côté grandiose, majestueux et, pour ainsi dire, épique de cette misère, se peut voir dans l'admirable *Lettre* de Chateaubriand *à M. de Fontanes*, écrite vers ce temps. Les accessoires du tableau, les éléments et les traits qui le justifient, se rencontrent épars, sans aucune physionomie poétique, dans la Correspondance railleuse et dans les livres plus sérieux de Bonstetten. Fort sévère pour la Rome pontificale, mais toujours candide et incapable de haine.

s'il s'affligeait peu de l'abaissement politique du Vatican, l'état de la Campagne de Rome lui inspira quelques-unes de ses recherches les plus approfondies, quelques-unes de ses pages les plus éloquentes : elles se trouvent dans son principal ouvrage, le *Voyage dans le Latium*.

L'ouvrage se compose de deux parties fort distinctes : la première est d'un classique et d'un antiquaire : elle s'intitule : *Voyage sur la Scène des six derniers livres de l'Énéide*, et nous offre l'un des premiers exemples (sinon le premier) d'un critique homme de goût relisant en détail un poëte sur les lieux mêmes qui sont le théâtre de ses chants, et qui en deviennent le plus lumineux commentaire. Bonstetten y part de ce principe que « la poésie chez les Anciens était si peu faite pour mentir qu'elle était au contraire comme une révélation de faits trop éloignés pour être aperçus par les yeux du vulgaire; » elle les ressaisissait en vertu d'une double vue et avec un caractère plus intime de vérité. On ne distinguait pas à l'origine entre l'imagination et la mémoire. Les Muses étaient les filles de Mémoire. « On parlait pour dire vrai, on chantait pour dire plus vrai encore. » *Mythos*, qui plus tard a voulu dire *fable*, dans la langue homérique signifie *discours* et *vérité*. En se plaçant à ce point de vue, Bonstetten profitait évidemment des bonnes leçons qu'il avait reçues dans le Nord auprès de Suhm et de Munter, et il appliquait à la poésie classique la théorie des *Sagas*. Seulement il confondait un peu trop les temps et attribuait à la poésie de Virgile ce qui n'est vrai que de la poésie homérique. A cela près, cette partie de l'ouvrage est curieuse, très-agréable, en général exacte; les antiquaires qui sont venus depuis (M. Ernest Desjardins, par exemple), et qui en ont profité, lui ont rendu justice.

La seconde partie du *Voyage*, toute moderne, est d'un homme qui a administré avec zèle et qui se préoccupe de toutes les branches de la fortune puplique, principalement de l'agriculture : ici, sous le plus beau climat, avec un sol admirable et les souvenirs d'une antique prospérité, il ne voit que misère, dépopulation, fièvre et famine, et il se demande pourquoi ; il se le demande en observateur éclairé, humain et sans colère (1). Pour tâcher d'atténuer l'effet désastreux de certains de ses tableaux, on a dit que Bonstetten avait visité le Latium dans une année de famine et qu'il avait trop généralisé ses observations. En en rabattant un peu, il ne restera encore que trop de vérité.

Il ne serait point prudent de comparer, d'ailleurs, aucune des pages de Bonstetten avec celles de Chateaubriand sur ces mêmes Campagnes : un dessin à la mine de plomb, même très-fin et très-juste, ne se compare point à une peinture du Lorrain ou du Pous-

(1) « Ce n'est pas, dit-il, que le Gouvernement de Rome soit moins animé de l'amour du bien public qu'aucun autre Gouvernement de l'Europe ; mais mille raisons l'empêchent d'aller en avant avec les lumières. La force de ce Gouvernement reposant sur d'antiques opinions, l'immobilité semble faire partie de sa dignité même. Le repos éternel dont il jouit, puisqu'il vit sans moyens de défense, l'âge et la majesté de son Chef et de son Sénat, n'en font plus qu'une représentation imposante. Mais toutes ces raisons de nullité disparaîtraient à la première volonté qu'il aurait d'être quelque chose ; car cet État porte en lui-même tous les éléments de prospérité. On peut lui dire ce que Jésus dit au paralytique : *Lève-toi, prends ton lit et marche.* » — Mais quel sera le nouveau Jésus qui dira cela avec la vertu efficace qui opère le miracle? Ce qui est certain, c'est que le vénérable Paralytique, quoi qu'on puisse lui dire, le Paralytique éternel, et qui se fait gloire de l'être, s'obstine à ne pas marcher, à ne pas bouger.

sin. Le point de vue, de plus, est très-différent, Chateaubriand s'attachant surtout à faire admirer comme hautement pittoresque et auguste cette même désolation que Bonstetten déplore, et qu'il voudrait combattre comme philanthrope et en économiste.

Bonstetten n'était cependant pas insensible et fermé à l'aspect pittoresque et aux beaux effets de tristesse morale : « Rome, disait-il alors, ne présente partout que l'image de la destruction et des vicissitudes humaines. Elle ne paraît grande que pour faire apercevoir l'immensité de l'empire de la mort. » Vingt-cinq ans après, écrivant à une jeune et brillante amie qui faisait ce voyage : « Que je voudrais voir l'Italie avec vous ! lui disait-il. A Rome, on a le sentiment qu'on domine le temps et la mort avec laquelle on aime à vivre. En voyant ce qui n'est plus, on est tenté de se croire immortel. Tout le reste de la vie de Rome est voué à l'avenir et au Ciel qui semble s'y ouvrir dans toute sa splendeur : le présent seul n'existe pas dans la sainte Cité. Je voudrais y passer ma vie avec vous. »

Le présent existait pour lui à Rome plus qu'il ne le croyait de loin et sur la foi des souvenirs ; mais il savait y mêler ce qui console. Cet asile propice, que la Ville éternelle n'a cessé d'offrir depuis trois siècles aux fervents artistes, voués à leur œuvre dans un religieux silence, il en savait le prix et en jouissait à sa manière pour promener sa curiosité. Il visitait les ateliers (*studj*), et y laissait, ne fût-ce que par ses jugements et ses louanges, des traces de ce patronage fin, délicat, généreux, qui était sa vocation véritable. C'est ainsi qu'il eut la bonne fortune d'encourager les débuts laborieux du plus beau génie que l'Art se soit choisi pour interprète dans les contrées scandinaves, de celui qui devait tenir le sceptre de la sculpture après

Canova, Thorwaldsen. Il l'avait déjà vu, je crois, à Copenhague; il le retrouva dans un coin obscur du palais Barberini, pauvre encore et tout à fait ignoré. Il le força, comme il avait fait pour Muller, de croire à son avenir et de compter sur la justice des contemporains. Le premier ouvrage de quelque importance qu'eût achevé le ciseau de Thorwaldsen, le *Jason*, fut si bien vanté et préconisé par Bonstetten, qu'il ne resta pas longtemps dans l'atelier. L'artiste, qui devait son premier succès à cet affectueux patron, aima toujours à le lui rapporter; et à des amis de Bonstetten qui le visitaient trente ans après, il disait en les conduisant avec émotion à un endroit de son atelier, alors tout peuplé de marbres glorieux : « Voilà la place où était le *Jason!* »

Au retour d'Italie, l'ouvrage sur le Latium fut lu par morceaux et, en quelque sorte, essayé dans le salon de Coppet chez madame de Staël. Elle avait fort encouragé Bonstetten à écrire en français; elle était faite plus que personne pour goûter ce qu'il y avait de nouveau, d'original, dans sa façon de dire. En écoutant les critiques de la châtelaine de Coppet et des hôtes distingués qui s'y trouvaient réunis, Bonstetten jugeait ses juges eux-mêmes : sur ce chapitre de l'Italie, il sentait bien le défaut de la cuirasse chez madame de Staël : « Elle est d'une extrême bonté; personne n'a plus d'esprit; mais tout un côté est fermé chez elle; le sentiment de l'Art lui manque, et le beau, *qui n'est pas esprit et éloquence*, n'existe pas pour elle. » Ceci était parfaitement vrai de madame de Staël avant *Corinne* et le séjour en Italie. Il rendait pleine justice à sa merveilleuse intelligence : « J'ai l'avantage de trouver à Coppet une critique impartiale; c'est aussi un art de tirer parti de la critique :

souvent je persiste dans mon opinion ; mais madame de Staël est si libre de préjugés, si claire, que je vois mes tableaux dans son âme comme dans un miroir. »

Le *Voyage dans le Latium,* publié à la fin de 1804, eut du succès, et décida de la rentrée de Bonstetten dans la littérature française. L'intention première de l'auteur était de publier trois autres voyages : l'un à la *Campagne d'Horace,* l'autre à *Préneste,* et le troisième à *Antium*, avec une description des ruines sous-marines, de ces jetées massives qui règnent le long des côtes, et qui faisaient dire à Horace que les poissons se sentaient à l'étroit dans la mer :

> Contracta pisces æquora sentiunt,
> Jactis in altum molibus....

Bonstetten les avait fait dessiner par Gmelin. Par malheur, tous ces matériaux se perdirent : « Si j'avais soupçonné le succès du *Voyage dans le Latium,* disait-il, je les aurais faits tous les quatre. » Personne, en effet, n'était plus que lui capable de rompre la monotonie de semblables *monographies* par toutes sortes de vues et de diversions agréables. Sa réputation eût fort gagné à une telle œuvre, et s'y fût assise dès l'abord ; car ce qui manque surtout à Bonstetten dans cette longue vie intellectuelle répandue sur tant de surfaces diverses, c'est un ensemble, c'est un centre ; il n'a pas de quartier général où l'on se rallie. Son œuvre n'a pas de clocher ni d'acropole. Eh bien ! quatre Voyages dans le Latium, sur quatre points principaux de cet antique et éternel pays, quatre pavillons dressés, n'eussent-ils pas été en pierre ni en marbre, mais portés sur le ciment romain, lui eussent fait un monument.

Bonstetten n'avait pas revu Paris depuis son rapide passage en 1770; il y revint dans l'été de 1805. C'était une tout autre France; mais il s'était tenu au courant dans l'intervalle. Pendant ses années de mission dans le Tessin (1795-1797), qui se rapportaient précisément à l'époque de la première campagne d'Italie, il avait fait plusieurs voyages à Milan; il y avait même été présenté au glorieux Général, qui lui avait témoigné de la bienveillance. La politesse des officiers de cette jeune armée, en opposition avec la grossièreté des représentants du peuple, lui avait paru le modèle de la politesse du nouveau régime. « L'absence des formes de convention semblait mettre dans tout son jour la bienveillance et la bonté de ces jeunes héros. » Il avait recueilli de la bouche des soldats quelques-unes de ces paroles patriotiques et simples qui leur sont familières dans les journées immortelles, et qui lui étaient allées au cœur; aussi Bonstetten, revenant à Paris, jouissait des changements accomplis, mais ne s'en étonnait pas. Il y vit beaucoup Carnot, le républicain non satisfait, et le fit causer, mais sans prendre de lui l'humeur contre ce qui était. Il a écrit plus tard sur ce régime impérial, sur son caractère provisoirement réparateur et nullement rétrograde, une des pages les plus intelligentes qui se puissent citer (1). A Paris, il était sur-

(1) Dans *l'Homme du Midi et l'Homme du Nord*, 1824. Voici le passage : « Ce despotisme, momentanément réparateur, était d'une espèce toute nouvelle. Fondé uniquement sur la force, il ne ramena point ce qui pouvait blesser l'égalité nouvellement acquise. Les noms, les titres, les vieilles fortunes et les vieilles réputations, autrefois objets de tant de jalousies, demeurèrent ensevelis, et les grandeurs nouvelles que l'on vit s'élever, loin d'être des objets d'envie, ne furent plus que des objets d'espérance pour des hommes nouveaux. Il y a plus, avec les vieilles institutions avaient

tout occupé, non de la politique, mais de la société;
il faisait part à madame de Staël de ses observations; elles sont piquantes, et trouveraient encore
leur à-propos aujourd'hui. Le ton du diapason, dans
l'éloge et dans la critique, comme dans la musique,
a fort monté depuis lors, mais il paraissait déjà fort
monté, et aussi haut que possible, à cette date;
chaque époque renchérit ainsi sur la précédente et
a peine à concevoir qu'on puisse aller au delà :

« C'est un singulier spectacle pour un observateur, écrivait Bonstetten, que celui de l'opinion publique. La louange et le blâme ont perdu leur valeur; ils sont devenus des assignats. On loue; mais cela ne tire point à conséquence. — Il a des vertus, dit-on; mais ces vertus, à quoi mènent-elles? — Tel est un coquin; mais le mot ne joue plus; on en a tant vu. — Tel ouvrage est détestable; mais les journaux ont répandu tant d'injures qu'il n'y a plus d'injures que pour les provinces. Vous vous rappelez le temps (le temps des assignats) où un dîner coûtait dix à vingt mille livres; il faut une dose monstrueuse d'éloges ou de critique pour valoir un mot d'autrefois, et bientôt les Fiévée paraîtront des hommes modérés. — On dit souvent du mal de vous (c'est à madame de Staël qu'il écrit); mais un mot de vous-même pèse des volumes de ce que ces gens-là peuvent dire, et les mots ne font pas plus d'effet sur l'opinion qu'on a de vous que les coups des Ombres n'en pouvaient faire dans les Enfers sur Énée ou sur Hercule. — Je n'ai jamais entendu louer quelqu'un de distingué sans y ajouter de *mais*. Quand on parle de vous, on commence toujours par le *mais*, et on finit par des éloges qui me charment. La critique est un habit déjà usé par les éloges qui percent au travers. »

disparu mille préjugés et mille produits absurdes de l'antique ignorance. L'esprit du siècle, dégagé des débris du vieux âge, s'était montré tellement supérieur aux institutions tombées, que déjà l'absence de ces institutions était un bien. Le Despote sut tirer parti des lumières d'un siècle nouveau, et comme il était lui-même une lumière, il épargna à ses subordonnés les fausses mesures et les vues étroites de la médiocrité, qui, en faisant le mal du temps présent, préparent encore des maux à la postérité. Quand le génie frappe, il touche au but comme la foudre, tandis que l'ignorance tombe en tous lieux comme une grêle malfaisante. »— M. Molé disait de Napoléon : « C'était une épée, mais une épée lumineuse. »

Tel devient le français librement manié par ce charmant esprit qui y taille à sa guise, et qui se prenait parfois à souhaiter une langue toute neuve, afin d'y exprimer plus fraîchement ses pensées (1).

Il avait alors un ouvrage en portefeuille, un ouvrage de métaphysique, ou du moins de psychologie; car il s'était remis à ce genre d'études dont il devait le goût à Bonnet, et qui était assez à la mode au commencement de ce siècle. Il a composé deux ouvrages principaux sur ces objets ou sujets du monde intérieur : *Recherches sur la nature et les lois de l'Imagination,* 1807; *Études sur l'Homme, ou Recherches sur les Facultés de sentir et de penser,* 1821. Ces ingénieux écrits n'eurent qu'un demi-succès, parce qu'ils ne rentraient dans aucune des écoles régnantes et qu'ils n'étaient pas de force à en fonder une; avec du vague dans l'ensemble, ils renferment bien de

(1) Il faut convenir qu'il était un peu ingrat envers le français qui se laissait si bien manier par lui. Voici comment il en parlait, dans une lettre écrite sur la fin de sa vie à une dame russe : « Il ne faut pas s'étonner si les Russes préfèrent les modèles étrangers tout faits aux essais des auteurs indigènes. Toutes les nations civilisées ont commencé par l'imitation de bons modèles étrangers. Après cette imitation, il faut franchir le pas et devenir original dans sa forme nationale. Cela sera plus difficile qu'on ne croit, parce que en Russie on est engoué du français, et que chacun, se croyant capable d'écrire sa langue, refuse de reconnaître la supériorité d'un auteur qui sait s'en servir avec talent. Il y a plus : le français est, selon moi, la langue la plus ingrate, la plus sourde, la plus pauvre, la moins souple, mais de toutes la plus soignée; semblable aux femmes françaises qui, moins belles comme race qu'aucune autre race européenne, sont de toutes les femmes les plus habiles à se faire valoir par les grâces, l'esprit et le tact si rare de toutes les convenances du lieu et du moment. Moi, j'aurais un plaisir immodéré à écrire dans une langue neuve qui recevrait jusqu'aux moindres nuances de ma pensée et me donnerait comme une glace pure l'image la plus vraie de mon âme. » (Lettre à mademoiselle de Klustine, du 22 décembre 1829.)

précieux détails, de fines observations sur les âges, sur les passions, sur la conversation, sur l'ennui, sur le bonheur..., et ils tendent en général à faire valoir le *sentiment*, trop sacrifié par les idéologues.

Pendant ces années agréablement occupées à Genève, Bonstetten eut, de temps en temps, des reprises d'intérêt du côté de *sa pauvre Berne*, sa vieille et ingrate patrie. Il publia en 1815 un volume de *Pensées sur divers Objets de bien public*, et une brochure toute politique, *du Pacte fédéral;* c'était poser sa candidature pour le nouvel ordre de choses. L'heure des restaurations avait sonné; Bonstetten ne voulait pas que Berne, sous prétexte de légitimité, redevînt la république d'autrefois, tout aristocratique et, à quelques égards, despotique; il partait des faits accomplis, il entrait dans l'esprit libéral et nouveau; il s'en faisait l'organe. Mais il y avait à Berne un parti d'ancien régime, incurable comme tous les partis d'ancien régime, qui ne rêvait que contre-révolution, et qui n'avait point pardonné à Bonstetten ses espérances conciliantes. En les voyant reparaître, la rancune contre lui se réveilla; et il comprit qu'il n'avait rien de mieux à faire que de se tenir à distance de l'*Ours* bernois et de renouveler bail avec Genève, ne fût-ce que comme le meilleur des lieux de repos et de plaisance, la mieux située des hôtelleries pour un citoyen du monde.

En ces années où Bonstetten prend décidément son parti et où, faisant une bonne fois son deuil de tous les regrets, le rajeunissement pour lui commence, Genève offrait la réunion la plus complète d'esprits éclairés et distingués: madame de Staël encore, qui allait trop tôt disparaître; Dumont, l'interprète de Bentham, l'ancien ami de Mirabeau; le médecin Butini; l'illustre naturaliste De Candolle, « l'homme parfait, qui avait un aussi bon esprit pour les affaires du monde que pour les végétaux, et le cœur comme s'il n'avait que cela; » les savants Pictet ; l'érudit Favre; bientôt Rossi, dont l'esprit fin et l'habile carrière devaient aboutir à la grandeur ; Sismondi, droit, loyal, instruit, mais qui se trompait à coup sûr quand il croyait voir en Bonstetten « un débris de la secte de Voltaire; » bien d'autres que j'omets, et jusqu'à cet aimable Diodati, qui m'a entretenu d'eux autrefois, et qui, le dernier de tous, vient tout récemment de mourir. N'oubliez pas tous les étrangers célèbres, à commencer par Byron, qui étaient et qui sont la bonne fortune de ce lieu de passage, ces gracieuses étrangères venues du Nord, qui rompent la roideur locale et font diversion à la contrainte; si bien qu'à voir tant de monde séduisant arriver, plaire et aussitôt disparaître, « le cœur, disait Bonstetten, y devient mauvais sujet. »

C'est dans ce milieu qu'il vivait, sentant bien ce qui manquait parfois à son âme expansive, mais jouissant avec reconnaissance de tant de précieux dédommagements. Les livres qui s'échappèrent de sa plume en ces années : *l'Homme du Midi et l'Homme du Nord* (1824); *la Scandinavie et les Alpes* (1826), faciles, agréables et décousus, ne le représentent que très-imparfaitement. On le retrouve plus au complet dans ses Correspondances, peut-être aussi parce qu'on leur demande moins qu'à des livres proprement dits qui auraient eu besoin d'être plus composés. Sa longue expérience des choses et des hommes ne l'avait pas saturé ni surchargé, mais seulement excité et mis en goût : il avait « de cette *alacrité*, de cette gaieté qui, en donnant du prix à toute chose, nous fait chérir les hommes non-seulement comme frères, mais comme objets d'étude, de pensée, de jouissance. » On peut dire qu'il avait la curiosité affectueuse. Il s'était fait des théories subtiles, mais à son usage et qu'il pratiquait finement, sur l'art de converser, d'écouter, de savoir toujours où en était l'interlocuteur, de lire son sentiment sur sa physionomie : la conversation pour lui était un *concert;* l'ennui lui paraissait tenir à un *manque d'unité :*

« Une personne très-spirituelle verra d'un coup d'œil le ton et l'esprit du salon où elle entre. Son esprit que je suppose supérieur, en plaçant des idées centrales parmi les idées isolées et traînantes de la société où elle se trouve, fera éprouver le charme de ce que j'appelle *harmonie* à toutes les personnes qui l'écoutent. L'esprit brillant s'annonce par un doux frémissement, qui anime à la fois toutes les idées chez les personnes bienveillantes qui l'entendent. Une personne spirituelle est le musicien habile, qui, des sons isolés et quelquefois discordants qu'il entend, sait, en les arrangeant à propos, faire sortir l'harmonie, le mouvement et la vie. Voltaire a été l'homme le plus éminemment spirituel de son siècle. »

Bonstetten parlait ainsi de Voltaire pour l'avoir entendu et après l'avoir pu comparer à tant d'autres intéressants causeurs de toute nation; on croit sentir cependant qu'il songeait surtout à madame de Staël en écrivant cela, et qu'il se souvenait de la brillante virtuose, de la grande *harmoniste* de Coppet.

Bonstetten, sous ses airs de dix-huitième siècle, est spiritualiste, et très-spiritualiste; il croit à l'éducation continuelle, à l'acquisition et au renouvellement possible jusqu'à la fin de la vie :

« Ce n'est pas parce qu'on est jeune que l'on apprend quelque chose, mais parce que dans la jeunesse on vous tient au travail et qu'on vous fait suivre avec méthode une pensée. Voyez comme toute interruption dans les études *enrouille* les enfants et les rend indociles, et dites-vous que votre inapplication et l'irrégularité où la nullité de vos travaux sont la véritable cause de la stagnation de vos idées, que vous attribuez faussement à l'âge. »

Il y a ici une distinction essentielle à faire. Les Grecs avaient un mot pour dési ner *celui qui apprend tard* (ὀψιμαθής), celui qui, se mettant trop tard à une étude, apprend nécessairement mal. Il est des sujets d'étude convenables et bienséants jusqu'à la fin de la vie, ceux desquels Solon disait : « Je vieillis en apprenant toujours quelque chose. » Il y a d'autres études qui demandent de la jeunesse, les langues, par exemple. Le nom de l'antique Caton n'est pas suffisant pour nous réconcilier avec l'idée d'un vieillard *abécédaire*, d'un vieillard qui se remet aux éléments (*turpis et ridicula res est elementarius senex*). Nous avons vu sur les bancs de nos Cours publics de ces exemples innocents, mais qu'on se montrait au doigt, d'une *interminable scolarité* (1). Il ne s'agit point de cela avec Bonstetten, il s'agit de l'éducation des choses, de l'éducation vive, de ce qui fait dire à ceux qui en sont témoins : « Il y a des esprits diligents qui sont comme les abeilles, et qui ne rentrent que pour sortir aussitôt. »

Sur cette vigilance du dedans, sur cette éducation continuelle qui fait qu'on ne se fige pas à un certain âge, qu'on ne se rouille pas, et que de toute la force de son esprit on repousse le poids des ans, — et sur l'inconvénient de ne le pas faire, — il a écrit des choses bien spirituelles, bien piquantes et aussi très-élevées :

« La bêtise a son développement comme l'esprit, par des lois inverses de celles de l'esprit. Prenez l'habitude de ne fixer aucune pensée, gardez-vous de tout travail sérieux et suivi, tâchez de ne rien observer, d'être les yeux ouverts sans voir, de parler sans avoir pensé : alors, dans l'ennui qui vous dévore, laissez-vous al-

(1) Voir un joli croquis du docteur Capuron, par M. Louis Peisse (*La Médecine et les Médecins*, 1857, t. II, p. 441).

ler à toutes vos fantaisies, et vous verrez les progrès rapides de votre imbécillité.

« Mais c'est en avançant en âge que toutes les misères de l'ignorance et de la paresse se font sentir. C'est la destinée de la vieillesse de faire ressortir tous les défauts du corps et de l'esprit pour faire de l'homme une caricature. Rien ne contre-balance cet affaissement des organes que le mouvement de l'esprit. Voyez comme l'homme qui n'a point exercé son âme se courbe avec l'âge. La pensée, que rien ne soulève, pèse douloureusement sur tous les maux physiques, pour les renforcer par l'attention qu'on y donne. C'est avec ce cortège de douleurs qu'on avance vers la mort sans aucun courage ni pour vivre ni pour mourir.

« La physionomie du vieillard décèle l'histoire de ses mœurs. L'expression du vice, passagère dans la jeunesse, devient permanente avec l'âge. C'est dans la vieillesse que l'empreinte fixée des passions vicieuses trahit et conserve la honte de la vie, tandis que la belle expression de la vertu devient l'honorable prix d'une carrière consacrée au bien de l'humanité. »

Il a dit encore :

« La vieillesse est le résultat, je dirais presque le bilan de la vie passée. Elle est ce que vous l'avez faite, bonne ou mauvaise, comme vous l'avez voulu. »

Mais pourquoi chercher dans ses écrits publiés des pensées et des pages, lorsque j'ai sous les yeux une Correspondance inédite, un trésor d'esprit et d'affection, sa dernière grande effusion d'amitié, son dernier gage, et qui me permet d'ajouter quelque chose à ce que d'autres ont dit? Si Bonstetten avait son secret dans cet art de ne pas vieillir qu'il pratiquait si bien, ce n'était pas seulement en apprenant toujours quelque chose, c'était aussi en aimant toujours quelqu'un. Décidé à rester heureux, il se croyait en droit de repousser comme une ennemie toute réflexion trop amère, toute prévision surtout, qui lui aurait coûté des larmes ou des angoisses. Les pertes mêmes qu'une vie si longue le condamnait à subir lui causaient de cuisantes, non pas de profondes blessures. Il avait un besoin positif d'aimer. Jamais il n'oubliait, mais il remplaçait vite, et remplaçait toujours : son affaire était de bien remplacer.

Il avait quatre-vingt-deux ans quand il recommença. Parmi les dames russes qui, chaque été, passent à Genève allant en Italie, il avait beaucoup rencontré dans le monde et vu dans l'intimité une jeune personne d'un mérite solide sous le brillant de la jeunesse, d'une intelligence généreuse, sympathique, ouverte à tout ce qui est noble et beau ; il s'était lié avec elle, avec mademoiselle de Klustine. Mais la jeune Russe venait de partir pour l'Italie avec sa mère (1828). Serait-elle infidèle à son vieil ami comme tant de belles voyageuses? il le craignait d'abord : « Vous êtes, lui écrivait-il, le Cygne qui me passe sur la tête en me disant : Je vous chéris, *addio!* — Je n'entends plus que l'*addio!* » Mais quand il vit qu'on était sincère et fidèle, qu'il avait affaire à un de ces cœurs francs et de bon aloi, des moins médiocres à sentir l'amitié, il lui écrivait (et je donne ici de simples mots pris çà et là, quelques notes seulement pour indiquer le ton) :

« Je suis vivement touché de votre amitié et des bontés de madame votre mère... Vous êtes de l'or dont on fait les amis ; et voilà les cases vides de mon cœur, où logeaient Muller, Matthisson ou madame Brun, qui sont occupées par vous. Je compte sur vous comme sur eux, et vous attends avec les fleurs et les zéphirs, avec autant de foi que j'en ai au soleil. » —

« J'ai toujours vécu d'amitié, et ma première jouissance était de la sentir bien placée. Ce sera un bonheur pour moi de pouvoir vous consoler quelques moments, si je puis être assez heureux pour vous *être quelque chose.* Il me semble que nous ne sommes que des ombres jusqu'au moment où nous aimons ; là commence la réalité. »

Une vive douleur, la perte d'un frère tué à Silistrie, affligeait cette jeune amie :

« Ne faites pas comme à Genève, ne vous faites pas valoir par la douleur, mais rappelez-vous que la vie est un combat, qu'il faut y vaincre ses ennemis et non les adorer. Le culte de la douleur n'est qu'un amour-propre travesti ; c'est la faiblesse couronnée. Les sottises mystiques s'emparent de ces douleurs-là ; elles prouvent le peu de confiance réelle qu'on a dans la Sagesse suprême si cruellement avilie par *les fous de toutes les sectes* (1). » —

« Dumont (2) prend une vive part à vos peines. Je lui ai dit ce que je vous avais écrit. Il me dit : Un grand remède aux douleurs de l'âme, c'est d'*enseigner* ; rien ne donne plus d'activité à l'esprit. » —

« Parlez-moi de votre vie de Pise. Tâchez de vous y faire des occupations. Prenez quelque Cours de littérature, si vous trouvez quelque homme qui en soit digne. Rien ne sauve dans cette vie-ci que l'occupation et le travail. Prenez, comme à Genève, quelques leçons avec les demoiselles W... Le *laisser-aller* est dangereux dans le bonheur ; il l'est bien plus dans le malheur. Quand je suis malheureux, je tire l'épée de son fourreau et je combats ma peine à outrance. »

De deux frères qu'on avait cru perdus d'abord, l'un au moins était sauvé, et il y avait un allégement dans la douleur :

« Que je vous dise vite ce qu'on peut dire avant le départ de la poste. Vous voilà presque heureuse. Voilà la voûte du cachot rompue, et un beau rayon vient briller sur les douleurs qui tenaient votre âme captive. Chère amie, que vous méritez d'être heureuse, puisque vous savez aimer et penser ! Vous avez donné de l'âme à Genève, où mon cœur frissonne quelquefois. J'avais tort ; tout ce qui vous connaît est venu à moi me témoigner la joie de vous voir aussi consolée que vous pouvez l'être. Je viens de vous découvrir une amie que je ne vous connaissais pas ; c'est madame Saladin de Crans, qui a son cœur tout en dedans et *presque*

---

(1) Ceci est à l'adresse du parti *méthodiste* qui travaillait alors Genève et que Bonstetten n'aimait pas. Ce parti et les écrivains qui s'y rattachent en Suisse lui en ont gardé une dent. L'un d'eux m'écrivait à son sujet avec cette aigreur doucereuse qu'ont aisément *les dévots de toutes les sectes* : « Son souvenir est resté cher et doux, mais *peu vénérable* à Genève où les mérites solides sont seuls en honneur. »

(2) Le Benthamiste.

*en arrière de son esprit.* Elle vient de me parler de vous avec chaleur. » —

« Je viens de recevoir votre lettre. Mes domestiques ont pleuré notre amie (1). Je n'ai connu personne qui ait su se faire aimer à Genève comme madame W... Hier, l'Hospodar m'avait raconté sa mort ; tout le *Raout* s'en est occupé. On dirait qu'à Genève on aime plus les morts que les vivants ; du moins on y sympathise plus avec les peines qu'avec les plaisirs. C'est qu'ici on est retenu dans tour ses sentiments ; mais cette contrainte d'habitude disparaît pour les morts. Ce caractère de prudence évite bien des peines, mais décolore la vie. Aussi je vous aime en affamé. Mon cœur a besoin de sentiments, et je ne trouve ici que de l'esprit et de la bienveillance. » —

Vous avez ici une grande réputation d'esprit, et je vous en défends ; car on sous-entend souvent par le mot *esprit* des choses recherchées, faites à volonté et avec soin, tandis que l'esprit est ce qui échappe ; c'est le gaz de l'âme qui part inaperçu, le contraire de ce qu'on fait et fabrique. »

Une étude de mademoiselle de Klustine sur la littérature russe, je crois, avait été insérée dans la *Bibliothèque universelle de Genève :*

« Votre article *fa furore*. C'est pour moi une pierre de touche de l'esprit qu'on a. Les gens qui en manquent admirent votre *savoir* ; peu voient l'esprit et le bon esprit qu'il y a, et presque personne ne veut rendre justice au style *français*, parce que presque tous ont le sentiment que ce style est étranger à Genève, où l'on manque de goût et, à peu d'exceptions près, du talent d'écrire, que vous avez éminemment. — Le talent de bien écrire vient de l'âme ; ses formes se prennent dans la société. » —

« Savez-vous ce que j'avais en tête, ou plutôt dans mon cœur? C'est de faire un ouvrage pour vous et par vous. J'ai toujours cherché à développer ma pensée en la communiquant ; mais je n'ai pas trouvé d'âme assez à l'unisson avec la mienne pour y faire passer mes idées, afin de les voir au dehors de moi dans le miroir d'une autre âme. Vous êtes la personne qui me comprendrait, et si nous sommes assez longtemps ensemble, je ferai avec vous un Cours de ma philosophie que je donnerai au public. Cela nous rapprochera davantage, et je crois que vous me comprendrez mieux que personne. Puis, quel plaisir de penser avec vous et d'en recevoir des

(1) Une amie russe qui venait de mourir en Italie.

pensées! Une théorie de sentiments faite avec vous! Il faut avoir mon âge pour la faire impunément. » —

« Voici deux jours que je n'ai pas bougé de ma chambre. Je m'y trouve bien. Ce soir j'ai deux ou trois dames pour lire ensemble. Mademoiselle Sylvestre (1) est inépuisable en jolis récits. Rien de joli comme un peu d'amitié; cela vaut les caisses de toilette de Paris. Il nous manque un mot pour exprimer l'amitié d'homme à femme, de Klustine à Bonstetten :

Et tu serais la volupté
Si l'homme avait son innocence (2).

On a raison de bannir la galanterie; rien ne détruit le bon amour comme le mauvais, et le cœur une fois vide d'amour devient peu sensible à l'amitié. » —

« Vous devrez écrire vos voyages, écrire chaque jour ou chaque semaine ce qui vous a frappée. Les pensées ne valent que lorsqu'elles sont reprises par la réflexion; c'est la réflexion qui les fixe à notre usage. Sans elle la vie n'est qu'une fantasmagorie. Il y a plus : en écrivant ce qui nous frappe, nous donnons des couleurs aux idées. Les couleurs se perdent avec le temps, et l'esprit, ne trouvant plus dans la mémoire que des objets décolorés, se ternit. » —

« Je vous ai écrit une longue lettre que j'ai déchirée. J'avais vu des seigneurs russes : c'est une autre race que celle des jeunes *dames* russes. J'ai peur quelquefois que vous ne soyez pas heureuse à Moscou. Il y a là, m'a-t-on dit, un empilage d'aristocratie. Les hommes y vivent sur les épaules les uns des autres, et non à côté l'un de l'autre, comme dans votre Rome, en France, à Genève, en Allemagne. » —

« Le sentiment d'être aimé est pour moi le rayon du soleil pour le moucheron. Rien de plus bête que l'homme qui vit sans but. Dans le monde, il ne faut se servir de l'amour-propre des autres que pour le traverser, afin d'arriver au pays de l'amitié, où, comme dans les montagnes des tropiques, il y a mille nuances de climat à choisir. » —

« Votre âme s'étonne de la brièveté de l'amour italien. Un sentiment placé dans une âme vide n'a que des explosions. L'amour est un soleil qui éclaire ce qu'il trouve : dans les belles âmes, il produit des jours brillants de vie et de lumière; dans les âmes vides, c'est un éclair dans les ténèbres. » —

« Je me réjouis de faire connaissance avec votre ami, quoique

(1) Une amie des derniers temps, qui avait beaucoup voyagé.
(2) Ce sont des vers de Gentil-Bernard que Bonstetten aimait à citer : cela ne l'empêcha pas de goûter *Hernani* à sa naissance.

j'aie peur de le voir. Il a trop bonne opinion de moi pour que je ne perde pas à me montrer. *Un livre qui réussit est une belle médaille d'or ; l'auteur même n'est jamais que le minerai informe.* » —

« ... Hier, après avoir rêvé à tout ceci, je fus me promener. L'idée me vint que, puisque après la mort il y a, dit-on, un développement de *pensées*, pourquoi n'y aurait-il pas aussi un développement de *sentiments*, de manière que les sentiments que nous avons eus iraient en se développant après la mort, et que les harmonies qui constituent les sentiments aimants prendraient un essor proportionné à l'étendue du principe mystérieux appelé âme ? » —

« Il faut ne jamais oublier que ni les idées ni les sentiments ne viennent du dehors, qu'ils sont en nous, que ce qui vient du dehors n'est que *l'excitation qui commence leur vie toute spirituelle.* Les organes matériels ne sont que des excitants ; comment créeraient-ils l'admirable ensemble de la pensée qui constitue le génie et la raison de l'homme ? »

La dernière des lettres que j'ai sous les yeux, et d'où je tire cette pensée, est du 4 novembre 1831, de trois mois seulement avant la mort de Bonstetten. Dans les tout derniers temps, l'âge l'avait atteint, ses yeux le quittaient ; sa vie intérieure restait la même. Il mourut le 3 février 1832, dans sa quatre-vingt-septième année. Je n'ai rien à ajouter. Je voulais donner une idée approchante de ce Fontenelle d'une nature singulière et d'une autre race, resté jeune jusqu'à la fin, — jeune d'esprit, d'imagination et de cœur, — homme avant tout aimable, et dont *les faiblesses mêmes* (selon le beau vers de Goldsmith) *penchaient du côté de la vertu.*

Mademoiselle de Klustine, dans la dernière ou l'avant-dernière année de sa liaison avec Bonstetten, était devenue la comtesse de Circourt. M. de Circourt, le plus savant et le plus obligeant des hommes, avait bien voulu autrefois et sur ma prière, dans un temps où je songeais déjà à Bonstetten (1844), écrire tout un mémoire où il avait rassemblé ses riches souvenirs. J'ai profité amplement du travail de M. de Circourt dans tout ce qui a précédé, et j'en donnerai encore l'extrait suivant :

« ... En quittant le *Temple de l'Ennui*, comme il appelait Berne, « le lieu où il avait failli devenir vieux, » Bonstetten, veuf depuis quelques années, fit à son fils la cession de Valeyres et de tous ses biens-fonds. Il se réservait un capital suffisant pour conserver une assez grande aisance; mais il eut l'imprudence d'en placer une moitié sur les fonds mexicains, et cette moitié s'évapora en fumée. Bonstetten supporta courageusement cette perte, dont il appréciait pourtant pleinement les conséquences : la plus sérieuse pour lui était l'impuissance de donner. Il sentit vivement cette privation pendant le reste de sa vie. Il demeura même, raconte-t-il dans ses lettres, « morose et soucieux depuis le matin jusqu'au soir pendant une couple de semaines. » Au bout de ce temps, il rétrécit son nid de moitié, et trouva qu'il y était encore parfaitement à l'aise. Alors il reprit ses travaux, et sa blessure fut bientôt cicatrisée. » —

« Disons un mot de son ermitage.

« Au fond de la rue des Granges, une maison haute, étroite, vieille et triste, présente une façade étriquée sur laquelle le soleil ne se hasarde que d'un air méfiant. Un escalier usé conduit à une porte de chétive apparence. Cette maison appartenait au docteur Butini, le Tronchin de la moderne Genève ; cet escalier avait été usé par les pas de dix générations de patients; car depuis la grande émigration des familles Lucquoises, le chef des Butini était toujours un médecin, et un médecin de renom. Cette porte, enfin, conduisait à l'appartement de Bonstetten.

« Dès qu'on était entré, la scène changeait comme par enchantement. Les fenêtres de deux chambres, fort modestement meublées, s'ouvraient sur la terrasse de l'Hôtel-de-Ville, la *treille* classique qui domine toute la vallée de l'Arve, depuis les escarpements blanchâtres du Salève jusqu'aux pentes verdoyantes du mont de Sion. Le confluent du Rhône et de l'Arve se montre à droite au-dessous des bois de La Bâtie. La cime pyramidale du Môle indique la route du Mont-Blanc. Sans être précisément alpestre, le paysage est d'une beauté fière et grandiose. Les premiers plans sont animés et riants. Une tente à l'angle d'un large balcon était, pendant la belle saison, le cabinet d'étude de Bonstetten. C'est là qu'il recevait l'action bienfaisante du soleil et de la lumière, qui pénétrait à flots dans tout l'appartement.

« C'est là que tous les matins on trouvait, un livre à la main et le sourire sur les lèvres, l'auteur du *Latium* et de la *Scandinavie*. Personne ne vécut jamais mieux avec la solitude et ne regretta moins de la quitter. Causer était son occupation favorite; mais il savait se défendre des importuns. Au premier appel de l'amitié, il quittait allégrement sa plume ou sa bibliothèque : demeurait-il seul? il retournait avec une égale sérénité à ses travaux interrompus. Éprouvait-il un peu d'accablement? ses souvenirs étaient là; il leur ouvrait la porte et repassait avec eux son bonheur d'autrefois, de manière à chasser le chagrin du moment. Celui-ci revenait-il à la charge trop obstinément? Bonstetten faisait atteler son unique cheval à son petit *char* genevois et s'en allait sur les coteaux du voisinage, en quête de vues nouvelles, de vieux amis, ou d'étrangers de bonne compagnie, fraichement installés dans quelque *villa*. La promenade ne manquait jamais son effet. Tous les ans d'ailleurs, un ou deux voyages servaient à convaincre l'actif vieillard « qu'il n'appartenait pas encore à la glèbe, que ses ailes n'étaient pas coupées, et que le grand livre de la Nature n'était pas encore réduit pour lui à un simple feuillet. »

« Dans la solitude de son cabinet, quand il y trouvait la solitude, Bonstetten s'occupait continuellement de deux projets que la multitude de ses distractions et le caractère *désultoire* de ses goûts l'empêchèrent d'exécuter : l'un était d'écrire les Mémoires de sa vie, l'autre de mettre en ordre ses papiers.

» Ce qui s'est perdu de richesses *autographes* du cabinet de Bonstetten ne peut s'imaginer. Il donnait tout ce qu'on lui demandait en ce genre et laissait le reste s'égarer. C'est ainsi que se sont perdus sans retour les précieux manuscrits complémentaires du *Voyage dans le Latium* Les lettres de la comtesse d'Albany, celles de Gray, celles de madame de Staël et d'autres collections, dont aujourd'hui la valeur serait sans bornes, ont pareillement disparu.

« Quant aux Mémoires, Bonstetten, cédant enfin aux importunités de ses amis, consentit à jeter sur le papier quelques-uns de ses *Souvenirs de jeunesse*. « Savez-vous, écrivait-il vers ce temps, combien je trouve dans ma mémoire de personnages considérables avec lesquels j'ai eu des relations familières avant le commencement de la Révolution française? Plus que je n'ai maintenant d'années : *quatre-vingt-dix*. » La tâche d'écrire tant de notices, et puis de les lier dans la trame d'une narration personnelle, était évidemment au-dessus des forces d'un octogénaire : toutefois le cahier par lequel Bonstetten commença, le seul qu'il lui fut donné de publier, offre encore un grand intérêt. Ce sont des gouttes de miel attique sur des feuilles légères, un peu fanées, mais point encore desséchées. L'édition de ces *Souvenirs* parut à Genève en 1831, et devint aussitôt fort rare, les amis du vieux sage s'étant partagé respectueusement le petit nombre d'exemplaires dont elle se composait.

« Cependant un nouvel orage avait passé sur la France, et la Suisse en attendait les conséquences avec anxiété Quand la Révolution de Juillet éclata, Bonstetten, âgé de quatre-vingt-deux ans, venait de rentrer en ville; les nouvelles, d'abord confuses et contradictoires, qui arrivaient de Paris par toute espèce de sources, ne trouvèrent personne qui fût plus avide de les accueillir, plus empressé à les colporter, plus ému quand elles commencèrent à devenir décisives, plus triomphant quand la conclusion en fut proclamée, — personne qui fût tout cela plus que Bonstetten, à moins toutefois que ce ne fût Sismondi. J'ai vu le grave et chaleureux publiciste littéralement *ivre* de joie à l'aspect de ce qu'il appelait ce grand succès; Bonstetten, plus modéré, parce que la grâce n'admet aucune violence, n'applaudissait pas moins de tout son cœur. Quand vint l'heure du désappointement, Sismondi fut tenté de pleurer; Bonstetten ne fit que sourire : il retrouvait bien là sa chère et incorrigible humanité. »

# TABLE DES MATIÈRES

| | |
|---|---:|
| Œuvres de Vauvenargues, publiées par M. Gilbert. I | 1 |
| II | 17 |
| III | 38 |
| Vie militaire du général comte Friant, par le comte Friant, son fils | 56 |
| Poésies complètes de M. Théodore de Banville | 69 |
| Vie de Maupertuis, par La Beaumelle | 86 |
| L'abbé de Marolles, ou le Curieux. I | 107 |
| II | 127 |
| Lettres de la mère Agnès Arnauld, publiées par M. P. Faugère | 148 |
| Fanny, par M. Ernest Feydeau | 163 |
| Variétés littéraires, morales et historiques, par M. S. de Sacy | 179 |
| Histoire de l'Académie Française, par Pellisson et d'Olivet, publiée par Ch. L. Livet | 195 |
| Correspondance inédite de madame du Deffand, publiée par M. le marquis de Sainte-Aulaire | 218 |
| Journal et Mémoires du marquis d'Argenson, publiés par M. Rathery | 238 |
| La princesse des Ursins | 260 |
| François Villon, sa Vie et ses Œuvres, par M. Antoine Campaux | 270 |
| Souvenirs et Correspondance, tirés des papiers de madame Récamier | 303 |
| Correspondance de Buffon, publiée par M. Nadault de Buffon | 320 |
| Histoire du Consulat et de l'Empire, par M. Thiers | 338 |
| Histoire de la Restauration, par M. Louis de Viel-Castel | 355 |
| Mémoires du duc de Luynes, publiés par MM. L. Dussieux et E. Soulié | 369 |
| Le Journal de Casaubon | 385 |
| Poésies inédites de madame Desbordes-Valmore | 404 |
| Charles-Victor de Bonstetten, étude biographique et littéraire, par M. Aimé Steinlen. I | 418 |
| II | 435 |
| III | 455 |

Paris. — Imp. E. Capiomont et V. Renault, rue des Poitevins, 6.

www.ingramcontent.com/pod-product-compliance
Lightning Source LLC
Chambersburg PA
CBHW050250230426
43664CB00012B/1900